ཐུན་རིན་གྱི་ལོ་རིམ་གསལ་བའི་མེ་ལོང་།

同仁年鉴

TONGREN YEARBOOK 2023

同仁市志鉴编纂委员会 编

方志出版社
Publishing House of Local Records

图书在版编目（CIP）数据

同仁年鉴. 2023 / 同仁市志鉴编纂委员会编. —北京：方志出版社，2023.11
ISBN 978-7-5144-5894-7

Ⅰ. ①同… Ⅱ. ①同… Ⅲ. ①同仁－2023－年鉴
Ⅳ. ①Z524.44

中国国家版本馆CIP数据核字（2023）第217570号

责任编辑：李丝雨
责任校对：张玉霞
责任印制：梅中英
出 版 者：方志出版社
地　　址：北京市朝阳区潘家园东里9号（国家方志馆4层）
邮　　编：100021
网　　址：http://www.zgfzcb.cn
发　　行：方志出版社图书营销中心（010-67110500）
印　　刷：成都市兴雅致印务有限责任公司
开　　本：889毫米×1194毫米　1/16
印　　张：23.75
字　　数：609千字
版　　次：2023年11月第1版
印　　次：2023年11月第1次印刷
定　　价：200.00元

同仁市地图

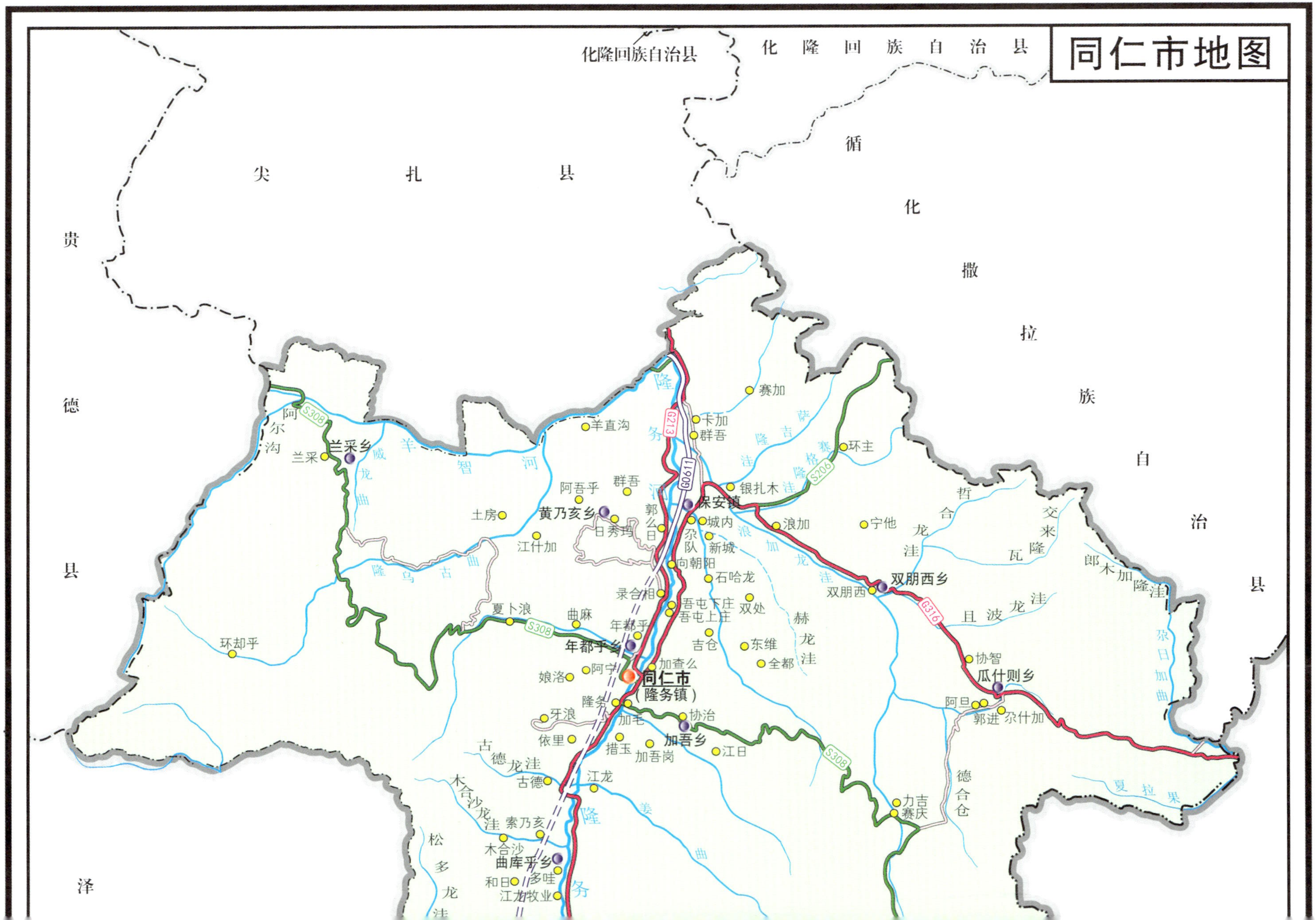

化隆回族自治县
化 隆 回 族 自 治 县
尖 扎 县
循 化 撒 拉 族 自 治 县
贵 德 县
泽
兰采乡
兰采
阿尔沟
S308
羊智河
隆务河
隆乌古曲
威龙曲
羊直沟
卡加
群吾
赛加
G213
G0611
保安镇
银扎木
城内
尕队
新城
浪加
宁他
环主
S206
隆吉洼
萨隆格赛洼
哲合
龙洼
交来
瓦隆
郎木加隆洼
黄乃亥乡
阿吾乎
群吾
土房
江什加
日秀玛
郭么日
向朝阳
石哈龙
录合相
吾屯下庄
吾屯上庄
双处
赫龙洼
浪加龙洼
夏卜浪
曲麻
年都乎
年都乎乡
吉仓
东维
全都
加查么
同仁市
（隆务镇）
娘洛
阿宁
隆务
牙浪
加毛
协治
加吾乡
依里
措玉
加吾岗
江日
双朋西乡
双朋西
G316
且波龙洼
协智
瓜什则乡
阿旦
郭进
尕什加
尕日加曲
夏拉果
德合仓
力吉
赛庆
环却乎
古德龙洼
古德
江龙
木合沙龙洼
索乃亥
木合沙
曲库乎乡
多哇
和日
江龙牧业
松多龙洼
隆务
姜曲

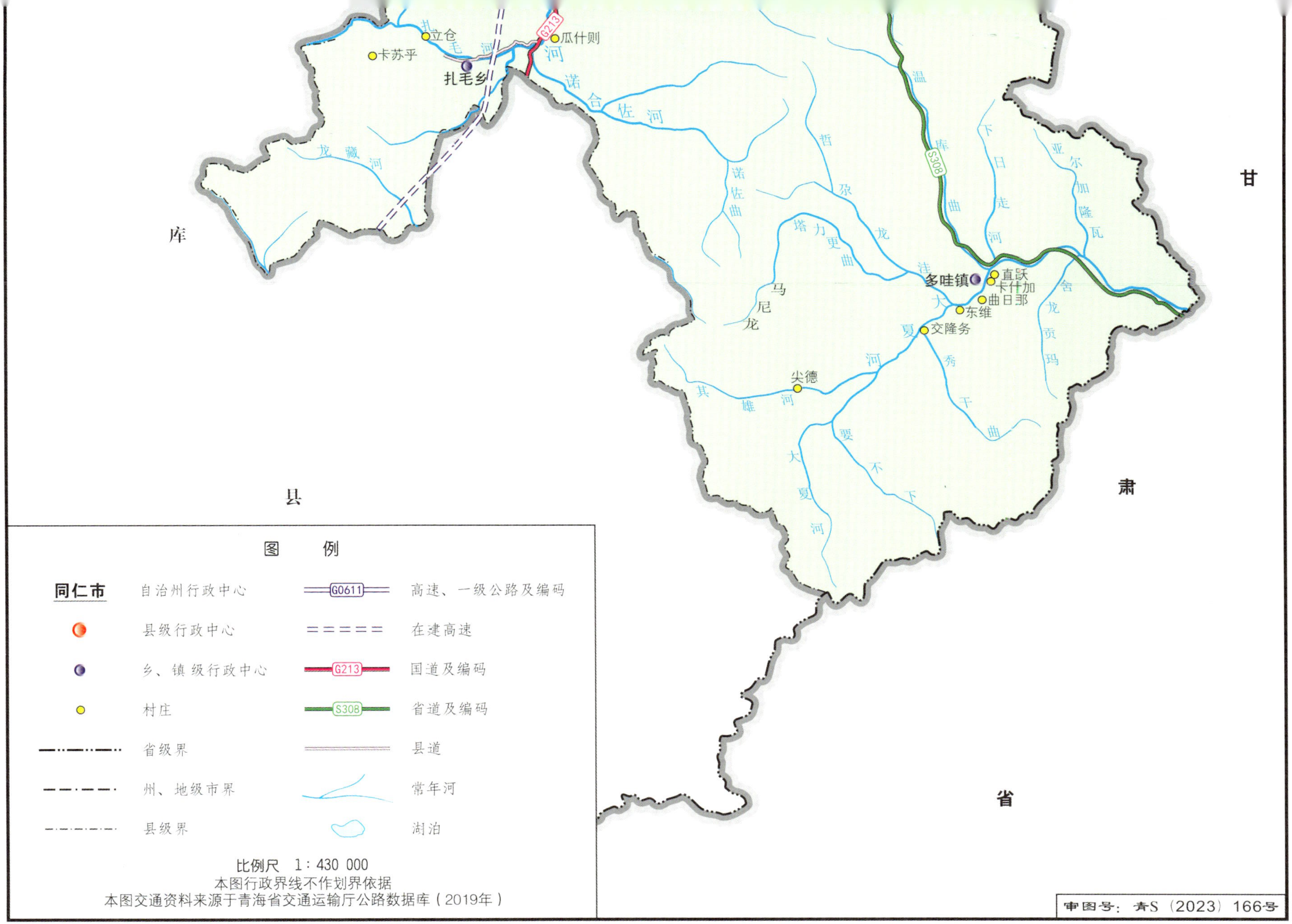

审图号：青S（2023）166号

同仁市志鉴编纂委员会

《同仁年鉴（2023）》编辑部

编辑说明

一、《同仁年鉴》是在中共同仁市委、同仁市人民政府的领导下，由同仁市志鉴编纂委员会编纂的年度资料性文献。《同仁年鉴》作为权威的地情信息载体，全面、系统、准确地记述全市自然、政治、经济、文化、社会等方面的综合情况，收录年度性主要文献和重要资料，旨在为党政决策服务，为社会各界广大读者了解和研究同仁提供基本资料。

二、《同仁年鉴》以马克思列宁主义、毛泽东思想、邓小平理论、“三个代表”重要思想、科学发展观、习近平新时代中国特色社会主义思想为指导，坚持辩证唯物主义和历史唯物主义的立场、观点和方法，全面客观地反映同仁经济社会发展和各项事业取得的重大成就。力求做到观点正确、框架科学、资料翔实、记述准确、编写规范、特色鲜明，突出时效性，讲求实用性。

三、《同仁年鉴（2023）》记述时限为2022年1月1日至12月31日，根据实际记述需要，部分内容适当上溯或下延。

四、《同仁年鉴（2023）》主要收录2022年度发生在同仁行政区域内的大事要闻，突出反映同仁优势、特点和深化改革、扩大开放的新举措、新进展。年鉴采用分类编辑法，主要分为类目、分目、条目三个层次，条目为主要记述单元，条目标题统一用黑体字加“【】”表示。部分条目下设一级子目。

五、《同仁年鉴（2023）》设卷首彩页、特载、专记、大事记、市情概览、中共同仁市委、同仁市人民代表大会、同仁市人民政府、政协同仁市委员会、纪检监察、群众团体、法治 军事、经济管理、农村 农业、工业 建筑业、城镇建设与管理、交通 通信、商贸服务、旅游业、金融业、生态环境、科技 教育、文化、卫生健康 体育、社会民生、安全应急管理、社会事务、乡镇、人物 荣誉等类目。

六、《同仁年鉴（2023）》表述形式有条目文字、图片、表格等。行文中数字用法、标点符号用法分别采用国家标准《出版物上数字用法》（GB/T 15835—2011）、《标点符号用法》（GB/T 15834—2011），计量单位采用国家技术监督局1993年12月发布的《量和单位》系列国家标准。反映全市国民经济和社会发展情况的数据，以市统计局发布数据为准。

七、《同仁年鉴（2023）》记述“全年”或没用年份表述的时间均为2022年；数据增加或减少未说明与某年份比较的，均与2021年比较。

八、《同仁年鉴（2023）》所用稿件均由各乡镇、市直各部门及相关单位提供，并经单位主要领导审签，供稿人（单位）署名列在图照之后，图片提供者附在图说末尾。

01 同仁速度

2020—2022 年，同仁市委、市政府深入贯彻新发展理念，坚持稳中求进的工作总基调，统筹推进疫情防控和经济社会发展，紧抓“六稳”“六保”工作不放松，多项指标增速走在全州前列，在各种不利因素影响下逆势而上、争先进位，交出一份满意答卷。

2020—2022 年同仁市全体居民人均可支配收入

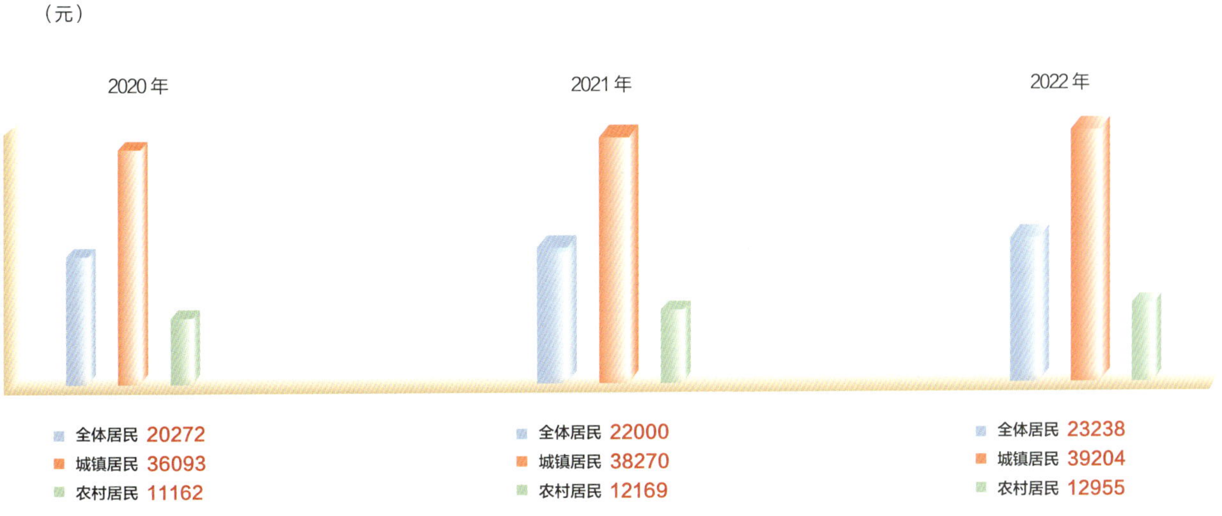

2020—2022 年同仁市三次产业结构对比

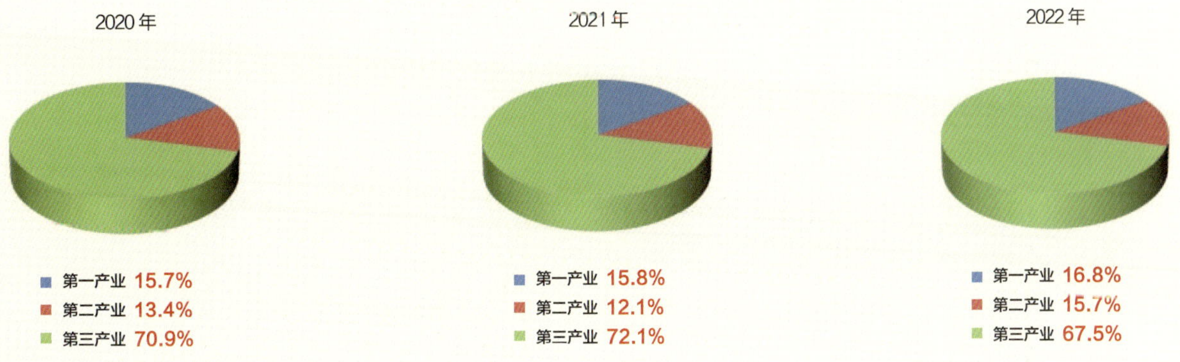

2020—2022 年同仁市农林牧渔总产值

（亿元）

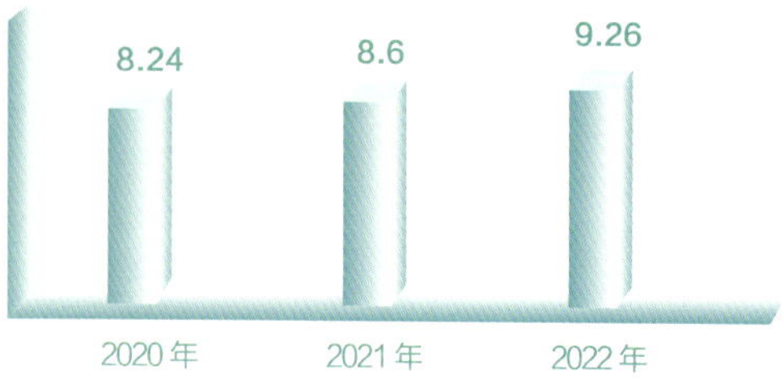

2020—2022 年同仁市社会消费品零售总额

（亿元）

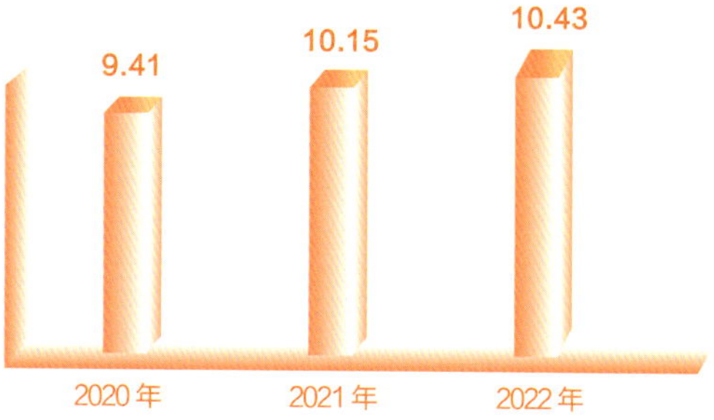

2020—2022 年同仁市地区生产总值

（亿元）

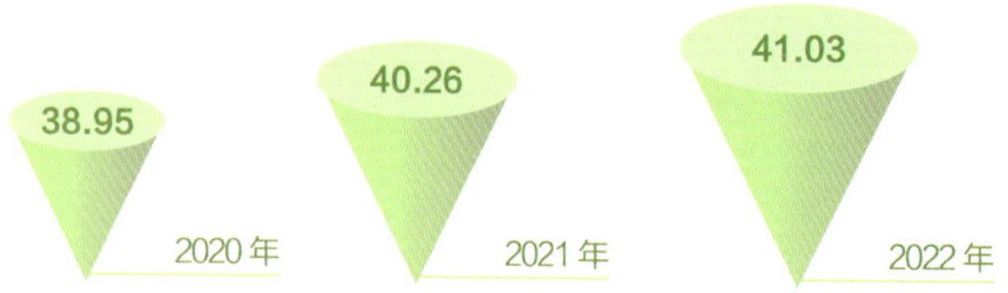

2020—2022 年同仁市公共财政预算收入

（亿元）

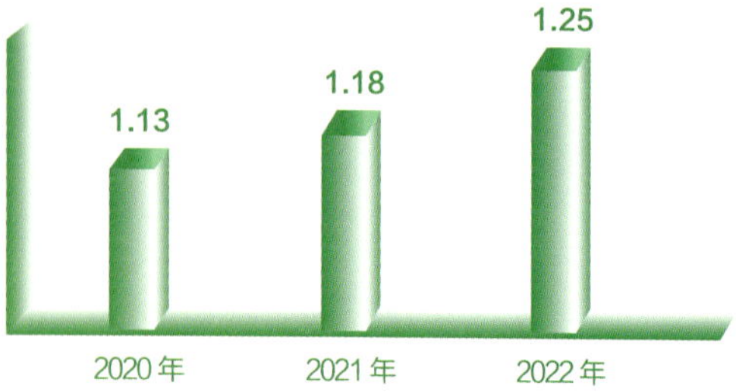

2020—2022 年同仁市全社会固定资产投资总额

（亿元）

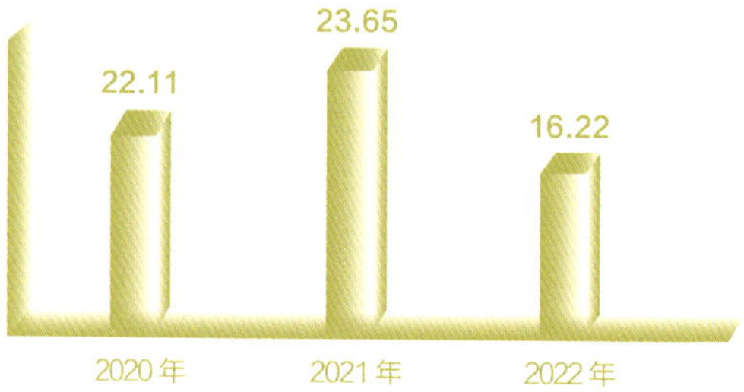

数读同仁 · 2022

★ 辖区面积　3275 平方千米
★ 耕地面积　0.86 万公顷
★ 草原面积　18.81 万公顷
★ 林地面积　10.95 万公顷
★ 水域及水利设施面积　2154.08 公顷

★ 总人口　103283 人
城镇人口　52752 人
农村人口　50531 人
★ 乡　镇　11 个
★ 社　区　8 个
★ 行政村　72 个
★ 自然村　362 个

★ 地区生产总值（当年价）　410320.47 万元
第一产业增加值　68862.33 万元
第二产业增加值　64560.50 万元
第三产业增加值　276897.64 万元
★ 人均地区生产总值　39907 元
★ 市属固定资产投资同比下降　31.41%
★ 农林牧服务业总产值（现行价）　92686.7 万元
★ 规模以上工业总产值　7556.3 万元
★ 完成发电量　2.29 亿千瓦时

★ 粮食播种面积　3807 公顷
★ 粮食总产量　13692 吨
★ 油料播种面积　1543.8 公顷
★ 油料总产量　2874 吨
★ 年末存栏各类牲畜　504492 头（匹、只）
★ 牲畜出栏率　6%

★ 财政总财力　272189 万元
★ 地方财政公共预算收入　12540 万元
★ 地方财政公共预算支出　232667 万元
★ 社会消费品零售总额（含州本级）　104325.4 万元
★ 金融机构人民币各项存款余额　914707 万元（含建设银行）
★ 金融机构人民币各项贷款余额　395615 万元（含建设银行）

★ 年平均气温　7.8℃
★ 年日照总时数　2337.7 小时
★ 年总降水量　347.5 毫米

农业实现机械化耕作（市农牧和科技局供图）

★ 电信行业营业收入　7947 万元
★ 文化产业经营收入　57705 万元
★ 广播人口覆盖率　98.84%
★ 电视人口覆盖率　98.97%
★ 接待游客数量　159.2 万人次
★ 旅游总收入　67800 万元

曲库乎乡“星空峡谷”打造成功（曲库乎乡供图）

★ 城镇新增就业　452 人
★ 转移农牧区劳动力就业　9600 人次
★ 发放城乡低保金　9983.2 万元
★ 城镇居民人均可支配收入　39204 元
★ 农村常住居民人均可支配收入　12955 元
★ 全体居民人均可支配收入　23238 元

国庆节同仁城区道路装扮一新（市城市管理局供图）

★ 学前毛入园率　103.44%
★ 医疗机构床位　155 张
★ 基本医疗保险参保人数　73548 人

02 同仁活力

2022 年，同仁市在加大疫情防控的同时，坚持项目为先，扩大有效投资，推进重大工程项目开复工，实现开复工项目 94 个，完成固定资产投资 16.22 亿元，同仁 330 千伏变电站竣工投用，浪加水库下闸蓄水，城北新区防洪综合治理等重大项目开工建设，郭么日大桥、广东粤电 400 兆瓦“光牧储”等项目高效推进。一批事关基础设施、乡村振兴、产业培育、生态环保的重大项目落地实施，城乡基础建设与日俱进。同仁首个充电站建成投运，农村公交实现全覆盖。通过释放政策红利，积极招商引资，参与“青洽会”，成功签约清洁能源等项目 9 项，签约金额 34.4 亿元，到位资金 9.37 亿元，为全市发展增添强劲动力。坚持把恢复和扩大消费摆在优先位置，抢抓市场回暖契机，开展消费扩容提质行动，建设区域性消费中心城市，继续推出消费券政策，推动批零住餐等行业恢复向好，鼓励发展网红带货等电商新业态，实质性推进隆务古街夜市建设行动，壮大夜间经济、假日经济，让同仁大地更具烟火气。2022 年的同仁，展现出自 2020 年新冠疫情以来从未有过的经济**活力**。

2022 年 3 月 23 日，同仁市城北新区防洪综合治理工程开工　（市发展和改革局供图）

2022 年 3 月 9 日，建设中的郭么日大桥　　（张海麟／摄）

2022 年 12 月 24 日，浪加水库下闸蓄水　　（市水利局供图）

ཀྲུང་གུང་ཐུན་རིན་གྲོང་ཁྱེར་ཨུའི་གཞུང་ལས་ཁང་གི་ཡིག་ཆ།

中共同仁市委办公室文件

同办发〔2022〕14 号

中共同仁市委办公室　同仁市人民政府办公室
关于印发《同仁市招商引资奖励办法》的通知

各乡镇党委和人民政府，市委各部门，市直各机关单位，各人民团体：

《同仁市招商引资奖励办法》已经市委市政府研究同意，现印发给你们，请认真贯彻执行。

中共同仁市委办公室　　同仁市人民政府办公室

2022 年 4 月 21 日

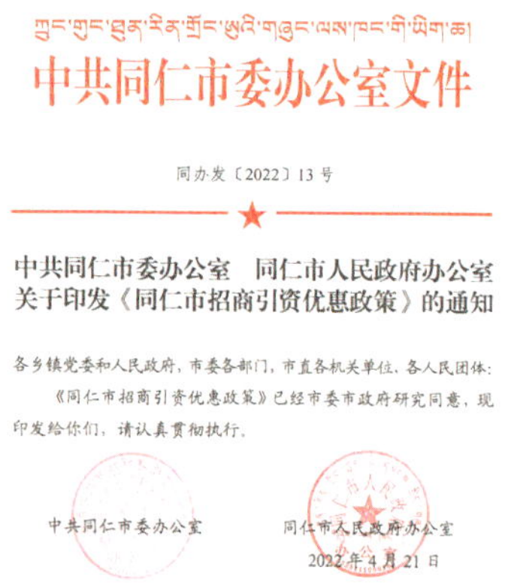

ཀྲུང་གུང་ཐུན་རིན་གྲོང་ཁྱེར་ཨུའི་གཞུང་ལས་ཁང་གི་ཡིག་ཆ།

中共同仁市委办公室文件

同办发〔2022〕13 号

中共同仁市委办公室　同仁市人民政府办公室
关于印发《同仁市招商引资优惠政策》的通知

各乡镇党委和人民政府，市委各部门，市直各机关单位，各人民团体：

《同仁市招商引资优惠政策》已经市委市政府研究同意，现印发给你们，请认真贯彻执行。

中共同仁市委办公室　　同仁市人民政府办公室

2022 年 4 月 21 日

2022 年 4 月 21 日，市委办、市政府办印发《同仁市招商引资奖励办法》《同仁市招商引资优惠政策》

（市委办供图）

“青洽会”上同仁展柜（市工业商务和信息化局供图）

2022 年 7 月 23 日，同仁市参加第 23 届中国 · 青海绿色发展投资贸易洽谈会。图为黄南藏族自治州专场签约仪式

（市工业商务和信息化局供图）

2022 年 1 月 19 日，同仁市委、市政府在热贡文化广场举行 2022 年“迎新春促消费”惠民消费券发放活动启动仪式

（市工业商务和信息化局供图）

2022年9月，同仁市惠民消费券首次免费发放（市工业商务和信息化局供图）

2022 年 10 月 14 日，客都超市保供促消费

（市工业商务和信息化局供图）

2022 年 4 月 1 日，在全国第 31 个税收宣传月，同仁税务干部开展“‘热贡说税 · 云课堂’暨组合式税费支持政策讲解”网络直播活动

（市税务局供图）

2022 年 6 月 22 日，市税务局联合市工商联走进黄南州职业技术学校，开展“‘春雨润苗’助力大学生就业创业专项行动”，进一步扩大税费支持政策的宣传覆盖范围，支持高校毕业生就业创业

（市税务局供图）

2022 年 6 月 11 日，市文体旅游广电局举办以“连接现代生活 · 绽放迷人光彩”为主题的第十七个文化和自然遗产日“非遗”购物节。图为文化企业直播现场（市文体旅游广电局供图）

同仁沙棘产品

高原小米产品

同仁金黄果及产品

（市文体旅游广电局供图）

2022年6月28日，同仁充电站建成投运　　（市工业商务和信息化局供图）

2022年8月2日，同仁市举行农村公路养护中心大客户交车仪式　　（市交通运输局供图）

2022年11月14日，隆务镇至双朋西乡、瓜什则乡、多哇镇城乡公交班线开通运行
（市交通运输局供图）

03 同仁魅力

2022 年，同仁市发展乡村旅游业，打造 3 个色彩农业基地，建成“在那东山顶上”、芊桑别院、云端热贡民宿露营地等 6 个休闲农业基地，吾屯村、立仓村成功入选全国乡村旅游重点村，乡村旅游产业呈现出“百花齐放”的发展态势，“同仁魅力”与日俱增。

曲库乎乡西卜沙村“星空峡谷”
（曲库乎乡供图）

扎毛乡芊桑别院（2022 年 10 月 16 日摄）
（市乡村振兴局供图）

芊桑别院秋景 （市乡村振兴局供图）

保安镇城内村

2022年11月4日，保安镇城内村美丽乡村建设　　（市住房和城乡建设局供图）

2022年12月底，保安镇城内村巷道改造完成　　（保安镇供图）

“在那东山顶上”

“在那东山顶上”建筑群
（市政府办供图）

2022年10月6日，同仁市加吾乡“在那东山顶上” （市政府办供图）

江龙农业村——中国传统村落

■ 秋日村河道（2022 年 10 月摄）
（市住房和城乡建设局供图）
● 休憩凉亭（2022 年 7 月摄）
（曲库乎乡供图）
■ 夏日村河道（2022 年 7 月摄）
（曲库乎乡供图）

江龙农业村——中国传统村落

■ 秋日村河道（2022 年 10 月摄）
（市住房和城乡建设局供图）
● 休憩凉亭（2022 年 7 月摄）
（曲库乎乡供图）
■ 夏日村河道（2022 年 7 月摄）
（曲库乎乡供图）

2022 年 10 月 6 日，同仁市加吾乡“在那东山顶上”　　（市政府办供图）

双朋西乡——乡村旅游打造

丹霞魅宫建设（双朋西乡供图）

游览栈道建设（双朋西乡供图）

扎毛风情园

扎毛风情园景观道　　（扎毛乡供图）

04 同仁之基

2022 年，同仁市聚焦绿色有机农畜产品输出地建设，强力推进特色产业发展。利用半农半牧区撂荒地，培育荷兰豆千亩示范田，建成“六个万亩”绿色种植基地，实施化肥农药减量增效 0.55 万千克。打造形成以耕作机械化为主的黄乃亥乡日秀玛饲草产业“六化”（饲草、油菜、黑青稞、马铃薯、金黄果、豌豆）经营模式，与本地犏牛养殖合作社等实行订单式合作，首次实现本市饲草自产自给。全市首座兽医实验室和多哇活畜交易市场建成运行，实施“3545”万头犏牛规模化养殖基地建设，打造州市共建绿色有机农畜产品输出地和瓜什则牦牛酸奶产业园。抢救性挖掘保护本地原始藏系羊品种，建成“热贡佳加哇娄”保种基地、“热贡尕玛顿丹”藏羊扩繁基地，市现代农业产业园（犏牛）被评定为省级特色现代农业产业园。贯彻党务、政务工作为人民服务的宗旨，坚持“农牧为**基础**，民生福祉为**根本**”，稳步推进社会各项事业，民生领域更上新高度。

2022 年 9 月 14 日，同仁市保安镇辣椒丰收，村民忙装箱　（市农牧和科技局供图）

（市农牧和科技局供图）

绿色沃土——黄乃亥饲草种植基地（2022 年 6 月摄）

同仁荷兰豆

同仁黑青稞

同仁小米

东山油菜梯田（2022 年 8 月摄）

（市农牧和科技局供图）

热贡“尕玛顿丹”藏羊

热贡“佳加哇娄”藏羊

多哇镇有机产品认证

证书编号：1000P2100147

有机产品认证证书

证书持有人名称 黄南州政通农牧产业有限责任公司
注册地址
生产企业名称 黄南州政通农牧产业有限责任公司
注册地址
有机产品认证的类别
认证依据
认证范围

初次发证日期：2021-07-19
本次发证日期：2023-02-01
有 效 期 限：2023-02-01～2023-07-18

曲库乎乡木合沙村生态畜牧业专业合作社藏羊养殖基地

娟姗犏牛

若若牦牛

有机产品认证证书

证书持有人名称

注册地址

生产企业名称

注册地址

有机产品认证的类别

认证依据

认证范围

以上产品及其生产过程符合有机产品认证实施规则的要求，特发此证

初次发证日期：2021-07-19

本次发证日期：2023-02-01

有效期限：2023-02-01--2023-07-18

瓜什则乡有机产品认证

瓜什则乡热贡“佳加哇娄”藏羊保种场

2022 年 3 月，以“推动中藏医药传承创新工作，提升中藏医药服务能力”为主题的首届玛洛中藏药大讲堂在同仁市举办　　（市卫生健康局供图）

2022 年 3 月 15 日，同仁市科技特派员工作站挂牌　　（市农牧和科技局供图）

2022 年 11 月 16 日，异地办班师生在天津市第一百中学参加运动会，展示同仁学子风貌

（市教育局供图）

同仁市热贡路社区儿童之家活动室（市民政局供图）

同仁市热贡路社区儿童之家辅导室（市民政局供图）

2022 年 2 月 15 日，同仁市举行热贡传统年俗文艺联欢会 （市文体旅游广电局供图）

工艺美术大师授课现场 （市文体旅游广电局供图）

2022年8月19日，州、市领导慰问卫生系统省级专家　（市卫生健康局供图）

2022年5月19日，隆务镇牙浪虫草采挖点临时党支部党员与值守公安干警共同开展巡山工作
（市委组织部供图）

2022 年 3 月 16 日，同仁市人民法院工作人员到同仁市第二寄宿学校进行法治校长授课 （市人民法院供图）

2022 年 6 月 30 日，州委常委、市委书记旦增（右）深入保安镇群吾村慰问老干部 （市委组织部供图）

05 喜迎中共二十大

2022 年，同仁市把迎接中共二十大召开和学习宣传贯彻中共二十大精神作为首要政治任务，以实际行动践行对党忠诚。中共二十大召开前，组织开展“喜迎中共二十大、基层百日行”活动，各行业、部门自发组织形式多样的主题活动，迎接中共二十大召开。中共二十大闭幕后，第一时间传达学习，开设专题培训班，确保一步一个脚印把中共二十大提出的重大决策部署付诸行动。

2022 年 6 月 15 日，市审计局组织全体干部到州党群服务中心开展主题党日活动并召开专题研讨会，谋划迎中共二十大方案

（市审计局供图）

2022 年 7 月 7 日，“两新”党组织开展深入学习省十四次党代会精神，为党庆生喜迎二十大主题党日活动

（市委组织部供图）

2022 年 8 月 9 日，“喜迎二十大　唱响金谷地”音乐周活动启动仪式在热贡文化广场举办
（市委宣传部、市文体旅游广电局供图）

2022 年 10 月 14 日，同仁市举办“喜迎二十大·礼赞新时代·文明耀同仁”主题文艺比赛　（市委宣传部、市文体旅游广电局供图）

2022年10月22日，市委红旗宣讲团到年都乎乡开展中共二十大“理论+文艺”主题宣讲　（市委宣传部供图）

2022年11月，市委红旗宣讲团以“理论+文艺”的形式向基层群众宣讲中共二十大精神

（市委宣传部供图）

2022 年 11 月 1 日，学习宣传贯彻中共二十大精神“十进”大宣讲“进社区”活动在同仁市第三完小举办
（市委办供图）

2022 年 11 月 17 日，隆务镇吾屯上庄村与隆务街社区联合开展主题党日活动，宣讲中共二十大精神
（市委组织部供图）

2022 年 12 月 14 日，学习贯彻中共二十大精神省委宣讲团同仁宣讲报告会举办　（市委办供图）

《同仁年鉴（2023）》供稿单位与人员

中共同仁市委办公室　才让卓玛

中共同仁市委组织部　楼岚、昝玉英、申鑫

中共同仁市委宣传部　高雅慧

中共同仁市委统战部　李先才让

中共同仁市委政法委员会　张海花

同仁市精神文明办公室　李宏翔

中共同仁市直属机关工作委员会　更太措

中共同仁市委党校　穆洁

中共同仁市委教育工作委员会　才让卡

中共同仁市人民武装部委员会　吴永乐

同仁市党史研究室（市地方志办公室）　李积燕

同仁市档案局　曹海霞

同仁市人民代表大会常务委员会办公室　王文娟

同仁市人民政府办公室　王文斌

同仁市信访局　李文忠

同仁市机关事务管理局　宋建良

同仁市政务服务监督管理局　完德措毛

同仁市发展和改革局　格桑卓玛

同仁市财政局　卢晓荣

同仁市金融办公室　张警宇

同仁市工业商务和信息化局　豆亚兰、义法才仁卓玛

同仁市公安局　马玉玉

同仁市司法局　祁兴慧

同仁市审计局　蒲延军

同仁市统计局　拉毛措

同仁市人力资源和社会保障局　文莲

同仁市就业服务局　高洁

同仁市社会保险服务局　叶旦加布

同仁市劳动保障监察大队　卡毛友

同仁市医疗保障局　李延军

同仁市教育局　才让卡

同仁市卫生健康局　吉毛才让

同仁市乡村振兴局　李元奎

同仁市住房和城乡建设局　万么当智

同仁市城市管理局　刘庆宁

同仁市交通运输局　马媛

同仁市市场监督管理局　张俊苓

同仁市文体旅游广电局　周婷婷、卓玛、角巴才让、王静、李玉红

同仁市应急管理局　周毛友

同仁市消防大队　梅凯
同仁市自然资源和林业草原局　青措
同仁市生态环境局　金玉堂
同仁市农牧和科技局　吴俊玮
同仁市农牧业综合服务中心　魏向成
同仁市畜牧兽医站　王晓丽、刘浩楠
同仁市水利局　冶有成
同仁市民政局　华毛卡
同仁市退役军人事务局　完德卡
同仁市供销合作社联合社　万玛看卓
同仁市民族语文工作中心　多杰卡
同仁市旅游服务中心　卓玛
政协第二届同仁市委员会办公室　张炽
同仁市纪委监委办公室　胡楠
中共同仁市委巡察办公室　祁延菊
同仁市人民检察院　侯丽莉
同仁市人民法院　格宁罗加
同仁市总工会　赵佩
共青团同仁市委员会　旦正卓玛
同仁市妇女联合会　杨娇娜
同仁市工商业联合会　李先才让
同仁市残疾人联合会　南角加卜
同仁市红十字会　银吉
中共同仁市委机构编制委员会办公室　樊成丽
同仁市气象局　柳志军
国家税务总局同仁市税务局　黄龙
国网同仁市供电公司　吴庆祥
同仁市自来水有限公司　范婷、德吉卓玛
中国电信同仁分公司　赵莲玉
中国联通同仁市分公司　巨敬海
中国移动同仁分公司　唐晓娟
中国邮政储蓄银行股份有限公司黄南藏族自治州支行　张玉梅
中国农业银行股份有限公司黄南分行同仁市支行　徐健
青海同仁农村商业银行股份有限公司　旦智项杰
中国人寿保险股份有限公司同仁支公司　彭丽媛
中国人民财产保险股份有限公司同仁支公司　周学斌
中共隆务镇委员会　隆务镇人民政府　张璇
中共保安镇委员会　保安镇人民政府　曲杨拉毛
中共多哇镇委员会　多哇镇人民政府　索南东周
中共年都乎乡委员会　年都乎乡人民政府　游肖肖
中共曲库乎乡委员会　曲库乎乡人民政府　赵丽君
中共兰采乡委员会　兰采乡人民政府　扎西吉
中共扎毛乡委员会　扎毛乡人民政府　辛丽瑞
中共瓜什则乡委员会　瓜什则乡人民政府　喇富红
中共加吾乡委员会　加吾乡人民政府　侃卓吉
中共黄乃亥乡委员会　黄乃亥乡人民政府　杨东平
中共双朋西乡委员会　双朋西乡人民政府　朋毛才吉

目 录

特 载

专 记

大事记

市情概览

中共同仁市委

同仁市人民代表大会

同仁市人民政府

政协同仁市委员会

纪检监察

群众团体

法治　军事

经济管理

农村　农业

工业　建筑业

城镇建设与管理

交通　通信

商贸服务

旅游业

金融业

生态环境

科技　教育

文　化

卫生健康　体育

社会民生

安全应急管理

社会事务

乡　镇

人物　荣誉

附　录

特载

在市委一届六次全体会议上的讲话

州委常委、市委书记 旦 增

（2023 年 2 月 14 日）

这次全会的主要任务是，坚持以习近平新时代中国特色社会主义思想为指导，深入学习贯彻党的二十大精神、中央经济工作会议精神、中央农村工作会议和省委十四届三次全会精神、州委十三届八次全会精神，总结 2022 年工作，安排 2023 年工作，奋力推动全市工作再上新台阶。刚才赵建国同志代表市委常委会总结了 2022 年经济工作，安排部署了今年经济工作。各地各部门要认真学习领会，切实抓好落实。

一、客观公正总结去年工作

关于去年工作，刚才我代表市委常委会作了报告，在多轮疫情的巨大冲击下、在极端罕见天气的严重影响下，全市各级党组织坚强有力、勠力同心，全体党员众志成城、攻坚克难，各族群众团结一心、守望相助，我们准确研判形势，把握正确方向，在省州党委的坚强领导下，战胜了一个又一个困难，夺取了一个又一个胜利，成绩实属不易。实践充分证明，习近平新时代中国特色社会主义思想，蕴含着强大真理力量、独特思想魅力和巨大实践伟力，是我们加快建设新时代现代化同仁的最大底气所在、力量所在。站在新的历史起点，我们必须在全方位高质量发展的大势中，更加精准认知市情，更加清晰明确定位，更加深刻把握外势内因，在顺势、借势、用势、拓势中释放发展红利。

第一，只有把同仁放在全州全省通盘考量，才能认知精准、定位清晰。党的二十大指出，以城市群、都市圈为依托构建大中小城市协调发展格局，推进以县城为重要载体的城镇化建设。这表明县城城镇化是今后国家发展的总体趋势，对于我们来说是一大利好。前不久，省委印发了推进县城为载体的城镇化建设方案，将同仁定位为大城市周边县城、专业功能县城和重点生态功能区县城，明确了“彰显热贡文化底蕴，提升同仁民族文化产业、旅游业和特色农牧业发展水平，打造高原美丽生态人文城市”的发展方向，标志着今后省委政策的倾斜方向，这既是机遇也是挑战。我们是全省唯一的国家级历史文化名城、青甘川三省交界地区的重要节点城市，兰西城市群建设和黄河流域生态保护和高质量发展战略覆盖区，前景广阔、未来可期，作为州府驻地，我们有理由、有能力、有基础、有信心，在现代化同仁建设新征程中做出一番事业。

第二，只有把短板摆在台面刻在心里不避重就轻，才能目标明确、举措务实。要走出一条富有同仁特色的高质量发展之路，就必须透过现象看本质，理性分析同仁发展的阶段性特征，历史地、系统地、辩证地审视面临的困难和问题。当前，我们正处于高质量发展的“起步期”、乡村振兴的“爬坡期”、产业培育的“追赶期”、民生改善的“提质期”，各种困难矛盾相互交织，发展不平衡、不充分的问题非常突出，主要表现为：地域经济综合实力偏弱，去年全市地区生产总值为 41.03 亿元，占全州 37%；产业结构不合理，一、二、三产比例为 16.8∶15.7∶67.5，产业结构整体不优；本级财力弱，全市去年一般公共预算收入仅有 1.25 亿元，而人员开支和单位运转就要近8亿元，连“吃饭财政”都不够，全靠上级转移支付“输血”，“没钱办事”的问题非常突出；农牧业大而不强，传统农业占比大，农牧业有产业没链条，有招牌没品牌，有品质没市场；工业经济体量小，产业结构单一，全靠建筑业“扛大梁”，高新技术产业至今还是空白，辐射带动能力十分有限；民营经济发展缓慢，重商亲商氛围不浓，规模以上企业、大型民企数量不多，加快民营经济发展、培育市场主体的任务还很艰巨；文旅开发力度不够，产业化市场化水平低，经济效益、带动效益不强，等等，这些问题需要我们高度重视，认真加以解决。

第三，只有把实践经验与理论知识结合起来综合运用，才能守正创新、步履稳健。党的二十大强调，继续推进实践基础上的理论创新，要把握好习近平新时代中国特色社会主义思想的世界观和方法论，坚持好、运用好贯穿其中的立场观点方法。我们要坚持从实践中来，到实践中去，不断从实践中总结经验教训，提升能力水平，推进落实工作。

坚持人民至上是我们的力量之源和胜利根本。我们根据疫情形势变化，采取积极果断措施，全社会共同参与防疫防控，有力确保人民群众身体健康。我们举全市之力，以前所未有的态度、决心和行动推动教育高质量发展，解决了一系列长期阻碍困扰教育工作的问题壁垒。我们坚持小财政大民生，用极为拮据的财政想方设法改善困扰群众多年的如厕难、停车难、出行难问题。我们关注关爱弱势群体，为环卫工提供爱心早餐、各级领导干部身先士卒走访慰问困难家庭等等实践，都是我们站稳人民立场、把握人民愿望、尊重人民创造、集中人民智慧，成为人民所喜爱、所认同的党委政府根本所在。我坚信，只要把人民放在心上，以“我将无我，不负人民”的境界，坚持一切工作从人民角度出发，始终与人民想在一起、干在一起，就能凝聚起战无不胜的力量。

坚持问题导向是我们的精神实质和实践要义。问题是实践的起点、创新的起点，抓住问题就能抓住经济社会发展的“牛鼻子”。一个时期有一个时期的问题，一代人有一代人的使命，我们所做的一切工作都是为了解决问题。刚才我们分析了同仁存在的问题短板，目的就是要让大家深刻认识我们有哪些工作还需要加压奋进，把今后的工作重心放在补齐短板上。“下限”决定“上限”，木桶原理告诉我们，木桶里能装多少水，并不是由最长的板子决定的，而是看最短的那块，解决短板问题才是加快发展的关键所在。因此，对于存在的问题我们要深入思考和潜心研究，找准问题发生的源头和规律，不仅要敢于面对迫在眉睫、需要紧抓快办的具体问题，更要以“功成不必在我”的精神境界和“功成必定有我”的历史担当，主动触及事关同仁长远发展的战略问题，主动触及深层次的顽瘴痼疾，主动触及历史遗留问题，在实践中真抓实干、攻坚克难。

坚持实事求是是我们的思想路线和干事准则。我一直在强调各级领导干部干工作一定要实事求是，不搞假大空、不搞虚头巴脑，要听真话察实情，讲真话说实话，干实事求实效。去年我们先行开展乡村建设试点，在疫情汛情的反复冲击下，在缺少项目资金支持下，依然取得了成功，得到了国家乡村振兴局，省委、省政府的高度肯定，省委农村牧区工作会议向全省各厅局、各市州、各区县播放了同仁乡村建设宣传片，介绍了同仁经验，在如此高规格的大会上介绍我市工作经验，这在同仁历史上是前所未有的。这几天，我也一直在思考，乡村建设成功的根本在哪，我认为最根本在于实事求是。我们坚持一切从实际出发，不搞一刀切，坚持各村有各村的传统特色。我们坚持真抓实干，县级联点领导、部门和乡镇村社干部作风扎实、埋头苦干，披星戴月奋战在施工一线。其他领域工作也要坚持和发扬实事求是工作路线，不图虚名、不做虚功，各级干部都要说老实话、做老实事、当老实人，光明磊落、表里如一。

各位委员、同志们，面对优势和成绩，我们决不能骄傲自满；面对挑战与机遇，我们决不能犹豫迟疑；面对困难与问题，我们决不能回避退缩。新的一年，要把同仁各项事业继续推向前进，还是要靠实事求是、真抓实干。一张好的蓝图，只要是科学的、切合实际的、符合人民愿望的，就要一茬一茬接着干，干出实实在在的成绩。

二、全面深刻把握当前形势

当前，疫情形势仍然不稳定，竞争愈发激烈，我们面临的发展压力也越来越大。但是我们要清楚地看到，党的二十大提出了关于高质量发展的一系列重大部署，必将出台加快现代化建设的一系列政策措施。新一轮西部大开发、黄河流域生态保护和高质量发展、对口支援、东西部协作、加强基础设施建设、加快建设新型能源体系、实施区域战略等重大部署都为同仁经济社会提供了难得的发展空间，需要我们认真谋划、精准对接，做实“五篇文章”。

做好“衔接”文章。全方位推动高质量发展是一场不折不扣的接力赛，没有一步到位，不会一蹴而就，需要全市上下接力奋进、久久为功。我们必须保持历史耐心和战略定力，倍加珍惜时代和人民赋予的使命，倍加珍惜干部群众创造的实践成果，既不另起炉灶，也不墨守成规，遵循发展规律，尊重人民意愿，好的理念要继承发扬，好的经验要吸收提炼升华，好的模式要巩固拓展延伸，做到思路对接、工作承接、机制连接，一张蓝图绘到底。

做好“提升”文章。要树立正确的发展观和政绩观，不贪一时之功，不图一时之名，决不搞劳民伤财的形象工程、政绩工程，从制度提升、作风提效、环境提质“三项建设”抓起，多做打基础利长远的事，多做补短板强弱项的事，多做惠民生得民心的事，善做慢工、甘干苦活，精益求精、善作善成，做一个成一个，稳扎稳打向前走，为长远发展夯基垒台、积蓄能量。

做好“跨越”文章。从周边地区来看，同仁与先进地区的差距有逐渐扩大的趋势，但是暂时落后不等于永远落后，我们必须保持“争”的心态、“拼”的状态，敢于直面新情况新挑战，敢于向顽瘴痼疾开刀，敢于触及深层次矛盾，领导干部要带头冲锋、带头攻坚，领着大家一起冲、一起拼，不为不干找借口，只为干成想办法，以非常之举、非常之策、非常之力，展现同仁干部的精气神，干出群众满意的实绩和亮点。

做好“振兴”文章。今年我们面临着众多政策机遇，机会稍纵即逝，要树牢“不进是退，慢进也是退”的紧迫感，辩证审视同仁区位特征和发展定位，善于从全局谋划一域、以一域服务全局，聚焦特色文化、特色资源、特色产品，深挖区位优势、政策优势、环境优势，把潜力变为实力、特点变为特长、优势变为胜势，在省州乃至国家层面形成更多同仁经验、推出更多同仁样板。

做好“团结”文章。党的二十大特别强调团结就是力量，团结才能胜利。我们每一位同志都要像爱护自己的眼睛一样爱护班子团结，坚持积极、健康的党内生活，自觉做到正确对待自己，正确对待同志，正确对待组织。要有容事容人、不计恩怨的肚量，有相互谅解、坦诚相见的气度，有闻过则喜、从谏如流的胸怀，努力建设政治上志同道合、思想上肝胆相照、工作上密切配合、生活上互相关心的团结和谐奋斗的坚强集体。

各位委员、同志们，同仁已经步入了一个较快的发展轨道。只要我们审时度势，把握机遇，找准定位，明确方向，充分利用一切有利条件，趁势而上，顽强拼搏，同仁发展的步子完全可以迈得更大一些，争先进位的节奏完全可以提得更快一些。希望大家坚定信心，下定决心，以饱满的热情、昂扬的斗志投身到大发展、快发展的火热实践中去。

三、奋力加压干好今年工作

今年是全面贯彻党的二十大精神的开局之年，是“十四五”承上启下的关键一年，也是加快推进同仁现代化发展的重要一年，做好各项工作意义重大。贯彻省委、州委决策部署，今年全市工作总要求是坚持以习近平新时代中国特色社会主义思想为指导，全面学习宣传贯彻党的二十大精神，深入贯彻习近平总书记考察青海重要讲话精神，深刻领悟“两个确立”的决定性意义，增强“四个意识”、坚定“四个自信”、做到“两个维护”，认真贯彻中央经济工作会议、农村工作会议精神，按照省委十四届三次全会、州委十三届八次全会部署，坚持稳中求进工作总基调，立足新发展阶段完整准确全面贯彻新发展理念，加快构建新发展格局，着力推动高质量发展，持续打造生态文明高地，更好统筹疫情防控和经济社会发展，更好统筹发展和安全，突出做好稳增长、稳就业、稳物价工作，全力以赴稳预期、增信心，在现代化黄南新征程中做出同仁贡献。

市委研究提出，今年经济发展主要预期目标是生产总值增长5%以上，力争更好结果。需要强调的是，州委对标全省经济目标，从积极可行的角度出发，确定全州今年生产总值增速在5%以上，我们立足同仁自身实际，确定全市今年生产总值增速在5%以上，这一增速，既符合全省、全州、全市经济增长趋势，也高度契合了当前经济发展阶段的实际情况，同时也为应对未来各种不确定性冲击留有余地。当前，同仁经济仍处于爬坡过坎、攻坚克难的关键时期，想要顺利实现5%的增长目标十分不易，需要我们坚定信心、下定决心、拿出恒心，紧跟党中央、省委、州委步伐，准确分析发展形势，准确把握发展机遇，准确落实发展任务，积极探索更安全可靠的路径，更科学合理的模式，更高效可行的做法，确保经济发展成果达到预期目标。

这里，围绕今年工作，我重点强调七个方面。

第一，全力以赴抓好经济发展。促进消费升级扩容。研究出台促进消费稳定增长的政策措施，通过发放消费券、旅游推介活动等政策激励，促进批发零售、住宿餐饮、文旅市场、生活性服务业等行业恢复提振。要坚持“两个毫不动摇”，持续深化“放管服”改革，优化营商环境，加大企业扶持力度，强化各类金融信贷服务。加大项目推进实施力度。坚持以重大项目为抓手支撑投资稳定增长，围绕配合做好西成铁路、同赛高速等重点项目，聚焦城乡区域协调发展、民生福祉改善等领域，做细项目前期、做实项目储备、做优项目实施，努力打造一批强基础、惠民生、利长远的重大项目。坚持深化改革开放。深化规划、国土、城市管理、数字政府、文明城市创建长效机制等领域改革，着力构建上下衔接、运行顺畅、协同高效的管理体制。加强对外交流合作，积极主动承接西宁、海东溢出产业，不断优化经济结构。全方位拓展与天津滨海新区对口支援和启东市东西部协作，重点围绕农畜产品深加工、专家人才引进、电子商务等方面，加大对接力度，实现人才技术“引进来”，特色产品“走出去”。营造安全稳定发展环境。坚决贯彻落实“疫情要防住、经济要稳住、发展要安全”要求，有效实施“乙类乙管”，全力做好医疗救治、医疗资源储备、药品供应保障以及重点人员防护救治。全力防范政府隐性债务风险，从严执行财经纪律，全面落实过紧日子要求，压减非必要刚性支出，腾出更多资金用于民生事业。要全面落实安全生产责任制，完善隐患排查治理和风险防控体系，加强应急管理体系建设，提高防灾减灾抗灾救灾能力，有效遏制重特大安全事故。

第二，加快打造生态文明高地。践行绿色发展理念。继续强化国土空间规划和用途管控，严守“三区三线”，科学布局生态、农业、城镇功能空间。聚焦国家清洁能源产业高地建设，大力发展清洁能源、可再生能源和绿色环保产业，加快天然气入同仁、乡镇清洁能源供热和集中供热煤改气工程建设。聚焦生态产业化、产业生态化，构建以生态旅游、生态农业、生态康养为主的产业体系，鼓励和支持群众发展休闲采摘、田园草原观光、林下经济等特色农牧业。巩固提升国土绿化成果。严格落实河湖长制、林草长制，统筹推进山水林田湖草沙冰系统治理，加紧实施黄河流域尖扎至同仁段生态修复综合治理项目，加快天然林保护修复、退化草原治理修复等重点工程，积极参与碳汇交易市场建设，拓宽碳汇生态价值路径。全力打好“三大污染防治攻坚战”。深化人居环境整治，积极推进厕所革命、“全域无废”建设和生活垃圾分类处置，逐步在沿隆务河流域推广农村生活污水收集处理项目。持续开展秸秆垃圾禁烧和农药化肥减量、河湖“清四乱”等专项整治行动，切实做到长效长治。加大生态环境执法力度，提高违法成本，对环境违法行为保持“零容忍”。

第三，全面推进乡村振兴。以“五大振兴”为基础，“八大行动”为抓手，深入落实中央、省委“1号文件”精神。大力发展特色农业。全力打造绿色有机农畜产品输出地，围绕“一地两创三促四园五带”发展思路和产业布局，高质量建成并管理运营好绿色产业园区，积极创建“三品一标”，发展加工农业、休闲农业、观光农业、体验农业，提升壮大黄果梨、黑青稞、马铃薯、汉藏药材、牦犏牛、藏羊、饲草料等特色产业，逐步推进高原特色农牧业产业“四个万亩”向

"六个万亩"升级演变，打造中国"犏牛之乡"。加快产业结构转型，促进一、二、三产融合发展。全面落实粮食安全党政同责，深入实施藏粮于地、藏粮于技战略，牢牢守住12.91万亩耕地红线。建设宜居宜业和美乡村。深刻总结推广乡村建设同仁路径，扎实推进"多规合一"村庄规划编制，在保留传统风貌的基础上，统筹水、电、路、住房等乡村基础设施建设，科学合理实施绿化美化工程，完善文化广场、物流快递等公共服务布局，实现各村有各村的特点、各村有各村的风貌。继续坚持"各炒一盘菜、共办一桌席"理念，多渠道整合行业项目资金，加大部门联动协作力度，引导发动群众参与建设，实现大联动、大建设格局，确保今年完成15个村乡村建设任务。提升基层社会治理水平。巩固提升"一核三治"治理模式，切实构建党建引领，自治强基、法治保障、德治教育、群治参与、智治支撑的"五治联动"综合治理体系。选优配强基层党组织力量，实施在外能人回引、本土人才挖掘、退役军人择优选拔、大学生递进培养"四个一批"计划，不断建强基层组织队伍。规范化运行村级综治中心，推广实施数字乡村建设，提升治理能力。持续推进移风易俗，细化完善村规民约，形成文明乡风，引导各族群众更加自觉感党恩、听党话、跟党走。

第四，实施教育科技人才战略。办好人民满意教育。深入推进全市教育高质量发展"八大工程"，加快义务教育优质均衡和城乡一体化发展。积极稳妥推进教育布局再调整，普及和推广"三科"统编教材和国家通用语言。加快学前教育标准化建设，高标准实施"石榴籽"小学和教育信息化平台项目。深化城乡学校结对帮扶、教师交流轮岗，引进和培养一批专业人才教师队伍。加大科技引进力度。积极主动对接省内外高校及科研院所，加强企业主导的产学研深度融合，因地制宜引进有机农牧业、生态保护、文创产品、"互联网+"等领域新型科学技术，提升科技成果转化和产业化水平，全面提高科技进步对经济增长的贡献率。实施人才强市战略。加强党对人才工作的全面领导，围绕服务乡村振兴、生态环保等全市中心工作，建立人才储备库，既注重挖掘和培养实用型本土人才，又注重引进和使用高精尖外来人才，实施更加积极、更加开放、更加有效的人才政策，用真心和真情留住人才、汇聚人才、保护人才、运用人才。

第五，高标准推进文旅深度融合发展。坚持规划引领。积极融入国际生态旅游目的地建设，修订完善全市旅游总体规划、全域旅游发展规划，对全市文化旅游资源统一保护、规划、开发和营销，做好产业布局、产业聚集、新型业态融合发展以及产品创意开发，突出同仁特色，找准景区（景点）文化旅游融合发展的结合点，实现文化旅游的联动发展、错位发展、互补发展。完善基础设施。加大旅游基础配套设施建设力度，大力发展特色精品民宿，深度挖掘热贡文化、"六月会"、土族"於菟"等文化资源以及森林、草原、丹霞地貌等生态资源，开发全域旅游精品线路，积极融入全省旅游线路大循环。扎实做好历史文化名城AAAA级巩固提标和AAAAA级景区创建工作。出台到同仁旅游优惠政策，不断延伸旅游产业链条、打造旅游资源品牌，创建一批AAA级旅游景点。繁荣发展文化事业和文化产业。立足全省唯一"国家级历史文化名城"、热贡文化生态保护区、"唐卡艺术之都"等资源禀赋，大力弘扬优秀传统文化，加大非遗传承保护力度，对历史文化资源进行创造性发展、创新性转化，把旅游融入文化产业，让文化融入旅游过程，使历史文化与现代文明融入旅游经济发展。

第六，多措并举抓好民生改善。完善城市服务功能。实施城市功能提升行动，推进给排水、供热供气、污水垃圾处理、防洪排涝等市政设施提档改造，4月中旬完成征地拆迁，同步启动征迁群众安置工作，不断提升城市发展核心区品质。加快城市信息化建设，以基础设施智能化、公共服务便利化、社会治理精细化为重点，建设新型示范性智慧城市。实行党建统领下的物业基层治理模式，健全城市物业行政管理体系，提升物业管理能力和服务质量。加大稳岗促就业力度。积极搭建就业服务平台，落实创业扶持政策，重点解决好高校毕业生、农民工、退役军人等群体就业。集中开展农民工欠薪问题整治行动，开发一批城镇和农村公益性岗位，保障困难群众就业增收。健全医疗服务体系。统筹医疗资源科学合理配置，加大全科医生培养和引进力度，做实分级诊疗，做优基层社区卫生服务，推进医疗机构错位发展。合理规划医疗机构布局，充分利用好相关政策机遇，合理稳妥、集约高效推进市人民医院建设，补齐公共卫生短板。提高社会保障水平。积极落实低保兜底、临时救助、医疗救助等措施，做到应保尽保、应救尽救、公平公正。构建多层次住房保障体系，推进低收入群体“安居工程”，尽最大努力解决低收入家庭住房困难问题。保障物价平稳运行，加大生猪、牛羊、蔬菜、粮油等重要民生商品产销衔接、应急调运、储备调节力度，严厉打击价格违法行为，确保“菜篮子”产品稳定供应。

第七，居安思危抓好国家安全。维护社会稳定。坚持总体国家安全观，持续开展“两反四防”专项斗争和常态化扫黑除恶斗争，巩固政法队伍教育整顿成果。加强社会治安综合治理，做实矛盾纠纷排查化解，做好各类应急预案实战演练和补充完善。强化全民国防教育，深化双拥共建、退役军人工作，加强民兵应急能力建设，加快国防动员体制改革，完善新时代国防动员体系。抓好意识形态。牢固树立抓意识形态工作是本职、不抓是失职、抓不好是渎职的理念，党组织主要负责人要带头抓意识形态工作，带头管阵地、把导向、强队伍，切实做到敢抓敢管、善抓善管。筑牢民族团结。以铸牢中华民族共同体意识为主线，全力做好“民族团结进步+”文章，持续深化“十二进”创建活动，实施各民族交往交流交融“十项行动”。常态化开展“四史”“五观”教育，创建一批“石榴籽社区”“石榴籽学校”，打造好全州首个民族团结主题展示馆，确保6月底全面开馆。依法管理宗教。全面贯彻党的宗教工作基本方针，构建党委领导、政府管理、社会协同、宗教自律的宗教事务治理格局。继续开展与宗教界人士联谊交友活动，积极推动智慧消防、寺庙财税监管、绿色寺院创建等工作，充分发挥驻寺干部、寺管会、民管会、寺主活佛关键作用，打击制止任何形式的非法宗教活动，全面加强和提升宗教工作治理能力和水平，始终坚持我国宗教中国化方向，积极引导宗教与社会主义社会相适应。

四、全面加强党的建设

坚持和加强党的全面领导，是我们迈进新征程，推动高质量发展，从胜利走向胜利的制胜密码和根本保障。要全面落实新时代党的建设总要求，把党的领导落实到各领域各方面各环节。

一是加强思想政治建设。持续深入学习宣传贯彻党的二十大精神，在全面学习、全面把握、全面落实上下功夫，坚持用新时代党的创新理论观察新形势、研究新情况、解决新问题，以实际行动让党的创新理论在头脑里生根、在实践中发芽。严格执行民主集中制、完善党委（党组）议事决策规则，健全重大决策调查研究、科学论证、风险评估等制度，不断提升依法决策水平。自觉同党的基本理论、基本路线、基本方略对标对表，在任何时候、任何情况下，站稳政治立场、政治方向和政治原则，确保总书记有号召，党中央有部署，省委、省政府有安排，同仁就马上行动，把各项举措任务落实落细。

二是强化组织体系建设。牢固树立大抓基层的鲜明导向，分类统筹推进农村、城市、机关、学校等各领域各层级基层党建工作，积极探索形成符合新时代特征、彰显工作特色、具有行业特点的党建工作品牌。加强基层党员干部队伍建设，树立正确选人用人导向，营造能者上、优者奖、庸者下、劣者汰的从政环境。实施村集体经济“强村”工程，着力在确定发展目标、优化发展路径、强化政策扶持、压实主体责任上下功夫。深入贯彻党组织工作条例，落实好“三会一课”、组织生活会、民主评议党员、领导干部过双重组织生活等制度，全面提升基层党建工作制度化、规范化、标准化水平。

三是坚持全面从严治党。始终保持“两个永远在路上”的坚韧执着，扛牢管党治党政治责任，认真履行“一岗双责”，纵深推进党风廉政建设和反腐败斗争。严格落实中央八项规定及其实施细则，用好执纪监督四种形态，抓早抓小、防微杜渐，让各级干部少犯错、不犯错，一体推进不敢腐、不能腐、不想腐。坚持严管与厚爱相结合，约束与激励并重，严格落实“三个区分开来”，进一步激发干部干事创业积极性、主动性、创造性。紧盯“关键少数”，规范权力运行，强化监督制约，促使领导干部严以修身、严以用权、严以律己，为广大党员干部带好头、做表率。

四是持之以恒加强作风建设。树立大抓落实的鲜明导向，主动发现和培养想抓落实、敢抓落实、真抓落实、善抓落实的干部，营造敢于担当、攻坚克难的良好政治生态。以更大决心和力度整治形式主义、官僚主义，把会议、文件数量减下来，质量提上去。要重点纠治干部不担当、不作为，破坏班子团结等突出问题，坚决防止“酒桌文化”、“圈子文化”、特权思想，把不良作风减下来，把责任担当加上去，让基层干部有更多获得感，干事创业有更好环境。

同志们，路虽远，行则将至，事虽难，做则必成。让我们更加紧密团结在以习近平同志为核心的党中央周围，以党的二十大精神为指引，紧跟省委、州委步伐，踔厉奋发、勇毅前行，为奋力谱写全面建设社会主义现代化国家的同仁篇章奋勇前行！

政府工作报告

——在同仁市第二届人民代表大会第二次会议上

市 长 赵建国

(2022年2月28日)

各位代表：

现在，我代表市人民政府向大会报告工作，请予审议，并请各位政协委员和列席会议的同志提出意见。

一、拼搏2021，我们砥砺前行、硕果累累

2021年是同仁发展历史上具有里程碑意义的一年，是在接续奋斗、攻坚克难中砥砺前行的一年。面对复杂严峻的发展环境和艰巨繁重的工作任务，在州委州政府和市委的坚强领导下，我们坚持以习近平新时代中国特色社会主义思想为指导，以党史学习教育淬炼思想、凝聚力量，深入贯彻新发展理念，坚持稳中求进的工作总基调，统筹推进疫情防控和经济社会发展，紧抓“六稳”“六保”工作不放松，扛住稳增长的压力，担起调结构的使命，践行惠民生的宗旨，筑牢防风险的底线，经济社会发展保持了稳中有进、进中向好、好中蓄势的良好势头。回顾2021年，爬坡过坎、滚石上山，我们走过了一段异常艰辛、令人难忘的历程。

——*跑出了力争上游的“同仁速度”*。全年实现地区生产总值40.26亿元，同比增长3.1%；农林牧业总产值8.6亿元，同比增长4.3%；地方公共财政预算收入1.18亿元，同比增长5.3%；全社会固定资产投资23.65亿元，同比增长6.9%；社会消费品零售总额10.15亿元，同比增长7.8%；全体居民人均可支配收入2.2万元，同比增长8.8%。其中，城镇居民人均可支配收入3.82万元，同比增长6%；农村居民人均可支配收入1.21万元，同比增长9%。多项指标增速走在了全州前列，在疫情防控的不利影响下逆势而上、争先进位，交出了一份沉甸甸的答卷。

——*刷新了内外兼修的“同仁颜值”*。西成铁路、同赛高速同仁段、天然气入州等强基固本的重大项目进展顺利，成功通过省级卫生城市复审验收，全面启动国家级卫生城市创建。强力推进“街长制”“门前三包”责任制，持续开展违章建筑、交通秩序综合整治行动，实施城区公厕提标升级工程，高标准建成13座并投入运行，彻底扭转了困扰多年的突出难题。省部共建高原美丽城镇建设取得实质性进展，同仁成为全省海绵城市①建设项目申报唯一备选区。成功申报国家级传统村落集中连片保护利用项目，获得中央财政补助资金1.35亿元。7个高原美丽乡村和45个老旧小区2102户基础设施改造项目建设完成，1990户农牧民居住条件改善工程稳步实施，人居环境全面提升，美丽同仁崭露新姿。

——*展现了闯关夺隘的“同仁作为”*。坚持巩固拓展脱贫成果与乡村振兴有效衔接，构建了以光伏扶贫、黄果经济、民族手工业等为基础的特色产业，打造产业发展示范园区1个、试点村7个，集体经济年收益超10万元以上村占比达62.6%。建立健全防止返贫动态监测和帮扶机制，构建重点预警、未贫先防、及时止贫的“防贫坝”。持续做好易地扶贫搬迁后续帮扶工作，投入资金330万元建立5个文化产业扶贫车间，扶持带动76名易地搬迁户实现稳定增收。深入推进脱贫人口稳岗就业，脱贫人口累计就业5454名。储备乡村振兴产业发展项目68项，整合使用涉农资金2.1亿元，落实财政衔接资金1.89亿元，市财政筹措解决乡村振兴项目二类费用500万元，衔接资金支出率达93.42%。顺利通过衔接推进乡村振兴补助资金绩效评价考核和巩固脱贫攻坚成果第三方省级验收，朝着更高质量的小康和发展迈进。

——提升了文旅交融的“同仁魅力”。高质量推进全域旅游发展规划编制工作，加快乡村旅游发展，打造建设扎毛乡“草原风情+生态养殖+民俗体验”观赏休闲地。成功举办唐卡艺术之都千人徒步文化体验游等活动，积极参加“西域胜境·神韵黄南”文化旅游资源天津、上海专场推介会，特色文创产品纷纷走进国内一线城市。龙树画苑被评为国家AAA级旅游景区，扎毛村被评为“国家级生态文化村”，并入选“全国乡村旅游重点村镇”，郭么日村被评为“国家级历史文化名村”，吾屯村入选“青海省乡村旅游重点村”，隆务古街入选“青海省首批旅游休闲街区”，热贡画院等8家企业被评为省级文旅融合示范点，同仁市（热贡艺术）荣获“中国民间文化艺术之乡”“中国藏族热贡神舞之乡”2项称号。

——增添了开放合作的“同仁活力”。主动融入全省对外开放新格局，积极参加“青洽会”及特色产业推介会等平台，签约项目7项、金额43.65亿元，实现到位资金9亿元。总投资23亿元的瓜什则400兆瓦“牧光储”综合一体化发电项目落地建设，完成投资8.6亿元。对口援建升级加力，投资实施黄乃亥乡“村村通”等10个援建项目。在全州率先出台关爱援青干部人才6项举措，在天津第100中学首次开办同仁籍高中班，40名学生获得优质教育。成功与江苏省启东市签订东西部协作协议，开辟了与东部发达地区合作交流的新通道。

——传递了倾力民生的“同仁温度”。千方百计用“小财政”撑起“大民生”，全年将81.8%以上的财政支出投入民生领域，办成了一批大事、要事、难事。为全市1330名临聘人员缴纳住房公积金和工伤保险200万元，解决222名学前教育保教岗位人员政府购买服务费用110万元、211名辅警工资135万元，承担地方消防救援队伍工资165万元，并逐项列入2022年财政预算予以保障。投入120余万元在全州率先启动实施“暖心早餐”工程，为526名环卫工人等户外劳动者提供免费早餐。

一年来，面对新冠疫情严重冲击、外部环境复杂多变、风险挑战明显增多的情况，我们始终坚持党对经济工作的绝对领导，按照目标不降、计划不变、力度不减的要求，牢牢守住了经济发展和社会稳定的基本盘，实现了“十四五”迈好第一步、见到新气象的目标，同仁与全国全省一道全面建成小康社会，开启了向第二个百年奋斗目标进军的新征程。主要抓了以下工作：

（一）坚持生态优先，推进治山理水，“绿”的底蕴进一步厚重。始终牢记保护好生态环境是“国之大者”，深入推进国土绿化巩固提升三年行动，全面推行“林草长制”，完成国土绿化11.89万亩，不断增加蓝绿空间占比。扎实推进污染防治，开展扬尘综合整治行动，完成9台燃煤小锅炉淘汰改造，空气质量达标天数比例达95.9%。在黄乃亥等乡镇推行垃圾分类处理，扎毛乡投入使用全州首个乡村垃圾环保焚烧炉，实现区域生活垃圾无害化处理。持续推进“河湖长制”，实施保安镇银扎木沟等水土保持综合治理工程，完成水土流失治理面积10.8万亩。同仁污水处理厂提标升级、矿山恢复治理加快实施，城镇污水和生活垃圾无害化处理率分别达到90%、85%，境内主要流域监测断面水质均达到Ⅱ类水质标准，城镇集中式饮用水水源地水质达标率为100%。加大农业残膜和秸秆清理回收力度，空气、水体、土壤环境质量持续提升，天空蓝、河湖清、山川绿成为同仁最动人的“模样”。

（二）坚持特色发展，调优产业结构，“稳”的基础进一步夯实。始终把培育壮大特色优势产业作为最主要任务，持续优化种植结构调整，种植黑青稞、马铃薯、中药材各1万亩，全年粮食产量持续稳定在1.6万吨以上，蔬菜产量0.82万吨。扎实开展绿色农业增效行动，新建高标准农田4080亩，实施化肥农药减量增效8.3万亩。在一镇四乡16个牧业村深入推广“拉格日”模式，实施4个乡镇6个生态畜牧业合作社股份制改造，有序推进牦牛藏羊原产地质量可追溯体系建设和草原牲畜有机认证，多哇镇和瓜什则乡顺利通过草原牲畜有机认证。12家专业合作社被评为农牧民专业合作社省级示范社，3家家庭牧场被评为省级示范性家庭农牧场。成功举办全州首届“农民丰收节”，精心打造“晶黄果”“同仁青稞”等特色有机品牌。

（三）坚持项目为先，扩大有效投资，“进”的态势进一步增强。始终把项目投资作为稳增长的主抓手，全年实施新续建项目233项，总投资83.51亿元，郭么日大桥、丹霞路延伸段工程、五期集中供暖等困扰多年的难开工、难落地项目破冰建设，隆务河两岸环境综合治理一期等项目建成运行。顺利完成隆务西山40户和年都乎乡录合相村37户地质灾害避险搬迁工作，地质灾害综合防治项目纳入国家重点支持项目盘子。紧盯国家投资导向，动态调整完善全市项目库，储备项目682项，总投资规模达1080亿元。专项投入1000万元做好有意向投资项目的前期工作，主动对接申报2022年项目83项，总投资27.14亿元，城市核心区主要节点环境整治等9个项目已列入藏区专项和省级盘子。精心谋划布局了一批强弱项、补短板重大项目，投资效益逐步显现，为持续发展增添了后劲、奠定了基础。

（四）坚持改革开放，优化发展环境，“闯”的后劲进一步积蓄。始终以市场主体需求为导向，纵深推进“放管服”改革，取消调整行政审批事项11项，政务服务“五级联动”②试点工作稳步推进，全面梳理公布群众和企业到政府“网上办”事项734项、通办事项15项、高频事项100项，全部录入青海省政务服务网办理，全市政务服务事项网上可办率达97.6%。农牧区集体产权制度改革圆满完成，“互联网+区块链+代理记账”模式有效推广，市乡村供销社机构体系全面建立，扎实落实项目投资并联审批等改革措施，健全完善“双随机、一公开”新型监管机制，全面推行“多证合一”“照后减证”，全年共发放“多证合一”营业执照332份，“二证合一”营业执照981份，全程电子化登记系统自助申请营业执照895份。全面落实优化营商环境条例和减税降费政策，全年减免税费1109万元，新增各类市场主体926户，各类市场主体达到9293户。

（五）坚持发展惠民，着力改善民生，“好”的生活进一步提质。坚决筑牢“零输入、零感染”双零防线，完成市疾控与市妇保院整体搬迁。高规格召开全市教育高质量发展大会，出台《同仁市教育高质量发展若干措施》，实施“八大工程”③，全力建设教育强市，奋力推动新时代教育现代化走在前列。市第二民族中学、城北幼儿园建成运行，新增学位1200余个。市民族中学等4个过街天桥项目正在建设中。补足配齐幼儿园后勤及保教人员345名，调配和新聘441名临聘人员充实到各学校紧缺课程教学和后勤等岗位。稳步推进义务教育“双减”政策实施，全面落实义务教育普惠政策，发放贫困生和寄宿生生活补助1365.1万元，营养餐补助773.4万元。千方百计拓宽就业渠道，实现城镇新增就业452人，农牧区劳动力转移就业9600人次，劳务收入达1.33亿元。全面落实社保提标和社会救助政策，城乡低保人均标准分别提高5%和8%，异地就医直接结算体系进一步完善。特别是在经济遇到短期困难的时候，我们始终把保障民生作为工作的重中之重，全面完成了年度确定的10大类20项民生实事，人民群众的获得感、幸福感、安全感有了新提升。国防动员、双拥优抚、地震气象、外事侨务、地方史志等工作取得新成绩，妇女儿童、老年人、残疾人权益得到更好保障。各族群众发自内心感恩习近平总书记、感恩党中央、感恩伟大祖国！

（六）坚持守牢底线，加强社会治理，“优”的环境进一步改善。始终以创建涉藏社会治理示范区为目标，持续强化社会治理，启动实施“八五”普法工作，完善市乡村公共法律服务体系建设，全面依法治市进程不断加快。积极推进扫黑除恶斗争常态化，充分发挥“三调联动”机制，全年共排查调处矛盾纠纷374起，化解率100%。国家和省信访局交办的重复信访事项和信访积案全部化解，荣获国家信访工作“三无县”称号。制定全州首个《社区工作者管理办法》，创新开展藏传佛教寺院“两补两奖”考核评比活动，成功创建全国民族团结进步示范市。安全监管持续强化，加强重点领域、重点行业安全治理，全年未发生重大安全生产事故，安全生产形势稳定向好。我市被命名为“省级食品安全示范市”，年都乎司法所和城南派出所分别被授予“全国模范司法所”和省级“枫桥式公安派出所”称号。

（七）坚持施政为民，注重自身建设，“实”的作风进一步转变。始终把政治建设摆在首位，把学习习近平总书记考察青海重要讲话精神、党史学习教育的思想收获转化为推动“三区建设”和“我为群众办实事”的具体行动，以高度的政治自觉践行“国之大者”。自觉接受市人大及其常委会法律监督、工作监督和市政协民主监督，高质量办理人大代表建议50件、政协提案47件，一批成果有效转化为推动高质量发展的务实举措。法治政府建设扎实推进，严格实行科学决策、民主决策、依法决策，修订完善政府工作规则和相关工作制度，制发规范性文件8件，严格规范政府运行。认真落实中央八项规定及其实施细则精神，驰而不息纠正“四风”，政风行风明显改善，行政效能逐年提升。树牢“过紧日子”思想，厉行勤俭节约，“三公”经费和一般性支出大幅压减，把有限的财力和资源用在发展经济、改善民生上。工程建设、政府采购、审计监督等制度不断完善，推动全市政府系统形成干净干事、真心做事、高效办事的良好氛围。

各位代表，历尽天华成此景，人间万事出艰辛。回顾一年来的工作，我们深切地感受到，这些成绩的取得，是习近平新时代中国特色社会主义思想正确引领的结果，是州委、州政府和市委坚强领导的结果，是市人大、市政协监督支持和广大干部群众勠力奋斗的结果，凝聚着全市上下的心血和汗水，汇聚了社会各界的智慧和力量。在此，我代表市人民政府，向全市各族干部群众，向人大代表、政协委员和离退休老干部，向工商联、各人民团体和社会各界人士，向省州驻市单位、解放军、武警官兵、公安干警和应急救援队伍、援青干部、挂职干部，向所有关心和支持同仁发展的各级领导和社会各界朋友，致以崇高的敬意和衷心的感谢！

各位代表，思危方能居安，知忧才能克难。我们清醒地认识到，同仁正处于转型升级、爬坡过坎的关键阶段，经济总量小、发展底子薄、发展不平衡不充分的基本市情仍未根本改变。项目支撑能力不足，民间投资活力不强，产业发展缺乏新动能，转型升级依然任重道远；绿色发展破局困难，推动“绿水青山”向“金山银山”方面探索不够、能力不强；自然灾害多发频发，返贫致贫隐患较多，巩固拓展脱贫攻坚成果与乡村振兴有效衔接的任务艰巨繁重；“市”的理念尚未形成，城镇化水平不高，城市集聚功能不强，加快城市建设、提升城市品质仍是重中之重；财源培植不足，财政收入总量较少，对上依赖程度较高，公共服务、生态环保、民生保障等方面仍存短板弱项。这些问题既有长期积累的，也有一些随着形势发展显现的，二者相互交织叠加，我们将直面问题和困难，坚定信心，采取更加有力有效的举措加以解决和克服，努力把政府工作做得更好、更实、更贴近群众的心。

二、奋战2022，我们踔厉奋发、笃行不怠

2022年是实施“十四五”规划的关键一年，也是进一步完善发展思路、夯实发展基础、提升发展质效的一年。做好今年各项工作意义重大。根据市委部署，我们将以习近平新时代中国特色社会主义思想为指导，全面贯彻党的十九大和十九届历次全会、中央经济工作会议、中央农村工作会议精神，深入落实习近平总书记对青海工作重要讲话和指示批示精神，弘扬伟大建党精神，全面落实省委十三届十一次全会和州委十三届二次全会精神，坚持稳字当头、稳中求进工作总基调，完整、准确、全面贯彻新发展理念，以维护安全为底线，以从严治党为根本，以改善民生为核心，以乡村振兴为引领，以民族团结为抓手，统筹推进稳增长、促改革、惠民生、防风险工作，扎实做好“六稳”“六保”工作，推进生态保护和高质量发展取得新成效，保持社会大局稳定，以优异成绩迎接中共二十大和省十四次党代会胜利召开。

今年主要预期目标为：一是经济增长目标。地区生产总值力争增长6%以上。其中，第一产业增加值增长4.6%，第二产业增加值增长7%，第三产业增加值增长

6.3%。二是发展支撑指标。地方公共财政预算收入增长5%，固定资产投资增长7.5%，社会消费品零售总额增长7%，文化和旅游产业营业收入增长8%，旅游总收入增长10%。三是民生保障指标。全体居民人均可支配收入增长6%，城镇新增就业400人以上，农牧区劳动力转移就业9000人次以上，城镇调查失业率、登记失业率和居民消费价格涨幅控制在省定指标以内。四是生态环保指标。全市空气质量优良天数比例达到95%以上，黄河出境断面水质稳定保持在Ⅱ类以上，集中式饮用水水源地水质优良率100%，节能减排指标控制在省定目标以内。

实现上述目标，我们必须聚焦聚力做好以下八个方面的工作。

（一）聚焦聚力生态环保，厚植生态文明新优势。我们要以更大决心践行绿水青山就是金山银山、冰天雪地也是金山银山理念，紧盯自治州“六区”[④]创建目标，全面加强生态建设和环境保护，精心描绘山高水长、绿韵蓝调，人与自然和谐共生的“西域胜境·美丽同仁”画卷。

全力守护青山净土。聚焦打造国家公园示范省融合区，积极融入国家公园示范省建设，高标准实施好隆务河流域山水林田湖草生态保护修复工程，加快推动“三线一单”[⑤]成果落地应用，推进生态保护补偿制度改革，试点实施林草碳汇交易项目，努力将生态优势转化为发展优势。全面开展全民所有自然资源资产清查，扎实推进统一确权登记。实施土壤和白色污染治理，抓好矿山生态修复，推进重点行业企业监管、工业固体废物处置，切实保障土壤环境安全。聚焦打造全省林草覆盖度最高的绿色支撑区，深入开展大规模国土绿化巩固提升行动，深化“林草长制”，完成国土绿化13.1万亩，人工造林2.6万亩，建设隆务东西山、南当山生态绿色长廊，打造一批“森林城镇”和“森林乡村”。积极引进第三方公司，实施无人机巡查巡护，实时监测生态环境、基本农田和森林草原，全方位守护美丽同仁，让山青水绿、河清湖晏成为同仁的鲜明标识！

强力保护蓝天白云。聚焦打造“两山”转化先行区，实行最严格的生态环境保护制度，稳步推进碳达峰行动，启动“两山”实践创新基地创建。坚持“治企、减煤、控车、抑尘、禁燃”五管齐下，以更高标准深入打好蓝天、碧水、净土保卫战，全面完成10吨以下燃煤锅炉淘汰任务，巩固提升扬尘治理、秸秆禁烧工作成效，每天必争、微克必争，确保全年空气优良天数达320天以上。聚焦打造青海牧区全域无废样板区，接续实施农牧区人居环境整治提升五年行动，扎实推进城乡生活垃圾分类处理，积极推行全域“禁塑”，建成运行第二垃圾填埋厂，大力推广垃圾无害化处理技术，新建乡镇垃圾环保焚烧锅炉10座，实现偏远乡镇垃圾无害化处理，促进城乡人居环境持续提升，全力打造青海最干净、最整洁、最宜居、最美丽的州府所在地。

倾力呵护碧水清流。聚焦打造黄河上游清洁水源涵养功能区，坚决扛起源头责任，展现干流担当，深入实施黄河流域同仁段生态保护和高质量发展规划，扎实开展“守护母亲河、推进大治理”专项行动，坚决抓好黄河警示片和专项“体检”发现问题整改，打好环境问题整治、深度节水控水、生态保护修复“三个攻坚战”，实施小流域水土流失综合治理，着力增强洁净水源涵养功能，坚定不移当好“中华水塔”守护人。全方位贯彻“四水四定”原则[⑥]，落实水资源管控“三条红线”[⑦]，实施城镇供水提质增效工程，严格饮用水水源地环境保护，全面提升“河湖长制”管理水平，常态化开展“清四乱”行动，严厉打击破坏河道水生态行为，确保境内主要河流水质总体稳定在Ⅱ类水体以上，为确保黄河安澜作出同仁贡献。聚焦打造人与自然和谐共生示范区，严格落实禁捕、禁猎、禁采等措施，实施珍稀野生动物栖息地保护工程。持续开展生态文明创建活动，广泛开展创建绿色机关、绿色家庭、绿色学校、绿色社区及绿色出行等行动，倡导简约适度、绿色低碳生活方式，力争年内创建省级生态文明示范乡镇2个、示范村3个，让保护生态环境成为全社会的普遍共识和自觉行动。

（二）聚焦聚力培优提质，筑牢产业支撑新根基。我们要以更快步伐培优做强特色产业，围绕全省产业“四地”[⑧]建设，聚焦转型升级深度攻坚，让产业“骨骼”强、“筋脉”活、“气血”足。

持续壮大生态有机农牧业。

聚焦打造绿色有机农畜产品输出地建设，以“提质、稳量、补链、扩输”为路径，开展绿色农业增效行动，立足特色资源提升黄果梨、汉藏药产业，壮大牦犏牛、黑青稞优势产业，稳定油菜、黑青稞、马铃薯、饲草“四个万亩”种植基地，确保粮油种植面积保持在8.3万亩以上。发展半农半牧区有机农畜养殖产业，建设牦犏牛、藏羊、黑牦牛培育扩繁基地10个、养殖场20个。抓好种养业品种改良，实施小麦和油料作物良种繁育4000亩。重点打造同仁市大通牦牛扩繁基地、“热贡佳加哇娄”保种基地、“热贡尕玛顿丹”藏羊扩繁基地，健全牦牛藏羊育繁推一体化良种繁育体系，提高全市藏羊牦牛良种化水平。强化“三品一标”认证，积极申报同仁马铃薯、牦犏牛2个国家地理标志产品，在省内外涉藏地区扶持开设热贡烧馍等特色产品直营店，努力扩大绿色有机农畜产品输出能力。高规格召开农牧业高质量发展大会和农牧业产业发展观摩会，推动农牧产业特色化、优质化发展。

加快开创文旅融合新局面。聚焦打造国际生态旅游目的地，争取将吾屯村申报成为省级文化旅游产业园区，建设一批非遗传习中心和展示点，带动提升文创产品研发、销售产业链。扎实做好历史文化名城AAAA级巩固提标和AAAAA级景区创建工作，以唐卡小镇和隆务古街为关键节点，打造自然山水、森湖温泉、古村落等新景点，完善游客集散中心等设施，着重解决各景点延伸中吃、住、赏、游等需求。加快发展乡村旅游业，引导发展民宿产业和休闲观光、田园采摘、特色餐饮、养生度假等新业态，办好“六月会”等节庆活动，积极创建国家级全域旅游示范区，多渠道、多形式讲好同仁故事，让同仁成为人人向往的“诗和远方”。

大力发展绿色经济新业态。坚持以“绿色、低碳、循环”为引领，加快培育园区经济，完善园区基础设施，引导有机农畜产品加工等产业向园区集中，实施一批补链、强链、延链项目，释放园区经济活力。全面推进牛羊肉屠宰加工厂建设，提升农畜产品标准化规模化生产水平。聚焦打造国家清洁能源产业高地，谋划建设光伏产业园，启动“牧光储”园区规划建设，发展壮大水电、光伏等清洁能源产业，发挥清洁能源“风生水起”“风光无限”独特优势，力争建设成为全州重要的清洁能源产业基地。加快培育数字经济，推进5G网建设和千兆光网建设，积极发展云计算、大数据、区块链、人工智能等新一代信息技术产业。大力发展夜间经济、假日经济、网红经济，突出商、养、文、宿等主题元素，启动隆务古街“夜经济”，为古街发展注入新活力。

（三）聚焦聚力投资驱动，夯实经济发展新基础。我们要以更足干劲做强项目引擎，坚持项目为王，以项目促投资，以投资强建设，为高质量发展蓄势赋能。

深度谋划争项目。抢抓国家支持“两新一重”[⑨]、基础设施补短板等政策，充分做实项目前期工作，精心谋划储备一批基础设施、民生保障、公共服务、生态保护的大项目，主动跑省进厅，加大跑项争资，力争更多的项目列入国家和省上的“大盘子”，确保中央和省级预算内投资保持连续增长。特别是要着眼新兴城市的建设标准，紧抓承办黄南州建政70周年大庆主会场的历史机遇，积极申报和开工建设一批全面提升同仁城市形象的州庆基础设施项目，推动城市建设提质升级。树立“以项目论英雄”的导向，建立项目争取落实考核奖励机制，年初亮目标、年中亮进度、年底亮成果，全面掀起大抓项目、抓大项目的热潮。

提速建设保存量。扎实推进项目建设百日攻坚行动，组织实施好重大项目集中开复工活动，全力做好西成铁路、同赛高速、330千伏变电站等重大项目的协调保障工作。全面抓好浪加水库灌溉工程、第二污水处理厂、隆务河生态治理二期、城市主要节点环境整治等重大项目前期工作，力争年内落地实施；持续推进郭么日大桥、城北综合管廊二期、唐卡艺术小镇二期、市政道路整治、城北新区防洪工程、五期供热等重点工程建设；继续抓好瓜什则“牧光储”工程、屋顶分布式光伏和天然气入市等清洁能源项目，合理布局建设新能源汽车充电桩、换电站等配套设施，加快实施市政输气管网和一至四期集中供热煤改气工程建设，力争今年我市用上天然气。

优化服务强保障。深入实施投资“审批破冰”工程，加大工程审批事项“清简放并”力度，大幅压缩企业投资项目落地时间，提升项目要素保障力。积极学习和借鉴发达地区在征地拆迁、资金筹措、项目落地等方面的成熟做法和先进经验，不断破解项目建设中的瓶颈问题。严厉打击阻碍施工等违法行为，确保项目建设快速顺畅。不断提升项目管理水平，持续抓好投资统计，特别是民营投资统计入库工作，切实做到应入尽入、应统尽统。

（四）聚焦聚力增收富民，谱写乡村振兴新篇章。我们要以更大力度实施乡村振兴，守好“三农”压舱石，推动农业农村现代化迈出新步伐，确保农业稳产保供、农牧民稳步增收、农村稳定和谐。

巩固拓展脱贫成果。保持主要帮扶政策延续性，加强对脱贫不稳定户、边缘易致贫户、突发严重困难户的动态监测和精准帮扶，牢牢守住不发生规模性返贫的底线。大力发展市域富民产业，开展乡村特色产业培育提升和“百企兴百村”行动，巩固扩大村集体经济，增强特色产业带动能力，让农牧民更多分享产业增值收益。强化易地扶贫搬迁后续扶持，完善社区产业配套、公共服务和基础设施，突出抓好产业和就业帮扶，建设好集中安置区帮扶车间、帮扶产业基地，引导群众依靠劳动和技能就地就业增收，确保搬迁群众稳得住、有就业、能致富。全面落实乡村振兴重点帮扶县帮扶措施，充分利用好东西部结对帮扶资源，不断增强脱贫地区发展内生动力，使脱贫基础更加稳固、成效更可持续。加强扶贫资产管理，引入第三方财务审计机构，对乡村振兴和重点项目进行事前事中事后全覆盖的财务监督和审计工作，确保项目资金运行安全规范高效。

发展高质高效农业。深入实施“藏粮于地、藏粮于技”战略[⑩]，严格落实粮食安全党政同责，坚持耕地数量、质量、生态“三位一体”保护，严守11万亩耕地红线，坚决遏制耕地“非农化”、防止“非粮化”[⑪]，确保粮食总产量达到1.6万吨，牢牢守住粮食安全的底线。推动农机农艺融合、良种良法配套，加快发展设施农业，推进农业保险提质增效，提高粮食生产综合效益。发挥好全省最典型的半农半牧区优势条件，紧紧围绕“一地两创三促四园五带”[⑫]农牧产业布局，按照“一年打基础、两年见成效、三年上台阶”的目标，实施粮食作物生产安全、畜牧业良种工程、万头牦犏牛基地、饲草基地、生产经营提升行动、乡村旅游休闲农业、高原美丽乡村建设、农畜产品加工提档升级、绿色有机产品品牌打造、试点项目建设等十大工程，强力推动同仁农牧业全面振兴、高质量发展，打造“拉格日”模式同仁新样板，着力将同仁建设成为全省“农畜互补、种养结合”的生态农牧业示范市。加快发展农村电子商务，培育电商直播等商业新模式，加快贯通市乡村电子商务体系和快递物流配送体系，打造村级电商标准化示范站点12个，让更多农牧民享受到新业态带来的各种便利。

建设宜居宜业乡村。实施乡村建设行动，加快“多规合一”实用性村庄规划编制工作，统筹实施农牧区厕所革命、生活垃圾和污水处理，建立乡村环境卫生整治保洁和考核常态化制度，创建农牧区环境卫生整治示范村25个。实施乡村道路提标升级工程，加大农村公路双车道、生命安全防护设施等建设力度，努力创建全省“四好农村路”[⑬]示范市。积极推进农村电网升级改造和光伏系统、微电网建设，全力解决偏远、散居农牧民用电问题。加快推进乡村公路沿线绿化、饮水安全提质升级，建设乡村振兴试点村4个，打造乡村建设示范村7个。围绕乡村治理，健全自治、法治、德治相结合的基层治理体系，加大乡村历史文脉保护传承力度，深化移风易俗，培育文明乡风，建设美丽宜人、业兴人和的社会主义新农村。

深化农业农村改革。加快培育新型农业经营主体，培育龙头企业2家、专业合作社10家、家庭农牧场15家。清理整顿一批农牧民专业合作社“空壳社”，促进合作社规范发展和质量提升。深化农村集体产权制度改革，严格农村宅基地管理，全面加强耕地保护和用途管制，有序推进农村乱占耕地建房问题整治，扎实开展撂荒地“清零”行动，对不愿复耕复种的由村集体依法收回耕地承包权，推动撂荒地全部实现复耕复种，确保全市粮食安全和重要农产品有效供给。抓好乡村工匠、文化能人的培养扶持，鼓励大学生、在外务工人员返乡创业，引导各类资金、人才、资源要素向乡村集聚，着力增强农业农村发展活力。

（五）聚焦聚力扩容补短，建设美丽宜居新城市。我们要以更高要求强化功能划分、空间布局、特色塑造和形象提升，走好内涵式、集约型、绿色化的现代化城市发展路子。

高品位建设城市。编制完成国土空间规划，优化生态、农业、城镇等功能空间布局，科学管好用好每一寸土地。启动城市总体规划修编，合理布局城镇体系、产业发展、公共设施等各类空间要素，加强城镇建设底线管控，保持“双违”整治的高压态势，坚决防止破坏性建设问题的发生。深入开展城市更新行动，争取落实同仁市系统化全域海绵城市建设项目，开工一批市政道路、老化管网改造、污水垃圾处理、停车场、过街天桥等市政功能提标升级工程，实施迎宾大道拓宽及景观带二期、老城区景观节点改造工程，完成15个老旧小区610户外立面改造、38个老旧小区2102户基础设施改造。继续推进城区公厕提标升级工程，确保城区公厕按城市规范标准实现全覆盖，彻底解决群众“如厕难”“难如厕”的顽疾问题。加快推进城北新区建设，实现水、电、暖、通信等基础设施互联互通，引导人口有序转移，提升城镇综合承载力和发展品质。

高水平打造城镇。加快编制实施保安镇高铁新区规划，持续抓好隆务镇、年都乎乡和瓜什则乡等重点城镇区划调整，扎实推进唐卡艺术小镇建设，鼓励各乡镇挖掘特色亮点开展“一村一品”等创建活动，提升城镇内涵品位和发展水平。严格按照修旧如旧的原则，实施同仁历史文化名城形象再提升工程，推进27个传统村落集中连片保护工程，完成7个高原美丽乡村建设和农牧民居住条件改善工程，打造有记忆的小巷、有故事的街道、有内涵的集镇。以迎接“省第七届民运会”“州庆”为契机，开展国省道沿线和城乡环境整治、基础设施提升、风貌改造和绿化亮化工作，着力塑造美丽同仁新形象。

高标准治理城市。全面启动“创城”行动，稳步推进全国卫生城市、文明城市、园林城市等创建工作，建设有颜值、有品位的宜居同仁。强化城市精细化管理，有序推进市场主体划行归市，持续开展占道经营、乱搭乱建、乱停乱放等顽疾专项整治，深化城乡公共空间治理。调整优化交通组织，规范出租车管理和公交运行，鼓励发展网约车等“互联网+交通运输”新业态，努力打造市区“10分钟便捷出行公交圈”。加强城区交通秩序整治，合理划分公共区域设立停车位，实施停车收费管理，全面清理长期占用公共车位的“僵尸车”，提升停车泊位周转使用率，缓解“停车难”问题。抓好住宅小区物业管理改革，积极引进优质物业企业，提升物业服务管理质量。加快推进市政基础设施提标升级，定期排查整治市政设施安全隐患，确保市政设施安全运行。加快智慧城市建设，构建“城市大脑”指挥中心，探索推动城市运行“一网统管”[14]，推行“刚性管理+柔性引导”，增加城市管理温度，让城市生活更加舒心便利。

（六）聚焦聚力改革创新，蓄积经济增长新动能。我们要以更实举措简政放权、清障除弊，深度融入新发展格局，让改革红利加速释放、市场活力竞相迸发。

服务管理更“优”。深入推进“放管服”改革，持续清理压减行政许可事项，加快推动一体化政务服务平台建设，扎实推进政务服务“跨省通办”“省内通办”，全面实行政务服务“好差评”制度，推动更多的政务服务网上办、掌上办、就近办。全面落实“证照分离”等改革措施，常态化推进部门联合“双随机、一公开”监管，完善以信用为核心的新型监管机制。积极推动财税改革，推进财政事权与支出责任划分，不断提升财政运行管理水平。统筹抓好农村公路管理养护体制、市场主体强制退出等改革试点工作，大力加强政务诚信、社会诚信、消费诚信和司法公信建设，让诚实守信蔚然成风，失信悖德寸步难行。

惠企力度更“大”。认真落实支持民营企业改革发展的政策措施，落实新的组合式减税降费政策，确保所有行业税负只减不增、小微企业社保缴费负担实质性下降。制定出台支持中小微企业和民营经济高质量发展若干措施，启动优化营商环境三年行动计划，建立领导干部联系帮扶非公企业制度，打造审批最少、流程最优、机制最活、效率最高、服务最好的助企服务体系，促进各类市场主体增量提质。加强“政银企”对接力度，推动更多信贷资金流向实体经济和中小微企业，全力破解民营经济融资难题。开展亲商暖商爱商护商活动，优化民营经济发展环境，全心全意支持民营企业，让民营企业放心投资、专心创业、安心发展。研究出台支持本土建筑企业发展壮大的具体措施，提升企业竞争优势。全面放宽民间投资的领域范围，依靠改革的“力度”、暖商的“温度”，来提升民间投资的“热度”。

开放融入更“广”。主动融入“一带一路”合作交流和兰西城市群、泛共和盆地建设，积极参与五省（区）涉藏地区交往交流，加快构建互联互通、互鉴互容、共同发展的经济圈。建立健全招商引资优惠政策和合作交流激励机制，加大招商引资力度，充分利用“青洽会”及特色产业推介会，开展延链、补链、强链，提高招商精准度，确保招商引资项目落地资金增长10%。深化与天津经开区的交流合作，启动与江苏省启东市等支援地区对接，进一步丰富拓展援助形式和内容，在产业发展、园区共建、人才培育等领域扩大交流合作，实现优势互补、互惠互利。

（七）聚焦聚力民生改善，共享幸福美好新生活。我们要以更高标准顺应群众期盼，用情用心用功办好民生实事，让发展实绩更有“温度”、民生答卷更有“厚度”。

筑好教育发展“希望路”。落实立德树人根本任务，促进学生德智体美劳全面发展。加强师德师风建设，打造新时代高素质教师队伍。全面落实教育高质量发展若干措施，市财政支持教育发展资金每年再增加2500万元，优化城乡学校布局、师资配置、学校管理、教师考评和督导评估机制，实施薄弱学校能力提升工程和校园安全工程，建成运行城北九年一贯制学校、加吾乡中心寄宿制学校，新增城区幼儿园2所，逐步解决学龄前儿童入公办幼儿园难的问题。加快推动城乡义务教育一体化发展，加强校园文化建设、教师队伍建设、信息化提档、异地办班、统编“三科”教材推进等工作，持续打好“双减”攻坚落实战，推进义务教育优质均衡发展。

搭好卫生健康“连心桥”。毫不放松抓好“外防输入”各项工作，完善重大疫情防控体制机制，加强疫苗接种规范化建设，全力在隆务卫生院打造全省及涉藏地区首个高标准规范化疫苗接种中心，力争上半年投入运行。完成市医院、市中医院整体搬迁城北新区工作，以市医院为龙头，组建市医疗集团，着力打造紧密型医共体。实质推进医保经办能力建设，争取上半年在全州一市三县率先完成市医保经办中心分设。深化“健康同仁2030”行动，加快“互联网+医疗健康”发展，年内力争实现市乡村卫生健康信息互联互通。不断深化综合医改，拓展“五医”联动改革[15]，完善医疗服务价格动态调整机制，健全重特大疾病医疗保险和救助制度，继续扩大药品医用耗材集中采购范围和品种，不断降低群众就医负担。实施多哇镇卫生院整体搬迁建设项目，加强乡镇卫生院和村卫生室服务能力建设，实施汉藏医药服务能力提升工程，争取把同仁市创建为全国基层中医药工作先进单位。

跑好就业创业“接力赛”。精准落实各类就业扶持政策，支持企业减负稳岗，建成运行创业孵化基地，实施职业技能提升行动，突出抓好高校毕业生、农民工、城镇困难人员、残疾人就业服务和帮扶，确保零就业家庭动态清零。打造特色劳务品牌，促进劳务经济高质量发展。全力做好根治欠薪工作，筑牢农民工工资“保障网”。健全灵活就业劳动用工和社会保障政策，严格执行工资支付保障机制和最低工资标准增长机制，多渠道增加城乡居民财产性收入，提高低收入群体收入，扩大中等收入群体，逐步缩小城乡居民收入差距，朝着共同富裕目标稳步迈进。

写好文体惠民“新答卷”。坚持社会主义核心价值观引领，弘扬优秀传统文化，加强精神文明创建。广泛开展全民健身运动，启动省第七届民运会筹备工作，大力开展群众性文体活动，让全民健身与全民健康成为新时尚。扎实推进热贡文化生态保护区建设，实施黄河文化遗产保护工程，财政设立专项资金，加强对历史文化名城名镇名村的保护，强化热贡文化和自然遗产、非物质文化遗产系统性保护，加大文物考古和古迹保护力度，深度挖掘热贡文化的博大内涵和时代价值，延续历史文脉，实施“互联网+

非遗”，推出一批精品力作，办好热贡文化艺术节，讲好新时代同仁精彩故事，激扬起谱写中国梦同仁篇章的硬核力量！

打好社会保障“幸福牌”。深入推进社保提标扩面工作，持续落实社保减负政策，完善异地就医直接结算管理制度。积极发展居民和社区养老、机构养老、医养结合等多样化服务，规范市乡养老机构运营管理，因地制宜建设一批社区日间照料中心、农村互助幸福院。统筹推进城乡低保、特困供养等群众基本生活兜底保障。完善综合性社会救助体系，做好城乡无供养老人、孤儿、残疾人等群体帮扶，给予“一老一少”更多温暖和关爱，让弱势群体得到全面救助和社会保障。加大困难群众住房保障力度，推进保障性住房建设，规范租赁市场秩序。实施好环卫工人“暖心早餐”提质工程，启动城管环卫绩效考核管理机制，全额列入财政预算保障。全面落实“菜篮子”市长负责制，确保老百姓的“米袋子”“菜篮子”货足价稳。加强退役军人服务保障和双拥优抚工作，启动双拥城市创建工作。抓好烈士陵园、革命公墓维修改造和规范管理，设立见义勇为奖励基金，树立崇尚英雄、缅怀先烈的良好风尚。统筹推进国防教育、国防动员和后备力量建设，支持工会、共青团、妇联、残联等人民团体发挥作用，做好人防、气象、地震、外事侨务、红十字会等工作，努力促进各项事业全面进步。

我们将牢记，民生无小事，枝叶总关情。今年将继续聚焦群众“急难愁盼”问题办好10件民生实事：一是新改建农村公路80公里；二是新建城镇停车场2个；三是规划建设同仁市东山健身步行栈道20公里；四是实施农牧民居住条件改善工程8700户、城镇老旧小区改造2712户；五是解决2个小区因历史遗留问题无法办理不动产权证的问题；六是新改扩建幼儿园2所，解决适龄儿童入园难的问题；七是实施65岁及以上老年人免费健康体检项目，体检率达到95%以上；八是实现新发包虫病患者救治全覆盖；九是新建社区居家服务中心2个、互助幸福院2个；十是开通3条交邮融合线路，70%以上的行政村实现“快递进村”。这些民生实事，是对全市人民的郑重承诺，我们要尽心竭力办好办实，真正做到民之所忧必念之、民之所盼必行之，让人民群众生活一年更比一年好！

（八）聚焦聚力社会治理，开创和谐共赢新局面。我们要以更高站位统筹发展和安全，坚持以铸牢中华民族共同体意识为主线，推进各民族共同团结奋斗、共同繁荣发展。

深化民族团结进步。全面贯彻党的民族宗教工作基本方针，积极推进民主法治寺庙和“绿色寺院”创建工作，构建具有同仁特色的宗教事务治理体系。巩固提升全国民族团结进步示范市创建成果，实施中华民族视觉形象工程，7月底前争取高标准建成隆务古街民族团结“活化石”展示中心，推广普及国家通用语言文字，尊重少数民族语言文字学习和使用，保障各族群众合法权益。深化铸牢中华民族共同体意识宣传教育，深入实施“民族团结进步+”深度融合发展，扎实开展民族团结进步创建“十二进”行动[⑯]，让“三个离不开”“五个认同”[⑰]思想扎根各族群众心中，推动形成各民族相互嵌入、团结共融的社会结构和社区环境，共建民族团结一家亲的和谐家园，促进各民族守望相助、手足情深，在中华民族大家庭中像石榴籽一样紧紧抱在一起。

加强平安同仁建设。扎实推进市域治理现代化，常态化开展扫黑除恶斗争和禁毒、反电信诈骗等工作，深入开展“两反四防”[⑱]专项斗争，依法严厉打击违法犯罪，坚决铲除黑恶势力滋生土壤，确保政治安全、社会安定、人民安宁。大力实施“智慧安防小区”建设，健全完善立体化、信息化治安防控体系。抓好“八五”普法，深化“法律七进”[⑲]，完善公共法律服务体系，着力提升全民尊法学法守法用法意识。推动新时代“枫桥经验”同仁化，建设一站式矛盾纠纷调解中心和智慧调解平台，完善信访积案和矛盾纠纷多元化解机制，妥善应对和处置网络舆情，建设更高水平的法治同仁、平安同仁。

守牢安全发展底线。始终绷紧安全生产这根弦，切实加强道路交通、非煤矿山、建筑施工、危险化学品、特种设备等重点行业监管，全力化解风险隐患，坚决防范和遏制较大以上安全事故发生。实施灾害防治能力提升工程，推动备灾救灾和应急救护项目建设，加大森林防火资金投入，做好洪涝干旱、森林草原火灾、地质灾害、地震等灾害防御和气象服务，进一步提高防灾减灾救灾能力。巩固省级食品安全示范市创建成果，全面从严加强食品药品监管，坚决把好人民群众食品用药安全每一道关口。

三、担当作为，锤炼作风，加强政府自身建设

人民政府植根于人民，人民二字重于泰山。我们将始终把民心作为最大的政治，把民生作为最大的责任，真诚为人民服务、对人民负责、受人民监督，构建职责明确、依法行政的政府治理体系，努力建设人民满意的有为政府。

打造政治过硬政府。旗帜鲜明讲政治，捍卫“两个确立”，增强“四个意识”、坚定“四个自信”、做到“两个维护”，坚持把党的全面领导贯穿政府工作各领域、全过程。巩固拓展党史学习教育成果，坚持党的百年奋斗历史经验，弘扬伟大建党精神，深学笃用习近平新时代中国特色社会主义思想，始终胸怀“两个大局”，时刻牢记“国之大者”、心怀“省之要者”、紧抓“州之重者”，进一步增强政治判断力、政治领悟力、政治执行力，坚定不移推动党中央、国务院和省州党委政府及市委的各项决策部署在同仁落地生根，以政府的“效率指数”提升经济社会的“发展指数”。

打造法治规范政府。扎实推进政府法治化规范化建设，自觉将政府活动全面纳入法治轨道，带头尊法学法守法用法，忠诚履行宪法法律赋予的职责，提高运用法治思维和法治方式深化改革、推动发展、化解矛盾、维护稳定能力。把依法行政贯穿政府工作全过程，全面推行市政府法律顾问坐班制，推动法律顾问工作向政府治理、行政执法各个领域延伸，为政府决策号脉把关。主动接受人大法律监督、工作监督和政协民主监督，以认真负责、真心改进的工作态度，及时办理代表建议和委员提案，主动接受社会和舆论监督，深化政务公开，强化审计监督，严格规范公正文明执法，让行政权力在法治轨道上公开透明运行，以政府的“法治指数”提升社会的“公平指数”。

打造清正廉洁政府。落实全面从严治党要求，严格贯彻中央八项规定及其实施细则精神，锲而不舍纠“四风”树新风。抓好政府系统廉政建设，强化权力运行监督制约，加强对关键领域、关键岗位、关键环节的监督管理，持续整治和查处侵害群众利益的不正之风和腐败问题。坚持节用裕民，把“过紧日子”作为导向，严肃财经纪律，“三公”经费只减不增，一般性支出压减10%，切实以政府支出的减少，换取民生福祉的增进。推进审计监督全覆盖，严肃认真做好审计整改“后半篇文章”，始终保持为民、务实、清廉的政治本色，以政府的“清廉指数”提升人民群众的“满意指数”。

打造担当有为政府。全面落实为基层减负的各项规定，完善激励约束、容错纠错机制，让吃苦者暖心、让实干者吃香、让有为者出彩。始终知责于心、担责于身、履责于行，争做“六个表率”[20]，当好为民服务孺子牛、创新发展拓荒牛、艰苦奋斗老黄牛，让雷厉风行成为一种自觉，让马上就办成为一种常态，把全部心思用在干事创业上，把全部精力用在狠抓落实上。以“踏石留印、抓铁有痕”的劲头，一心一意把同仁的事情办好，把群众关心期盼的事一件件办实，以政府的“辛苦指数”提升人民群众的“幸福指数”。

各位代表，蓝图绘就，正当扬帆启航；重任在肩，更须策马扬鞭。站在“两个一百年”奋斗目标的历史交汇点上，同仁大地生机勃发，各族儿女豪情满怀。让我们在习近平新时代中国特色社会主义思想的指引下，在市委的坚强领导下，以时不我待、只争朝夕的紧迫感，以感恩奋进、不负人民的责任感，以舍我其谁、勇于担当的使命感，奋力谱写新时代高质量发展同仁新篇章，以优异成绩向中共二十大和省第十四次党代会献礼！

名词解释

①海绵城市：是新一代城市雨洪管理概念，是指城市能够像海绵一样，在适应环境变化和应对雨水带来的自然灾害等方面具有良好的弹性，也可称之为“水弹性城市”。

②政务服务“五级联动”：指构建省、州（市）、县、乡镇、村（社区）五级联动的政务服务体系。

③“八大工程”：指根据《同仁市教育高质量发展若干措施》，实施党建领航立德树人、学前教育普及普惠、义务教育优质均衡、高中教育优质特色、教育队伍提质增量、教育质量管理评

价、教育信息建设提档、教育系统管理改革八大工程。

④“六区”：指全力打造国家公园示范省融合区、黄河上游清洁水源涵养功能区、全省林草覆盖度最高的绿色支撑区、青海牧区全域无废样板区、“两山”转化先行区、人与自然和谐共生示范区。

⑤“三线一单”：指生态保护红线、环境质量底线、资源利用上线和生态环境准入清单。

⑥“四水四定”原则：指以水定城、以水定地、以水定人、以水定产。

⑦水资源管控“三条红线”：指加强水资源开发利用控制、用水效率的控制、水功能限制纳污的红线管理。

⑧“四地”：建设世界级盐湖产业基地、打造国家清洁能源产业高地、国际生态旅游目的地、绿色有机农畜产品输出地。

⑨“两新一重”：指新型基础设施建设、新型城镇化建设及交通、水利等重大工程建设。

⑩“藏粮于地、藏粮于技”战略：藏粮于地，实行最严格的耕地保护制度，坚守耕地红线，全面开展永久基本农田划定，确保耕地数量不减少；开展高标准农田建设，实施耕地质量保护与提升行动。藏粮于技，坚持农业科技自立自强，向科技要产量、要效益、要竞争力，通过品种的改良、农田基础设施的改进和农作技术的进步，推动品种培优、品质提升、品牌打造和标准化生产，保障粮食生产增产增收。

⑪耕地“非农化”“非粮化”：耕地“非农化”，严禁违规占用耕地绿化造林、严禁超标准建设绿色通道、严禁违规占用耕地挖湖造景、严禁占用永久基本农田扩大自然保护地、严禁违规占用耕地从事非农建设等。耕地“非粮化”，严格控制耕地转为林地、园地等其他类型农用地，禁止占用永久基本农田从事林果业以及挖塘养鱼、非法取土等破坏耕作层的行为。

⑫“一地两创三促四园五带”：一地指打造绿色有机农畜产品输出地；两创指创建“国家农村产业融合发展示范园”和“青海省现代农牧业产业园（牦犏牛）”；三促指促进村集体经济发展、促进生产经营股份合作、促进建立农牧民利益联结机制；四园指农畜产品加工园、藏羊牦牛良种园、热贡文化产业园、色彩农业产业园；五带指黄果蔬菜产业带、藏羊牦牛产业带、牦犏牛饲草产业带、黑青稞马铃薯产业带、肉牛奶牛生猪蛋鸡产业带。

⑬“四好农村路”：是“建好、管好、护好、运营好”农村公路。

⑭城市运行“一网统管”：指以“平台汇集数据、综合执法联动、网络治理整合”为思路，以市级平台为枢纽，工作站、网络终端、微信公众号为基点，融合GIS、图像监控技术和大数据分析研判系统，整合共享信息资源，实时监测社会治理运行状态。

⑮“五医”联动改革：指医学、医疗、医保、医药、医院改革。

⑯民族团结进步创建“十二进”行动：指民族团结进步创建活动进机关、进企业、进社区、进家庭、进学校、进网络、进乡村、进军营、进宗教活动场所、进景区、进画院、进市场。

⑰“五个认同”：指对伟大祖国、中华民族、中华文化、中国共产党、中国特色社会主义的认同。

⑱“两反四防”：指反分裂、反渗透，防治重大政治安全事件、严重暴力恐怖事件、大规模群体性群集事件、个人极端事件。

⑲“法律七进”：指法律进机关、进学校、进社区、进乡村、进寺庙、进企业、进单位工作。

⑳“六个表率”：王耀春书记在同仁市党政领导班子建设座谈会上指出，要做讲政治的表率、贯彻落实新发展理念的表率、全心全意为人民服务的表率、讲团结的表率、维护稳定的表率、讲廉洁的表率。

TONGREN YEARBOOK

专记

高举旗帜　高质发展　高速前进
建设富裕团结文明和谐美丽新同仁

——聚焦省第十四次党代会纵观同仁五年变化

省第十三次党代会以来的五年，是同仁发展史上极不平凡的五年，是经受考验、负重前行的五年，是抢抓机遇、富有成效的五年。五年来，在以习近平同志为核心的党中央坚强领导下，在省委、省政府和州委、州政府关心支持下，市委团结带领全市各级党组织和广大党员干部群众，全面落实"四个扎扎实实"重大要求，奋力推动"一优两高""三区建设"落地同仁，按照"以农牧为基础、生态为根本、文化为核心、民生为主线、城镇化为统领"的既定思路，乘风破浪、砥砺奋进，实现"撤县设市"的华丽转变，连续3年被评为优秀班子，2018年、2020年被评为全省绩效考核优秀县。

五年来，同仁市冲拳护绿、铁腕治污，沁染"绿树村边合，青山郭外斜"的生态底色

坚决贯彻落实习近平生态文明思想，牢牢扛起生态保护"国之大者"，探索出台生态环境保护责任追究办法、生态文明建设目标考核办法，构建全链条生态责任体系。统筹山水林田湖草沙一体化保护修复，扎实推进各项生态工程。完成国土绿化任务59.6万亩，林业和草原有害生物防控320.72万亩，全市森林覆盖率由34.62%提高到35.37%，林木绿化率达39.8%；2021年全市空气质量达标天数96.3%，环境空气质量状况综合指数2.6；境内主要流域监测的2个断面水质均达到或优于Ⅱ类水质标准，水功能区达标率为100%。构筑起绿化面积更广、物种丰度更高、抗灾修复更强的国家生态安全屏障。大力实施扎毛水库上游水环境综合治理、曲麻沟水环境整治、尕让河赛加河水环境整治、夏卜浪铅锌矿矿区环境综合治理、加吾采矿点废弃渣处置等，高质量完成两轮中央环保督察及"回头看"交办问题整改销号，环评执行率达到100%，"三同时"执行率达98%以上。加快推进人居环境整治，城镇污水和垃圾无害化处理率分别达到90%、85%，吾屯下庄村被评为"国家森林乡村"，隆务镇荣获"省级森林城镇"称号，扎毛乡卡苏乎村等5个村被评为全省第一批清洁村庄，入选"2020年中国百佳富氧县市"榜单。

五年来，同仁市积蓄动能、稳中求进，铺开"木欣欣以向荣"的繁荣画卷

始终贯彻新发展理念，大力稳增长、调结构、提动能，综合实力大幅跃升，经济发展实现量的合理增长和质的稳步提升。2021年全市地区生产总值40.26亿元，第一产业增加值6.35亿元，第二产业增加值4.88亿元，第三产业增加值29.02亿元，社会销售品零售额10.15亿元，较2017年分别增长38.49%、44.32%、52.9%、208.51%。全体居民人均收入22060元，较2017年增加6291元，增长39.89%，其中农村居民人均收入增长41.96%，城镇居民人均收入增长28.93%。加快推进新型城镇化和城乡融合发展，成功实现撤县设市，顺利纳入兰西城市群发展规划和部省共建高原美丽城镇试点，全力推动城北新区建设，综合管廊一期全面完成，西成铁路同仁段、文化广场、第二生活垃圾填埋场等项目进展顺利，13条路网骨架基本成型，高铁新区规划编制工作基本完成。加速重大水利和交通工程建设步伐，浪加水库、扎毛水库灌溉项目全面开工建设。全市公路通车里程1395千米，其中国道2条、省道2条、县道7条、城区道路15条，乡村道路188条，全长1019.24千米。不断推动旧城区改造，实施道路环境整治、住房改造、供暖供水、绿化亮化等民生和基础设施建设项目，完成39个（2807户）老旧小区综合整治，生态宜居老城旧貌换新颜。

五年来，同仁市脱贫致富、改善民生，勾勒“丰年人乐业，陇上踏歌行”的安康景象

坚持把增进人民福祉作为一切工作的出发点和落脚点，着力解决群众急难愁盼问题，让发展成果更多更公平惠及全体人民。全力打赢脱贫攻坚战，投入财政专项扶贫资金21.31亿元，累计实施产业项目199个，发放扶贫小额信贷资金4466.6万元，认定就业扶贫基地4家、扶贫车间20个，500余名贫困人口实现稳岗就业，全市29个贫困村全部出列，3092户13389名贫困人口稳定脱贫。做好巩固脱贫攻坚成果同乡村振兴有效衔接，实施农牧民居住条件改善工程1400户，建设各类厕所6309座，完成多哇涉藏社会治理示范镇和48个高原美丽乡村建设，瓜什则小集镇建设、5个乡村振兴试点村、8个乡村建设示范村和27个传统村落保护项目有序推进。真情办好民生福祉，不断优化教育布局，改善教学设施硬基础，建强师资力量软实力，学前教育走出新模式、迈出新步伐；不断深化“健康同仁”，组建市级医疗卫生集团，解决无县级公立医院的历史难题；不断强化社会保障，养老、医疗、救助提标扩面，就业形势保持稳定，牢牢兜住民生“保障网”。持续全面深化改革，压茬推进并基本完成省州承接改革任务279项，各领域制度体系不断完善，探索出群团协同化、精神扶贫、涉藏社会治理、督考一体化等可复制、可推广的改革经验做法和改革品牌。常态化推进疫情防控工作，扎实开展“同仁市主城区静态管理实战演练”，牢牢守住人民群众生命和财产安全的基本底线。

五年来，同仁市转型提档、激发活力，耕耘“稻花香里说丰年”的美好夙愿

围绕农业增效和农民增收，加快转变产业结构和发展方式，不断巩固农业基础地位。推进产业结构调整，农作物播种面积达11.2万亩，其中粮食作物5.5万亩、油料作物2.6万亩、蔬菜作物0.2万亩、其他作物2.8万亩。2021年粮食产量1.6万吨，较2017年增长9.58%。“菜篮子”产品数量充足，产量达0.36万吨，品种达10余种；各类牲畜存栏39万头（只），出栏18万头（只），肉类产量0.6万吨，奶类产量1.2万吨，全市农副产品产量稳中有增。严守11万亩耕地红线和10.8万亩永久基本农田，排查撂荒地面积11541.91亩，完成整治8202.22亩，复垦复种率71%，摸排耕地非粮化面积1.074万亩，完成整治5347.5亩。大力培植特色产业，打造黄果梨、汉藏药材“两个万亩”特色种植基地，黄果梨、蕨麻、豌豆等5种农产品荣获“国字号”地理标志称号。以创建生态有机畜牧业示范区为契机，在16个牧业村稳步推广“拉格日”模式。开展合作社质量提升行动，瓜什则乡吉祥牧家牦牛养殖合作社、绿源牦牛养殖合作社被认定为国家农民合作示范社，引进农牧业龙头企业高原之宝并建成运行，畜牧业发展步入新阶段。全力推进农牧区集体产权制度改革，完成村集体经济组织成员身份界定和清产核资，农村牧区集体产权制度改革通过省级考核验收被评为“优秀”等次。

五年来，同仁市依托禀赋、丰富内涵，扶植“柳暗花明又一村”的文旅风尚

以创建文化旅游融合发展示范区为契机，深入挖掘资源优势，探索产业发展新路子。坚决做好非物质文化遗产保护工作，设立“非遗”购物节暨“百年百艺·匠心传承”非遗项目展示区30个，全市现有非遗传习中心64个，国家级非遗项目代表性传承人10名、省级34名、州级193名、市级316名。不断完善旅游服务功能，建成热贡文化园区会展中心和游客集散中心，建成东干木旅游示范村和自驾车营地等文旅项目，完成8个村“六月会”基础设施建设，打造乡村旅游接待点33家，新上报审批11家乡村旅游接待点，成功创建全省首批全域旅游示范区，保安镇花儿沟和东干木乡村旅游景区被认定为国家AAA级旅游景区。打造特色文化旅游品牌，推进唐卡艺术小镇，注册“唐卡艺术之都”商标，启动“唐卡区块链”建设，打造文化旅游产业集群。全方位开展文化旅游宣传推介，在天津、上海等地开设多场“西域胜境·神韵黄南”“大美青海·神韵黄南”文化旅游资源专场推介会，精心举办首届民俗文化旅游节、热贡美食节等活动，创造“最多人同时画唐卡”“最大规模的唐卡展示”两项吉尼斯世界纪录，同仁在中央电视台“魅力中国城”节目中绽放光彩。2021 年，全市旅游总人次 335.6 万人次，文化旅游相关产业从业人员 32600 人，文化产业收入 10.1223 亿元，较 2017 年增长 235.4%。

五年来，同仁市全面从严治党、标本兼治，打造“俯首甘为孺子牛”的干部队伍

坚持和加强党的全面领导，推进管党责任具体化、作风建设常态化、阵地建设标准化、党建创新项目化、党群共建协同化，推动全面从严治党向纵深发展，打造坚强有力战斗堡垒。巩固“组织体系建设三年行动”成果，丰富“一核三治”“抓乡促村”党建品牌，持续用力提升党组织政治功能、强化规范运转、推动管理，推动基层党建从要素建设向功能建设转变。以党建引领校园文化建设，出台中小学党的建设实施方案，实行校园文化“建设指南”等，全面启动市二民中、曲库乎中心寄宿制小学党建示范点建设。探索创新“两新”组织建设，在热贡路社区创建全州全市“爱心厨房”“两新·红色驿站”党建示范点，扩大党在新兴领域的号召力凝聚力。狠抓政治监督，顺利完成十四届县委巡察全覆盖工作任务，高质量启动一届市委首轮巡察，推进“四项监督”落地落实，深层次开展乡村振兴、粮食购销等重点领域专项监督，切实维护全市风清气正的政治生态。严肃执纪问责，对各类腐败问题、腐败分子保持高压态势，深入开展党员干部、公职人员参与赌博、酒驾醉驾等专项整治，严厉查处了一批涉贪涉腐的不合格干部。创新督查考核，建立健全督考一体工作机制，创新实施“督考促问用”一体联动，全面推出“同仁督考”信息平台和手机 App，探索出行之有效的“例会+学习”“例会+周报”“例会+通报”等制度，形成大抓落实的鲜明导向。

奋进谱新篇 芳华添新颜

——同仁市撤县设市以来工作成就

2020年7月1日，经国务院批准，民政部批复同意撤销同仁县，设立县级同仁市。这是同仁发展史上具有里程碑意义的重要一刻。站在新的历史起点上，全市坚持以习近平新时代中国特色社会主义思想为指导，深入学习贯彻习近平总书记视察青海时重要讲话精神，按照省、州党委政府工作要求，团结带领全市各族干部群众牢记嘱托、感恩奋进，奏响“干在实处”的时代强音，答好“全面小康”的优异答卷，在实现第一个百年奋斗目标、向第二个百年奋斗目标砥砺前进中迈出了坚实步伐。

聚焦聚力高质量发展，综合实力跃上新台阶。坚持稳中求进工作总基调，大力稳增长、调结构、提动能，经济发展实现量的合理增长和质的稳步提升。2022年，全市实现地区生产总值41.03亿元，同比增长1.4%。地方公共财政预算收入1.25亿元，同比增长5.66%。实现农林牧业总产值9.26亿元，同比增长4.62%。实现社会消费品零售总额10.43亿元，同比增长2.8%。全体居民人均可支配收入23238元，同比增长5.3%。多项指标增速走在了全州前列，体现了小市也有大作为的拼搏精神。今天的同仁，呈现出政通人和、经济发展、生态美丽、社会和谐的全新发展局面。

聚焦聚力脱贫攻坚，人民群众奔向新生活。坚持把打赢脱贫攻坚战作为最大的政治任务，在攻坚贫困堡垒中精准施策、尽锐出战，全市29个贫困村全部出列、3092户13169名贫困人口稳定脱贫，历史性消除了绝对贫困，与全国全省全州同步迈入全面小康社会。精准实施“十大工程”，致力“造血”扶贫，累计投入财政专项扶贫资金10.99亿元，实施产业项目220个，村集体经济全面“破零”，脱贫村集体经济累计经营性收入达1359.5万元。2022年，全市脱贫人口人均纯收入达13737元。同仁市被省委、省政府授予“青海省脱贫攻坚先进集体”。今天的同仁，全市各族群众精神面貌发生了根本性转变，生产生活越来越美好，正向着乡村振兴大步迈进！

聚焦聚力生态建设，绿色发展呈现新优势。坚持“绿水青山就是金山银山”的发展理念，稳步推进天然林保护、三江源二期等重大生态工程。2020年以来，累计完成国土绿化119.53万亩，森林有害生物防治69.98万亩，治理水土流失面积250.5平方公里，森林覆盖率提高到35.37%，绿色版图由“浅绿”向“深绿”渐进。抓实污染防治，完成两轮中央环保督察反馈问题整改任务，城镇污水和生活垃圾无害化处理率分别达到92%和94%，黄河出境断面和水源地水质达标率100%，全面推进河（湖）长制工作，深入开展城乡人居环境“洁净美”专项行动和爱国卫生运动，同仁入选“2020年中国百佳富氧县市”榜单，扎毛乡卡苏乎等5个村被评为全省第一批清洁村庄。隆务河水生态综合治理及两岸环境综合治理工程（一期）建成，河畅、水清、岸绿、景美的山水同仁新画卷徐徐展开！

聚焦聚力转型升级，特色产业迈出新步伐。聚焦绿色有机农畜产品输出地和国际生态旅游目的地建设，全面实施“一地两创三促四园五带”产业布局，壮大黑青稞、牦牛、藏羊、牦犏牛等特色产业，建成油菜、黑青稞、马铃薯、饲草等“六个万亩”绿色种植基地，打造形成以耕作机械化为主的黄乃亥乡日秀玛饲草产业“六化”经营模式，粮食产量持续稳定在1.6万吨以上。实施“3545”万头犏牛规模化养殖基地建设，抢救性挖掘保护本地原始藏系羊品种，建成“热贡佳加哇娄”藏羊保种基地、“热贡尕玛顿丹”藏羊扩繁基地，市现代农业产业园（犏牛）被评定为省级特色现代农业产业园。多哇镇和瓜什则乡顺利通过草原牲畜有机认证，成功打造“晶果梨”“藏之骄”等特色品牌。“同仁黄果梨”等5项农产品荣获“国字号”地理标志称号。大力发展色彩农业，打造3个色彩农业基地，建成“在那东山顶上”、芊桑别院等6个休闲农业基地，吾屯村、立仓村成功入选全国乡村旅游重点村，乡村旅游产业呈现出“百花齐放”的发展态势。同仁市成功创建全省首批全域旅游示范区，同仁市（热贡艺术）荣获“中国民间文化艺术之乡”“中国藏族热贡神舞之乡”两项称号。

聚焦聚力城乡发展，山水同仁亮出新颜值。坚持把补短板强弱项作为同仁发展的最强支撑，一批事关基础设施、乡村振兴、产业培育、生态环保的重大项目落地实施。同仁成功纳入国家兰西城市群发展规划，西成铁路、同赛高速同仁段开工建设，同仁330千伏变电站竣工投用，浪加水库下闸蓄水，城北新城初具成形。深入开展城市更新行动，高标准新改扩建城区公厕47座，中山路、热贡路等4座人行过街天桥投入使用，开通优化7条绿色公交线路，打通了城市堵点、痛点，群众出行更便捷更安全。市容环境大幅改善，撤县设市后城市功能提升项目征地拆迁及城市违章建筑整治顺利推进，征拆涉及8个片区、面积达4万余平方米，目前完成拆迁77%，刷新同仁建政以来，提升城市基础功能范围和征地拆迁面积最大纪录。高标准建成4个乡村振兴试点村和8个乡村建设示范村，形成可借鉴可复制可推广的“同仁做法”，成功承办全省乡村建设现场推进会，受到国家乡村振兴局和省州党委政府的表扬推广，谱写了“各炒一盘菜、共办一桌席”的生动实践。2020年以来，累计完成20个高原美丽乡村建设、27个传统村落保护建设和85个4302户老旧小区综合整治项目，实施农牧民居住条件改善工程4690户。一座人文相融、功能齐全、生态宜居的现代化新同仁正悄然崛起。

聚焦聚力防范风险，治理效能获得新提升。坚持统筹发展和安全，全面推进“一核三治”社会治理模式，健全完善社会治安防控体系，常态化推进扫黑除恶斗争，刑事案件、治安案件同比呈大幅下降态势，矛盾纠纷调处率和信访事项按期办结率均达100%。荣获国家信访工作“三无”县称号。扎实推进自建房安全专项整治，实现乡村微型消防站全覆盖，社会安全基石更加稳固。制定全州首个《社区工作者管理办法》，创新开展藏传佛教寺院“两补两奖”考核评比活动，成功创建省级民族团结进步创建示范区。安全监管提速加力，落实国务院安全生产十五条硬措施，持续加强危险化学品、道路交通、自建房、城乡消防等重点领域监管，近年来发生较大以上安全事故、安全生产形势持续稳定。我市被命名为“省级食品安全示范市”。

聚焦聚力民生改善，民生福祉实现新改善。坚持小财政办大民生理念，连年将80%以上的财政支出投入民生领域，办成了一系列群众期盼的急难愁事。持续优化中小学教育布局，投资1.33亿元，对27所农村薄弱学校进行改造，新建、改扩建校舍10827平方米，切实改善了农村学校办学条件；新建边远教师周转宿舍63套2203平方米，有效解决偏远乡镇教师“住房难”问题，使边远农村教师安居乐教。全面完成13个乡镇学区撤销工作，顺利通过国家义务教育发展基本均衡县评估验收。慎始如初抓好态化疫情防控，加快完善医疗卫生服务体系，市中医院、妇幼保健院、疾控中心建成投入运行，标准化村级卫生室、乡镇卫生院汉藏医馆实现全覆盖。我市被命名为“2019—2020年度国家级健康促进县”和“2018—2020年全国计划生育优质服务先进单位”。就业规模持续扩大，累计实现城镇新增就业1652人，农牧区劳动转移就业11120人次。城乡低保实现3次提标，城乡居民医保参保率达到100%。社会救助体系基本建立，累计发放社会救助资金3.6亿元。

数载耕耘展壮志，浓墨重彩绘新景。同仁巨大的变化已经惠及每个人的生活，并为整个城市的发展带来了前所未有的新机遇。展望未来，在省州党委政府的坚强领导下，全市上下深入学习贯彻中共二十大精神和习近平新时代中国特色社会主义思想，团结带领全市各族人民接续奋斗、砥砺前行，推动省委打造“高地”、建设“四地”和州委“六区建设”战略部署在同仁落地生根，奋力谱写高质量发展同仁新篇章。

大事记

1月

1—18日 同仁市组织市乡村振兴局、农牧和科技局、水利局等部门负责人到全市各乡镇调研2021年乡村振兴产业项目实施情况和2022年乡村振兴产业发展规划、项目储备情况，并邀请省农牧厅专家现场指导。

4日 同仁市举行以“提高饲草供给保障，增强畜牧防灾能力，助力巩固脱贫攻坚成果”为主题的2022年农牧业冬春季防灾减灾物资发放仪式。为11个乡镇、43个养殖专业合作社发放饲草料1114.5吨。

4—12日 州委常委、市委书记旦增到四合夏寺、雅玛扎西其寺、隆务寺、旺加寺、木合沙寺督导调研寺庙管理工作，看望慰问宗教界人士和联谊交友对象。

8日 市委副书记、市长赵建国看望慰问在西宁离退休干部和离休干部遗属。

同日 同仁市公益性体育冬令营、中考体育训练营在州体育场开营。

10日 同仁市2022年文化科技卫生法律“四下乡”活动在隆务镇拉开帷幕。

11—12日 州委书记王耀春，州委副书记、州长扎西才让分别到同仁市金色谷地商住区、污水处理厂、生活垃圾填埋场等地现场督办省第二生态环境保护督察组交办事项落实工作。

12日 同仁市新时代文明实践中心标识（logo）征集活动结束，共征集作品40余件，评选出一等奖、二等奖、三等奖各1件。

14日 中国共产党同仁市委第一届二次全体会议召开。

同日 州委“两新”工委在同仁市热贡路社区举行“两新·红色驿家”启动仪式，标志着全州“两新·红色驿家”全面启动。州委常委、同仁市委书记旦增，州委常委、组织部部长刘建昱出席，并为热贡路社区“两新·红色驿家”揭牌。

同日 同仁市在康乐路步行街设置临时年货市场，规划设置春联、副食等摊位150余个，集中销售各种年货。

19日 2022年“迎新春促消费”惠民消费券发放活动拉开帷幕。

同日 同仁市召开党史学习教育总结会议，总结全市党史学习教育工作。

20日 同仁市举办“党的十九届六中全会精神知识竞赛”活动。

24日 同仁市被国家民委命名为全国民族团结进步示范区。

25日 同仁市启动“平价商店”，全力保障春节期间蔬菜、肉类等产品供应充足、价格稳定。

同日 市公安局联合甘南州夏河县公安局组织开展跨区域联合拉动演练。

27日 同仁市在热贡文化广场举行“情系环卫工、春节送温暖”活动。

是月 市人民法院立案庭庭长吉毛先获评2021年度全国法院系统先进个人。

2月

8日 天津经济技术开发区对口支援黄南州同仁市联席会议在天津经济技术开发区举行。

9日 市委副书记、市长赵建国到城北新区同仁市医院选址点调研。

同日 同仁市成功申报27个传统村落实集中连片保护利用项目，获批中央补助资金1.35亿元。

同日 省委组织部发布省级“党支部组织生活共享阵地”拟退出和新命名对象公示，同仁市烈士陵园拟退出省级“党支部组织生活共享阵地”名单，拟新命名同仁市委党校党性教育基地为省级“党支部组织生活共享阵地”。

中旬 州电视台播放黄南民俗过大年——同仁篇《热贡传统年俗文艺联欢会》节目。

16日 省农林科学院调研组到同仁市调研“国家重点帮扶县农业科技支撑乡村振兴战略研究”项目实施情况。

17日 财政部公示2022年林业改革发展资金支持国土绿化试点示范项目名单，黄河流域尖扎至同仁段生态修复综合治理项目上榜。

22日 市文体旅游广电局举行农家书屋、寺庙书屋图书集中发放仪式，为全市72个村、36个寺庙精选图书6372册。

23日 同仁市第八次全市法治宣传教育工作会议召开。

27日至3月2日 中国人民政治协商会议第二届同仁市委员

会第二次会议召开。

28日至3月2日　同仁市第二届人民代表大会第二次会议召开。

3月

1日　市政协党组书记、主席尕藏卡带领145名政协委员到同仁市城北新区视察。

月初　以“推动汉藏医药传承创新工作，提升汉藏医药服务能力”为主题的首届玛洛汉藏药大讲堂在同仁市成功举办。

5日　在十三届人大五次会议首场“代表通道”上，全国人大代表、同仁市自来水公司职工夏吾卓玛讲述同仁市守护“中华水塔”三江源事迹。

8日　中共同仁市第一届纪律检查委员会第二次全体会议召开。

同日　州委常委、市委书记旦增到市第一民族中学讲授思政课并督导教育发展若干措施贯彻情况。

9日　市委红旗宣讲团到扎毛乡开展“全面推进乡村振兴加快农业农村现代化”专题宣讲活动。

10日　全市党建暨组织、宣传、统战、政法工作会议召开，会议传达中央及省州有关会议精神，总结2021年全市组织、统战、政法、宣传工作取得的成绩，安排部署2022年重点工作。

11日　黄南、海西合资项目——特色农畜产品销售中心在同仁市举行开业仪式。该项目总投资1250万元。

15日　市政府协同鹏扬基金到年都乎乡夏卜浪小学开展“石榴籽计划”公益捐赠活动。

同日　黄南州启动首批“科技特派员工作站”，在同仁市为“科技特派员工作站”挂牌。

20日　瓜什则乡组织赛庆、力吉村举办首届“央诺杯”良种牦牛评比大赛，来自赛庆、力吉村的500余户牧民挑选自家体质壮硕、气质俱佳、品种优良的800头牦牛参加评比大赛。

21日　省总工会发布《2022年全国五一劳动奖和全国工人先锋号推荐候选单位、候选人名单及简要事迹公示》，国家税务总局同仁市税务局拟被推荐为全国五一劳动奖状候选单位。4月13日，国家税务总局同仁市税务局获全国五一劳动奖状。

23日　青海省重大项目集中开复工暨黄南州同仁市城北新区防洪综合治理工程开工仪式在同仁市城北新区举行。副省长匡湧出席并宣布2022年重大项目集中开复工暨黄南州同仁市城北新区防洪综合治理工程开工。

24日　同仁市召开宣传思想文化系统“全员大学习、业务大比拼、作风大转变、能力大提升”专项行动动员部署会。

28日　省委党校公共管理调研部副主任李桂娥、省委党校经济学教研室刘雅君一行到同仁市开展《青海省中长期青年发展规划（2018—2015）》中期评估工作并召开座谈会。

30日　同仁市到西宁市省旅行社协会开展战略合作交流座谈会。

31日　同仁市委农村牧区工作暨农牧业高质量发展大会在州委党校召开。

同日　同仁市2022年国土绿化工作动员大会在州委党校召开。

4月

7日　州、市机关干部职工、宗教人士、学生等2200余人在保安镇互助滩开展2022年全民义务植树活动。

11日　“同饮长江水　沪青一家亲”捐赠活动在隆务庄农畜产品有限公司举行，全市10家供销社基层社、农牧民专业合作社、社属企业捐赠价值37246元的物资。

同日　州委常委、市委书记旦增到市粮食收储公司调研涉粮工作。

同日　市委副书记、市长赵建国到青海晟大生态农牧科技有限公司、格拉滩黄果种植基地督导工作。

12日　市委副书记、市长赵建国到吾屯村调研督导同赛高速项目建设、麻巴赛家村集体产业光伏项目。

同日　省关工委第八届“老少共携手　保护三江源”活动启动仪式在保安镇互助滩举行。

同日　市委政法委、市教育工委联合印发《关于在全市中、小学（幼儿园）设立法治副校长的通知》，34名法治副校长即日起聘任上岗。

13日　市委副书记、市长赵建国带领市政府班子成员调研督导全市各重点项目建设进展情况，现场办公研究解决实际问题。

14日　黄乃亥乡日秀玛村种植的黑青稞在天津港保税区食品

企业加工出品。

同日　同仁市举办“讴歌新时代　奋进新征程”基层理论宣讲大赛，11 支新时代基层宣讲队和市委红旗宣讲团 35 人参加比赛。

16 日　州委副书记、州长扎西才让调研兰采温泉开发、乡卫生院建议、皮革制品生产、林地管护等项目。

16—17 日　州委书记王耀春到同仁市调研指导社会治理工作。

19 日　州委常委、市委书记旦增带领市四大班子督导调研全市重大项目建设情况。

20—21 日　省农业农村厅遥感中心、同仁科技帮扶督查组会同市畜牧兽医站组成工作组，到多哇镇、保安镇、瓜什则乡、双朋西乡等乡镇，督导检查春季动物防疫、动物疫病监测、生态畜牧业发展等工作。

22 日　同仁市人大常委会召开第二届人民代表大会第二次会议代表意见建议交办会。

同日　完德尖措拟被共青团青海省委、青海省青年联合会评选为第 25 届“青海青年五四奖章”人选。

24 日　同仁市政协召开提案交办会。

25 日　市财政有效衔接资金管理使用推进会召开。

5 月

5 日　市委副书记、市长赵建国带领市政府副市长才让东智，市农牧和科技局、市乡村振兴局、市交通运输局负责人到循化县考察学习乡村振兴产业发展工作。

6 日　同仁市开展 2022 年大中城市联合招聘高校毕业生专场活动。

同日　同仁市举办犏牛繁殖技术第一期培训班。

7 日　省委书记信长星、代省长吴晓军到隆务镇热贡路社区调研，详细了解社区党建引领社会治理工作。

同日　全市撂荒地工作整治工作推进会召开。

8 日　市委副书记、市长赵建国督导检查同仁市第二垃圾填埋场、郭么日大桥、污水处理厂等重大项目及隆务河沿线两岸治理工作现场安排部署。

11 日　省乡村振兴领导小组办公室通报 2021 年度全省巩固拓展脱贫攻坚成果同乡村振兴有效衔接成效考核结果，同仁市被评定为“优秀”等次。

11—12 日　州委书记朱战民到同仁市部分学校、居民小区和省际联合疫情防控卡点调研督导疫情防控工作。

12 日　同仁市紧急调运价值 40 万元的防疫物资支援泽库县。

14 日　同仁市各界群众和宗教人士捐赠价值 70 万元的物资驰援泽库县。

19 日　由市政府统一安排车辆免费接送滞留异地高考考生返回同仁。

21 日　同仁市自来水公司安装维修队班组获青海高原“工人先锋号”称号。

23 日　中国共产党青海省第十四次代表大会胜利召开，同仁市干部群众通过电视、网络、广播等多种形式收听收看开幕式直播盛况。

24 日　同仁市乡村振兴新项目建设工作推进会召开。

25 日　同仁市召开优秀村规民约（居民公约）评审会，评出 9 个优秀村规民约（居民公约）。

同日　全国公安系统英雄模范立功集体表彰大会在北京召开，表彰中共十九大以来公安系统涌现出的先进集体和个人，同仁市公安局刑警大队指导员王成获评“全国公安机关爱民模范”。

28 日　同仁市举办学习贯彻落实省第十四次党代会精神专题辅导会。省第十四次党代会代表、州委常委、市委书记旦增主持会议并作专题辅导。

是月　市市政公共厕所革命工程建设项目（二期）开工，新建公厕 15 座，提标升级 10 座，到年底全部竣工投用。

6 月

1 日　同仁市人才工作会议召开。

同日　天津开发区慈善协会捐赠照明设备仪式在同仁市三完小举行。

同日　同仁市召开学习贯彻省委、省政府主要领导在黄南调研时的讲话精神专题学习研讨会。

同日　共青团市委组织“三项计划”志愿者开展“美丽中国·青春行动”保护母亲河 2022 净滩活动，40 余人参加。

1—2 日　州委常委、市委书

记旦增到市逸夫中学、第三完全小学、第一幼儿园，与少年儿童共庆“六一”，并向学校赠送慰问金和学习用具。

1—2日　市委副书记、市长赵建国到同仁市第二民族中学、市第一完小、市爱德堡幼儿园、春苗幼儿园、“六一”潜能幼儿园，开展“六一”儿童节慰问活动。

2日　全市经济运行调度及项目建设推进会召开。

同日　同仁按期完成市级成品粮储备入库工作。

4—8日　市委副书记、市长赵建国督导调研国土规划、隆务寺片区新建公厕、停车场有关事宜，并到曲库乎乡、扎毛乡督导有关工作，实地察看虫草采挖点安保和乡村振兴项目进展情况。

8日　市政府组织市农牧和科技局、市畜牧兽医站、各乡镇农牧业技术服务站技术骨干、全市犏牛繁育养殖基地（合作社）繁育员和管理能手40余人开展犏牛繁殖技术第二期培训。

10日　同仁市首家社区少工委成立仪式在青年路社区举行。

13日　同仁市实施无人机“飞防”统治，为油菜、小麦喷药，涉及全市9个乡镇，面积达2000公顷。其中，小麦1333.33公顷，油菜666.67公顷。7月初，完成“飞防”任务。

15日　副省长杨志文到同仁市部分中小学校和幼儿园实地调研教育改革发展工作。

15—17日　州委常委、市委书记旦增，市委副书记、市长赵建国率同仁党政代表团一行到江苏省启东市参观访问，开展对口协作。

16日　省第十四次党代会精神宣讲报告会在同仁举行，省委宣讲团成员、国家检察官学院青海分院院长马天山作宣讲报告。

同日　市委红旗宣讲团到加吾乡开展“同仁市学习贯彻省第十四次党代会精神”专题宣讲活动。

17—18日　同仁市邀请省级专家对创建国家卫生城市工作进行培训指导。

21日　全市财政支出工作调度会召开。

23日　全市医改领导小组（扩大）会议暨重大疾病和地方病防治、老龄工作会议召开。

24日　同仁市常委会班子召开涉粮问题专项巡视巡察整改专题民主生活会。

27—28日　中共中央政治局常委、全国政协主席汪洋到热贡龙树画苑等地调研，了解历史文化保护传承情况。

27—29日　江苏省南通市政府副市长、启东市委书记李玲率党政代表团到同仁交流访问。

29日　市政协组织智囊团政策宣讲组成员、政协委员到市隆务寄宿制学校、市第一民族中学、市第二民族中学、市逸夫民族中学宣讲省第十四次党代会精神。

7月

5日　同仁市邀请20名省级新闻媒体代表和180余家旅行社代表齐聚西宁，举行以“弘扬非遗文化　喜迎二十大”为主题的热贡藏乡六月盛会青甘旅游推介会。主要围绕同仁市非物质文化遗产展示、展览、展演，组织13家本土文旅企业的36类300余件文旅产品进行展览。

6日　州委常委、市委书记、市疫情防控处置工作指挥部指挥长旦增召集全市在家的县级领导、指挥部各成员单位负责人召开60岁及以上老年人新冠病毒疫苗接种工作推进会议。

同日　天津援建同仁市重点项目市民族中学安全通道项目主体结构落成。

8日　同仁市召开“喜迎二十大、永远跟党走、奋进新征程”“两红两优”表彰大会，为受表彰的市级“两红两优”个人及集体代表颁发奖状、奖牌。

同日　天津援建同仁市重点项目市民族中学安全通道项目主体结构落成。

14日　全市领导干部警示教育大会暨作风建设推进会召开。

15日　同仁市民族中学安全通道项目主体结构正式落成。该项目是天津援建同仁市的重点项目之一，建成后将成为黄南州首座过街天桥。

18—20日　江苏省启东市政协主席邵茂华率调研组到同仁市考察同仁市乡村旅游产业发展、草原生态保护、村集体经济发展、传统村落保护、宗教管理工作。

19日　同仁市举办市委理论学习中心组（扩大）学习会暨“实施乡村振兴推进农业农村现代化”专题讲座，邀请青海大学财经学院院长李双元主讲。

21日　市委副书记、市长赵建国主持召开应对防范极端天气工作紧急会议。

22日 “寻觅神韵黄南·品鉴文化同仁，万人共赏热贡六月会”发车仪式在同仁市热贡文化广场举办。

23日 第23届中国·青海绿色发展投资贸易洽谈会暨第二届中国（青海）国际生态博览会黄南州专场签约仪式在青海国际会展中心A馆举行。同仁市在本届青洽会签约项目9个，签约企业8家，总签约额达34.4亿元。

25日 天津援青开发的黑青稞系列产品亮相中国·青海绿色发展投资贸易洽谈会暨第二届中国（青海）国际生态博览会。

同日 省政协副主席杜德志一行到同仁市调研加快推进绿色有机农畜产品标准化生产体系建设情况，并召开座谈会。

26日 同仁市巡察工作会议暨一届市委第二轮巡察工作动员部署会召开。

同日 同仁市在主城区和部分乡镇范围内开展核酸常态化检测。

同日 市工信局发布2022年招商引资宣传片——《西域胜境·文化同仁》。

28日 青海省政协副主席王振昌一行到同仁市保安镇、市政协机关开展调研与督导工作。

同日 同仁市委人才工作领导小组第一次全体会议召开。

同日 同仁市学习贯彻中国共产党青海省第十四次代表大会精神专题学习研讨会召开。

30日 同仁市支援夏河县价值90万元的抗疫物资。

同日 省质量奖评审表彰委员会组织专家对同仁市龙树画苑开展第五届青海省质量奖现场评审工作。这是黄南州企业首次进入青海省质量奖现场评审环节。

8月

4日 同仁市开展鼠疫疫情应急防控演练岗位大练兵活动。

5日 中共同仁市委第一届委员会第四次全体会议召开。

同日 魏基成夫妇“天籁列车”青海义德慈善基金会项目组一行5人到同仁市开展助听器捐赠活动，向同仁市捐赠数码蓝牙充电式助听器50台。

同日 州委书记朱战民到保安镇下庄村全国人大代表夏吾卓玛家中进行走访慰问。

9日 同仁市以“喜迎二十大 唱响金色谷地”为主题音乐周活动启动仪式在热贡文化广场盛大启动。

同日 山东省政协主席段青英，广东省政协党组成员、副主席温国辉率队到同仁市调研文旅融合发展和提案工作。

11日 以“融合、创新、发展、团结、和谐”为主题的青藏川滇甘交界地区州（市）长第七次联席会议在同仁召开。

同日 同仁市科级领导干部学习贯彻省第十四次党代会精神培训班（第一期）在市委党校开班。

11—12日 市工信局举办2022年“金秋促就业 喜迎二十大”线下专场招聘会。

13日 省气象台发布暴雨黄色预警，夜间同仁市部分地区出现强降雨天气。同仁市部署防汛救灾工作。

17日 泽库县支援同仁牛羊肉、酥油、酸奶、鲜奶、食用油、黑青稞炒面等价值近34.6万元抗疫物资。

18日 同仁农商银行向同仁市疫情指挥部捐赠抗疫资金10万元。

19—20日 全市60家施工建筑企业向同仁市疫情防控指挥部捐资165.2万元。

20日 全市疫情防控、防汛防灾、安全生产工作专题安排部署会召开。

21日 州委副书记、州长扎西才让到扎毛乡扎毛村，曲库乎乡西卜沙村、江龙农业村，隆务镇措玉村等地调研督导乡村建设工作。

同日 黄南州同仁地区出现强降雨天气，造成同仁主城区部分路段积水严重。

同日14时起 同仁地区出现短时强降水、冰雹等强对流天气，最大小时雨强达到24.5毫米，造成同仁主城区部分路段积水严重。初步估算，同仁市造成经济损失约12亿元。24日，麻巴隆务河中桥全部冲毁。

24日 青海德义博置业有限责任公司（隆务水岸）为同仁市疫情防控工作捐赠100万元。

27日 经同仁市疫情指挥部研究决定，自28日0时起，解除同仁市静态管理措施，市域内有序放开、有限流动、有效管控，逐步恢复正常生产生活秩序。

29日 《同仁市公安局依法严厉打击涉疫情防控违法犯罪行为的通告》（藏文版）发布。

9月

5日 市委疫情防控处置和防汛救灾工作会议召开。

同日 同仁市信访工作会议召开。

7日 同仁市基层党建工作暨党建引领乡村治理试点工作推进会召开。

8日 州委常委、市委书记旦增带队到曲库乎乡、扎毛乡调研乡村建设、疫情防控、防汛减灾及乡村振兴产业，带头开展“喜迎二十大 基层百日行”活动，走访慰问寺庙活佛。

10日 在中秋节假日期间，市工信局开展“情满中秋·喜迎二十大”电子消费券发放活动，客都超市、华联超市、热贡超市、恒润蔬菜店等22家商家参与活动。

15日 同仁市首次试种冬油菜拉开序幕。

20日 黄南州五级人大代表到同仁市开展集中视察活动。

21日 同仁市特色农产品供需对接会召开。

26日 同仁农商银行在多哇镇举行“绿色支行”揭牌仪式，标志着同仁市首家绿色金融专营机构成立。

27日 州委副书记、州长扎西才让到隆务镇、保安镇走访慰问部分优秀拔尖人才、劳动模范、困难群众、学生和民兵，向他们送去州委、州政府的关怀与温暖。

同日 2022年奖助学金发放仪式暨优秀大学生座谈会在市第二民族中学召开。此次奖助学金发放仪式向21名高考成绩优秀、40名低收入家庭的应届大学生发放奖助学金39.7万元。

28日 同仁市举办2022年就业创业补贴发放仪式，对符合条件的20名创业者共计发放创业补贴20万元。

30日 州委书记朱战民到同仁市调研指导基层组织建设、产业发展、环境保护、安全生产、城镇建设、传统村落保护等工作，督导中共二十大安保各项工作，看望慰问基层一线干部职工。

是月 同仁市连续出现降雨过程，全市最大小时雨强达38.9毫米/小时，造成同仁市道路交通、基础设施、农田牲畜、商贸企业等不同程度受灾受损。市委、市政府迅速成立12个应急机动工作组，抽调536名干部第一时间到一线开展工作，紧急营救隆务峡口造林点、峡口电站及新贤砖厂被困人员83人，转移地质灾害隐患点群众719户3047人。

10月

1—3日 同仁市委、市政府集中开展主城区受疫情汛情影响低收入群体走访慰问和帮扶救助行动。

3日 州委常委、市委书记旦增和市委副书记、市长赵建国分别到隆务镇各社区走访慰问部分城镇低收入群众，送去党和政府的关怀与温暖。

同日 由中国农村杂志社主办的2022中国村歌大赛分赛区比赛日结束，其中西部赛区同仁市兰采乡环曲村《牧哥悦·动听》晋级全国总决赛。

8日 州委常委、市委书记旦增到隆务寺开展“喜迎二十大 基层百日行”活动走访看望宗教界人士代表。

12日 副省长杨逢春到同仁市客都生活超市、隆务寺、盛宇天伦酒店等地调研指导安全生产、疫情防控、物流保供、安保消防、乡村旅游等工作。

同日 同仁市高原绿色小米培育技术研究与应用示范项目小米试验田喜获丰收，成为乡村振兴的新“加分项”。

13日 同仁市纪委监委、市委宣传部、市文体旅游广电局联合举办“笔墨颂清风，喜迎二十大”廉政书画展。评审组专家和部分参赛作者、书画爱好者200多人参加书画展，展出170余幅作品，评选出24幅优秀书画作品。

14日 “喜迎二十大 礼赞新时代 文明耀同仁”主题文艺比赛在同仁举行。

同日 “喜迎中共二十大 共谋事业新发展”人才座谈会召开。

16日 全市各族干部群众收听收看中共二十大开幕盛况。

21日 同仁市委召开巩固拓展脱贫攻坚成果同乡村振兴有效衔接专项巡察工作动员部署会。

22日 市委红旗宣讲团到年都乎乡尕沙日村和曲库乎乡多哇村，以“理论+文艺”的宣讲方式解读中共二十大精神，传好党的声音、丰富群众文化生活。

25日　市委召开理论学习中心组中共二十大专题学习会和辅导会，州委常委、市委书记旦增作专题辅导并讲话。

29日　省委副书记、省长吴晓军到隆务镇措玉村接待信访群众。

11月

1日　同仁市学习宣传贯彻中共二十大精神“十进”大宣讲活动启动仪式暨首场活动在隆务镇举行。

2日　州委副书记、州长扎西才让到同仁市调研并宣讲中共二十大精神。

3日　中国农民丰收节组织指导委员会办公室公布100个丰收节庆特色活动名单，同仁市农牧民丰收节榜上有名，也是全省唯一入选的节庆特色活动。

4日　州委常委、市委书记旦增到保安镇、扎毛乡、曲库乎乡宣讲中共二十大精神，督导寺庙管理、乡村建设及环境卫生综合整治等重点工作。

6日　黄南州首张医疗收费电子票据正式上线。同仁市保安镇卫生院作为试点单位，于6日正式上线使用首张医疗收费电子票据，标志着全州医疗电子票据管理工作迈进“无纸化、电子化、便民化”时代。

7日　州委、州政府在同仁市举办全州乡村建设观摩学习会，学习借鉴同仁市乡村建设的好经验好做法。

同日　同仁市举行退役军人返乡欢迎暨适应性培训开班仪式。

8日　同仁市自然资源和林业草原局挂牌成立。

11日　同仁市首个少先队校外实践教育基地挂牌成立。

同日　同仁市举办“2022年天津市经济开发区人社局助力同仁市示范村农牧民产业振兴培训班”开班式。

12—13日　同仁市开展乡村建设观摩学习活动，在扎毛乡扎毛村，曲库乎乡西卜沙村、江龙农业村，隆务镇措玉村，保安镇城内村、城外村，双朋西乡双朋西村观摩人居环境提升、基层社会治理、壮大村集体经济、美丽乡村建设等方面取得的成效，相互借鉴乡村建设的好经验好做法。

14日　隆务镇至双朋西乡、瓜什则乡、多哇镇城乡公交班线开通运行。

16日　中共同仁市委一届五次全体会议召开。

同日　州委副书记、州长扎西才让，副州长王岐岳、更智才让一行督导调研同仁市政建设工作。

25日　同仁市委组织部紧急抽调30名党员干部和7辆应急车辆，连夜奔赴泽库支援抗疫。

同日　由中央宣传部、农业农村部、国家乡村振兴局共同举办的2022“新时代乡村阅读季”系列成果发布，同仁市兰采乡叶西获评优秀乡村阅读代表。该活动自6月启动。

是月　同仁市首个方舱医院在城北新区同北中心篮球馆改造完成，投入使用。

12月

1日　国家部委疫情防控工作组在同仁调研疫情防控工作。

7日　新华保险同仁营销服务部在中国银保监会黄南监管分局举办“城市因你而美·新华伴你而行——新华保险关爱全国环卫工人大型公益行动”黄南站捐赠仪式，为同仁市363名环卫工人捐赠量身定制的意外伤害保险，保额共计3600万元。

14日　学习贯彻中共二十大精神省委宣讲团宣讲报告会在同仁举行。

24日　黄南州重点水利枢纽工程同仁市浪加水库工程下闸蓄水。

29日　水利部发布《水利部关于表彰全国水土保持工作先进集体和先进个人的决定》，授予同仁市水利局局长马承斌“全国水土保持工作先进个人”称号。

30日　同仁市召开2021年度用人单位劳动保障守法诚信表彰大会，授予中铁十一局集团有限公司等18家企业“A级诚信守法示范企业”荣誉称号。

同日　国家艺术基金2022年度艺术人才培养资助项目“热贡艺术建筑彩绘创新设计人才培养”成果作品展暨研讨会在黄南州热贡艺术博物馆开幕。同仁市委、市政府，黄南州热贡艺术博物馆、同仁市委宣传部、同仁市文体旅游广电局等部门主要负责人以及特邀教师代表中国工艺美术大师西合道、学员代表等100余人出席开幕式。

市情概览

TONGREN YEARBOOK

建置区划

【区域位置】 同仁，藏语称为“热贡”，意为“梦想成真的金色谷地”。位于九曲黄河第一弯，青藏高原和黄土高原的交错地带，地处青海省东南部，北纬35°01′~35°47′，东经101°38′~102°27′，东西宽75千米，南北长85千米。东邻甘肃省夏河县，西连青海省贵德县，南接泽库县，北与循化县、尖扎县接壤，是甘、青、川三省交会的枢纽地带和黄南藏族自治州州府所在地，总面积3275平方千米。市政府驻地隆务镇，距省会西宁市160千米。

【建置沿革】 西汉元鼎五年（前112），同仁境域成为先零羌的居牧地。三国蜀汉延熙十七年（254）今同仁地区归属汉。北周建德五年（576），北周在今化隆县群科镇设廓州总管府，其辖区大致在今同仁地区。唐景龙三年（709），唐划九曲之地予吐蕃，今同仁境遂属吐蕃所辖。唐天宝十二载（753）五月，悉收九曲之地。唐天宝十三载（754）七月，置浇河郡，今同仁境属浇河郡辖地。唐咸通七年（866）十月，吐蕃对青海东南部地区的统治宣告结束。北宋元符二年（1099），今同仁县境归宋辖。金天会九年（1131）起，今同仁境归属金统治历九十年。南宋宝庆三年（1227，即成吉思汗二十二年）三月，成吉思汗所部攻占河湟地区，设治河州，今同仁境归属蒙古汗国。明洪武三年（1370）五月，河州以西藏族诸部悉数归降明朝。民国18年（1929）9月14日，同仁县正式成立。1949年9月22日，同仁县人民政府成立。2020年6月，经国务院批准，民政部正式批复同意撤销青海省黄南州同仁县，设立县级市，其隶属关系、管辖范围、政府驻地均不变。同仁县撤县设市后，黄南州行政区划由原来的四县变为一市三县。

【行政区划】 2022年底，同仁市辖隆务、保安、多哇3个镇，兰采、双朋西、扎毛、黄乃亥、曲库乎、年都乎、瓜什则、加吾8个乡，其中纯牧业乡3个，设72个行政村、8个社区、362个自然村。

【人口民族】 同仁市是一个以藏族为主，汉族、土族、回族、撒拉族、保安族等多民族聚居区。2022年，全市总人口29648户103283人，其中城镇人口52752人、农村人口50531人。总人口中，藏族占74.33%，汉族占9.77%，土族占8.99%，回族占4.42%，撒拉族占1.27%，蒙古族占0.6%，其他民族占0.62%。

自然环境

【地质地貌】 同仁市地处青藏高原与黄土高原的过渡地带，隆务河纵贯全境南北，形成东西部山区和中部河谷地区。境内山峦起伏，河谷相间，地貌复杂多样。地势南高北低，地形可分为河谷川地、低山丘陵、中高山脑山、高山4个区域。最高海拔4767米，最低海拔2160米，相对高差2607米。有大小河流11条，其主要的黄河一级支流有隆务河、大南曼河和尕日加河，其中隆务河纵贯全境南北，形成东西部山区和中部河谷地区。

【土地资源】 2022年，全市土地总面积31.95万公顷。其中，农用地面积309313.48公顷，建设用地面积4526.73公顷，未利用地面积5665.89公顷。耕地总面积0.86万公顷，平均耕地等级13等，人均耕地占有面积0.08公顷。2022年，全市国有建设用地供地总面积200公顷，出让价款1181.76万元。

【水利资源】 同仁市地处黄河一级支流隆务河中游，全市分布有大小河流21条、河沟12条，其中规模以上1条，即隆务河。库容达到10万立方米的水库1座，河段总长600.3千米。沿隆务河建成梯级水电站6座。2022年，同仁市供用水总量为1640万立方米，其中农业用水1220万立方米、工业用水32万立方米、生活用水358万立方米；万元地区生产总值用水量下降16.51%；万元工业增加值用水量下降7.37%；经测算农田灌溉水有效利用系数达到0.5083；重要江河湖泊水功能区水质达标率100%，一般水功能区水质达标率100%。各指标控制在“三条红线”控制指标之内。实施同仁市2022年取水口取水监测计量体系建设项目投资46万元，对全市48处取水口安装监测计量设施（灌区工程取水口11处、人畜饮水工程取水口37处）。

【矿产资源】　同仁市矿产资源较为丰富，是青海省十大矿产资源开发重点县之一。已发现的金属矿产有铜、铅、锌、金、银、钼、锡、钨、铌、铁等10余种。已开发利用的矿种为铜、铅、锌、金、银5种，其他矿种因规模小或资源量不明而尚未开发。现已开发利用的金属矿产有2个；矿产资源勘查项目有效期内申请延续的探矿权6家；颁发采矿许可证的砂石黏土矿3家，其中砂石料场1家、黏土矿2家。

【草地资源】　2022年，全市拥有草地188085.22公顷，占全市土地总面积的58.8%。草地中，天然牧草地186321.83公顷，占草地总面积的99.1%；人工牧草地1318.05公顷，占草地总面积的0.7%；其他草地445.34公顷，占草地总面积的0.2%。草地类型主要以高寒草甸类、山地草甸类、灌丛草甸类为主，分别占草地总面积的51.2%、21%和8.2%。牧草以禾本科莎草科为主，豆科牧草较少。从草地质量综合评定来看，同仁市天然草地质量较好，其中Ⅱ等草地面积最大，占全市天然草地总面积的48.66%，Ⅲ等草地居第二位，占33.62%，Ⅰ等草地位居第三，占13.96%，劣等草地面积较小。平均产鲜草3109.05千克/平方千米，其中夏秋草地平均产草3156千克/平方千米，冬春草地平均亩产草3064.05千克/平方千米，草原综合植被覆盖度达61%。

【气候状况】　2022年，同仁年平均气温为7.8℃，与历年同期平均值6.6℃相比偏高1.2℃。年极端最高气温为34.9℃，出现在7月7日，年极端最低气温为-14.8℃，出现在12月17日、28日、29日。年内平均气温除2月偏低2.6℃、12月偏低0.5℃外，其余月份不同程度偏高，偏高幅度在0.2~4.3℃。年总降水量为347.5毫米，与历年同期平均值419.6毫米相比偏少17%。年内一日最大降水量达57.5毫米，出现在8月14日。最长连续降水日数达6天，降水量为15.0毫米，起止日期为7月14—19日。最长连续无降水日数达54天，起止日期为2021年11月30日至2022年1月22日。年内降水除2月偏多98%、8月偏多83%外，其余月份不同程度偏少，偏少幅度在6%~100%，年降水分布不均匀。2022年无霜期172天，无冰雹，年日照总时数2337.7小时，年日照百分率为53%，全年光照适中。全年气温偏高、降水偏少、光照适中，降水分布不均匀。进入夏季主汛期强对流天气频发，致使部分乡镇地区出现灾情，给当地造成一定的经济损失。

经济社会发展

【概况】　2022年，同仁市完成地区生产总值410320.47万元，同比增长1.4%。其中，第一产业增加值68862.33万元，同比增长4.4%；第二产业增加值64560.50万元，同比增长34.4%；第三产业增加值276897.64万元，同比下降4.5%。社会消费品零售总额104325.4万元，同比增长2.7%；市属固定资产投资同比下降31.41%；全体居民人均可支配收入23238元，同比增长5.3%。居民消费价格呈稳中略涨的态势，累计上涨2.4%，涨幅比上年高1.1个百分点，与全省平均水平持平。

【经济发展】　农业　2022年，全市农林牧渔业总产值92686.7万元，同比增长4.62%。其中，农业总产值44733万元，同比增长5.44%；林业总产值4417.2万元，同比增长9.09%；牧业总产值39967.5万元，同比增长3.62%；农林牧渔服务业总产值3569万元，同比增长1.58%。

工业　全年规模以上工业实现增加值3244万元，同比下降10.1%；规模以下工业增加值同比下降8.7%。完成发电量2.29亿千瓦时，同比下降19.3%。

建筑业　全年全市完成总产值62009.4万元；全市建筑业总

产值中，完成建筑工程产值59720.5万元，占建筑业总产值的96.31%，同比增长281.25%；完成安装工程产值1138.7万元，占建筑业总产值的1.84%，同比下降10.4%；完成其他产值1150.2万元，占建筑业总产值的1.85%，同比增长78.77%。

固定资产投资　全年市属固定资产投资同比下降31.41%。其中，民间投资同比下降43.76%，占全部投资完成额49.26%。按投资类型分，项目投资同比下降24.05%；占全部投资完成额的97.61%；房地产开发投资同比下降86.15%，占全部投资完成额的2.39%。按产业分，第一产业投资同比下降39.49%；占全部投资完成额的3.8%；第二产业投资同比下降5.2%，占全部投资完成额的60.5%；第三产业投资同比下降52.81%，占全部投资完成额的35.7%。

【社会发展】　社会消费品零售总额　全年全市实现社会消费品零售总额104325.4万元，同比增长2.7%。按销售单位所在地分，城镇实现社会消费品零售额为96607.5万元，同比增长3.5%，占全市社会消费品零售额的92.6%；乡村实现社会消费品零售额为7717.9万元，同比下降6.2%，占全市社会消费品零售额的7.4%。按消费形态分，实现商品零售额为85489.6万元，同比增长9.1%；实现餐饮收入为18835.8万元，同比下降18.7%。

城乡居民收入　同仁市实现全体居民人均可支配收入23238元，同比增长5.3%。其中，城镇居民人均可支配收入39204元，同比增长2.4%；农村居民人均可支配收入12955元，同比增长6.5%。

居民消费价格　同仁市居民消费价格呈稳中略涨态势，累计同比上涨2.4%，涨幅比上年高1.1个百分点，与全省平均水平持平。八大类商品和服务价格呈“七涨一降”态势，其中食品烟酒类同比上涨1.9%，衣着同比上涨0.3%，居住类同比上涨3.1%，生活用品及服务类同比上涨0.9%，交通和通信类同比上涨5.6%，教育文化和娱乐类同比上涨1.5%，其他用品和服务类同比上涨3.0%；医疗保健类同比下降0.1%。

中共同仁市委

TONGREN YEARBOOK

决策与成效

【全面从严治党】　全面深化“市委主抓、纪委协助”党风廉政建设和反腐败工作格局，把党风廉政建设列入市委重要议事日程，健全市委全会听取党委（党组）主体责任落实情况报告、廉政谈话制度，确保责任传导到位。运用“四种形态”批评教育帮助和处理33人次。始终保持反腐败斗争高压态势，开展生态环保、乡村振兴、工程建设、粮食购销等专项治理监督，纠治身边不正之风和民生领域腐败问题。高质量推进巡视巡察工作，启动10个党组织两轮常规巡察和乡村振兴政策落实专项巡察，监察监督工作走深走实。

推进“深化作风建设、狠抓工作落实”专项行动，各级党组织和党员干部查摆问题1515项，完成整改943项，长期坚持572项，推动工作作风持续好转。坚持勤督严查，开展党员干部和公职人员参与赌博、酒驾醉驾问题专项整治，起底问题线索13件13人，立案12件12人，给予党纪政务处分10人，释放正风肃纪强烈信号。开设作风建设专题访谈栏目，各乡镇各部门各单位“一把手”走上台前、面对群众，谈体会、谈认识，讲做法、亮成效，倒逼作风建设抓紧抓实。持续开展形式主义、官僚主义整治，制定工作要点，进一步精简会议、精简文件、规范督查考核、改进工作作风，减轻基层负担，从源头上“松绑减负”。

2022年9月28日，同仁市学习贯彻省第十四次党代会精神专题培训班开班（市委组织部供图）

【基层组织建设】　巩固提升“组织体系建设三年行动”成果，推行“清单制”“积分制”新模式，形成学理论有清单、抓活动有主题、干工作有重点的局面。坚持群众主体，用实村级干部队伍，集体作战成效显著。开展软弱涣散村党组织排查整顿工作，村党组织实现晋位升级。打造“‘两新’·红色驿家”党建服务新品牌，创设“小个专”党建工作指导站，设立“1+1+N”红色物业。发挥党员先锋模范作用，在虫草采挖、防疫抗汛、乡村振兴等工作中，动员组织力量、发挥组织优势、筑牢“红色屏障”。推进抓党建促乡村振兴，多元化打造7个村集体经济示范村，黄乃亥乡“饲草种植日秀玛模式”进一步推广。推进党建引领“快递进村”工作，农牧区快件投递梗阻问题得到解决。

【推进社会治理】　统筹推进各领域安全稳定工作，构建国家安全大格局。践行总体国家安全观，多维度、常态化、深层次筑牢各领域安全防线，实施“反制、铸墙、净土、攻心”四大工程，健全国家安全工作协调机制和社会稳定风险评估机制，修订完善“1+15+11+N”突发事件应急处置预案，推动风险隐患排查工作重心下移，形成“全市一盘棋”联动联防安全大格局。

深化平安同仁建设，拓展“一核三治”治理效能，推行“135”社会治理新模式，完善村规民约，推广“枫桥经验”“三调联动”机制和问题责任“清单式”管理，落实“543”帮教措施，建成“智慧安防小区”3个，矛盾纠纷调处率达100%，打造党建引领乡村治理示范市，社会治理体系和治理能力现代化迈出新步伐。健全防范化解重大风险长效机制，有效防范化解政府债务和金融风险，守住不发生系统性风险的底线。持续提升应急指挥救援能力，坚决防范遏制重特大生产安全事故，安全生产形势持续平稳。

实施“民族团结进步+”融合发展行动，纵深推进“十二进”活动，打造完成20个省级民族团结进步示范点。依法管理宗教事务，持续推进“两补两奖”考核评比，创新开展绿色寺庙、联谊交友、和谐寺庙创建工作，建立驻寺干部人岗相适、干部轮岗交流机制，落实村级民间信仰活动点专人管理制度，引导宗教与社会主义社会相适应。疫情防控期间，全市宗教界人士和各族群众捐款捐物400万元。

健全完善应急指挥体系，有效应对疫情冲击。及时调整优化防控措施，加大基础设施保障力度，建成13个乡镇卫生院发热诊室，储备医疗资源，推进新冠疫苗接种。特别是面对多年未遇严重汛情，全市各级党员领导干部迅速投身救灾减灾主战场，全面落实“叫应”“叫醒”机制，及时转移群众4130人次，防汛救灾实现“零伤亡”。

【打造生态文明高地】 围绕生态文明高地建设，推进山水林田湖草沙冰一体化保护和系统化治理，成立生态文明建设和生态环境保护委员会，出台部门和乡镇生态保护责任清单，建立三级河（湖）长、林草长体系，生态环境保护发生历史性、转折性、全局性变化。坚持增绿增质增效，科学布局生态、农业、城镇功能空间，因地制宜实施道路绿化，优先使用本地合作社苗木，实现“植绿”“增收”双赢。纵深推进污染防治攻坚战，探索试行垃圾分类处置，打造“全域无废示范市”，市区空气质量优良天数比例达95.6%，2个主要流域监测断面水质均达到或优于Ⅱ类水质标准，土壤环境质量保持总体稳定，两轮中央生态环境保护督察反馈问题全部整改完成。探索“碳达峰”“碳中和”同仁路径，加快天然气入同仁、瓜什则400兆瓦“牧光储”综合一体发电项目建设，打造绿色发展新引擎。

【推动经济高质量发展】 *农牧产业转型升级* 出台全市农牧业高质量发展指导意见和绿色有机农畜产品输出地专项规划等“一揽子”政策措施，构建“一地两创二促四园五带”发展思路和产业布局，地方财政支农资金从100万元增加到1000万元，助推农牧业发展。立足特色资源禀赋优势，打造油菜、黑青稞、马铃薯、饲草、黄果梨、豌豆“六个万亩”绿色生产基地。挖掘农业多元价值，建立“村集体经济+农户”“休闲农业+农户”利益联结机制，建成6个休闲农业基地和3个色彩农业基地。实施“3545”万头犏牛规模化养殖基地建设，建成热贡“尕玛顿丹”扩繁基地、热贡“佳加哇娄”藏羊保种基地和7个千头标准化牦犏牛养殖基地，申报国家级“农村产业融合发展示范园”和省级“万头标准化犏牛基地（产业园）”。加快推进州市共建绿色有机农畜产品输出地和瓜什则牦牛酸奶产业园建设，集中打造一批富民产业，形成富民效应。

重大项目建设 树牢“项目是第一支撑”导向，把项目作为经济工作的重要抓手，新续建项目121项，开复工94项，总投资达69.09亿元。持续抓好“一个项目、一名领导、一套班子、一抓到底”工作机制，包联县级领导靠前指挥、主动服务、狠抓落实，郭么日大桥、五期集中供暖等困扰多年难开工、难落地项目有序推进，浪加水库、第二垃圾填埋场、污水处理厂提标扩建等项目全面完成，天然气市政中压管网，集中供热一、二、三、四期煤改气等项目完成前期工作，具备开工条件。

区域协同发展 逐步完善市政基础设施建设，建成高标准公厕23座、过街天桥4座，实施3个停车场建设项目，常态化开展交通秩序整治、城市精细化管理工作，完善城镇基础设施，服务功能更加便捷，新型城镇化展露新姿。推进撤县设市后城市功能提升项目征地拆迁，进一步拓展优化城市发展空间。实施省部共建高原美丽城镇示范省试点，启动国家级传统村落集中连片保护示范点建设，打造27个传统村落和6个高原美丽乡村。实施2000户农牧民居住条件改善工程，改善群众居住环境和生活品质。瓜多公路完成升级改造，多哇至瓜什则农村公交线路开通运营，打通对外进出的外部通道，实现内部微循环，走“回头路”的现象成为历史。

文旅产业发展 坚持以文塑旅、以旅彰文，不断融入国际生态旅游目的地建设，编制实施全域旅游1+5规划，打造“古色”“绿色”2条精品旅游线路，申报2022年国家级旅游消费集聚区、青海省乡村旅游特色示范点、星

级乡村旅游接待点，成功创建省级全域旅游示范区，吾屯村入选全国乡村旅游重点村。多渠道、多层次宣传推介热贡艺术、藏乡“六月会”、土族“於菟”节等民俗品牌。创新“文旅+”多元业态，打造完成“在那东山顶上”“芊桑别苑”“丹霞地貌奇峰园”等乡村文旅产业。挖掘文化产业优势，热贡文化园区、唐卡风情小镇、非遗传习中心等基础设施建设日趋完备，同仁已成为文旅融合、集文创产业发展于一体的“网红”打卡地。

改革开放取得突破　坚持以改革破难题，以开放拓空间，制定改革工作要点，细化改革事项143项，行政审批、财税、自然资源资产等重点领域改革取得新突破。持续优化营商环境，不断深化“放管服”改革，出台招商引资“硬核31条”，打造“服务更好、效率更高、环境更优”的政务服务体系。开展多轮次、高覆盖促消费活动，落实各项税费优惠，发挥消费对经济增长的拉动作用。深化对口援青和东西部协作，加大招商引资力度，利用青洽会等平台成功签约项目9个，到位资金9.37亿元。确定“完善督考一体工作机制”和“深化大规模国土绿化巩固提升行动”2项自行改革任务，地区自行改革事项有声有色、见行见效。

【提升社会民生福祉】　教育高质发展　推进州委“1+5”和市委“八大工程”，出台《关于进一步规范全市中小学管理体制更好聚焦教学工作的意见（试行）》等9个配套文件，规范学校党建、校园文化、教研教学、考核评价，探索推进专职督学、“互联网+教育”、财务第三方代理记账管理，设立同仁市教育发展基金专户，启动教育布局再调整，强化师德师风建设，合理配置教师资源，补齐后勤及保教人员，教育发展实现新突破、取得新成效。

健全医疗卫生服务体系　持续深化医药卫生体制改革，完善分级诊疗制度，基层医疗机构远程会诊实现全覆盖。统筹资金整合市人民医院、市中医院、隆务镇卫生院医疗资源，组建同仁市人民医院并投入使用。加快基层汉藏医馆建设，开设隆务镇卫生院中医皮肤专科，打造汉藏医药宣传一条街。开展爱国卫生运动，同仁市再度荣膺“省级卫生城市”荣誉称号。

完善多层次社会保障体系　实施全民参保计划，城乡居民医疗保险、基本养老保险、失业保险等参保人数均完成预定目标。提高最低生活保障、特困人员保障标准，最大程度保障困难群众基本生活。加快实施老旧小区改造，开展农村房屋安全隐患排查整治，改善群众居住条件。发展医养结合等多样化养老服务，社会福利中心和隆务镇敬老院建立集“医疗+康复+养老”的复合型康复养老服务，推进措玉村互助幸福院和2个社区居家养老服务网络建设项目。

促进就业创业增收　落实落细就业优先政策，开展“春风行动”、就业援助月等专场招聘，城镇新增就业452人，高校毕业生就业率87.8%，城镇登记失业率严格控制在规定指标内。实施农牧民技能培训，开发光伏电站维护员等村级公益性岗位，选树培育劳务品牌，辐射带动更多劳动力实现就近就地就业。落实创业担保贷款和贴息政策，发放创业补贴，以创业带动就业。

乡村振兴　开展耕地“非粮化”、“非农化”、撂荒地整治，稳定粮食生产，守住耕地保护红线和粮食安全生命线。常态化落实“2411”防返贫动态监测和帮

2022年11月12—13日，州委常委、市委书记旦增（前排左三）参加同仁市乡村建设观摩学习活动（市委办供图）

扶机制，抓好稳岗就业，强化扶贫项目资产管理，巩固“3+1”成果，加强易地搬迁后续扶持，守住不发生规模性返贫的底线。坚持“各炒一盘菜、共办一桌席”理念，出台全市乡村建设示范村项目实施方案，推进跨行业职能部门资金项目统筹，累计整合资金2.95亿元，实施8个乡村建设示范村，举办全州乡村建设观摩学习会，同仁市乡村建设模式得到国家乡村振兴局和省政府主要领导高度肯定，并在全省进行推广。统筹乡村资源禀赋和产业前景，发展农畜产品加工、乡村旅游等绿色新兴产业，打造4个乡村振兴试点村。坚持经济发展和物质生活改善同频共振，提高乡村治理体系和治理能力现代化水平，加强村规民约、寺规僧约引导约束，培育文明乡风、良好家风、淳朴民风，建设宜居宜业和美乡村。

重要会议

【全体会议】 市委一届二次全体会议　1月14日，中共同仁市委一届二次全体会议召开。全会全面贯彻习近平新时代中国特色社会主义思想，深入学习党的十九届六中全会、中央经济工作会议、省委十三届十一次全会和州委十三届二次全会精神，总结2021年工作，分析当前形势，部署2022年任务，团结带领全市各族干部群众奋勇拼搏，砥砺前行，推动新时代同仁各项事业再创佳绩。全会由市委常委会主持。州委常委、市委书记旦增代表市委常委会作工作报告。市委副书记、市长赵建国总结2021年经济工作，具体部署2022年经济工作。市委常委夏吾闹日、王凯、韩俊、赵琪虎、李加东智、李秀加、刘莉丽、王文东出席会议。

市委一届五次全体会议　11月16日，中共同仁市委一届五次全体会议召开。全会以习近平新时代中国特色社会主义思想为指导，深刻领悟“两个确立”的决定性意义，牢记“国之大者”，增强“四个意识”、坚定“四个自信”、做到“两个维护”，深入学习贯彻中共二十大和二十届一中全会、省委十四届二次全会、州委十三届七次全会精神，安排全市学习宣传贯彻工作，用中共二十大精神统一思想、统领全局，奋力谱写全面建设社会主义现代化国家同仁高质量发展新篇章。全会由常委会主持，州委常委、市委书记旦增讲话，市委副书记、市长赵建国传达中共二十大、党的二十届一中全会、省委十四届二次全会和州委十三届七次全会精神。市委常委陈峻、夏吾闹日、吴浩、韩俊、李加东智、李秀加、刘莉丽、王文东出席会议。

【常委会会议】 一届市委第一次常委会会议　1月11日，州委常委、市委书记旦增主持召开2022年第一次（总第一届第十四次）市委常委会会议，安排部署近期重点工作；审议并通过《中共同仁市委办公室关于召开中共同仁市委一届二次全体会议的请示》《市委常委会2021年工作报告（审议稿）》《旦增同志在市委一届二次全体会议上的讲话（审议稿）》《赵建国同志在市委一届二次全体会议上的讲话（审议稿）》。

一届市委第二次常委会会议　1月20日，旦增主持召开2022年第二次（总第十五次）市委常委会会议，审议《同仁市人民政府关于增补马忠海同志为市政府党组成员的请示》；审议并原则同意《同仁市出席中国共产党第二十次全国代表大会代表候选人初步人选推荐提名人选名册》《同仁市出席中国共产党青海省第十四次代表大会代表候选人初步人选推荐提名人选名册》；研究相关人事议题。

一届市委第三次常委会会议　1月27日，旦增主持召开2022年第三次（总第十六次）市委常委会会议，传达学习《中共青海省委办公厅　青海省人民政府办公厅印发〈关于深化青海省与川甘交界地区平安与振兴工程的意见〉的通知》《中共中央办公厅印发〈关于加强新时代廉洁文化建设的意见〉的通知》《王建军同志在全省党史学习教育总结会议上的讲话》《王耀春同志在全州党史学习教育总结会议上的讲话》《州委书记王耀春在州发改委〈黄南州天然气利用工程进展情况的专报〉上作出的批示（〔2022〕3号）》《中共青海省委办公厅〈关于木里矿区非法采煤问题的追责问责情况及其教训警示的通报〉》《中共青海省委　青海省人民政府关于以铸牢中华民族共同体意识为主线推进新时代青海民族工作高质量发展的实施意见》；研究相关人事议题。

一届市委第四次常委会会议　2月18日，旦增主持召开2022年第四次（总第十七次）市委常委会会议，审议并原则同意市纪委监委《关于召开中共同仁市第一届纪律检查委员会第二次全体会议的请示》《中共同仁市第一届纪律检查委员会第二次会议上的工作报告（送审稿）》，市人大党组《关于召开同仁市第二届人民代表大会第二次会议的请示》《同仁市第二届人民代表大会常务委员会工作报告（送审稿）》，市政府党组《同仁市第二届人民代表大会第二次会议政府工作报告（送审稿）》《关于召开政协第二届同仁市委员会第二次会议的请示》《中国人民政治协商会议第二届同仁市委员会常务委员会工作报告（送审稿）》，市人民法院党组《同仁市人民法院在同仁市第二届人民代表大会第二次会议上的工作报告（送审稿）》，市人民检察院党组《同仁市人民检察院在同仁市第二届人民代表大会第二次会议上的工作报告（送审稿）》，市财政局党组《关于同仁市2021年财政预算执行情况和2022年财政预算（草案）的报告（送审稿）》，市发展和改革局党组《关于同仁市2021年国民经济和社会发展计划执行情况与2022年国民经济和社会发展计划（草案）的报告（送审稿）》。

一届市委第七次常委会会议　4月6日，旦增主持召开2022年第七次（总第二十次）市委常委会会议，会议安排部署近期重点工作；审议《中共同仁市委常委会2022年工作要点（审议稿）》《同仁市人大常委会党组关于市第二届人大常委会主任、副主任工作分工的请示》《同仁市人大常委会2022年度监督工作计划的请示》《政协同仁市委员会关于政协第二届同仁市委员会常务委员会2022年工作要点的请示》《中共同仁市委政法委员会关于上报同仁市维稳突发性事件应急预案的请示》《同仁市总工会关于召开同仁市工会第一次代表大会的请示》《市委农村牧区工作领导小组办公室关于成立同仁市2022年推进乡村振兴“八大行动”指挥部的请示》《市委农村牧区工作领导小组办公室关于同仁市2022年推进乡村振兴“八大行动”实施方案的请示》，审议干部涉嫌违规问题处理意见的请示；研究相关人事议题。

一届市委第九次常委会会议　4月27日，旦增主持召开2022年第九次（总第二十二次）市委常委会会议，安排部署省委、州委涉粮问题专项巡视巡察反馈问题整改工作；审议市委巡察工作领导小组《一届市委首轮常规巡察综合报告》，审议市委巡察工作领导小组办公室《关于中共同仁市委2022年巡察工作计划的请示》，市政府党组《关于移交原同仁县文化和旅游局办公楼的请示》，市委组织部《关于陈国著、吴永乐同志兼任市级退役军人事务工作机构职务的请示》；研究相关人事议题。

一届市委第十次常委会会议　5月19日，旦增主持召开2022年第十次（总第二十三次）市委常委会会议，听取同仁市全省涉粮问题专项巡视巡察反馈问题整改工作情况的汇报、巩固拓展脱贫攻坚成果同乡村振兴有效衔接考核问题情况的通报；审议市督考一体工作委员会办公室《同仁市2021年度科级领导班子和领导干部目标考核结果的请示》、市委办公室《同仁市贯彻省委、省政府主要领导调研黄南工作时重要讲话精神若干措施（审议稿）》。

一届市委第十一次常委会会议　6月1日，旦增主持召开2022年第十一次（总第二十四次）市委常委会会议，审议《同仁市维稳突发性事件应急预案》的请示，省州委涉粮问题专项巡察整改专题民主生活会市委常委会班子对照检查材料，《关于成立同仁市“名镇志”“名村志”编纂委员会的请示》《关于成立同仁市“名镇志”“名村志”编纂试点工作的请示》《同仁市党建引领乡村治理试点工作实施方案》。

一届市委第十六次常委会会议　8月3日，旦增主持召开2022年第十六次（总第二十九次）市委常委会会议，安排部署近期重点工作；审议市委办公室关于上报《同仁市关于贯彻落实省委〈关于进一步弘扬优良作风加快建设现代化新青海的若干措施〉的通知（审议稿）》的请示、关于召开中共同仁一届市委四次全体会议的请示、关于上报《关于进一步加强市委领导班子政治建设的若干措施（审议稿）》的请示、关于上报《中共同仁市委全体会议工作规则（审议稿）》的请示、关于上报《同仁市贯彻省第十四次党代会精神“喜迎二十大、基层百日行”活动实施方案（审议稿）》的请示；审议《旦增同志在一届市委四次全体会议上的讲话（审议稿）》《赵建国同志在一届市委四次全体会议上的讲话（审议稿）》；研究相关人事议题。

一届市委第十七次常委会会议 8月31日，旦增主持召开2022年第十七次（总第三十次）市委常委会会议，安排部署近期重点工作；听取同仁市2022年度上半年基层党建、党风廉政、深化改革、意识形态、统一战线、政法、安全生产工作汇报；审议市委组织部关于呈报《同仁市藏传佛教寺院驻寺干部配备管理工作方案（审议稿）》的请示。

一届市委第十八次常委会会议 9月9日，旦增主持召开2022年第十八次（总第三十一次）市委常委会会议，听取市人大常委会党组、市人民政府党组、市政协党组、市人民法院党组、市人民检察院党组工作开展情况的汇报，全市乡村振兴工作开展情况的汇报，全市教育工作开展情况的汇报，全市老干部工作开展情况的汇报；通报一届市委第二十七次、二十八次、二十九次常委会会议研究事项落实情况；审议市委办公室关于上报《中共同仁市委常委会工作规则（审议稿）》的请示、关于上报《中共同仁市委书记专题会议工作规则（审议稿）》的请示，市督考一体办公室关于上报《同仁市2022年度乡镇和部门考核目标任务（审议稿）》的请示，市人民政府党组关于上报《调整部分副市长工作分工》的请示；研究相关人事议题。

一届市委第十九次常委会会议 9月29日，旦增主持召开2022年第十九次（总第三十二次）市委常委会会议，听取市委第三十次常委会重点工作落实情况的通报，各乡镇近期重点工作汇报；开展市委书记深化作风建设狠抓工作落实专项行动集中约谈；安排部署国庆节期间维稳安保、疫情防控、安全生产等重点工作；听取市生态环境领域各级各类督查检查反馈问题整改情况汇报；审议市政府党组《关于同仁市2022年第一批财力性转移支付增量资金使用分配方案》的请示，市残疾人联合会《关于同仁市残疾人联合会第一届代表大会换届选举实施方案》《关于成立同仁市残疾人联合会第一届代表大会换届选举领导小组》的请示，市发展和改革局党组、市生态环境局党组《关于成立同仁市生态文明建设和生态环境保护委员会》的请示；研究相关人事议题。

一届市委第二十次常委会会议 10月15日，旦增主持召开2022年第二十次（总第三十三次）市委常委会会议，通报一届市委第三十一次常委会会议研究事项落实情况；安排部署近期重点工作；审议市人民政府党组关于《撤县设市后市政建设补短板项目土地房屋征收补偿资金筹措方案》的请示、关于《同仁市2022年第一批县级基本财力保障机制奖补资金增量资金使用分配方案》的请示、关于《同仁市集中供热价格调整》的请示、关于《进一步规范全市中小学管理体制更好聚焦教学工作的意见（试行）》的请示、关于上报《同仁市教育系统评先表彰办法（试行）》的请示，市委教育工作委员会、市委机构编制委员会关于上报《同仁市中小学校教职工编制核定标准（试行）》的请示、关于呈报《同仁市中小学家长委员会组织章程（试行）》的报告、关于呈报《同仁市教育系统校长（园长）任期承诺报备公示制（试行）》的报告，审议市教育局党委关于呈报《同仁市中小学教学评价管理办法（试行）》的报告、关于呈报《同仁市中小学校教师工作量核定指南》的报告、关于呈报《同仁市督学聘任管理暂行办法》的报告、关于呈报《同仁市中小学教学常规管理实施细则（草案）》的报告，市纪律检查委员会关于干部涉嫌违规问题处理意见的请示；研究相关人事议题。

一届市委第二十一次常委会会议 11月2日，旦增主持召开2022年第二十一次（总第三十四次）市委常委会会议，审议市委宣传部《关于同仁市学习宣传贯彻中共二十大精神“十进”大宣讲活动方案的请示》，审议市委办公室《关于认真做好扶贫志编纂工作实施方案》的请示，市纪委监委关于干部涉嫌违规问题处理意见的请示。

一届市委第二十二次常委会会议　11月15日，旦增主持召开2022年第二十二次（总第三十五次）市委常委会会议，通报一届市委第三十三次常委会会议研究事项落实情况；审议市政府党组《关于同仁市市级财政收支财务状况情况的报告》《关于统筹使用财政存量资金的请示》《关于上报2022年第二批省对下均衡性转移支付增量使用分配方案的请示》，市委办公室《关于召开中共同仁市委一届五次全体会议的请示》《关于认真学习宣传贯彻中共二十大精神安排意见（审议稿）》的请示，审议《旦增同志在中共同仁市委一届五次全体会议上的讲话（审议稿）》；研究相关人事议题。

一届市委第二十三次常委会会议　12月8日，旦增主持召开2022年第二十三次（总第三十六次）市委常委会会议，通报一届市委第三十四次常委会会议研究事项落实情况；安排部署近期重点工作；审议市督考一体工作委员会办公室关于上报《同仁市2022年度科级领导班子及领导干部目标考核实施方案》的请示，市人大常委会党组关于上报《中共同仁市委关于进一步加强和改进新时代人大工作的意见（审议稿）》的报告，市委办公室关于召开市委人大工作会议的请示；审议市纪律检查委员会关于干部涉嫌违规问题处理意见的请示；研究相关人事议题。

【专题会议】　市黄河流域生态环境“体检”和省环保督察反馈问题整改工作推进会　1月19日，同仁市召开黄河流域生态环境“体检”和省环保督察反馈问题整改工作推进会，通报黄河流域生态环境“体检”发现问题和省级生态环境保护督察反馈问题及完成情况，安排部署下一阶段重点工作任务。州委常委、市委书记旦增出席并讲话，市委常委、副市长主持会议。

市项目投资工作推进会议　1月19日，同仁市召开2022年第一季度项目投资工作推进会议，听取全市第一季度项目投资工作计划，剖析项目投资工作中的困难问题和短板弱项，安排部署2022年第一季度项目投资任务。州委常委、市委书记旦增出席并讲话，市委常委、副市长主持会议。

市安全生产工作安排部署会议　1月19日，同仁市召开2022年第一季度安全生产工作安排部署会议，分析当前全市安全生产工作的重点部位和重要环节，部署下一阶段安全生产工作任务。州委常委、市委书记旦增出席并讲话，市委常委、副市长主持会议。

市委教育工作领导小组及教育工作委员会会议　2月25日，市委副书记、教育工作领导小组组长、教育工作委员会书记陈峻主持召开同仁市委教育工作领导小组及教育工作委员会会议，研究审议有关文件，听取会议议定事项进展情况汇报，部署下一阶段重点工作，市委教育工作领导小组、教育工作委员会各成员参加会议，全市各中小学（幼儿园）主要负责人列席会议。

市党建暨组织、宣传、统战、政法工作会议　3月10日，同仁市召开全市党建暨组织、宣传、统战、政法工作会议，传达学习2022年全国、全省、全州组织部长会议、老干部局长会议精神，2022年全国、全省宣传部长会议、网信办主任会议精神，全州宣传思想暨精神文明建设工作会议和网信工作会议精神，2022年全国、全省统战部长会议精神，全国民委主任会议精神和全州统战（民宗）部长工作会议精神，中央、省委、州委政法工作会议精神，市委副书记陈峻主持会议并总结2021年全市组织工作取得的成绩，安排部署2022年重点工作。市委常委、统战部部长李加东智，市委常委、政法委书记李秀加，市委常委、宣传部部长刘莉丽分别总结2021年全市统战、政法、宣传工作，安排部署2022年重点工作。

市乡村振兴领导小组会议　3月11日，州委常委、市委书记、市乡村振兴领导小组组长旦增主持召开同仁市乡村振兴领导小组会议，研究审议通过市政府党组《关于同仁市2022年财政专项扶贫（财政衔接推进乡村振兴补助）资金分配计划的请示》，部署下一步重点工作，市乡村振兴领导小组各成员单位负责人参加会议。

市重点工作推进会　3月15日，州委常委、市委书记旦增主持召开同仁市重点工作推进会，听取隆务镇、保安镇、多哇镇、年都乎乡、双朋西乡、瓜什则乡、兰采乡、加吾乡、黄乃亥乡、扎毛乡、曲库乎乡、市统计局、市乡村振兴局、市发展和改革局、市自然资源局、市卫生健康局、市财政局、市文体旅游广电局、市农牧和科技局、市教育局、市交通运输局、市民族宗教事务局、市工业商务和信息化局、市民政局、市水利局、市市场监督管理局、市生态环境局、市住房和城乡建设局等部门近期重点工作开展情况。全市副县级以上领导干部，各乡镇党委、各部门和市直机关单位主要负责人参加会议。

市乡村建设工作推进会　3月17日，州委常委、市委书记、市乡村振兴领导小组组长旦增主持召开同仁市乡村建设工作推进会，安排部署下一步重点工作，相关副县级以上领导干部、乡镇党委书记和乡镇长、联点单位负责人、驻村第一书记参加会议。

乡村建设和产业发展现场办公会　4月1—6日，州委常委、市委书记旦增一行到扎毛乡扎毛村，曲库乎乡瓜什则村、江龙农业村，加吾乡协智村，隆务镇措玉村，年都乎乡录合相村，双朋西乡双朋西村，保安镇城内村、城外村调研指导乡村建设和产业发展工作，与联乡县级领导、乡镇党政班子和村"两委"深入交流，详细听取乡村建设实施项目想法思路，实地察看各村建设情况，并召开现场办公会，逐一梳理问题，明确工作任务，提出具体要求。会议研究扎毛乡扎毛村乡村建设，曲库乎乡瓜什则村乡村建设、江龙农业村乡村建设，加吾乡协治村产业发展，隆务镇措玉村乡村建设，年都乎乡录合相村乡村建设，双朋西乡双朋西村产业发展和乡村建设，保安镇城内村、城外村乡村建设等有关事宜。

市委全面深化改革会议　4月6日，州委常委、市委书记、市委全面深化改革委员会主任旦增主持召开市委全面深化改革委员会第八次会议，会议传达学习中央全面深化改革委员会第二十二次、二十三次、二十四次会议精神和省委全面深化改革委员会第十五次、十六次会议，全省全面深化改革工作座谈会暨第二届青海省改革创新表彰大会精神和州委全面深化改革委员会第九次会议精神；听取2021年度工作总结，审议《中共同仁市委全面深化改革委员会2021年度工作总结》《中共同仁市委全面依法治市委员会办公室关于同仁市行政复议体制改革工作方案的请示》《中共同仁市委全面深化改革委员会办公室关于市委全面深化改革委员会2022年工作要点的请示》，研究市委2022年度全面深化改革自行改革事项，安排部署全面深化改革等相关工作。市委全面深化改革委员会全体成员参加会议。

金黄果种植和产业发展现场办公会　4月19日，州委常委、市委书记旦增，市委副书记、市长赵建国与市人大、市政协主要负责人一行到保安镇下庄村实地调研金黄果种植工作，与分管县级领导、乡镇和部门负责人深入讨论研究，详细听取金黄果种植和产业发展思路，实地察看种植片区、土壤土质等情况，并召开现场办公会，与会人员逐一发表意见，认真梳理问题，明确工作任务。

省第十四次党代会精神专题辅导会　5月28日，同仁市举办学习贯彻落实省第十四次党代会精神专题辅导会。省第十四次党代会代表、州委常委、市委书记旦增主持并作专题辅导。他强调，要跟紧省委步伐，突出重点、抓住关键，全力推动省第十四次党代会部署在同仁落地落实，努力交出一份不负时代、不负人民的满意答卷，为奋力谱写全面建设社会主义现代化国家的青海篇章而奋斗。市委副书记陈峻，市委常委、宣传部部长刘莉丽等分别以《省十四次党代会精神解读——要览要义要件》《从学习党代会精神中汲取力量　不断推进宣传思想工作实起来强起来》《在省第十四次党代会精神指引下坚决扛起新时代历史责任　为现代化新青海建设贡献同仁力量》为题作专题辅导。

市委教育工作领导小组2022年工作务虚会　6月14日，市委副书记、教育工作领导小组组长、教育工作委员会书记陈峻主持召开同仁市委教育工作领导小组2022年工作务虚会，听取重点工作进展情况汇报，安排部署全市教育评价体系相关工作，市委教育工作领导小组、教育工作委员会各成员，全市各中小学（幼儿园）主要负责人、相关学校副校长、部分教师以及市教育局相关科室负责人参加会议。

涉粮问题专项巡视巡察整改专题民主生活会　6月24日，同仁市委常委会班子召开涉粮问题专项巡视巡察整改专题民主生活会。州委常委、市委书记、市涉粮问题专项巡视巡察反馈意见整改工作领导小组组长旦增主持并作总结讲话，州纪委常委、组宣部部长马海珍参会指导并作点评讲话，市人大常委会副主任和市委办公室、市人大常委会办公室、市政府办公室、市政协办公室、市纪委监委、市委组织部、市委宣传部、市委巡察办和市发改局负责人列席会议。会议通报市委常委班子专题民主生活会会前准备情况，旦增代表市委常委班子作对照检查，并带头发言，主动接受批评。班子成员逐一进行个人对照检查，开展批评和自我批评。

市领导干部警示教育大会暨作风建设推进会　7月14日，同仁市召开全市领导干部警示教育大会暨作风建设推进会，学习贯彻省第十四次党代会和省州作风建设会议精神，通报州市纪检监察机关查处的7起违纪违法典型案例和全市“深化作风建设、狠抓工作落实”专项行动监督检查情况。督促全市各级党组织、广大党员干部和公职人员对照检视、深刻反思，推动以案示警、以案促改、以案促治，强化落实管党治党政治责任，筑牢拒腐防变思想防线，不断加强和改进作风建设，为迎接中共二十大胜利召开持续营造风清气正的政治生态。州委常委、市委书记旦增出席会议并讲话，市委副书记、市长赵建国主持会议。

市疫情防控、防汛防灾、安全生产工作专题安排部署会　8月20日，同仁市召开全市疫情防控、防汛防灾、安全生产工作专题安排部署会，传达学习十三届州委第26次（2022年第16次）常委会（扩大）会议精神，进一步研判当前疫情防控、防汛防灾、安全生产工作形势，安排部署有关工作。州委常委、市委书记、市指挥部指挥长旦增主持并讲话，市委副书记、市长、市指挥部指挥长赵建国讲话，州卫生健康委副主任、疫情防控专项督导检查组成员仁青才郎讲话。

市防汛防灾紧急调度视频会　8月22日凌晨，同仁市召开防汛防灾紧急调度视频会，通报8月21日至22日全市降雨情况和应急处置救援情况。州委常委、市委书记旦增出席并讲话。各县级领导，市委各部门、市直各机关单位负责人在主会场参加会议，各乡镇主要负责人在乡镇分会场参加会议。

市委国家安全委员会第五次会议　8月31日，州委常委、市委书记、市委国家安全委员会主任旦增主持召开市委国家安全委员会第五次会议，审议市委国家安全委员会2022年工作要点，深入分析当前社会稳定形势，安排部署国家安全重点工作任务。赵建国、夏吾闹日、李秀加、刘莉丽、仁增多杰、钱鑫、辛作鲲、马新国、敏飞、秦丽华出席会议，各乡镇党委书记、乡镇长和各协调机制牵头单位负责人等列席会议。

市信访工作会议　9月5日，同仁市召开信访工作会议，深入学习领会习近平总书记关于加强和改进人民信访工作的重要思想，贯彻落实中央和省委、州委部署要求，总结成绩、分析形势、安排工作，动员全市各级党组织和广大党员干部统一思想、提高认识，担当作为、守土负责，做好全市信访工作，为中共二十大胜利召开创造安全稳定的政治社会环境。州委常委、市委书记旦增出席并讲话，市委副书记、市长赵建国主持会议。

市河湖长制工作会议　9月5日，同仁市召开河湖长制工作会议，传达学习黄河流域省级河湖长联席会议及全州河湖长制工作会议精神，总结全市2021年河湖长制工作，进一步细化部署工作。州委常委、市委书记、市总河湖长旦增讲话，市委副书记、市长、市总河湖长赵建国主持，河湖长制领导小组副组长及成员单位主要负责人参会。

省州巡视巡察以及各级各类督察检查反馈问题整改工作推进会　10月11日，同仁市召开省州巡视巡察以及各级各类督察检查反馈问题整改工作推进会，传达学习全国巡视工作会议暨十九届中央第九轮巡视动员部署会、全省巡视巡察工作会议暨十四届省委第一轮巡视动员部署会、全州巡视巡察工作会议暨十三届州委第二轮巡察动员部署会精神，听取省州市委巡视巡察和乡村振兴、生态环境领域各级各类督察检查反馈问题整改情况以及巩固拓展脱贫攻坚成果同乡村振兴有效衔接专项监督和工程建设领域专项治理、深化一体推进“三不腐”工作开展情况的汇报，从严从实部署各项整改任务，压实责任，推动整改工作取得实效。州委常委、市委书记、市委巡察工作领导小组组长旦增出席并讲话，州纪委副书记、监委副主任樊景恒参会指导，副县级以上领导干部，各乡镇党委书记、乡镇长、纪委书记，市委各部门、市直各机关单位负责人参加会议。

市委议军会议 11月15日，州委常委、市委书记旦增主持召开市委议军会议。会议传达学习习近平总书记在中央政治局第四十一次集体学习时的重要讲话精神、习近平总书记出席军队领导干部会议时的重要讲话精神以及习近平总书记关于党管武装、军民融合发展工作重要论述等精神，听取2021年市委议军会议议定事项办理情况以及驻地部队工作汇报，研究2022年驻市军警部队需解决的困难问题。各乡镇党委书记就落实党管武装工作进行专项述职，市委常委、市人民武装部政委陈国著作出点评。市委各常委、在家县级领导干部、各乡镇党委书记、市委各部门、市直各机关单位以及3家驻地部队主要负责人参加会议。

综合党务

【概况】 2022年，中共同仁市委办公室细化办文办会、调查研究、机要保密、后勤接待等工作程序，减少工作疏漏，加快工作节奏，提升服务质量。制定《2021年同仁市机要保密工作要点》《中共同仁市委党政机要密码工作领导小组规则》等文件，未发生泄密事件和工作责任事故。累计整理单位文书档案1万余件、村级文书档案6329件、党史学习教育专题档案2269件。制定市委全面深化改革工作要点和任务台账，细化改革事项143项，选定“完善督考一体化工作机制”和“深化大规模国土绿化巩固提升行动”2项自行改革任务。完成《同仁县志（1991—2015）》公开出版发行任务，启动《同仁扶贫志》编纂工作。实行24小时值班制度、每日情况“零报告”制度、“三级带班制度”，累计向州委报送紧急信息54次，未发生迟报、漏报、瞒报。处理各类舆情12件。组织开展各类集体学习40余次，专题研讨6次，人均读书笔记达2万字，撰写心得体会6篇。

【以文辅政】 主动站在市委高度和大局，紧贴领导思想和意图，注重质量与实效，高质量起草文稿，高标准办理文件，做好文字起草制发工作，加强规范性文件制作审查工作，严把文稿材料政策关、文字关、格式关、校对关，做到每份文稿经过领导安排、个人起草、集体讨论、反复修改、逐级签发等程序，实现办文质量新突破，全年起草各类文件379篇。严格遵守来文签收、传阅、退送、存档等程序，确保安全高效，做到文件呈阅第一时间，下发上报第一时间，重要文件提前呈送相关领导，公文处理效率不断提高，全年处理各类文件1500份。

【信息服务】 聚焦党委政府中心工作、经济社会发展热点难点堵点以及群众普遍关心和反映的问题，及时选编上报高质量信息，为领导决策提供有效参考。增强信息队伍力量，制定完善《信息通信奖励办法》，要求文秘人员每月编报信息不少于4期、全年不少于48期，人人争做“信息员”。全年编写《同仁信息》342期，省州采编14篇。

【综合协调】 发挥办公室协调职能，强化“参谋助手”作用，做好下情上传、上情下达和统筹协调。做好沟通衔接，形成各方联动、步调一致、互相配合的局面。抓好政务活动的服务工作，对市委召开的会议、调研观摩活动等及早运筹、及早安排、及早落实，保障会议质量和效率，全年累计组织各类会议93次。

【重点任务督办】 推广运用督考一体化工作机制，完善督考平台运行体系，线上线下统筹开展督查跟踪问效。围绕市委重大决策部署，特别是市委全委会、常委会、市委领导批办事项落实和群众关心的热点难点问题进行任务分解，明确责任单位，限时完成，开展督导检查。对中央及省委、州委、市委全会等重要会议确定事项分解任务和上级督办要求，及时下发督办通知，实行跟踪督办，推动工作落实。全年编发《督查专报》17期、《督办通知》9份。

【后勤保障】 按照“厉行节约、

量财办事、保障有力”要求，严格执行财务预算和公用经费定额标准及管理办法，加强财务、固定资产管理，合理安排预算开支，加强后期保障工作。执行公务接待管理办法和会议审批及会议经费管理办法，抓好公务接待、“公函派车”以及会议分级审批工作，年内无超标接待问题发生。

组织工作

【概况】 2022年，同仁市践行新时代党的建设总要求和党的组织路线，坚持以政治建设为统领，围绕中心选班子配干部、抓基层强基础、建队伍聚人才、强自身做表率。截至年底，全市有基层党组织206个，其中党委12个、党总支4个、党支部190个；党员总人数5535人，其中女党员1474人，少数民族党员4795人，60岁及以下党员4628人，大专及以上学历党员2323人。截至年底，市委管理公务员751人，科级领导干部292人（正科级108人、副科级184人），管理七级5人，管理八级31人；少数民族610人，占81.2%；女性312人，占41.5%；30岁及以下150人，占19.9%，31~35岁184人，占24.6%，36~40岁130人，占17.3%，41~45岁80人，占10.7%，46~50岁88人，占11.7%，51岁及以上119人，占15.8%；研究生学历33人，占4.4%。

【基层组织建设】 在村社，投入550万元中央财政扶持资金到11个村集体经济项目中，高标准打造“在那东山顶上”“贡嘎林”“饲草种植日秀玛模式”等乡村振兴产业项目，以点带面，不断

2022年1月14日，热贡路社区“两新·红色驿家”揭牌（隆务镇供图）

推动乡村产业提速发展，全市村集体经济年收益超过10万元的村达到41个。依托青年路、热贡路社区打造“‘两新’·红色驿家”党建服务新品牌，推动“组织共联”“活动联办”“服务联手”提质促优；推行村干部履职情况正负面考核量化，以刚性约束促进村干部履职尽责。在机关，结合喜迎中共二十大活动，梳理调整机关党建“双重管理，双向服务”党支部挂钩社区名单，推动村（社区）党建和机关党建深度融合。在学校，加强中小学（幼儿园）党的建设工作。在“两新”组织，聚焦“组织联建、活动联办、阵地共享”三点发力搭建“两新·红色驿家”，全市16个“两新”党组织全部进驻社区，86名党员到社区报到；聚焦市场监管部门日常监督优势，建立“小个专”党建工作指导站，解决党员集中难教育、难开展等问题。

制定党组织“六个一”活动任务清单，巩固提升“组织体系三年行动”成果责任清单，构建横向到边、纵向到底的工作责任链条，推动支部建设有思路、有创新、有成效；开展清查整治突出问题规范党务工作专项行动，做到党务整顿提质增效、党务工作规范标准；坚持“优中选优”，做好发展党员工作，合理细化分解全年159名发展党员指标任务，做到“控制总量、提升质量”。按照“公推直选”办法，对市直1个党总支和10个党支部进行改选，调整党支部书记2人，委员13人。

研究制定《同仁市党建引领乡村治理试点工作实施方案》，打造党建引领乡村治理示范市；常态化开展软弱涣散村党组织排查

2022 年 8 月，隆务镇加查么村疫情防控工作组临时党支部挂牌（市委组织部供图）

整顿工作，精准锁定瓜什则乡赛庆村党支部等 4 个软弱涣散村党组织，推进村级党组织整顿转化、晋位升级；紧扣关键节点，注重以党组织为核心推动基层治理强劲高能，在虫草采挖、疫情防控、抗洪防汛等重大任务中，成立临时党支部 28 个、设立党员先锋岗 196 个、组建党员志愿服务队 82 个，发挥党员志愿队、党员先锋岗、临时党支部作用，将党的组织优势彰显在民生一线。结合“两节”“七一”等关键节点，由县级领导牵头，走访慰问 148 名生活困难党员（含“光荣在党 50 年”）、79 名老党员、2 名“两新”党组织党员、36 个驻村工作队、68 名卸任村干部。

2022 年党的基层组织数量情况统计表

表 1　　　　单位：个

项目		总数	党委	总支部	支部
党的基层组织数		206	12	4	190
乡镇		104	11	0	93
企业	集体经济控股	3	0	0	3
	非公有制经济控股	15	0	0	15
事业单位		34	0	0	34
机关		57	1	4	52
其中：县一级		45	0	4	41
社会组织		1	0	0	1
其他		96	11	0	85

【党员干部队伍建设】 调整 2792 名机关干部与 3225 户脱贫监测户结成对子开展常态化帮扶，制定下发《同仁市常态化加强驻村第一书记和工作队日常管理办法》，全面加强驻村干部考勤考核，持续落实驻村干部意外伤害保险、关爱承诺等后勤保障，年内提拔使用 5 名优秀驻村工作队成员。在驻村干部中，本科学历 556 名，占 74.0%；大专及以下学历 162 人，占 21.6%。

【党员教育培训】 举办全市乡村振兴驻村工作队能力素质提升培训班、发展壮大村集体经济业务培训班，强化基层发展动能；开展 2021—2022 年度农牧民党员冬春训工作，培训覆盖率达 98%；组织 9 名村干部参加“村（社区）干部学历素质提升工程”，19 名村党组织书记参加省级示范培训班，提升村干部政治领悟力和干事执行力。

【干部教育培训】 举办科级领导干部强理论、提能力、增本领专题培训班4期，参训722人次，科级领导干部参训率达100%，以“关键少数”带动“绝大多数”。利用“学习强国”“青海干部网络学院”“黄南先锋”等平台推送优质课程和内容，引导各级干部用好零碎时间学习，提升干部教育培训质量和水平。坚持理论培训与实地观摩相结合，通过组织乡镇领导班子和驻村第一书记观摩乡村建设示范点，使干部们在学习借鉴、交流探讨、答疑解惑中进一步拓宽乡村振兴的工作思路，提高学习教育的质量与效果。

【干部选派】 选拔任用疫情防控一线、生态环保一线、乡村振兴一线、维护稳定一线、防汛减灾一线表现优秀的干部22人。选派2名领导干部到天津、江苏启东挂职锻炼。注重年轻干部墩苗历练，选派基层一线优秀年轻干部到上级党政机关进行跟班调训，让年轻干部在不同岗位磨炼，强弱项、补短板。将2022年新考录的12名选调生全部安排到村任职，在开展国情调研、包村工作中提升自身工作实践能力。

【干部监督管理】 把纪律和规矩挺在前面，建立健全领导干部廉政风险防控体系，以市委督查委员会为抓手，跟踪监督全市各党委（党组）在思想、工作、作风、纪律等方面的建设成效。落实每季度领导干部请销假通报制度，将17名未请假离岗的科级领导干部在全市范围内予以通报，通过公开通报促进干部自警自律。推进新任科级领导干部履职尽责考评，对11名任职试用期满科级领导干部进行考核，准确掌握新任科级领导干部履职情况。坚持把从严推进干部履职监督作为全面从严治党的重要抓手，对12名离任科级领导干部进行离任经济责任审计，市委常委会研究调整的304名干部均按要求征求纪检、信访等部门意见，以高质量选任监督推进广大干部忠诚履职、廉洁从政。全面升级“12380”举报信息管理系统，加大对信访举报案件的受理查核力度，通过日常工作信息掌控、外部协作信息反馈、部门内部配合信息互通、群众参与信息举报等多种途径，构建立体多维的监督机制。

【公务员管理】 选拔任用科级领导干部43人（正科13人、副科30人）。吸纳各党委（党组）推荐意见，在综合考虑符合晋升条件人员职责轻重、履职实绩基础上，为103名优秀干部落实职级待遇。在干部“外流”“储备”上双向发力，完成36名公务员转任工作，完成43人（含选调生12人）公务员招考工作。隆务镇人民政府被评选为第四届青海省“人民满意的公务员集体”。开展优秀年轻干部专项调研，动态储备优秀年轻干部42人，持续推动年轻干部工作规范化、常态化、长效化。绘制档案审核工作“路线图”“时间表”，对干部人事档案查漏补缺，干部人事档案基本实现“进口”不欠账，“出口”能达标。注重在考核监督上做文章，摸排2021年度公务员考评基数，将公务员平时考核与年度考核有机结合，92名业务能力突出、工作成效显著、同事评价较高的公务员被评定为“优秀公务员”。

【老干部工作】 强化老干部思想政治引领，加强离退休干部思想政治建设，组织全市离退休干部深入学习贯彻习近平新时代中国特色社会主义思想和省委、州委、市委重要会议文件精神，线上观看中共二十大开幕会，第11、12场全国离退休干部网上专题报告会，青海省第十四次党代会开幕式，500余人次线上线下交流畅谈学习体会和感受。组织全市离退休干部开展“建言二十大”调研活动，召开老干部座谈会，广泛听取心声意见，征求到意见建议26条。落实关心关爱，及时将离休干部遗属补助纳入年度财政预算，发放离休费164万元，报销离休干部住院费4.53万元。市委、市政府主要领导牵头，在重要节点走访慰问卸任县级领导、离退休干部、离休遗属1475人，发放慰问金、慰问品73.7万元，上门吊唁17人，发放去世离退休人员抚恤金647万元。畅通建言献策渠道，通过走访慰问、座谈会，及时办理或答复老干部反映问题和意见建议88件。

【人才培养管理】 调整充实市委人才工作领导小组成员单位，发挥制度固本强基作用，围绕落实《黄南州中长期人才发展规划纲要》，不断推进人才工作制度化、规范化。执行《党政领导干部联系服务优秀人才暂行办法》，确定106人为州、市两级领导联系名单，通过走访联系、解决困难，把各类优秀人才感召、团结、会聚在党的周围。落实关心关爱基层干部身心健康十项措施，累计投入干部人才健康体检资金266.84万元，保障全市干部人才身心健康。定期召开人才座谈会，对各领域各行业20名人才进行集中慰问。关心关爱7名“组团式”天津援青干部积极衔接教育局，加快完成任职工作。

借助热贡文化产业优势平台，依托已建成的唐卡、堆绣、泥塑、雕刻等4个文化扶贫产业基地、22个扶贫车间，组织群众参加热贡艺术技能培训，有效增强群众“自我造血”功能。推荐热贡文化领域人才申报昆仑英才，培养人才9人，上报7个涉及生态有机畜牧业、全域文化旅游、乡村建设等方面项目引才计划和10家关于2022年京青专家服务活动、“专家人才州县行”“西部之光”活动需求单位。推进“文化+产业+人才”发展模式，打造热贡文化人才培育示范基地、示范企业、示范户，培育壮大唐卡、堆绣、藏戏等特色文化产业，确保文化振兴与人才振兴融合共促。有效整合和开发利用各类人力资源，梳理汇总全市党政人才、高技能人才、专业技术人才、企业经营管理人才、农牧区实用人才1600余人，初步建立五类人才储备库。

宣传工作

【概况】 2022年，同仁市宣传思想工作担当起举旗帜、聚民心、育新人、兴文化、展形象的使命任务，凝聚起全市各族干部群众奋进新征程，建功新时代的强大力量。全年同仁市级主要媒体累计刊发各类新闻稿件7200条（篇），其中新媒体类报道6540条（篇）、广播电视类报道660条；在中央、省、州级主流媒体上的新闻稿件量达到1310条（篇）。截至年底，全市有记者6人，编审11人。

【理论学习】 严格执行“第一议题”制度，制定《党委（党组）学习指导方案》，形成以市委理论学习中心组为龙头，采取集中学习、个人自学、交流学习、专题辅导等方式，以习近平总书记最新重要讲话和指示批示、《习近平谈治国理政》第四卷等为学习内容，不断推动政治理论学习规范化、常态化。举办市委理论学习中心组专题辅导会暨新时代干部大讲堂，党员干部自觉主动学、及时跟进学、联系实际学、笃信笃行学，不断提升学习质量和成效。延伸学习载体，建强用好“学习强国”学习平台，注册用户数达2341人。出台《同仁市党组织学习列席旁听实施细则（试行）》，明确组织管理、程序、方式内容和结果运用，细化点评原则和需要聚焦的问题。开展科级以上领导干部笔记调阅工作和2022年形势政策测试，确保学习成果检验有方向、有尺度、有结果。全年市委理论学习中心组集中学习29次、专题研讨5次、专题辅导3次、调阅笔记1次、形势测试1次。

【舆论引导】 利用“今日同仁”“同仁融媒”等平台，每天发布、转载各级各类媒体刊发的宣传同仁的新闻稿件和音视频，精准聚焦、生动展示同仁经济社会发展各个阶段取得的成效和工作亮点。特别是在疫情防控、防汛救灾、养老诈骗、作风建设、乡村振兴等重点工作中，迅速统筹各方力量资源，抓实宣传报道，进一步强信心、聚民心、筑同心、显初心，营造群防群治、群策群力的良好氛围。全年发布信息5000余条，制作短视频586个、日均浏览量达2.3万人次。短视频《瞰同仁·春回大地》入选省委宣传部“你好，青海”网络短视频大赛优秀作品，《致敬劳动者》《油菜花奔你而来》分别获黄南州“喜迎二十大　开启新征程”融媒体技能大赛二、三等奖。

【新闻宣传】 加强同中央、省、州媒体的沟通联系，借助主流媒体影响力及时宣传展示全市推进经济社会发展中的典型做法、实践经验和重大成就，“同仁声音”更加洪亮、“同仁故事”更加精彩、“同仁形象”更加美好、“同仁品牌”更加耀眼。截至年底，上级主流媒体先后刊播同仁市经济社会发展和民间民俗文化等方面的稿件、图片1310余篇（条）。

【主题宣传】 策划“喜迎二十大”“统观同仁 非凡十年”“视说这十年”“二十大时光”“喜迎省第十四次党代会”“聚焦省第十四次党代会”“我们这五年”“深入学习宣传贯彻省第十四次党代会精神”等专题报道，常态推送重要文章、动态信息，持续兴起学习宣传贯彻中共二十大和省第十四次党代会精神的热潮。

【基层宣讲】 编印2022年形势政策应知应会辅导手册，开展同仁市基层理论宣讲大赛，组织市委红旗宣讲团和新时代基层宣讲队到基层宣讲党的十九届六中全会精神、省第十四次党代会精神、中共二十大精神、中央1号文件、乡村振兴、生态保护、铸牢中华民族共同体意识、粮食安全条例、《中华人民共和国粮食法》、“四史”教育、扫黑除恶、法律法规、安全生产、网络诈骗、疫情防控等内容。在省第十四次党代会精神宣讲中，采用“县级领导干部带头讲+红旗宣讲团深入讲+新时代基层宣讲队入户讲+教育统战入校进寺重点讲+机关单位常态讲+基层党代表专门讲”模式，推动

2022年4月14日，市委宣传部组织开展基层理论宣讲大赛（市委宣传部供图）

会议精神走进千家万户。在中共二十大宣讲中，制定《同仁市宣传宣讲中共二十大精神“十进”活动方案》，统筹各类宣讲力量，开展“理论+文艺”主题宣讲，把中共二十大精神讲清楚、讲明白，让老百姓听得懂、能领会、可落实。全年完成宣讲80余场次，受教育人数达到1.2万余人次，宣讲实况在省电视台播放2次，多次在州市新闻媒体播放。到基层开展集中宣讲455场次，入户宣讲11200余次，受众达11.5万人次。

2022年10月，市委红旗宣讲团向农牧民群众宣讲中共二十大精神（市委组织部供图）

统一战线工作

【概况】 2022年，同仁市围绕“构建大统战”工作格局，始终把铸牢中华民族共同体意识作为主线，凝聚最广泛的共识、汇聚最强大的力量。加强党外知识分子和新的社会阶层人士统战工作，以强调凝聚共识为根本，以爱国奋斗为目的，鼓励支持他们立足本职，展示才华和抱负，投身改革发展一线。加强民族工作，以铸牢中华民族共同体意识为主线，明确以“十二个必须”为核心，走解决民族问题的正确道路。加强宗教工作，强化依法管理宗教事务，坚持宗教中国化方向，明确以“九个必须”为主要内容的新时代宗教工作方针政策，提高宗教工作法治化水平。加强非公有制经济领域统战工作，促进非公有制经济健康发展和健康成长，开展社会主义核心价值观教育，践行新发展理念，弘扬企业家精神。加强侨务工作，发挥藏胞、华人、华侨和海外统战工作职能，涵养壮大友好力量，促进交流，鼓励他们积极投身于改革发展与稳定工作，依法审批回国探亲藏胞，最大限度管理和服务友好藏胞，凝聚人心，汇聚力量。

【民族团结进步创建】 巩固提升全国民族团结进步示范市成果，在修改完善“九进”工作方案的基础上，制定民族团结进步事业“十二进”活动方案，持续实施“民族团结进步+”融合发展行动，引导各族干部群众牢固树立“三个离不开”“四个共同”和“五个认同”思想；发挥基层创建单位的“主渠道主阵地”作用，以“挖掘创建亮点、打造创建精品、选树创建典型”为目标，从各领域、各层面筛选具有一定代表性和标杆性的20个示范单位，不断增强创建活动的广泛性、影响力和渗透力。把“五教一条街”初步打造成一个人文底蕴深厚、民族宗教和顺的调研点，展现多宗教和睦共存、多民族交往交流交融的和谐景象。疫情防控期间，同仁市党外代表人士为防疫一线人员送“爱心餐”，为疫情防控工作捐资捐物，其中同仁市德义博等非公有制经济企业人士多次向红十字会等捐款捐物，折合人民币400余万元，助力泽库、同仁疫情防控工作。

延伸：成功创建全国民族团结进步示范区

同仁市坚持以习近平总书记关于民族团结进步的重要论述为指导，以铸牢中华民族共同体意识为主线，以促进各民族交往交流交融为途径，不断丰富民族团结创建工作形式和载体，将民族团结进步创建工作融入全市经济社会发展各领域。2022年1月24日，同仁市被国家民委命名为全国民族团结进步示范区。

强化组织领导。着力将创建工作作为推动全市跨越发展、维护民族团结、促进社会和谐的一项全局性、基础性和系统性工程来抓，成立由市委、市政府主要领导为组长的创建工作领导小组，党政主要领导坚持对重点工作亲自部署、重点环节亲自督办，高位推进创建工作；并将创建工作经费列入财政预算并持续充实创建工作力量，制定《同仁市创建全国民族团结示范市实施方案》等文件，为创建工作顺利推进提供有力保障。

强化工作机制。制定《民族团结进步创建工作年度考核细则》，将创建考核作为评选文明单位、领导班子和领导干部考核、平安单位创建等工作前置条件，树立“抓创建”的鲜明导向。建立县级领导联点包片督查工作制度，形成“党政齐抓共管、创建办组织协调、各部门联动发力、全社会共同参与”的创建机制和工作格局。

强化特色带动。坚持以舆论宣传为引导，在重点路段及重点区域设置民族团结宣传栏，在潜移默化中提高群众对活动的知晓率和认可度。以“民族团结杯”传统赛马大会、《隆务镇民族团结进步唐卡长卷》等特色创建活动及文化作品，营造出浓厚的创建氛围。重点打造隆务镇、市司法局、青年路社区等20个示范点，形成连点成线、连线成面创建格局，走出一条具有同仁特色的创建之路。

强化宣传引导。持续开展铸牢中华民族共同体意识教育和民族团结进步“九进”活动，组织红旗宣讲团、政策宣讲团、宗教人士宣讲团，深入乡镇村社、学校寺院以及驻地部队开展分众化、多维度宣教活动，大力宣传党的民族宗教政策，切实讲好民族团结、感恩奋进的同仁故事。截至年初，累计举办宣讲会场次，发放宣传资料60余万份，集中宣传1000余次，宣传知晓率和覆盖面100%。

【凝聚人心工程】 根据统战服务对象工作性质，通过“集中引领、分别服务”方式，开展统战服务工作进寺庙、进企业、进基层、进侨胞、进新的社会阶层和进疫情防控卡点活动，开展宣传教育工作调研走访党外群众，建立各界别统战对象工作台账，择优选录优秀党外代表人士建立后备库，向各级人大、政协推荐优秀党外人士。疫情灾情期间开展爱心活动，建立县科级以上党政领导干部同党外人士联谊交友活动，对接相关行业部门召开经济统战联席会议、民族宗教工作联席会议和铸牢中华民族共同体意识成员单位协调会议。全年累计向市政协推荐优秀党外人才80人，开展统战服务进寺庙、进企业等活动120余场次，举办各类培训会、座谈会、实地宣讲会130场次，发放民族团结手册等各类宣传册12000余份。

【统战宣传教育】 开展民族团结进寺庙、法治宣传教育进寺庙、“百寺千讲”活动及法律进企业和党外代表人士座谈会等一系列活动，广泛宣讲统战工作条例、民族宗教政策、民族团结条例和涉藏社会治理机关政策及理论。利用红旗宣讲团、退休干部宣讲团、宗教人士宣讲团，到乡镇、企业、村社、学校、寺庙等，按照分级分类标准，开展巡回宣讲，实施精准宣传教育，全年累计举办宣讲会72场次，培训班3期，制作横幅38条，展板40余块，发放各类宣传资料1320份，宣传知晓率和覆盖率达到100%。

【统战领域活动开展】 协调同仁市民族传统赛马协会，组织开展“民族团结杯”传统赛马大会、藏乡六月会等群众文化活动。开展干僧“联谊交友”“活佛讲宪法、经师讲法律”活动，通过活佛讲宪法与讲教规相结合，经师说法律与解经文相结合，营造“法律即教规、学法即尊法”的新型讲经氛围，最大限度教育年轻僧人树立正确的、符合时代发展要求的价值观。持续推进宗教领域“六进”活动。

【党外人士统战】 经同仁市委统战部对市域内党外人士进行摸排，市内有代表性党外人士100人，其中党外知识分子24人、无党派人士45人、新的社会阶层人士31人。党外人士主要分布在教育界、少数民族界、医疗卫生界、科技界、工商联界、文化艺术界、宗教界和非公有制经济界等。其中，教育界、科技界和宗教界人士占多数。截至2022年，全市有党外干部22人，党外县级领导干部2人（隆务贡、血日然智），其中副科级干部3人；人大代表160人，其中党外人士57人（新的社会阶层人士5人），市人大常委26人，其中党外人士2人；市政协委员160人，其中党外代表人士81人（新的社会阶层人士19人），市政协常委25人，其中党外人士10人（新的社会阶层人士3人）。

全年召开党外代表人士座谈会、通报会、学习会、征求意见会、谈心谈话会，及时传达学习中共二十大精神、省第十四次党代会精神和全面贯彻落实省州市委冬春维稳工作部署要求，进一步统一党外人士思想、提高认识，并征求意见建议，为市委、市政府科学决策提供智力支持。为加强隆务寺活佛、经师、民管会成员等宗教人士教育培养和管理工作，将联谊交友贯穿于寺庙管理各个环节，发挥联谊交友的沟通和纽带作用，调整充实314名干部与635名18~60岁僧人开展联谊交友活动，到僧舍开展慰问活动，帮助寺庙解决僧侣在养老、社会救助、残疾扶助、低保医保等方面的困难，为寺庙贫困僧人开展“送温暖”活动，使他们感受到党和政府的温暖，自觉维护社会稳定。

机关党建

【概况】 2022年，中共同仁市委直属机关工委辖1个直属党委、4个总支、50个党支部，党员875人。市委直属机关工委以党的政治建设为统领，以创建模范机关为载体，不断完善党建工作制度机制，规范抓实基础工作，逐级压实党建责任，全面提高机关党的建设质量，有力推动机关治理和各项事业发展。

【思想政治建设】 落实“第一议题”制度，坚持以习近平新时代中国特色社会主义思想、中共二十大和省第十四次党代会精神学习为主线，坚持理论与工作相融合，结合党史学习教育常态化，持续强化党员干部理论武装，通过“集中+自主”“线上+线下”学习方式，提升市直机关党员干部的政治理论功底。推行党组织“六个一”活动任务清单和巩固提升“组织体系三年行动”成果责任清单领办和包办机制，落实机关党建联述联评联考制度，将明确责任、落实责任和追究责任贯穿于机关党建工作，构建制度化、标准化、规范化机关党建良好格局。结合每月工作重点，定期下发《每月活动指南》，让市直各党组织干有方向、学有依据，引导各级党组织开展形式多样的主题党日活动，进一步提高党员综合能力，增强党组织凝聚力和向心力。

2022年4月28日，市直机关工委在市委政法委会议室召开同仁市委直属机关工委2022年度党组织书记抓基层党建工作述职评议大会（市直机关工委供图）

【机关党组织建设】 按照“应建尽建、设置规范、调整及时”原则，调整党支部隶属关系1个，撤销党总支10个、党支部3个。按照“公推直选”办法，改选市直1个党总支和5个党支部，调整党支部书记2人、委员10人。抓好“三会一课”、主题党日活动、组织生活会等党内组织生活落实，用好“一表一册一规范”，进一步规范和明确党内组织生活内容，激发党员队伍活力和党组织凝聚力。严把组织生活时间节点和频次要求，采取支部按月自查、党委按季督查、组织部随机抽查的方式开展常态化督查，对不按时间、规范召开的及时提醒约谈、上门督查，推动党组织开展组织生活更加规范。

【机关党员管理】 按照“控制总量、优化结构、提高质量、发

2022年11月16日，市直机关工委在市委政法委会议室举行2022年度市委直属机关发展党员培训班结业仪式，为培训合格党员颁发证书（市直机关工委供图）

挥作用”原则，严把党员质量关、入口关。全年市直机关工委审批入党积极分子33人、发展对象25人、预备党员5人、转正党员2人。做好市直机关党员管理信息维护和党内统计工作，确保党员信息真实、准确、完整。统筹用好“学习强国”“黄南先锋”新媒体平台和“红旗宣讲团”“新时代大讲堂”等载体，推动理论学习走心入脑，做到学深悟透。依托党性教育基地，激励基层党组织和广大机关党员牢记初心使命，传承红色基因，勇于担当作为。对在职党员、离退休党员等不同类型党员设岗定责，通过“黄南先锋”“学习强国”学习平台实行动态更新管理，增强党员管理的针对性。为党龄满50周年的党员，颁发“光荣在党50年”纪念章，让老党员切实感受到党的关心、关怀和褒扬，激励他们力所能及地发挥余热，用实际行动践行共产党员的初心使命。

【机关作风建设】　各机关党组织以“三联三促”联建工作和“双帮”工作为抓手，开展“我为群众办实事”“结对帮扶”“党员承诺践诺”等活动，累计向3225个监测户、边缘户发放各类慰问品和慰问金折合16万余元。利用党建联盟平台功能，组织市直机关、企事业单位在职党员到社区报到，开展“双重管理、双向服务”“党建结对共建”等活动，落实党员干部带头调研经常调研，推动解决与群众生活密切相关的民生问题。在疫情防控和防汛救灾期间，第一时间发出《致全市各级党组织和广大党员干部带头做好疫情防控工作的倡议书》，市直机关50个基层党组织迅速向党员、干部发出动员令，组建“党员先锋队”“志愿服务队”，到一线筑牢疫情防控、防汛救灾坚固防线。

机构编制

【概况】　2022年，同仁市将市新农村建设服务中心业务工作归入市乡村振兴局管理，协助市乡村振兴局开展巩固脱贫攻坚成果与推进乡村振兴等相关工作；将市法律援助中心更名为市公共法律服务中心（挂市法律援助中心牌子），并加挂“青海法友律师事务所”牌子；根据《中国共产党党校（行政学院）工作条例》有关规定，给市委党校加挂市行政学校牌子；给市司法局挂市人民政府行政复议办公室牌子，依法办理同仁市人民政府行政复议事项。将同仁市应急管理局原承担的危险化学品、烟花爆竹、矿山、工贸以及地质灾害、水旱灾害、森林草原火灾等应急抢险和灾害救助、防震减灾等方面的行政执法职责划转至州应急管理综合行政执法局。根据“优化资源配置，促进均衡发展，提升发展内涵”工作思路，将同仁市65所中小学校调整为48所，黄南州统筹州直各县（市）中小学教职工编制调整，根据重新核定的编制总量，在各中小学校进行重新分配。

【乡镇机构改革】　首批对隆务镇在农牧业发展、农村经营管理、安全生产、规划建设管理、自然资源、环境保护、公共安全、防灾减灾等方面的服务管理权限进行扩大。根据乡镇类别和工作实际，在突出基层党建、社会管理、民生保障、综治维稳等职责的基础上，整合综合协调、产业经济、应急管理、公共服务、规划建设等职责，给一类、二类、三类乡镇分别综合设置5个、4个、3个职能机构。在各乡镇均设置综合执法办公室，加强执法队伍建设，充实乡镇执法力量。在跨领域的综合行政执法改革中，构建分工明确、责任到位、优势互补的市乡（镇）综合行政执法体系，将综合行政执法工作延伸到基层，消除执法盲区、促进信息互通、提高执法效率；统筹辖区内现有站所、分局执法力量和资源实行联合执法，按照有关法律规定相对集中行使行政处罚权，逐步探索实行乡镇一支队伍管执法，推进“市乡一体、条块协同”基层综合行政执法改革，破解基层执法“看得见、管不着”、有责无权难题。把基层反映最为集中、最希望解决的问题作为突破口和切入点，聚焦与基层密切相关的市场监督、自然资源、文化旅游等15个领域的属地责任，做到职责边界清晰、工作流程规范，明确乡镇属地事项；在充分征求各乡镇意见和司法局对清单中法律法规及文件依据进行合法性审查的基础上，形成《各乡镇“属地管理事项”主体责任和配合责任清单》，确保乡镇属地事项的合法性、合理性。

2022 年 5 月 24 日，州委编办一行到同仁市召开文物保护、考古、公共文化服务机构设置专题座谈会（市委编办供图）

【事业单位登记管理】　按照规定时间，完成同仁市 2021 年度 94 家事业单位年度报告公示工作，公示率达 100%。按照 3% 比例抽取市水土保持站、市融媒体中心、市劳动保障监察大队三家单位开展“双随机、一公开”抽查工作。进一步完善事业单位法人年度报告档案管理工作，并对设立登记、变更登记、注销登记等事项做好审核把关并对各项材料及时收集、整理、归档；严格遵循“一户一档”要求完成档案材料的收集、归档工作，做到年度报告公示工作与档案归集同步。

党校工作

【概况】　2022 年，中共同仁市委党校完成各级各类培训 10 余期，参加培训 3220 余人次。完成宣讲 80 余场次，受教育人数达 1.2 万余人次。完成州级课题 1 篇，撰写专题课件 4 篇，专题讲座课题 2 个，编印 1 本党员培训教材。市委党校有专业技术人员 6 人，其中副高级讲师 1 人、中级讲师 3 人、初级讲师 2 人。

【理论学习与党性教育】　制定年初学习计划，建立党建领导小组，深入学习习近平总书记在中国共产党第二十次代表大会上的重要讲话精神，学习党的十九届六中全会精神、习近平新时代中国特色社会主义思想和党纪党规，学习市委中心组相关学习内容。不断完善办学思路、深化教学改革、提升科研水平，发挥资政能力，推行加强队伍建设，努力改善办学条件，较好地发挥党员干部党性教育培训主阵地作用。在各级各类教育培训中，市委党校坚持把党的理论和党性教育摆在首位，其内容占总教学内容的 75%以上。完成“推进基层党组织建设”“辉煌的历程”“全面从严治党抓好党风廉政建设”“生态文明建设”“铸牢中华民族共同体意识”等 9 个课件和教案。

【教育教学】　加大对党员干部、农牧民党员的教育培训力度，特别是农牧民党员的政策理论认识能力，落实领导干部讲党课制度。每年邀请市委党政班子领导到党校给学员讲授党课；聘请上级党校教授和知名客座专家讲授党课，较好地满足党员教育培训的需求，为党校教师的讲授技能进行针对性的指导，使大家受益匪浅。实施全体教师集体备课和试讲制度，所有授课的教师都必须试讲合格后才能进课堂。

【教学科研】　教师围绕市委、市政府中心工作要求和经济社会发展热点难点问题开展调研，发挥资政作用。年内完成州级课题 1 篇，撰写专题课件 4 篇，开展专题讲座课题 2 个。在教学方式上，不断创新教学手段，改进教学方法，要求教师在专题课教学中运用多媒体手段进行教学。通过新课试讲和相互评课，帮助教师相互学习、共同进步。

【干部培训】　建立党性教育基地和校外教育培训基地，以理论与实践相结合的教育方式开展党员教育培训，提高党员整体素质。从市级领导、省州委党校、各部门优秀人才中聘请11名讲课人员，全年会同组织部完成各级各类培训10余期，参加培训3220余人次；联办专题培训、以会代训8场次，参加培训3370余人次；市级领导上讲台专题辅导和以会代训5场次，参加培训850余人次；专职教师受邀到部门做专题辅导4场次，参加培训1630余人次。

2022年8月12日，市委党校邀请省、州党校教师到校培训授课（市委党校供图）

【师资培养】　组织教研人员举行集体备课和党课试讲活动，组织教研人员深入学习习近平新时代中国特色社会主义思想，不断提高教研人员的理论水平。坚定实事求是的教学思路，结合市情民意，不断提升党课课件质量，使课件内容更加“接地气”，讲授技能更加“本地话”，使基层群众的接受度、满意率不断提高。为更新教师的知识结构，提升教师业务能力和教学水平，先后派出3名教师到省委党校学习，不定期派教师到州委党校跟班听课，选派2名优秀教师参加州委党校精品课比赛，其中1名教师获一等奖，受到州委党校领导和教师好评；获批州委党校重点科研课题一项，市委党校被州委党校评为“先进集体”，校领导被评为“优秀公务员”，党校教师参加全市“喜迎二十大演讲比赛”，获“优秀组织奖”荣誉称号。

同仁市人民代表大会

TONGREN YEARBOOK

同仁年鉴 / 2023

综　述

【概况】　2022 年，同仁市人大常委会全面贯彻中央和省委、州委、市委人大工作会议精神，坚持党的领导、人民当家作主、依法治国有机统一，紧跟核心把牢方向，紧扣中心服务大局，紧贴民心履职行权，推进全过程人民民主的同仁实践，完成市第二届人民代表大会第二次会议确定的目标任务，开展 9 项专题调研、2 次执法检查、2 次专题视察，召开 6 次常委会会议，听取和审议 21 件专项报告，印发 19 篇审议意见，作出 18 个决议决定，有效发挥议大事、助落实、促发展、保善治的人大职能作用，为同仁高质量发展注入人大力量、贡献人大智慧。

【重大决策和重要工作推进】

围绕同仁市社会经济高质量发展任务，聚焦群众关心关切的民生实事，制定《同仁市人大常委会 2022 年监督工作计划》，听取和审议专项工作报告（10 项）：关于市法院生态文明建设法治保障情况的专项报告、关于市级地方政府性债务管理情况的专项报告、关于全市绿色有机农畜产品输出地建设情况的专项报告、关于全市教育发展大会确定的各项任务落实情况专项报告、关于全市残疾人保障服务体系建设情况的专项报告、关于全市 2022 年度环境状况和环境目标完成情况的报告、关于全市企业国有资产管理情况的专项报告、关于城乡人居环境整治情况的专项报告、关于市人民检察院公益诉讼情况的专项报告、关于市监委全市巩固脱贫攻坚成果同乡村振兴有效衔接监督检查情况的报告。听取和审查计划、预算执行情况和审计工作报告（4 项）：关于同仁市 2021 年度市级财政决算（草案）的报告、关于 2020 年度审计查出问题整改情况和 2021 年度市级财政预算执行及其他财政收支情况的审计工作报告、关于全市 2022 年上半年财政预算执行情况的报告、关于全市 2022 年上半年国民经济和社会发展计划执行情况的报告。执法检查（2 项）：开展《中华人民共和国道路交通安全法》实施情况执法检查、开展《中华人民共和国退役军人保障法》实施情况执法检查。专题调研（9 项）：开展关于市法院生态文明建设法治保障情况的调研、开展关于市级地方政府性债务管理情况的调研、开展关于全市绿色有机农畜产品输出地建设情况的调研、开展关于全市教育发展大会确定的各项任务落实情况的调研、开展关于全市残疾人保障服务体系建设情况的调研、监督检查市第二届人民代表大会第二次会议政府承诺 10 件民生实事落实情况、开展关于市人民检察院公益诉讼情况的调研、开展关于市监委全市巩固脱贫攻坚成果同乡村振兴有效衔接监督检查情况的调研、开展本届人大常委会成立以来审议意见执行情况的调研。规范性文件备案审查以及代表视察等工作。

【重大事项决议决定】　围绕全市工作大局和经济建设各项工作中心，依法作出 7 项决议、11 项决定。市二届人大常委会二次会议审查并批准同仁市人民政府工作报告的决议、同仁市 2021 年国民经济和社会发展计划执行情况与 2022 年国民经济和社会发展计划的决议、同仁市 2022 年财政预算执行情况和 2023 年财政预算的决议、同仁市人民代表大会常务委员会工作报告的决议、同仁市人民法院工作报告的决议、同仁市人民检察院工作报告的决议。市二届人大常委会第六次会议审查并批准同仁市 2021 年度政府一般债券城北新区连通工程建设项目资金调整使用的决定。市二届人大常委会第七次会议审查并批准同仁市 2021 年市级财政决算的决议、同仁市 2022 年第一批财力性转移支付增量资金使用分配方案的决定、同仁市 2022 年第二批支持基层落实减税降费和重点民生等转移支付资金分配方案的决定。市二届人大常委会第八次会议审查并批准同仁市 2022 年第二批省对下均衡性转移支付增量补助资金分配方案的决定、同仁市 2022 年第一批县级基本财力保障机制奖补资金增量资金使用分配方案的决定、同意调整同仁市 2021 年度政府一般债券同仁市绿色产业园区厂房建设项目资金方案的决定。市二届人大常委会第九次会议审查并批准调整 2022 年度存量资金方案的决定、动用 2022 年度预算稳定调节基金方案的决定、2022 年度预算调整方案的决定、2022 年地方政府债务限额议案的决定、2022 年第二批县级基本财力保障机制奖补资金使用分配方案的决定。

【人事任免】 在市二届人大常委会第四次会议上，任命仁青三智为市人民法院副院长，免去桑杰太市人民法院副院长职务、韩蔚市人民检察院检察员职务。在市二届人大常委会第五次会议上，决定任命南吉才旺为市人民政府副市长、马永孝为同仁市人民政府副市长（挂职），任命卡着才让为市人民检察院检委会委员；决定免去华周市人民政府副市长职务，满仓市人民检察院副检察长、检委会委员、检察员职务。在市二届人大常委会第六次会议上，决定任命市住房和城乡建设局局长，任命元旦尖措为市人民检察院副检察长、检察委员会委员、检察员；接受闹日本加辞去市二届人大常委会委员职务请求。在市二届人大常委会第七次会议上，决定任命李本太为市民族宗教事务局局长，任命力辛加为市监察委员会副主任，李春花为市监察委员会委员，仁青措为市人民法院审判委员会委员，张清栋为市人民法院保安人民法庭副庭长；决定免去李建本市民族宗教事务局局长职务，免去张建新市监察委员会副主任职务、楼岚市监察委员会委员职务、郭世辉市人民法院保安人民法庭副庭长职务。在市二届人大常委会第八次会议上，决定任命吴浩、张伟为市人民政府副市长（援青），才让东智为市卫生健康局局长；决定免去才让东智市市场监督管理局局长职务、张永华市卫生健康局局长职务。在市第二届人大常委员会第九次会议上，接受魏瑜婧辞去市第二届人大常委会委员职务请求。

【监督工作】 听取审议预算执行及调整、审计报告，审查批准财政决算，确保财政资金用在刀刃上。听取审议国民经济和社会发展计划执行情况报告，助力补短板、稳增长、调结构。审查市级地方政府性债务管理工作，掌握债务管理、使用及化债情况。听取审议企业国有资产管理情况专项报告，为企业国有资产管理工作提供参考。审查批准基层落实减税降费和重点民生等转移支付资金分配、省对下均衡性转移支付增量补助资金分配、县级基本财力保障机制奖补资金增量资金使用等议案，并作出决议决定，保障经济稳中有进，助推统筹疫情防控和经济社会发展。围绕加强生态环境保护，监督市法院生态文明建设法治保障、全市城乡人居环境整治、环境状况和目标完成情况等工作，依法夯实美丽同仁生态“绿色基底”。围绕增进民生福祉，调研全市教育发展大会确定的各项任务落实情况，推动各项任务不走样、不偏差、无折扣、保质量落地落实。首次监督检查政府工作报告提出的“10件民生实事”落实情况，推动政府更好兑现承诺、履行职责。调研绿色有机农畜产品输出地建设，助推同仁绿色有机农畜产品输出地建设走得更稳、更远、更有成效。调研残疾人保障服务体系建设工作，推动残疾人事业发展水平不断提高。聚焦法治建设强力监督。视察调研市检察院公益诉讼情况，督促检察监督在保护国家和社会公共利益中发挥重要作用。检查《中华人民共和国退役军人保障法》《中华人民共和国道路交通安全法》实施情况，发挥执法检查利剑作用，督促有关部门抓好问题整改。听取市监察委员会“三化”建设情况和巩固脱贫攻坚成果同乡村振兴有效衔接专项监督情况的报告，促进市监委依法接受人大监督程序化、制度化，强化监察监督推动工作落实。持续增强监督实效，探索开展“二次审议”，首次听取审议政府落实常委会审议意见情况。

【代表工作】 *代表变动* 同仁市第二届人民代表大会代表名额160人。市第二届人民代表大会第二次会议以来，实有代表158人。其中，人大代表赵其虎由于在任期内调离行政区域，其代表资格自行终止；保安镇选区补选人大代表俞利群，同仁市第二届人民代表大会现有代表158人，代表空缺2人。

活动开展 举办两期人大代表培训班，组织40名代表到海西考察学习，调研州外发展情况。考察团成员谈认识、谈感受、谈启发，共议同仁发展之策。扩大代表对常委会及“一府一委两院”工作参与度，组织五级人大代表，联合政协委员视察全市矿区科学开采和生态恢复治理情况。邀请各级人大代表列席常委会会议和参加执法检查、视察调研等活动92人次，加深市情认识。持续完善“三联系”制度，提档升级“两室一平台”建设，增强闭

2022 年 9 月 20 日，州人大常委会主任蒋树成（中）带队，组织部分五级人大代表到同仁市开展集中视察活动（市人大办供图）

会期间代表履职尽责，动员激励各级人大代表各展所长、各尽其能，投身经济社会发展、疫情防控、乡村建设等主战场，让代表到群众中听取民声、集中民智、反映民意，促进代表在服务大局中体现责任担当，在服务群众中展示为民情怀。组织五级人大代表开展述职活动，增强代表履职自觉。

意见建议督办　按照“内容高质量、办理高质量”要求，坚持代表建议会议集中交办、领导重点督办、听取办理报告、开展满意度测评等做法，压实办理责任，加大督办力度，强化跟踪落实。市二届人大二次会议期间代表提出的 84 件建议和闭会期间 1 件建议已解决或基本解决的有 59 件，正在解决或列入计划解决的有 25 件，受政策限制暂时无法解决或暂缓解决的 1 件，推动解决一批社会关切、群众关心、代表关注问题。

重要会议

【人民代表大会】　2022 年 2 月 28 日至 3 月 2 日，同仁市第二届人民代表大会第二次会议召开。会议听取和审议同仁市人民政府工作报告、同仁市人民代表大会常务委员会工作报告、同仁市人民法院工作报告、同仁市人民检察院工作报告，审查和批准同仁市 2021 年国民经济和社会发展计划执行情况与 2022 年国民经济和社会发展计划草案的报告、同仁市 2021 年财政预算执行情况和 2022 年财政预算草案的报告批准同仁市 2022 年国民经济和社会发展计划，批准同仁市 2022 年市级财政预算。市委、市政府、市政协、市监察委、市法院、市检察院等部门有关领导及出席市政协二届二次会议的全体委员，市委、市政府所属部门单位、省州驻市单位、乡镇党委、政府的主要负责人和全国人大代表夏吾卓玛、省人大代表仁青卓玛列席会议。

【常委会会议】　市二届人大常委会第四次会议　2 月 21 日，市人大常委会主任蔡有年主持召开同仁市第二届人民代表大会常务委员会第四次会议，听取和审议市二届人民代表大会代表变动情况的报告，关于召开同仁市第二届人民代表大会第二次会议的决定（草案），市二届人大二次会议议程（草案）、日程（草案）、主席团会议日程（草案），市二届人大二次会议主席团和秘书长名单（草案）、常务主席名单（草案）、执行主席分组名单（草案）、议案审查委员会名单（草案）、副秘书长名单（草案）、列席人员名单（草案），《同仁市人大常委会工作报告》（审议稿）。听取市法院和检察院关于提请本次

2022 年 2 月 28 日，同仁市第二届人民代表大会第二次会议开幕（市人大办供图）

会议的人事任免事项情况说明。会议还审议人事议案。

市二届人大常委会第五次会议 4月26日，蔡有年主持召开同仁市第二届人民代表大会常务委员会举行第五次会议，传达学习《中华人民共和国地方各级人民代表大会和地方各级人民政府组织法》（新修订），书面传达中央、省委1号文件精神，同仁市委农村牧区工作会议暨农牧业高质量发展大会会议精神。听取和审议《同仁市人大常委会2022年度监督工作计划》；市水利局、市民族宗教事务局主要负责人任职以来争取项目和项目落实情况的专项报告，并进行满意度测评，测评等级为良好。审议市政府、检察院提请的人事任免议案，表决通过全部人事事项，拟任人选作任前发言，常委会向任职人员颁发任命书，并举行宪法宣誓仪式。

市二届人大常委会第六次会议 7月13日，蔡有年主持召开同仁市第二届人民代表大会常务委员会举行第六次会议，听取和审议市政府关于实施《中华人民共和国道路交通安全法》情况的专项报告、关于全市绿色有机农畜产品输出地建设情况的专项报告、关于市二届人大一次会议代表建议办理情况的报告，市人大常委会执法检查组关于《中华人民共和国道路交通安全法》实施情况的执法检查报告，审查和批准市政府关于调整使用同仁市2021年度政府一般债券城北新区连通工程建设项目资金的议案。会议还审议人事议案。

市二届人大常委会第七次会议 9月29日，蔡有年主持召开同仁市第二届人民代表大会常务委员会举行第七次会议，听取和审议市政府关于全市残疾人保障服务体系建设情况的专项报告、关于开展《中华人民共和国退役军人保障法》实施情况的专项报告、关于全市企业国有资产管理情况的专项报告、关于同仁市2022年上半年国民经济和社会发展计划执行情况的报告、关于同仁市2022年上半年财政预算执行情况的报告、关于同仁市2020年审计查出问题整改情况和2021年度市级财政预算执行及其他财政收支情况的审计工作报告、关于同仁市2021年度市级财政决算（草案）的报告、关于《同仁市2022年第一批财力性转移支付增量使用分配方案》的议案、关于《同仁市2022年第二批支持基层落实减税降费和重点民生等转移支付资金分配方案》的议案，向市人民政府交办闭会期间代表意见建议；听取和审议市人民法院关于生态文明建设法制保障情况的专项报告；审议《同仁市人大常委会议事规则》（修订草案）等8项规章制度的议案；审议人事议案。

市二届人大常委会第八次会议 12月7日，蔡有年主持召开同仁市第二届人民代表大会常务委员会举行第八次会议，听取和审议市政府关于市级地方政府性债务管理情况的报告、关于城乡人居环境整治情况的专项报告、关于全市教育发展大会确定的各项任务落实情况的专项报告、关于市二届人大二次会议《政府工作报告》中承诺10件民生实事落实情况的报告、关于本届人大常委会成立以来审议意见执行情况的报告、关于市二届人大二次会议代表建议意见办理情况的报告、关于同仁市市级财政收支财务状况的报告、关于调整同仁市2021年度政府一般债券同仁市绿色产业园区厂房建设项目资金的议案、关于《同仁市2022年第二批省对下均衡性转移支付增量补助资金分配方案》的议案、关于《同仁市2022年第一批县级基本财力保障机制奖补资金增量资金使用分配方案》的议案；听取市监察委员会关于深化监察体制改革，推进监察工作“三化”建设情况的报告；听取和审议市人民检察院关于公益诉讼工作开展情况的专项报告；会议还审议人事议案。

市二届人大常委会第九次会议 12月28日，市人大常委会副主任马祥成主持召开同仁市第二届人民代表大会常务委员会举行第九次会议，听取和审议市人民政府关于全市企业国有资产管理情况的报告及市人大财经和农环委的审查报告、关于全市2022年度环境状况和环境目标完成情况的报告及市人大财经和农环委的审查报告，并对市政府的两项报告进行满意度测评；听取市监委关于全市巩固脱贫攻坚成果与乡村振兴有效衔接监督检查情况的报告；审议和表决通过市人民政府关于调整2022年度存量资金方案的议案、关于动用2022年度预算稳定调节基金的议案、关于2022年度预算调整方案的议案、关于2022年地方政府债务限额的议案、关于2022年第二批县级基本财力保障机制奖补资金使用分配方案的议案。会议表决通过市二届人大常委会委员请求辞职的议案。

重要活动

【执法检查活动】 5月24—25日，州、市人大执法检查组联合开展全市《中华人民共和国道路交通安全法》贯彻实施情况。州、市人大常委会执法检查组到德合隆北路单行道、第二幼儿园、出租车公司、黄南州交警支队指挥中心、振兴驾校、城区停车场、力吉公路、扎毛水库、公交车车站、黄乃亥乡隆黄公路等实地察看《中华人民共和国道路交通安全法》贯彻实施情况。副市长、市公安局局长仁增多杰，市直各相关单位主要负责人参加调研。

9月14日，州、市人大执法检查组联合开展全市《中华人民共和国退役军人保障法》贯彻落实及退役军人服务工作情况。执法检查组通过实地察看、入户走访、座谈会等方式开展执法检查。副市长张伟、市直各相关单位主要负责人参加检查。

【视察调研活动】 4月28日，市人大常委会、市政协组织省、州、市三级人大代表和政协委员联合视察全市矿区科学开采和矿区生态恢复治理情况。视察组由市人大常委会党组书记、主任蔡有年带队，市人大常委会各副主任、政协各副主席，人大、政协各专委会主任以及人大代表、政协委员各10人参加视察活动；主管副市长与市自然资源局、市生态环境局、市应急管理局、瓜什则乡政府、双朋西乡政府、华帝矿业、顺隆矿业负责人参加视察。

2022年9月15日，市人大常委会主任蔡有年（前排右一）带队到市人民法院调研生态文明建设法制保障情况（市人大办供图）

6月22日，州人大常委会副主任索南达杰等州人大调研组到同仁市调研打造绿色有机农畜产品输出地建设工作，调研组在产业园区实地察看项目建设时通过听取汇报、交流座谈等方式，详细了解同仁市打造绿色有机农畜产品输出地情况。市人大常委会副主任马祥成、副市长才让东智及州、市农牧、财政、乡村振兴等部门负责人参加调研。

7月21日，州、市人大常委会联合开展残疾人社会保障体系和服务体系建设调研工作。州残联、市政府及相关部门主要负责人参加调研。

9月7日，州市人大常委会联合调研同仁市教育高质量发展实施意见落实情况，以听取汇报、召开座谈、实地考察等进行调研。市人大常委会主要领导、市政府及相关部门主要负责人参加调研。

9月15日，市人大常委会主任蔡有年带领市人大民族和监察法制委员会委员及部分州、市、乡人大代表，邀请辖区全国人大代表夏吾卓玛、省人大代表确藏卓玛等18人到市法院视察调研生态文明建设法制保障情况。

11月17日，市人大常委会组织省、州、市、乡四级人大代表共76人集中视察全市乡村建设、城乡人居环境卫生整治、唐卡艺术小镇建设等工作。市人大常委会党组书记、主任蔡有年，副主任华泽先、马祥成、血日然智参加视察。

12月5日，市人大常委会主任蔡有年带领市人大民族和监察法制委员会部分委员及市级人大代表，并邀请辖区全国人大代表夏吾卓玛，省人大代表仁青卓玛、确藏卓玛等14人到市人民检察院视察调研检察院公益诉讼工作开展情况。市人大常委会副主任华泽先、马祥成、血日然智参加视察。

同仁市人民政府

TONGREN YEARBOOK

综 述

【概况】 2022 年，同仁市完成地区生产总值 41.03 亿元，同比增长 1.4%。其中，第一产业增加值 6.88 亿元，同比增长 4.4%；第二产业增加值 6.45 亿元，同比增长 34.4%；第三产业增加值 27.68 亿元，同比下降 4.5%。实现农林牧业总产值 9.26 亿元，同比增长 4.62%。实现规模以上工业增加值 3226 万元，同比下降 10.1%。实现社会消费品零售总额 10.43 亿元，同比增长 2.8%。全体居民人均可支配收入 23238 元，同比增长 5.3%。其中，城镇居民人均可支配收入 39204 元，同比增长 2.4%；农村居民人均可支配收入 12955 元，同比增长 6.5%。

【重大项目建设】 开展“项目落地攻坚年”专项行动，坚持清单化调度监管、节点化督查通报，全力消除疫情影响。全年实现开复工项目 94 个，争取各项债券项目资金 2.53 亿元，完成固定资产投资 16.22 亿元，一批事关基础设施、乡村振兴、产业培育、生态环保的重大项目落地实施。同仁 330 千伏变电站竣工投用，浪加水库下闸蓄水。高效推进城北新区防洪综合治理、200 兆瓦“牧光储”等重大项目开工建设，郭么日大桥、北区综合管廊（二期）、400 兆瓦“牧光储”等项目稳步推进，天然气市政管网、集中供热煤改气、浪加水库灌溉和供水等项目完成前期工作，计划 2023 年 3 月陆续开工建设；西成铁路、同赛高速同仁段和天然气入州等强基固本的重大项目进展顺利。

【生态环境保护】 统筹山水林田湖草一体化保护和系统治理，健全林（草）长制巡查、督办等制度，完成国土绿化 8520 公顷，义务植树 57.8 万株，森林覆盖率达 33.74%。实施曲麻沟水生态和双朋西村周边小流域治理等工程，治理水土流失 36.14 平方千米。常态化开展“清河行动”，主要流域 2 个断面水质均达到Ⅱ类水质标准，2 个集中式饮用水水源地水质达标率 100%。黄河流域生态环境警示片和全方位“体检”反馈问题整改有序推进，立案处理生态环境损害赔偿案件 2 件，办结群众环境信访举报案件 89 起。建立乡村垃圾和生活污水收集处理体系，建设 12 个乡村垃圾环保焚烧炉，第二垃圾填埋场、污水处理厂提标扩能项目建成运行，城镇污水和垃圾无害化处理率分别达到 92%、94%，空气质量优良天数比例为 96.9%。

2022 年 5 月 30 日，全市稳住经济大盘工作会议召开（市政府办供图）

【特色农牧产业发展】 推进特色产业发展，聚焦绿色有机农畜产品输出地建设，地方财政支农资金从 100 万元增加到 1000 万元。利用半农半牧区撂荒地等土地资源，培育荷兰豆千亩示范田，建成“六个万亩”绿色种植基地，实施化肥农药减量增效 5533.33 公顷。打造形成以耕作机械化为主的黄乃亥乡日秀玛饲草产业“六化”经营模式，饲草年产量达 2.1 万吨，并与本地犏牛养殖合作社等实行订单式合作，首次实现本市饲草自产自给。全市首座兽医实验室和多哇活畜交易市场建成运行，实施“3545”万头犏牛规模化养殖基地建设，打造州、市共建绿色有机农畜产品输出地和瓜什则牦牛酸奶产业园，建成热贡“佳加哇娄”藏羊保种基地、热贡“尕玛顿丹”藏羊扩繁基地，市现代农业产业园（犏牛）被评定为省级特色现代农业产业园。发展色彩农业，打造 3 个色彩农业基地，建成“在

2022年7月13日，市委副书记、市长赵建国到年都乎乡荷兰豆种植基地调研荷兰豆种植情况（市政府办供图）

那东山顶上”、芊桑别院、云端热贡民宿露营地等6个休闲农业基地。吾屯村、立仓村入选全国乡村旅游重点村。

【乡村振兴】 落实“2411”防返贫动态监测和帮扶机制，消除返贫致贫风险123户477人，风险消除率80%以上。完成“三区三线”划定，守牢耕地保护红线，撂荒地复垦复种700公顷，粮食总产量达到1.45万吨。启动乡村振兴“八大行动”，储备衔接项目82个，投入衔接资金1.64亿元，整合涉农资金2.37亿元，实施衔接项目47项。投入东西部协作资金6000万元，实施50万羽金黄果蛋禽养殖及有机肥加工基地建设等5个固强补弱项目。27个国家级传统村落集中连片保护利用和6个高原美丽乡村建设完工。推进乡村建设，编制完成18个行政村村庄规划，全面实施基础设施建设、人居环境整治、公共服务提升、乡村治理，改善2000户农牧民居住条件，新建水改厕1264座，升级改造农村供水管网54.22千米，实现8个村村道“柏油化”，高标准建成4个乡村振兴试点村和8个乡村建设示范村。

【城市建设】 新改扩建高标准公厕23座，城区内高标准公厕增加到47座。推进市体育场停车场建设项目建设，中山路、热贡路等4座人行过街天桥投入使用，开通优化7条绿色公交线路。14个小区618户老旧小区综合整治和9个老旧小区基础设施改造完成，发放贫困家庭住房租赁补贴41万元。改善市容环境，撤县设市后城市功能提升项目征地拆迁及城市违章建筑整治顺利推进，征拆涉及8个片区，面积达4万余平方米，完成拆迁65.6%。

【全面深化改革】 深化“放管服”改革，行政审批事项大幅压减，取消下放行政许可事项15项，136项政务服务事项实现全流程网上办理，105项高频事项实现“跨省通办”，企业登记注册、开办时间均压缩至1个工作日以内。优化营商环境，发放“多证合一”营业执照270份、“二证合一”营业执照1020份，全程电子化登记系统自主申请营业执照855份，新增市场主体874户，市场主体达9765户。精准施策助企纾困，累计留抵退税1751.56万元，缓缴社会保险费28.08万元。参与“青洽会”等招商平台，成功签约清洁能源等项目9项，签约金额34.4亿元，到位资金9.37亿元。

【民生福祉】 出台《关于进一步规范全市中小学管理体制更好聚焦教学工作的意见（试行）》等“1+9”配套性制度，面向全省公开招聘50名编外教师，首次表彰资助21名应届优秀大学生和40名应届贫困大学生。实施教育全面改薄等建设项目46个，建成城北九年一贯制学校和市第四幼儿园，提供学位1860个。建立全市首个二价宫颈癌疫苗接种点，完成65岁及以上老年人免费健康体检6631人，“两癌”筛查3000人。同仁市再度荣膺“省级卫生城市”称号。扎西尖措等2名唐卡画师获“第八届中国工艺美术大师”称号。实现城镇新增就业452人，农牧区劳动力转移就业9650人次，追讨农民工工资5360万元。五大保险基本实现法定人群全覆盖，发放困难群众生活救助保障资金1.3亿元。建设社区居家养老服务中心 2 个、互助幸福院 2 个。

【社会治理】　推进“法治同仁”“平安同仁”建设，推进“八五”普法，健全完善社会治安防控体系，处置重点信访积案，严厉打击电信网络诈骗犯罪，刑事案件、治安案件同比实现双下降。依法加强宗教事务管理，开展“爱国、感恩、团结、法治”教育，铸牢中华民族共同体意识，各族群众听党话、感党恩、跟党走的信心和决心更加坚定。推进双拥共建，国防动员和后备力量“三项基础”建设成效显著。压实安全生产责任，推进建筑施工、道路交通、特种设备、危化品等重点领域专项整治，全年未发生较大以上安全事故，安全生产形势持续稳定。

延伸：在全州率先实施建设过街天桥 4 个

建设中的过街天桥（市政府办供图）

同仁市始终坚持把保障和改善民生作为头等大事，以保障改善民生暖民心聚民力，围绕群众最关心、最期盼的“急难愁盼”问题入手，特别是针对主城区内校园周边师生出行安全隐患较大的问题，同仁市科学精准谋划。2022 年，在主城区三完小、市民族中学、第二幼儿园等各学校周边区域，科学设置点位，通过积极与省、州相关部门对接、争取地方财政投入，投资 2410 万元，在全州率先实施建设过街天桥 4 个，切实保障广大师生出行安全。

重要会议

【全体会议】　3 月 19 日，市政府召开 2022 年第一次全体会议，传达学习全国和省、州、市两会精神，中央和省委一号文件精神，中央和省、州纪委全会精神及省州政府全体会议精神，分解下达《政府工作报告》任务分工，并就抓好目标任务落实提出要求。市政府各副市长，各乡镇乡镇长、副乡镇长、下属站所、各社区主要负责人，省驻市主要负责人参加会议，市委、市人大、市政协、市纪委监委、市督考一体化办公室负责人及各乡镇党委书记列席会议。市委副书记、市长赵建国出席并讲话。

【常务会议】　市政府第一次常务会议　2 月 22 日，市委副书记、市长赵建国主持召开市政府 2022 年第 1 次常务会议，研究解决市接待办工作人员配备等事宜。

市政府第二次常务会议　4 月 6 日，市委副书记、市长赵建国主持召开市政府 2022 年第 2 次

2022 年 3 月 19 日，市委副书记、市长赵建国（中）主持召开政府全体会议（市政府办供图）

常务会议，研究解决迎宾大道两侧环境卫生整治项目部分变更等事宜。

市政府第三次常务会议　4月16日，市委副书记、市长赵建国主持召开市政府2022年第3次常务会议，研究解决同仁市2022年统筹整合涉农资金使用方案等事宜。

市政府第四次常务会议　4月27日，市委副书记、市长赵建国主持召开市政府2022年第4次常务会议，研究解决移交原同仁县旅游局办公楼等事宜。

市政府第五次常务会议　5月24日，市委副书记、市长赵建国主持召开市政府2022年第5次常务会议，研究解决配备文化下乡中巴车辆（28座）等事宜。

市政府第六次常务会议　6月22日，市委副书记、市长赵建国主持召开市政府2022年第6次常务会议，研究解决黄南州殡仪馆建设项目土地征地补偿费用等事宜。

市政府第七次常务会议　9月8日，市委副书记、市长赵建国主持召开市政府2022年第7次常务会议，研究解决保安镇人民政府申请“名镇志”工作经费等事宜。

市政府第八次常务会议　9月22日，市委副书记、市长赵建国主持召开市政府2022年第8次常务会议，研究解决2022年度高原美丽乡村建设项目地方配套资金等事宜。

市政府第九次常务会议　10月13日，市委副书记、市长赵建国主持召开市政府2022年第9次常务会议，研究解决第三方对乡村振兴脱贫攻坚成果巩固结算与决算费等事宜。

【专题会议】　1月5日，同仁市汽修厂高层廉租房与干部周转房统规统建工作领导小组第一次会议召开，安排部署干部周转房、公租房建设项目前期相关工作；主持召开黄南州（甲醇）新能源产业基地建设项目推进会议，安排部署项目前期相关工作。

1月21日，同仁市黄河流域生态环境全方位“体检”问题整改工作推进会议召开，安排部署环保督察和黄河流域相关问题整改工作。

2月9日，市委副书记、市长赵建国主持召开专题会议，听取审议市文体旅游广电局、城管局关于举办元宵节烟花燃放活动的请示，以及湖南长沙浏阳大鹏艺术焰火燃放有限公司关于同仁市元宵节烟花燃放设计方案，研究部署元宵节烟花燃放活动相关工作。

2月25日，同仁市近期重点工作安排部署会议召开，专题安排部署多哇镇公房拍卖和市委、市政府办公楼加固维修相关事宜。

3月7日，同仁市人民医院整体搬迁工作安排部署会议召开，专题安排部署市中医院、市人民医院、隆务卫生院整体搬迁相关工作。

3月16日，副市长华周主持召开G0611张掖至汶川公路同仁至赛尔龙（甘青界）同仁段公路工程项目听证会，隆务镇、年都乎乡、扎毛乡、曲库乎乡和市自然资源局等部门主要负责人参加会议。

4月14日，同仁市绿色产业园区项目协调会召开，研究青海悦牧人家有机牛羊肉屠宰加工项目相关事宜。

4月16日，市委副书记、市长赵建国主持召开疫情防控工作专题会议，学习贯彻省州疫情防控工作会议和州委、州政府主要领导关于疫情防控工作批示精神，听取全市近期疫情防控工作开展情况，认真分析当前疫情防控形势，安排部署全市疫情防控工作。

4月20日，市委副书记、市长赵建国到迎宾大道、阿宁沟调研城市道路沿线环境整治工作，召开现场办公会，研究部署有关问题。

6月8日，市委副书记、市长赵建国主持召开市长办公会议，研究中山路市民公共服务场所建设用房相关事宜。

6月23日，市委副书记、市长赵建国主持召开热贡“六月会”文旅活动专题会议，安排部署“六月会”期间全市文化旅游节庆活动有关事宜。

6月24日，同赛高速征地拆迁工作推进会召开，研究部署项目推进相关工作。

9月6日，市委副书记、市长赵建国到兰采乡督导乡村振兴、灾后重建等工作，在详细查看有关情况后，主持召开现场办公会议，安排部署灾后重建相关事宜。

9月17日，市委副书记、市长赵建国召开全市东西部协作项目工作对接会议，重点研究部署同仁市金黄果蛋禽养殖基地项目相关事宜，协调解决企业在项目推进中存在的困难和问题。

10 月 15 日，召开专题会议，研究兰采天然温泉产业项目涉及基本草原调整为非基本草原相关事宜。

11 月 3 日，市委副书记、市长赵建国到同仁 330 千伏输变电工程部分施工点调研项目征地、工程推进有关工作，并召开现场会议，逐项协调解决项目推进存在的问题和困难，研究部署全市供电保障和电力设施运维具体事宜。

11 月 19 日，市委副书记、市长赵建国召开专题会议，研究解决疫情防控工作问题和困难，部署全市疫情防控重点工作。

【重要政务活动】 1 月 19 日，市委、市政府在热贡文化广场举行 2022 年“迎新春促消费”惠民消费券发放活动启动仪式，市委常委、宣传部部长、市总工会主席人选刘莉丽及 11 个乡镇、市直各单位、各人民团体主要负责人，促消费活动的 9 家企业负责人，消费券发放对象代表等 100 余人参加仪式，副市长华周主持仪式。

1 月 27 日，同仁市在热贡文化广场举行“情系环卫工、春节送温暖”活动，为他们带去党和政府的关怀与温暖，为坚守一线的环卫工人送上市委、市政府的亲切慰问和新春祝福。州委常委、市委书记旦增，市委副书记、市长赵建国，市人大常委会主任蔡有年，市政协主席尕藏卡，副市长马忠海出席活动，市委常委、副市长主持活动仪式。

3 月 23 日，青海省重大项目集中开复工暨黄南州同仁市城北新区防洪综合治理工程开工仪式在同仁市城北新区举行。副省长匡湧宣布 2022 年重大项目集中开复工暨黄南州同仁市城北新区防洪综合治理工程开工，州委书记王耀春致辞，州委副书记、州长扎西才让主持，省州相关领导出席活动。

4 月 7 日，州、市机关干部职工、宗教人士、学生等 2200 余人在保安镇互助滩开展 2022 年全民义务植树活动。州委书记王耀春，州委副书记、州长扎西才让，州人大常委会主任蒋树成，州政协主席林华旦，州委常委、市委书记旦增等州、市四大班子领导亲临现场与全市各界宗教人士、干部职工、学生一道参加义务植树活动。

5 月 12 日，同仁市举行向泽库县捐赠物资发车仪式，调拨价值 40 万元的物资支援泽库县抗疫，市委常委、副市长在发车仪式上致辞，市委副书记陈峻出席发车仪式。

6 月 27—29 日，江苏省南通市政府副市长、启东市委书记李玲率党政代表团到同仁交流访问。州委常委、市委书记旦增，市委副书记、市长赵建国，市人大常委会主任蔡有年，市政协主席尕藏卡，市委副书记陈峻等参加相关活动。

7 月 5 日，同仁市邀请 20 家省级新闻媒体和 180 余家旅行社代表齐聚西宁市，举行以“弘扬非遗文化·喜迎二十大”为主题的热贡藏乡六月盛会青甘旅游推介会，共同领略藏乡风情，打响“西域胜境　文化同仁”特色旅游品牌。同仁市围绕非物质文化遗产展示、展览、展演，组织 13 家本土文旅企业的 36 类共 300 余件文旅产品进行展览，全方位展示同仁市文化旅游的厚重底蕴和多姿风采。

7 月 23 日，第 23 届中国·青海绿色发展投资贸易洽谈会暨第二届中国（青海）国际生态博览会黄南州专场签约仪式在青海国际会展中心 A 馆举行。州委常委、市委书记旦增，市委副书记、市长赵建国，副市长才让东智、马忠海，市直相关部门主要负责人和签约企业代表参加签约仪式。同仁市在本届青洽会成功签约项目 9 个，签约企业 8 家，签约项目涉及农牧业、文化旅游、清洁新能源、商贸类、轻加工业、基础设施建设等六大类，总签约额达 34.4 亿元。

8 月 9 日，同仁市“喜迎二十大　唱响金谷地”音乐周活动启动仪式在热贡文化广场举行，州委副书记、州长扎西才让，副州长更智才让，州政府副秘书长、办公室副主任唐建福，州文体旅游广电局局长昂智，同仁市委副书记、市长赵建国，以及同仁市在家副县级以上领导和部分乡镇、市直各机关负责人及广大干部群众 3000 余人参加启动仪式，副州长更智才让宣布音乐周活动启动，市委副书记、市长赵建国为启动仪式致辞，市委常委、宣传部部

2022 年 8 月 9 日，“喜迎二十大　唱响金谷地”音乐周活动启动仪式在热贡文化广场举行（市政府办供图）

长刘莉丽主持。

9 月 27 日，同仁市 2022 年奖助学金发放仪式暨优秀大学生座谈会议在市第二民族中学召开。州委常委、市委书记旦增作讲话，市委副书记、市长赵建国主持会议。市相关领导，各乡镇党委、政府、市委各部门、市直各单位及全市中小学校主要负责人参加会议，受奖助部分学生、家长代表出席会议。

10 月 3 日，州委常委、市委书记旦增和市委副书记、市长赵建国分别到隆务镇各社区走访慰问部分城镇低收入群众，送去党和政府的关怀与温暖。此次活动是市委、市政府旨在坚持以人民为中心的发展思想，在国庆节和喜迎中共二十大之际，筹措资金 40 万元，集中开展全市主城区受疫情汛情影响部分城镇低收入群体走访慰问和帮扶救助行动，由 27 名县级领导带队到城区 200 户低收入家庭，走访群众，察民情、解民忧、暖民心，为稳经济、保增长、促发展织密织牢社会安全网。

11 月 12—13 日，同仁市开展乡村建设观摩学习活动，相互借鉴乡村建设的好经验好做法。观摩团一行到扎毛乡扎毛村，曲库乎乡西卜沙村、江龙农业村，隆务镇措玉村，保安镇城内村、城外村，双朋西乡双朋西村实地考察，围绕人居环境提升、基层社会治理、壮大村集体经济、美丽乡村建设等方面取得的显著成效进行观摩，通过一路走、一路看、一路听、一路议，现场交流经验，相互借鉴学习。现场学习观摩结束后，召开总结交流会，进一步统一思想、查找不足、厘清思路，州委常委、市委书记旦增主持并讲话，市委副书记、市长赵建国总结全市乡村建设工作并提出要求。

综合政务

【概况】　2022 年，同仁市政府办公室围绕市委、市政府中心工作，发挥政务信息主渠道作用，累计报送政务信息 264 篇，省政府办公厅采编 3 篇，州政府办公室采编 50 篇，信息报送数量和质量大幅提升，市政府办公室政务信息采编率连续 3 年名列全州政府系统第一。在全市创新实施来文错情通报制度，重点围绕公文的内容结构、格式体例、行文规则、办文程序等方面，列清单找错误，及时发现和纠正公文中的差错。全年反馈各类公文错情 50 条。加强重大活动保障，做好市委全会等重大会议活动等保障工作。保障会议 57 场次 1810 人次。公共区域消杀 8150 平方米，处置垃圾 765 吨、废弃口罩 1.2 万只。10 月，国家机关事务管理局、中共中央直属机关事务管理局、国家发展和改革委员会、财政部联合公布节约型机关建成名单，市政府办公室获 2022 年节约型机关荣誉称号。

【公文办理与信息服务】　全年拟写领导讲话、工作汇报、典型发言等综合材料 50 余篇，得到领导的肯定和好评。明确凡是市属单位向市政府打请示，须“先汇报，后收文”，并按季度通报来文错情。全年累计收文 3374 件，退回不合格公文 23 件，通报来文错情 50 件。建立健全公文传阅制度，涉密公文按规定分发，做到“日清周结”。完善文件、纪要“三级复核”签审流程，全年审查 4 个规范性文件，制发文件（纪要）514 份。全年编写政务信息 264 篇，其中省政府办公厅采编 3 篇，州政府办公室采编 50 篇，采编率居全州政府系统第一。高标准、高质量完成政府全体会议、市政府廉政会议、党组会议、常务会议 24 次。牵头组织全市稳住经济大盘会议、疫情防控处置和防汛救灾工作会议、强降雨天气应对防范工作部署会议、“迎新春促消费”惠民消费券发放活动启动仪式等会议活动。

【政务督查督办】 发挥“710”督办系统作用，将任务分解落实到相关领导和职能部门，及时督办汇总，限期落到实处，全年发布督办通知 7 期，下发督办任务 11 项，办结率 100%。加强和改进人大、政协联络工作，进一步加大建议提案办理力度，搞好各承办单位的办理督促。全年完成人大建议办理 157 件、政协提案 100 件，答复率 100%。提升热线平台功能，加强市民诉求分办、转办、催办工作，进一步提高诉求办结率和市民满意率，通过“12345”民生服务热线受理诉求 1043 件，办结率 100%，确保事事有回音、项项有交代、件件有着落。

【政府采购管理】 全年全市实际采购规模达到 32741.91 万元，其中公开招投标采购额 21540.07 万元、竞争性谈判和竞争性磋商采购额 10938.86 万元、单一来源采购额 262.98 万元，节约资金 688.66 万元，资金节约率 2.1%。

2022 年 6 月 22 日，市财政局举办政府采购管理系统“政采云”网上业务操作专题培训（市财政局供图）

政采云电子卖场交易 4568 笔，成交金额 6807 万元。同仁市各级预算单位在“采购人管理系统”预留采购份额 25.3 万元，在贫困地区农副产品网络销售平台完成交易 25.22 万元，交易额占预留采购份额的 99.9%。

【机关事务管理】 办公用房管理 做好机关事业单位办公用房调整、借用审批、租赁审批等工作。组织开展房产数据摸排，摸清核实各类房产数据 100 余条。加强公物仓资产管理，做好物品的借用和收回工作，节省经费开支近 13 万元。

机关节能管理 开展节约型机关创建行动，指导全市公共机构同步开展节能主题宣传活动。制定公共机构生活垃圾分类工作推进方案，加大实地检查督导力度，巩固工作成果。

公务用车管理 深化公务用车管理职能建设，抓实公务用车配备更新指标审批工作，强化公务用车配备更新过程管理。完成公务用车统计工作，规范公务用车使用行为，深化公务用车“一张网”建设。全年完成 26 辆平台公务用车更新工作，每周开展车辆外观检查，不定期开展定点停放等检查，依托公务用车“一张网”，实时掌握车辆运行信息，提升公务用车管理规范化水平。加强驾驶员队伍建设，做好机关公务用车安全文明出行垂范。

食堂管理 开展市政府职工食堂机关餐饮服务标准化，将标准有效运用于日常工作中。持续做精“深夜食堂”、打包菜等服务。推进营养健康机关食堂建设，建立“营养小屋”，加强营养膳食指导。落实市政府职工食堂制止餐饮浪费行为各项举措，餐厨垃圾减量明显。全年市政府职工食堂餐饮服务满意率 93.6%。

延伸：“节”尽所“能”，同仁市10家党政机关被授予全国第二批“节约型机关”荣誉称号

2022年10月25日，市政府办公室获评全国节约型机关称号（市政府办供图）

2022年，同仁市坚持把节约型机关建设作为加快转变行政管理效能的重要抓手，贯彻落实“党委政府带头过紧日子”要求，聚焦资产管理、经费管理、节能管理等重点领域，进一步压减“三公”经费开支、建立预算绩效管理运行机制，积极推行无纸化办公，在机关办公区域设置节能标识，采购使用节能办公产品，打造简约适度、绿色低碳的生活和工作方式，全市上下形成崇尚绿色生活的良好氛围。2022年，中共同仁市委办公室、市政府办公室、市纪委、市发展和改革局、市住房和城乡建设局、市工业和商务信息化局、市乡村振兴局、市司法局、市民政局、市医保局10家单位被国家机关事务管理局、中共中央直属机关事务管理局、国家发展和改革委员会、财政部四部门联合授予“节约型机关”荣誉称号。

信访工作

【概况】 2022年，同仁市信访总量77件，其中来访46件、网上信访（本地区）11件、国家信访局（交办、督办、转送）5件、省级（交办、督办、转送）4件、州级（交办、督办、转送）11件，全部办结完毕。县级领导接访9批次50余人，信访部门及时受理率100%、群众满意率88%、按期办结率分别达到100%。全市信访案件呈现信访总量持续下降，信访秩序明显好转，信访形势平稳。

【信访矛盾化解】 实行矛盾纠纷排查化解常态化，把矛盾纠纷化解工作的重心从事后处理转移到事前预防上来，全力把矛盾纠纷化解在萌芽状态，把问题解决在基层。加大重点区域信访案件办理力度。针对农民工工资拖欠问题多发高发的实际，开展解决农民工工资问题专项行动，快速妥善处理农民工工资拖欠问题，加强项目管理，从源头预防拖欠农民工工资案件的发生。在各乡镇建立联席会议机制，统筹基层社会治理资源力量，落实解决化解责任，不定期分析研判存在的问题，把矛盾纠纷化解在基层、化解在萌芽状态。

【信访管理】 按照“分级负责、归口受理”原则，做好分流交办工作。对每件分流交办的信访件，指定专人做好跟踪督办、引导评价等工作，动态跟踪办理运行轨迹，要求各承办单位落实专人负责、领导把关、闭环管理，做到工作流程标准、调查过程透明、结果反馈精准，进一步解决办理不规范及办理质量不高的问题。在办理期限内不定期向承办部门了解信访件办理情况，采取口头提醒、系统查看等方式，规范对信访件办理情况的督查督办，坚持办结一件销账一件，规范登记、受理、转送、交办、督办、审核和回访等环节程序，确保信访件及时得到办理答复。因解决难度较大不能按期办结的及时联系信访人，说明情况、征求意见，积极引导评价，把信访事项办理的“知情权、监督权、评价权”交给群众，做到受理时告知、答复前沟通、答复后引导、必要时登门等多种途径，赢得信访人理解和信任。

【领导包案下访】 持续深入开展党政领导干部公开接访、包案处理、带案下访等活动，每周安排一名市级领导信访接待，同时不定期到联点乡镇，为群众解决实际困难，对发现的问题及时研究解决。

2022 年 6 月 15 日，省信访局领导到年都乎乡派出所调研群众诉求工作（市政府办供图）

【信访信息化】 在各乡镇开通信访综合业务系统，引导信访群众网上投诉，让数据多跑路、群众少跑腿，坚持网上受理、网上办理，让群众切实感受到网上信访好用管用，做到日收日清，按照应复尽复、能复则复原则，对群众诉求及时电话告知，降低群众等待时间过长而重复上访的概率，实现办理结果可查询、可评价，增强透明度和公正性。

【法治信访建设】 规范工作人员工作行为，促进接访、办信工作标准化、规范化，严格按照规范和流程操作，确保信访问题能在规定时限内得到办理和答复。加大对《信访工作条例》《依法逐级走访办法》和处置涉访违法行为方面的法律法规宣传力度，明确信访过程中的权利和义务，树立违法违规必受惩处的理念，教育引导广大群众依法有序信访，合理表达利益诉求。5 月 1 日，《信访工作条例》颁布施行，市信访局成立以信访局局长为组长，各乡镇及相关责任单位主要分管信访工作领导为成员的信访工作宣传小组，在城市主要街道、联点村加查么村开展宣传。

政务服务

【概况】 2022 年，同仁市政务服务监督管理局从解决群众反映强烈的突出问题入手，推行解决联系服务群众“最后一公里”问题，确保办事企业、群众能办事、办成事，全力提升同仁市政务服务效能与水平。全年受理办理各类事项 42489 件，办结 42489 件，办结率 100%，其中卫健局 171 件、自来水公司 1744 件、医保局 8176 件、住建局 978 件、不动产中心 1385 件、烟草局 406 件、高速运营 8191 件、税务局 21302 件、供电公司 136 件。受理咨询、解答咨询 400 余人次。好差评工作非常满意 5725 条，满意 36764 条。

【政务服务体系建设】 11 个乡镇均建立便民服务中心，72 个村（社区）均建立便民服务站，结合政务服务“五级联动”建设，提升同仁市各乡镇、村（社区）便民服务中心（站）标准化建设水平，完善配套服务设施，提升乡村两级政务服务能力，为企业群众提供优质、便捷、高效的政务服务。根据省、州要求，各乡镇、村（社区）加挂便民服务中心（站）牌子，统一规范政务服务场所名称，打通基层政务服务“最后一公里”，让群众办事“就近能办、一网通办”。

【政务服务标准化】 政务服务大厅现有进驻单位 9 个，进驻人员 28 人。统一使用青海省政务网发布各类事项相关信息、政务服务大厅工作运行情况等内容，依托青海政务服务网全力推进“互联网+政务服务”，加强数据资源共享，让数据多跑路，群众少跑腿。政务大厅实行阳光运作，进驻单位所有服务项目名称、法律依据、工作程序、申报材料、承诺时限等将向申报对象全面公开。

【“放管服”改革协调】 开展政务服务“一网通办”工作，加快线上线下深度融合，健全本级政务服务体系，80%以上的事项可在网上办理，打造综合窗口，推进实现

2022 年 6 月 7 日，市政务服务便民中心宣传“好差评”服务（市政务服务监督管理局供图）

“一窗”分类综合受理，提升政务服务“网上办”“一事通办”水平。同仁市“网上办”事项共计733项，进驻政务服务大厅行政许可事项43项，网上可办38项，网办率97.6%；完成“跨省通办”事项梳理、编制工作，完成梳理编制“跨省通办”事项85项；根据省政府统一部署，清理各村（社区）证明事项，同时按要求上报州政府办公室“放管服”改革协调科。

【窗口服务管理】 加强窗口人员廉政教育，追求为人民群众提供更好的服务态度、更高的服务效率、更优的服务质量。政务服务中心全体工作人员在加强道德修养过程中，树立简、实、勤、廉理念，自觉做廉洁政务人，杜绝吃拿卡要行为。规范窗口人员服务行为。通过考勤、现场和电子巡查，形成管理合力，严格予以落实。进一步夯实岗位职责，提高为民服务的水平，解决行政审批过程中各种慢作为、不作为行为，为行政审批提速增效提供保障。根据同仁市少数民族群众居多的市情，借助全市民族团结进步创建工作，建立双语引导服务窗口，政务服务大厅进驻各窗口配备藏语、汉语工作人员，热情服务办事企业、群众，进一步提升办事企业和群众的获得感、幸福感。

【政务信息编制】 加快推进同仁市政务服务事项标准化、规范化建设，提升同仁市“互联网+政务服务”工作水平，协调组织全市所有单位开展政务服务事项梳理工作，推进同仁市政务服务事项“一网通办”水平，严格按照“最多跑一次”要求，不断优化营商环境，提升政务服务大厅网上办事水平。

【电子政务】 加强门户网站更新、维护和管理使用，顺利推进政务信息公开工作，全年发布信息2742条，做到信息公开准确、及时、规范、完整。更新和完善乡镇电子政务和视频会议系统运行机制，加强与通信部门的沟通协调，做到有问题及时整改，进一步提高行政效能建设，视频会议系统通畅率达到100%。加强门户网站更新、维护和管理使用，对相关信息、政策等实时公开，提高政府工作的公开化，提升政府的公信力和威信力。安排专人对市政府门户网站及全市政务新

2022 年 5 月 9 日，市政务服务中心自来水窗口人员为办事群众讲解手机办理缴费操作流程（市政务服务监督管理局供图）

媒体进行严格监管，实行实时监测管理，建立监管台账，强化督促各单位按照省、州政务公开工作要求，及时发布高质量信息，整改存在问题，确保市政府门户网站及全市政务新媒体更新及时，发布规范。全年开展全市政务新媒体专项检查4次，下发整改通知书6次。办结“12345”民生服务承办单1284条，市长信箱35条。

政协同仁市委员会

TONGREN YEARBOOK

综　述

【概况】　2022年，同仁市政协常委会坚持以习近平新时代中国特色社会主义思想为统领，把握团结和民主两大主题，履行政治协商、民主监督、参政议政职能，团结带领全体政协委员，发挥协调关系、汇聚力量、建言献策、服务大局作用，完成市政协二届二次会议确定的各项目标任务，凝聚思想共识，忠诚履职尽责，为推进全市经济发展、社会和谐贡献政协力量。市政协二届一次会议以来，有委员159人，年内辞去2人，分17个界别，有主席1人、副主席2人、秘书长1人、常务委员24人。

【参政议政】　按照“党政点题、政协破题”原则，承接市委、市政府调研课题，围绕乡村建设示范村打造、农牧业高质量发展展开专题调研，向市委、市政府提交专题调研报告。根据政协常委会年度调研协商计划，组织政协委员开展城北新区建设、市殡仪馆项目建设、市重点矿山企业生态恢复治理情况专题视察活动，通过视察监督，有效发挥民主监督作用，助推有关工作提质增效。各专委会开展居民物业管理、市医疗保障体系建设、粮食安全、村规民约作用发挥情况、乡村垃圾分类处理等专题调研活动。经济界别委员聚焦“组合式税费支持政策”落实情况，召开专题协商会助力纳税服务提档升级。全年开展专题协商4次、视察监督3次、专题调研10次、撰写调研报告10篇；陪同完成全国政协、省州政协、部分周边县级政协及省外政协相关领导到同仁考察、调研15次。

【提案办理】　市政协健全提案工作“提、交、办、督、评”制度体系，开展提案办理“回头看”以及提案和提案办理“双向评议”，提案采纳落实率持续提高。二届二次会议期间收到的100件提案集中审查后最终立案88件，提案答复率100%，办结率84%，委员满意率100%。组建提案督办组，围绕完善医疗卫生服务体系建设、乡村文化旅游融合等重点提案，召开4次提案督办协商座谈会，提办双方坦诚交换意见，通过协商解决问题、办好提案。

【视察调研】　市政协根据年初《政协第二届同仁市委员会常务委员会2022年工作要点》，组织政协委员对乡村示范村建设、农牧业高质量发展、规范村规民约、市物业管理、基层治理水平、市粮食储备产量及安全情况、市医疗保障制度体系建设相关情况进行调研，撰写《同仁市8个乡村示范村建设情况的调研报告》《2022年度推进农牧业高质量发展的调研报告》《关于同仁市物业管理的调研报告》《关于同仁市规范村规民约，提升基层治理水平工作情况的调研报告》《关于对同仁市粮食储备、粮食产量、安全情况的调研报告》《关于同仁市医疗保障制度体系建设情况的调研报告》上报市委参考，推动市政协调研视察成果在助力市委、市政府重大决策贯彻落实方面发挥作用。

【文史资料工作】　开展同仁文史资料的搜集、整理、研究和出版工作。借鉴果洛、海东等地区政协文史馆建设经验，打造同仁市政协文

2022年7月4日，市政协党组书记、主席尕藏卡（右四），市委常委、统战部部长李加东智（左二）到扎毛乡检查指导传统村落建设项目（市政协办供图）

史档案馆，立体化呈现同仁市发展轨迹。启动《梦想成真·金色谷地（同仁文史资料专辑）》编纂工作，全景式展现同仁社会经济发展风采。出版《同仁政协第2期》第一版，展现2022年市政协常委会及广大委员为全市发展建设献计出力的精神风貌。

【基层政协建设】 将乡镇政协委员联络室规范年建设工作纳入全市乡镇综合目标绩效考核，摆上重要议事日程，加强基层政协工作指导检查，制定分片包乡联点机制，由党组成员担任各乡镇政协联络室指导员，加强对乡镇联络室的联系与指导，协助解决实际困难，购买复印机、档案柜、档案盒等办公用品分发至各乡镇，推进活动开展。进一步规范制度建设，从党的建设、议事规则、协商视察、提案办理、社情民意、委员管理、机关管理、乡镇政协联络室工作等方面完善41项制度规定，形成权责清晰、程序规范、关系顺畅、运行有效的制度体系。做好委员履职工作，将三级政协委员全部编入乡镇政协联络室，开展各类学习、视察、调研、协商等活动，成立州市政协督导组，2次到各乡镇进行督导。截至年底，所有乡镇均验收通过，投资8万元重点培育打造隆务镇、保安镇、曲库乎乡、黄乃亥乡4个示范点。

重要会议

【全体会议】 2022年2月27日至3月2日，政协第二届同仁市委员会第二次会议在隆务开幕。会议邀请州委常委、市委书记旦增，市人大常委会党组书记、主任蔡有年，市委副书记陈峻以及在家的副县级以上领导干部参加，副主席崔生林主持会议。市政协党组书记、主席尕藏卡向大会作工作报告。会议通过政协第二届同仁市委员会第二次会议关于常务委员会工作报告的决议和政协第二届同仁市委员会第二次会议政治决议；表彰一批先进提案承办单位、先进乡镇联络组、政协先进联络站、优秀政协委员等集体和个人。

2022年3月2日，中国人民政治协商会议第二届同仁市委员会第二次会议闭幕（市政协办供图）

2022年3月2日，在政协第二届同仁市委员会第二次会议上，先进乡镇联络组受到表彰（市政协办供图）

【常委会会议】 2022年，政协第二届同仁市委员会共召开3次常委会会议。

政协第二届市委第一次常委会会议 2月17日，同仁市政协召开政协第二届同仁市委员会常务委员会第一次会议。市政协党组书记、主席尕藏卡主持会议，市政协各常委、相关部门负责人及政协机关全体干部参加会议。会议审议通过《中国人民政治协商会议同仁市委员会委员履职管理暂行规定（修订稿）》《政协同仁市委员会了解和反映社情民意工作制度（征求意见稿）》《政协同仁市委员会创新提案及提案办理制度（征求意见稿）》《政协同仁市委员会提案和提案办理“双向评议”办法（征求意见稿）》《政协第二届同仁市委员会常务委员会工作报告（讨论稿）》《政协第二届同仁市委员会常务委员会关于政协第一届一次会议以来提案工作情况的报告（草案）》；审议通过政协提案委员会、社会和民族宗教委员会以及经济农牧和社会环境委员会2021年工作总结及2022年工作计划的报告、《关于召开政协第二届同仁市委员会第二次会议的决定及会议议程（草案）》《政协第二届同仁市委员会第二次会议相关审议文件》《关于表彰政协第二届同仁市委员会优秀政协委员、先进提案承办单位、先进乡镇联络组的决定》等政协第二届同仁市委员会第二次会议有关文件。会议最后，部分常委代表向常委会作述职报告。

政协第二届市委第二次常委会会议 2月28日，同仁市政协召开政协第二届同仁市委员会常务委员会第二次会议。尕藏卡主持会议，市政协各常委、各讨论组召集人参加会议。会上，各讨论组召集人逐一围绕委员参会、发言、热议问题、发表意见建议等方面进行详细汇报。

政协第二届市委第三次常委会会议 3月1日，同仁市政协召开政协第二届同仁市委员会常务委员会第三次会议。尕藏卡主持会议，市政协各常委、各讨论组召集人参加会议。会议听取各组召集人对人民法院工作报告和检察院工作报告讨论情况的汇报；审议通过《中国人民政治协商会议第二届同仁市委员会常务委员会工作报告决议》《中国人民政治协商会议第二届同仁市委员会常务委员会政治决议》。

【重要党组会议】 4月11日，市政协党组书记、主席尕藏卡主持召开市政协党组会议。会议审议通过《政协同仁市委员会党组重大事项请示报告实施办法》《市政协党组会议和主席会议决定事项督查工作办法（试行）》《中国人民政治协商会议同仁市委员会全体会议工作规则》《中国人民政治协商会议同仁市委员会常务委员会工作规则》《关于进一步提高协商议政质量的实施意见》《政协同仁市委员会委员谈心谈话制度》《政协同仁市委员会走访慰问政协委员制度》《加强和改进市政协委员学习培训的意见（试行）》《政协同仁市委员会关于进一步支持政协委员履职工作的通知》等相关文件。

4月25日，市政协党组书记、主席尕藏卡主持召开市政协党组（扩大）会议，传达学习《关于印发〈同仁市2022年度网络舆情风险隐患防控工作方案〉的通知》《关于印发〈中共同仁市委常委会2022年工作要点〉的通知》等文件内容；并采取集体谈话的形式，就加强“五一”期间纪律作风建设进行提醒谈话。会议最后，安排部署疫情防控、文史资料编纂、重点调研等重点工作。

6月22日，市政协党组书记、主席尕藏卡主持召开市政协党组（扩大）会议，传达学习习近平总书记在四川考察时的重要讲话精神、习近平总书记重要文章《努力建设人与自然和谐共生的现代化》等内容。

【提案交办会】 2022年4月24日，同仁市政协召开提案交办会，对同仁市政协二届二次会议提案

2020年4月24日，同仁市政协召开提案交办会（市政协办供图）

进行交办，并对做好今年提案办理工作进行动员和部署。市政协党组书记、主席尕藏卡参加会议。会上，市政协提案委员会围绕市政协二届二次会议提案情况进行说明。市政协办和市政府办签订提案承办责任书，将 88 件提案向市政府办进行移交。市政协党组书记、主席尕藏卡作讲话发言。

重要活动

【视察调研活动】 4 月 28 日，组织全国、州、市、乡五级人大代表，省、州、市三级政协委员及相关乡镇和部门负责人到华帝矿业恰冬铜矿、顺隆矿业双朋西铜金矿开展矿山生态环境恢复治理情况专题视察活动。在开展视察工作中，委员们查看华帝矿业恰冬铜矿、顺隆矿业双朋西铜金矿的生产采挖、作业流程、工作环境、生态恢复治理等情况，从采矿权、矿产资源、安全生产、生态保护、经济效益、矿区工人六个层面，详细了解各企业在开采生产中的安全生产责任落实、生态修复治理等情况，并就矿山生态环境恢复治理工作充分发表意见，提出意见建议。

2022 年 4 月 28 日，市人大常委会、市政协组织五级人大代表和政协委员联合视察全市矿区科学开采和矿区生态恢复治理情况（市人大办供图）

5 月 24 日，市政协经济专委会联合州、市税务局邀请州、市两级经济界委员，就落实落细国家新的组合式税费支持政策，查纠和解决企业在生产经营过程中遇到的堵点、痛点和难点问题，体验办税流程，助力实现税收营商环境“评价进位”“满意体验”，以“座谈+参观+体验”形式召开双提升专题座谈会。

6 月 9 日，市政协党组书记、主席尕藏卡带队到保安镇对殡仪馆建设情况进行视察监督。视察组一行耐心细致地询问殡仪馆建设工作推进情况，掌握殡仪馆建设规模、建设内容、项目投资、建设期限等基本内容，了解项目推进过程中遇到的问题和困难，并提出建设性的意见建议。

7 月 28 日，省政协副主席王振昌一行到保安镇、市政协机关开展调研与督导工作。州委常委、市委书记旦增，州政协党组副书记、副主席关却加，州政协党组成员、秘书长张春生，市委副书记、市长赵建国，市政协党组书记、主席尕藏卡参加调研。王振昌一行到保安镇政协联络室，实地察看乡镇政协联络室打造情况，通过查阅资料、座谈交流、现场汇报详细了解基层政协工作规范年活动开展情况。调研组一行到市政协机关进行调研，对市政协文史档案馆打造、书香政协建设、政协信息化建设等工作进行指导，市政协主席尕藏卡围绕加强党的全面领导、深化政治理论学习、提高建言资政水平、深化凝聚共识工作、抓好政协委员队伍建设等方面进行汇报。

8 月 9 日，山东省政协副主席段青英，广东省政协党组成员、副主席温国辉率队到同仁市调研文旅融合发展和提案工作。青海省政协提案委员会驻会副主任房鼎奎，州政协副主席张仕清、白萍，市政协党组书记、主席尕藏卡参加调研。

8 月 12 日，州政协副主席张仕清、州政协提案委主任尚朝清、市政协主席尕藏卡、提案委员曹德荣等 5 人及州市政协委员代表娘加先等 5 人组成视察组，围绕“关于关爱环卫工人、提高环卫工人福利待遇的提案”“关于切实解决同仁市集中供暖问题的提案”等重点提案开展提案办理“回头看”和委员视察活动。

9 月 7—8 日，州政协副主席

白萍、同仁市政协主席尕藏卡一行到同仁市11个乡镇督导检查基层政协工作规范年活动开展情况，通过听取汇报、查看资料、座谈交流等方式，对各乡镇基层政协工作规范年活动进行检查指导，并就进一步做好基层政协规范年活动提出指导性意见和建议。

11月3日，市政协调研组到各乡镇调研农牧业高质量发展情况。调研组一行到多哇镇、瓜什则乡、曲库乎乡古德村等地，通过听取汇报、实地察看、座谈交流等形式，详细了解各乡镇牦牛、藏羊养殖规模，农牧区集体经济、规模经营，农畜产品营销，畜饲草料等情况，全面掌握了农牧业发展情况、取得成效以及存在的问题困难，并提出具体意见建议。

11月17日，同仁市政协对全市示范村建设情况进行专题视察。视察组一行先后到双朋西乡双朋西村，保安镇城内村、城外村，隆务镇吾屯村、措玉村，曲库乎乡江龙村对全市乡村建设情况进行视察。视察中，委员们逐一耐心细致地询问了乡村建设落实情况，认真听取各乡镇主要负责人从村庄规划、产业发展、人居环境建设、后期管护等方面的讲解，现场感受各村在乡村建设中取得的新成效。

12月29日，同仁市政协召开提案和提案办理“双向评议”工作座谈会。座谈会前，参加评议的委员围绕《关于解决建设火葬场问题的提案》《关于加强乡村旅游业发展的提案》等6件提案办理情况到隆务镇敬老院、州殡仪馆、花儿沟、胜境热贡艺术苑等地进行实地察看，与提案承办单位负责人就提案办理情况深入沟通交流，做到提案办理“面对面”答复。

【新增委员提案培训活动】 2月27日，市政协召开新增委员提案培训会。培训会上，市政协提案委员会主任张峰从“什么是政协提案”“怎样提交提案”“如何撰写提案”等方面，结合工作实际进行专题讲解，并对提案撰写的步骤、注意事项、提案的立案条件、提案的选题标准及委员如何撰写高质量的提案等问题进行具体指导。

【联系党外委员谈话活动】 10月19日，市政协组织开展机关党组成员联系党外委员谈话活动，会议由市政协民族宗教和社会法制委员会主任马忠文主持。会上，市政协提案委员会主任张峰传达《政协同仁市委员会委员谈心谈话制度》《市政协机关党组成员联系党员委员党员委员联系党外委员制度》；市政协经济、农业农村和人口资源环境委员会主任李小莉围绕同仁市的乡村发展、生态、基层设施、教育发展、干部作风等方面阐述同仁的非凡成绩；8名党外委员围绕自身履职情况进行交流发言。

纪检监察

纪律建设

【概况】 2022年，同仁市坚决扛起管党治党政治责任，发挥监督保障执行、促进完善发展作用，推动全市党风廉政建设和反腐败工作取得新成效。全年市纪委监委召开常委会会议18次、理论学习会36次、专题研讨会4次，班子成员人均撰写心得体会4篇。在省、州级媒体刊发文稿4篇。

【政治思想建设】 落实“第一议题”制度，及时跟进学习习近平总书记重要讲话和重要指示批示精神，坚定政治立场，强化政治担当，结合同仁实际，抓好贯彻落实。2022年，市纪委监委采取集中学习、专题研讨等多种方式召开理论学习会36次、专题研讨会4次，班子成员人均撰写心得体会4篇，通过持续学习把“两个确立”融入思想、付诸行动。

落实重大事项请示报告制度，向州纪委监委和市委主动报告问题线索核查、工作建议、问题困难、人事动议等工作36次。协助市委制定《同仁市2022年度全面从严治党工作计划》，督促各级党组织负责人落实“第一责任人”责任和班子成员“一岗双责”。落实谈心谈话制度，市委书记和纪委书记“一对一”或集中约谈乡镇和市直部门“一把手”195人次，推动全市全面从严治党工作向纵深发展。对2021年度考核排名靠后的4个乡镇、部门主要负责人进行约谈，督促乡镇党委和乡镇纪委对80个村（社区）和村务监督委员会成员开展延伸谈话，层层传导压力、压实工作责任。围绕学习贯彻中央纪委、省纪委六次全会和州纪委二次全会精神，召开座谈会、研讨会，听取意见建议，研究谋划思路，召开市纪委二次全会，督促各级党组织层层传达、学习贯彻全会精神，印发主要任务、分工意见和分工方案，细化51条具体措施，推动全会精神全面贯彻落实。

落实“三会一课”、组织生活会、主题党日、民主评议党员等制度。以党史学习教育为契机，进一步深化“党建+”工作，围绕党建+信访举报、党建+监督检查、党建+廉政宣传教育、党建+临时党支部建设、党建+能力提升、党建+基层减负6个主题，增强党组织活力，形成以党建促主责主业落实的良好工作局面。

【廉政教育】 召开全市副科级以上领导干部警示教育大会暨作风建设推进会，通报7起典型案例，进一步督促和提醒全市各级党员干部从思想上固本培元、正本清源，筑牢广大党员领导干部思想道德防线，增强拒腐防变能力。动态完善263名科级领导干部廉政档案，对218名拟提任、交流的干部和58个拟表彰奖励的单位进行资格审核及廉洁意见回复，对2名干部提出暂缓或不宜使用建议。推进廉洁文化建设，持续提升反腐内生动力，举办全市“弘扬好家风 廉洁齐治家”亲属助廉和“笔墨颂清风，喜迎二十大”廉政书画展活动，1300名党员领导干部及家属接受廉洁教育，营造倡廉、守廉、颂廉的浓厚氛围。

【作风建设】 贯彻落实中央八项规定及其实施细则精神，紧盯重要节点、敏感时段，印发廉洁自律工作通知，重申纪律要求。

2022年5月7日，同仁市纪委监委、市妇联联合举办以“弘扬好家风 廉洁齐治家”为主题的亲属助廉活动（市纪委监委供图）

严肃整治违规收送礼品礼金、公款吃喝、违规发放津补贴、私车公养、公款旅游等享乐奢靡隐形变异问题，开展监督检查20余次。贯彻落实省委《关于新时代新阶段进一步加强和改进作风建设的意见》《关于进一步弘扬优良作风加快建设现代化新青海的若干措施》精神，协助市委制定印发《在全市开展“深化作风建设、狠抓工作落实”专项行动方案》，牵头对“慵、慢、散、拖、奢”等问题开展专项整治，全市各级党委（党组）和党员干部查找问题1515个，已整改943个，长期整改572个，推动工作作风持续好转。到各乡镇各部门开展专项监督，下发通报1期、纪律检查建议书13份、工作整改提醒函14份，以务实之举助推作风建设。联合市委宣传部开展作风建设专题访谈工作，组织22个乡镇、市直单位“一把手”走上台前、面对群众，结合工作实际谈体会、谈认识，讲做法、亮成效，督促“一把手”主动抓作风建设。

执纪监督与审查

【党风政风监督】 日常监督　围绕贯彻落实生态环境保护、乡村振兴、敏感节点值班值守和会纪会风等重点工作开展督导60余次，下发通报11期，对21个乡镇、单位42名个人指名点姓在全市范围内进行通报。从严从实做好疫情防控常态化监督，印发“十严禁”纪律要求，到乡镇、医院、卡点等一线，就落实“四早原则”“四方责任”及党员干部不担当、不作为、慢作为、乱作为等问题开展全方位、滚动式监督检查，下发通报5期，督促整改问题26个，助推疫情防控走深走实。

政治监督　在2021年冬季与2022年春季期间，对各乡镇和市直机关单位情报信息搜集研判预警、矛盾纠纷排查、乱象整治等工作开展监督检查4次，确保工作责任落到实处。动态完善330名市管领导干部廉政档案，对218名拟提拔、交流使用的干部和58个拟表彰奖励的单位、集体进行资格审核及廉洁意见回复，对1名干部提出暂缓或不宜使用建议。

【执纪审查】　加大执纪执法力度，始终保持惩治腐败高压态势，推动查办案件工作提质增效。年内处置问题线索65件，同比增长20.37%；立案35件，同比增长94.44%；给予党纪政务处分26人，同比增长50%；移送司法机关1人，下发监察建议书2份。落实回访制度，对4名受处分人员开展“一对一”回访工作，消除思想顾虑，引导积极工作。坚持深化运用监督执纪“四种形态”，将其贯穿于监督检查、审查调查和案件审理工作全过程，在抓好惩治少数的同时，抓实对大多数的日常监督和提醒。年内批评教育帮助33人次。其中，第一种形态批评教育帮助5人次，占15%；第二种形态处理25人次，占76%；第三种形态处理2人，占6%；第四种形态处理1人，占3%。推动审查调查安全大反思大排查大整顿专项治理和“回头看”走深走实，对照省纪委监委“六查六校”要求，围绕“走读式”谈话和留置安全开展自查自纠，梳理问题75个，整改完成61条，长期整改14条。开展案件质量评查工作，对2021年后的11个立案件、2个查否件进行案件质量评查，发现各类问题16个，均完成整改。

【专项治理】 乡村振兴乱象治理　制定《2022年同仁市巩固拓展脱贫攻坚成果同乡村振兴有效衔接专项监督实施方案》，细化23项重点监督任务，召开行业部门联席会议3次，拓展与乡村振兴职能部门间协助配合，形成监督合力。聚焦乡村振兴项目建设、资金拨付、第一书记在岗履职、易地扶贫搬迁后续扶持等工作开展监督检查5次，发现问题35条，下发通报2期、纪律检查建议书11份、工作整改提醒函3份、问题线索移送提醒函14份。受理问题线索4件，给予党纪政务处分2人。

粮食购销领域腐败问题惩治　对省州粮食购销领域巡视巡察反馈问题整改情况开展监督检查，督促市直相关职能部门和市粮食储备有限责任公司认真完成自查自纠、省委、州委专项巡视巡察和专项审计反馈问题整改工作，给予党纪政务处分2人，下发纪律检查建议书2份。

民生领域腐败和不正之风整治　对全市各中小学、幼儿园进行“地毯式”监督检查，发现教职工违规借调、“吃空饷”、学生生活补助资金使用把关不严等问题9个，给予政务处分1人，组织处理3人。联合市民政局对困难群众救助补助资金审计发现问题整改情况开展监督检查，发现问题15条，下发工作整改提醒函11份，保障群众合法权益。

生态文明专项治理　制定《2022年同仁市护航生态文明高地建设专项监督实施方案》，联合市生态环境局等部门对隆务河流域生活污水排放、城区餐饮业油烟净化及生态环保领域巡视巡察反馈问题整改开展监督检查3次，下发督办通知2份，通报2期，督促主管副市长对11个乡镇、15个市直部门主要负责人就生态环保反馈问题整改滞后进行约谈，进一步压实工作责任。

【派驻纪检监察工作】　紧跟中央、省、州纪委监委节奏步伐，把深化派驻机构改革摆在重要位置，探索构建“派驻纪检监察组+部门纪检员”“四项监督+”联动监督检查工作机制，实现“1+1>2”的监督效果。开展“一对一”循环式驻点监督工作，完成对市教育局、市卫生健康局、市医保局、市应急管理局、市乡村振兴局等15个单位“一对一”循环式驻点监督工作，发现理论学习不深入、财务管理不严格、请销假手续不规范等问题272个，对发现的问题已面对面进行反馈并督促完成整改。

重要会议

【全体会议】　2022年3月8日，中共同仁市第一届纪律检查委员会第二次全体会议召开，州委常委、市委书记旦增出席会议并讲话。州纪委常委郑芳到会指导。副县级以上党员领导干部，市纪委委员，市监委委员，各乡镇党委书记、纪委书记，派驻纪检监察组组长，市委巡察办主任、副主任，市委巡察组组长库人选，市委各部门、市直各单位负责人参加会议。会议由市委常委、纪委书记、监委主任韩俊主持。州委常委、市委书记旦增出席会议并讲话，要求全市各级党组织从严从实加强执纪审查，加强对“一把手”和领导班子的监督，加强对年轻干部的教育管理监督，进一步深化正风肃纪，全面加强作风建设，推进全面从严治党向纵深发展。市委常委、纪委书记、监委主任韩俊代表市纪委常委会作《坚持不懈推进党风廉政建设和反腐败斗争，以优异成绩迎接党的二十大胜利召开》的工作报告，对2022年工作作出部署。会议听取保安镇党委、市教育局党委、市农牧和科技局党组、兰采乡纪委负责人向大会述责述廉，并对“双述”情况进行点评。会议表决通过中共同仁市第一届纪委第二次全体会议工作报告。

2022年3月8日，中共同仁市第一届纪律检查委员会第二次全体会议召开（市纪委监委供图）

【全市领导干部警示教育大会暨作风建设推进会】　7月14日，全市领导干部警示教育大会暨作风建设推进会召开，深入学习贯彻省第十四次党代会和省州作风建设会议精神，通报州市纪检监察机关查处的7起违纪违法典型案例和全市“深化作风建设、狠抓工作落实”专项行动监督检查情况。督促全市各级党组织、广大党员干部和公职人员对照检视、深刻反思，推动以案示警、以案促改、以案促治，强化落实管党治党政治责任，筑牢拒腐防变思想防线，不断加强和改进作风建设，为迎接中共二十大胜利召开持续营造风清气正的政治生态。州委常委、市委书记旦增出席会议并讲话，市委副书记、市长赵建国主持会议。

2022 年 7 月 14 日，同仁市领导干部警示教育大会暨作风建设推进会召开（市纪委监委供图）

巡察工作

【概况】 2022 年，中共同仁市委巡察办贯彻巡视工作方针，落实政治巡察要求，坚守政治监督基本职责，强化问题意识和效果导向，推进巡察工作向纵深发展，督促被巡察党组织切实履职。全年完成一届市委第二轮对黄乃亥乡党委、曲库乎乡党委领导班子及其所辖村“两委”班子，市委宣传部、市委统战部及下属单位党组织，市工业商务和信息化局、市交通运输局及下属单位党组织常规巡察。各巡察组巡察发现共性问题 3 个方面 9 个、个性问题 5 个方面 148 个，立行立改问题 12 个，向被巡察党组织和领导班子提出意见建议 7 条。巡察发现问题线索 2 人 3 件，给予党纪政务处分 1 人。8 月 5 日，一届市委第二轮巡察的 3 个巡察组完成对市委宣传部、市委统战部、市工业商务和信息化局、市交通运输局及下属单位 4 个党组，黄乃亥乡、曲库乎乡 2 个乡镇党委及所辖行政村党组织的巡察工作。10 月 21 日，市委召开巩固拓展脱贫攻坚成果同乡村振兴有效衔接专项巡察工作动员部署会，正式启动乡村振兴专项巡察。

【巡审结合】 一届市委首轮巡察工作探索“巡审结合”新模式，弥补巡察工作中的不足，推动审计问题整改落实，借助审计专业力量精准发现问题和问题线索，推动巡审信息、资源、力量及监督成果共享共进。结合首轮被巡察单位特点，重点对工程项目、专项资金使用、“三公”经费等进行财务审计，发现问题 73 个，问题线索 3 件 2 人，提升巡察监督质效，实现

2022 年 4 月 28 日，州调研督查组到双朋西乡检查指导巩固拓展脱贫攻坚同乡村振兴有效衔接工作（双朋西乡供图）

"1+1>2"的监督叠加效果。

【巡察工作部署会】 7月26日，全市巡察工作会议暨一届市委第二轮巡察工作动员部署会召开，贯彻落实中央及省州委巡视巡察工作新部署新要求，宣布一届市委第二轮常规巡察工作组组长授权任职及任务分工决定，安排部署一届市委第二轮巡察工作。州委常委、市委书记、市委巡察工作领导小组组长旦增出席会议并讲话，市委常委、市委巡察领导小组常务副组长韩俊作动员讲话，市委常委、市委副书记、市委巡察工作领导小组副组长陈峻主持会议。

2022年7月26日，同仁市巡察工作会议暨一届市委第二轮巡察工作动员部署会召开（摘自"今日同仁"）

10月21日，同仁市委召开巩固拓展脱贫攻坚成果同乡村振兴有效衔接专项巡察工作动员部署会。市委巡察工作领导小组副组长陈峻、韩俊、王文东出席并作动员讲话，宣读授权决定，对此次专项巡察工作做出具体安排，提出明确要求。部分市委巡察工作领导小组成员，各乡镇党委书记，市乡村振兴局、民政局、财政局、住房和城乡建设局、水利局等成员单位主要负责人，市委专项巡察组组长、副组长及巡察组全体成员30余人参加会议。此次专项巡察持续时间40天，信访受理截止时间为2022年12月1日。

群众团体

TONGREN YEARBOOK

市总工会

【概况】 2022 年，同仁市总工会充分履行“忠诚党的事业、竭诚服务职工”使命担当，在服务经济发展、抗击新冠疫情、帮扶困难职工、维护职工权益、优化职工服务、规范组织建设等方面做了较多工作。年内新组建工会 4 家（非公有制经济组织），新增会员 350 人。截至年底，全市普遍建立基层工会组织 148 家（其中行政单位 47 家、事业单位 49 家、企业 31 家、农民工组织 11 个、社区 10 家），拥有工会会员 7802 人。公开向社会招聘 5 名社会化工作者。年内推荐市税务局获“全国五一劳动奖状”，市自来水公司获“青海省工人先锋号”荣誉称号，孔小红获“青海省五一劳动奖章”。

2022 年 3 月 8 日，市总工会组织开展三八国际妇女节活动（市总工会供图）

【基层工会组织建设】 根据工会年度计划，及时排摸未建会入会企业情况，把 25 人以上规模的企业作为年内工会组建重点，做到“成熟一家、发展一家”。对已建会入会企业进行全面核对，摸清基层底数。进一步加强“六有”基层工会建设，以规范工会机制、发挥工会作用、健全工会组织为目标，实现工会在经济建设中的重要作用。全年为 100 余家基层工会组织下拨工会经费 327.57 万元，市总工会举办活动 20 余场，下拨活动补助经费 148.37 万元。

【职工思想宣教】 敦促干部职工广泛使用“学习强国”“干部网络”“黄南先锋”等学习平台，让线上学习成为常态，理论学习融入日常。通过开展专题学习、组织观看视频、座谈会分享心得体会等方式，教育引导职工群众自觉践行社会主义核心价值观，团结引领广大职工群众听党话、跟党走。市总工会联合市委宣传部开展“党的十九届六中全会知识竞赛”活动；市群团组织和同仁市宣传新闻联合开展“迎新春　鼓干劲　开新局”活动；开展纪念三八国际妇女节维权周宣传活动，广泛宣传妇女维权、安全生产知识及安全生产工作的重要性与紧迫性。组织全体干部职工集中收看青海省第十四次党代会及中共二十大全会直播实况，深刻领会报告内容，把思想和行动统一到省党代会和全国二十大全会精神上来。截至年底，市总工会举办活动 20 余场，下拨活动补助款 48.37 万元。

【职工保障服务】 工资集体协商　推动已组建工会的企业完善平等协商、集体合同制度和工资集体协商制度。对已签订集体合同的企业加强合同管理，到期的及时做好合同续订工作，扩大集体合同覆盖面。加强合同检查，确保合同履行，使集体合同和工资集体协议制度化、规范化、经常化、科学化。

劳动保护监督　以“安康杯”活动为载体，发挥传统媒体和新媒体阵地作用，开展安全检查活动，强化安全生产宣传。了解市自来水有限公司、黄南盛方能源科技有限公司等所属施工地安全生产措施、劳保用品使用、职业病防治、农民工工资发放等方面情况，《保障农民工工资支付条例》落实情况，宣传《中华人民共和国工会法》《中华人民共和国安全生产法》，累计发放宣传资料 1000 余份，悬挂横幅 3 条，发放宣传品 1500 余份。围绕全民对安全意识的认知，多次在热贡文化广场开展宣传活动，通过悬挂横幅，摆放展板，法律咨询、

2022 年 6 月 15 日，市总工会到企业开展“关爱女职工”宣传宣讲活动（市总工会供图）

发放资料等形式向过往群众宣讲《中华人民共和国国家安全法》《中华人民共和国安全生产法》《中华人民共和国工会法》《中华人民共和国消防法》《关于机关团体企业事业单位消防安全管理规定》等法律法规知识和减灾防灾以及相关安全知识，累计发放宣传资料 800 余份，悬挂横幅 2 条，发放宣传品 400 余份。

【困难职工帮扶】 下发《同仁市总工会关于开展全市困难职工摸底调查的通知》，收集 138 份职工申报资料，联合民政部门调查和入户 41 家，调查筛选出 29 名职工确定为相对困难职工并建立档案。引导职工参与医疗互助活动，全市 1682 人参加职工医疗互助服务活动，参保金额 16.82 万元。市总工会筹集 56 万余元，对 29 名困难职工及子女、劳模进行慰问。开展惠民暖企优惠券发放活动，发放金额 437.88 万余元，惠及人数 4673 人。做好常态化疫情防控形势下的高温作业和高温天气作业劳动保护工作，做好高温天气安全生产和防暑降温工作，给 11 家单位的 358 名一线职工发放消暑品 358 份，总价值约 7 万余元。

团市委

【概况】 2022 年，同仁市有 15 个团委、1 个团工委、108 个团支部，3224 名团员；有 31 个少先大队、273 个少先中队、1092 个少先小队，10151 名少先队员，31 名大队辅导员、273 名中队辅导员。3 月 28 日，同仁市《青海省中长期青年发展规划（2018—2025 年）》中期评估工作安排部署会召开，围绕青年思想建设、社会救助、未成年人关爱保护、青年婚恋、创业、权益等方面座谈交流。6 月 30 日，2022 年度团教协作联席会议召开，全市各中小学校长、团委书记及少先队工作负责人参加会议，探讨新形势下学校共青团、少先队工作新思路和新方法，推动同仁市团教协作各项措施落地见效。7 月 8 日，共青团同仁市委全委（扩大）会议召开，签订共青团工作目标责任书，表彰 2021 年涌现出的 15 个先进集体、32 名先进个人。

【团组织建设】 依托“智慧团建”系统，落实“三会两制一课”制度，推进基层团建工作，建立健全民主、规范的基层团组织管理机制。推动全市中小学生

2022 年 3 月 28 日，同仁市迎接《青海省中长期青年发展规划（2018—2025 年）》中期评估工作安排部署会召开（团市委供图）

入队、入团、超龄离团等仪式规范开展，普遍开展集中入团入队仪式，165 名青少年成为共青团员，653 名青少年成为少先队员。深化团教协作机制，同教育部门召开团教协作联席会议，专题研究共青团、少先队工作，解决团教协作工作开展过程中存在的困难和问题。深化少工委建设，在隆务镇青年路社区成立社区少工委、在市消防大队成立少先队校外实践基地，发挥学校、社会、家庭合力育人的优势，不断推进市域共青团基层组织改革任务落地落实，持续提升新时代少先队社会化工作水平。

【青少年思想建设】　通过集中学习、研讨宣传等形式，学习宣传中共二十大精神、习近平总书记在中国共产主义青年团成立 100 周年庆祝大会上的重要讲话精神及省十四次党代会精神，运用团属新媒体开设《建团百年　团史故事 100 讲》《喜迎二十大·争做好队员》《喜迎二十大·同仁青年心向党》《喜迎二十大·展青春风采》《强国有我——同仁青年说》等 10 余个专栏，举办“学习中共二十大　踔厉奋发建新功”党史团史知识竞赛，引导团员和青少年增进理解“两个确立”的决定性意义。组织广大青少年开展“青年大学习”、“红领巾爱学习”网上主题团队课、“开学第一课”等，不断深入学习贯彻习近平新时代中国特色社会主义思想。党的青年运动史、中国共产主义青年团成立 100 周年大会、中共二十大精神团支部专题学习完成率达 98% 以上。抓住关键重大节点开展爱国主义、民族团结和社会主义核心价值观等教育，通过“红领巾讲解员”等宣讲队伍开展各类主题宣传宣讲活动，开展“青春心向党、建功新时代”“喜迎二十大·争做新时代好队员”等各类主题教育 5 场次，在全市各中小学开展“喜迎二十大、一起向未来”手抄报征集比赛，激励和引领全市广大青少年树立正确的世界观、人生观和价值观，选出个人一等奖 10 人、二等奖 20 人、三等奖 30 人、参与奖 15 人、优秀奖 15 人，集体组织奖 3 人并进行集中表彰。在全市范围内征集“我与团旗、团徽”合影，引导团员青年亮身份，展风采。在全市青少年中开展“红色经典诵读”比赛，通过“青春同仁”微信公众号等团属新媒体平台开设红色经典诵读分享板块，持续推送全市青少年优秀诵读作品，筑牢“青春心向党、建功新时代、奋进新征程”思想根基。

【青年就业创业】　面向全省高校招募 10 名“返家乡”大学生，分散到党政机关、乡镇、社区进行政务实践，引导和激励优秀学生通过社会实践进一步了解家乡、认识家乡、服务家乡。开展“快递从业青年服务月”活动，慰问集散点的快递小哥，为他们送上慰问品并召开座谈会，鼓舞快递从业青年的工作热情。坚持从满足青年就业创业的迫切需求出发，整合资源，创新举措，推进服务青年就业创业工作。向上级部门推荐中国青年创新创业大赛项目、同仁市优秀创业青年、致富带头人、岗位能手、安全生产示范岗等申报评选，有 5 名个人、1 个集体获得荣誉称号。

【青少年维权】　持续加强青少年维权活动，深化“青春与法同行”品牌，开展“未成年人保护宣传月”“轻松备考·12355 与你同行”等青少年法治宣传系列活动。抓好未成年人保护和预防青少年违法犯罪工作，联合公检法司等部门到学校开展法治进校园、青春自护教育等各类宣传教育活动。举办“七彩假期·以爱护航”青少年暑假夏令营，落实防溺水、禁毒防艾、防校园霸凌等青少年安全自护教育，营造全社会关心关注关爱青少年自护教育的浓厚氛围。

【青少年帮扶】　通过“希望工程 1+1——幻方助学计划”“国酒茅台”帮扶助学活动，为 180 名困境少年捐助 20 万元助学金，通过“走访慰问‘送关爱’青年交流‘面对面’”活动，与基层困境青少年面对面交流，了解思想动态，发放价值 6000 余元“爱心大礼包”，服务困境青少年成长成才。对接共青团启东市委，向同仁市青少年捐赠价值 5 万元的防疫口罩、消毒液、图书等爱心物资，并全部发放到各学校，助力学校疫情防控，及时解决同仁市青少年急难愁盼问题，为广大青少年健康成长保驾护航。

【青少年建功立业】　开展“红

2022 年 6 月 1 日，团市委开展“‘河’我一起·守护母亲河”志愿服务活动（团市委供图）

领巾奖章”争章活动，评选 2000 余名少先队员获校级个人一星章，356 名少先队员获市级个人二星章，63 个中队获得校级集体一星章，32 个中队获市级集体二星章，1 名教师获全国优秀少先队辅导员称号、2 名学生获全省优秀少先队员称号、1 个集体获全省优秀少先队中队称号。龙树画苑经理完德尖措荣获第 25 届“青海省五四青年奖章”。

【青年志愿服务】 开展“青春暖冬送慰问 志愿关怀暖人心”“防诈反骗 敬老爱老”“学雷锋 青春献礼”“与雷锋同行，争做新时代新人”“倡导文明出行，守护交通安全”志愿服务活动，营造关爱互助、文明和谐、温暖平安的良好氛围；践行“绿水青山就是金山银山”绿色理念，通过“美丽中国·青春行动”“还好有你，‘河’我一起”“河小青”“值此青绿，共建美丽同仁”“整治卫生环境 助力疫情防控”等生态文明行动，增强青年绿色发展理念和生态保护意识。8 月 3—5 日，西部计划、青南计划志愿者欢迎仪式暨岗前培训会召开，进一步增强志愿者的政治思想意识，引导和帮助大学生志愿者迅速转变角色。5 名志愿者获青海省“最美青年志愿者”称号。

【同仁市首家社区少工委成立】

2022 年 6 月 10 日，同仁市首家社区少工委成立仪式在青年路社区会议室举行。团州委副书记、州少工委主任蒙措吉，团市委书记何祥宇，社区少工委委员、社区党支部党员、团支部团干等出席会议。参会领导共同为青年路社区少工委挂牌。会上，团市委书记何祥宇宣读《关于同意成立中国少年先锋队同仁市隆务镇青年路社区工作委员会的批复》，青年路社区少工委委员代表彭新辉，党支部书记、少工委主任马玉梅作任职表态发言。成立社区少工委是探索少先队员参与校外活动新途径的有效尝试，更是学校、社区进一步互通互融的重要举措。

2022 年 6 月 10 日，同仁市首家社区少工委成立仪式在青年路社区举行（摘自“今日同仁”）

市妇联

2022 年 7 月 7 日，省妇联主席左玉玲（右一）调研同仁市妇女发展工作（市妇联供图）

【概况】 2022 年，同仁市妇联以迎接宣传贯彻中共二十大为主线，狠抓思想政治引领、服务大局、风险防范、改革创新、党的建设等重点工作，全面履行引领、服务、联系职责，团结带领广大妇女听党话跟党走，以实际行动为同仁经济社会高质量发展贡献巾帼力量。截至 2022 年底，全市 11 个乡镇、72 个行政村、8 个社区配齐妇联主席和兼职副主席，村和社区共有 618 个执委，全市创建妇女、儿童之家 83 个，其中 72 个行政村、8 个社区、3 个服务站点。党政机关、事业单位及企业组建妇委会 27 个。全市有女性人大代表 43 人，占全市人大代表总数的 27.04%；女性政协委员 35 人，占全市政协委员总数的 21.88%。全市共有女干部 312 人，其中县处级 2 人，乡科级正职 9 人，乡科级副职 61 人，科员及试用期人员 240 人。

【妇女素质提升】 持续做好“高素质女农民”培训，依托妇女乡村振兴重点帮扶车间平台，组织开展为期 30 天的刺绣创业就业能力提升培训班，多举措提高从业妇女创业就业技能。组织带领本地多家“妇字号”企业负责人前往青海顺兴和中药材种植基地、青海省海东市平安区喇家第一碗方便面企业等地开展助推乡村振兴优势特色产业观摩学习活动，到四川省泸州市参加首届中外地理标志产品博览会，引领妇女在新经济新业态中灵活就业创业，最大限度调动妇女的积极性、主动性、创造性。

【妇女维权】 常态化开展“建设法治同仁·巾帼在行动”“反家暴·创平安·促和谐”“喜迎二十大·普法在行动”等普法维权宣传活动 12 场次，推进法律服务“到基层、到家庭、到妇女身边”，举办女童保护防性侵知识普及和民法典专题讲座 11 场次，发放宣传资料千余份。联合市人民检察院推进“关注困难妇女群体，加强专项司法救助”工作机制建设，实现信息互通、优势互补，形成维护妇女儿童合法权益的工作合力。畅通妇女维权投诉渠道，有效化解婚姻家庭矛盾纠纷，全年受理来信来电来访 7 件，办结率 100%。

【巾帼建功立业】 开展“百千万巾帼大宣讲”“巾帼心向党·喜迎

2022 年 7 月 1 日，同仁市女企业家座谈会召开（市妇联供图）

二十大”等形式多样、内容丰富的主题活动20余场次，参与人数0.6万人次。持续开展庆“三八”、庆“七一”等表彰活动，推荐选树各领域各行业优秀女性代表。全年全市获全国省、州、市“三八红旗手”“维权工作先进个人”“创业致富女能手”“好婆婆”“好媳妇”“最美家庭”“绿色家庭”等各类先进集体（个人）55个（名），以身边榜样带动妇女创先争优。

【巾帼志愿服务】 发挥妇联组织在疫情防控中的作用，主动与主流媒体联动发声，第一时间向广大妇女和家庭发出倡议，广泛传播健康生活方式，普及疫情防控知识，筑牢抗疫思想防线。带领发动全市2000余名巾帼志愿者到村、社区常态化配合社区完成防疫宣传、后勤保障等任务，直接服务群众9万余人次。发动当地女企业家、女能人和爱心人士奉献爱心，搭起抗疫关爱慰问“暖心桥”。对接有关部门，帮销代销妇字号企业产品，做深做细服务关爱。

【家庭文明建设】 联合市纪委监委持续在机关企事业单位开展“弘扬好家风·廉洁齐治家”家庭助廉主题教育，以“廉政党课+观看警示教育片+展演廉政情景剧+发放家庭助廉倡议书+签订廉政承诺+分享廉政感言+参观警示教育基地”的方式，动员党员干部家属争当“贤内助”“廉内助”，把廉洁家风家训延伸到每个家庭。发挥妇联优势，坚持立德树人推动家庭教育，采取设置条幅，发放宣传单、倡议书等形式，加大《中华人民共和国家庭教育促进法》学习宣传，引导妇联组织在家庭教育工作中更好地发挥作用、履行职责。

市工商联

【概况】 2022年，同仁市工商联召开第九次会员代表大会，选举产生工商联第九届执委与同仁市第一次商会理事人员。截至年底，全市工商联会员达到450个，其中企业会员63家。

【“百企兴百村”行动】 市工商联第一时间学习传达省州工商联“百企兴百村”行动方案，及时研究制定同仁市“百企兴百村”行动工作方案，由市委统战部牵头，召开同仁市经济统战联席会议，邀请相关行业单位，拟定同仁市推进“百企兴百村”活动方案及推进思路，并成立以市工信局、市乡村振兴局、市文体广电局、市农牧局、市委组织部、市财政局、市工商联和驻市相关金融机构等多家单位为成员的“百企兴百村”工作领导小组，领导小组办公室设在市委统战部工商联，具体负责协调日常工作，为组织召开相关会议搭建平台，及时调研和走访同仁市工商联会员企业，向市委、市政府推荐优秀的民营企业人士（向市政协推荐80名经济界委员人选），教育引导非公有制经济人士健康发展；各成员单位按照单位职责和任务分工，参与专项行动，为推进全市“百企兴百村”助推乡村振兴工作提供发展思路，落实相关政策，构建“产业富村”“产业兴村”的利益联结机制。

【工商联社会服务】 工商联坚持引导组织企业开展“服务社会、回报家乡”专项行动，多次开展会员企业“爱心捐赠，助力防疫”活动，为泽库疫情、夏河疫情和同仁疫情捐赠物资、现金等合计28万余元。

【工商联换届选举】 1月24日，同仁市工商业联合会第九次会员代表大会召开，总结同仁市第八届工商联工作，选举产生同仁市第九届工商联领导班子，审议通过选举办法草案、工商联（商会）建议人选名单草案、大会会议议程、日程安排草案、大会决议草案，会议通过讨论、交流，并以举手表决的方式通过提交会议审议的《同仁市民营企业“百企兴百村”行动实施方案》。按照《同仁市工商联2021年换届选举工作方案》有关选举规定和程序，通过无记名投票方式，选出工商联第九届执委31人、常委11人、秘书长1人、副主席7人、专职副主席1人、常务副主席1人、主席1人，选举产生同仁市第一次商会理事31人、常务理事11人、秘书长1人、副会长7人、常务副会长1人、会长1人。

市残联

【概况】 2022年，同仁市残联按照年初与省、州残联签订的目标考核任务，履职尽责，加强残疾人救助、康复服务、就业培训、依法维权、信息服务等工作，开展形式多样的残疾人文化体育活动，使残疾人共享改革发展成果。截至年底，全市残疾人共2416人。其中，视力残疾215人，听力残疾293人，言语残疾75人，肢体残疾1407人，智力残疾225人，精神残疾158人，多重残疾43人；男1341人，女1075人。

【残疾人帮扶救助】 为重度困难残疾人家庭解决急难愁盼问题，在“两节”“爱耳日”“全国助残日”“残疾预防日”“七一”等各大节日期间，州、市残联慰问困难残疾人、残疾党员、老党员共400户，发放慰问金约27.19万元。在“全国助残日”期间，为解决疫情防控期间困难残疾人物资采购和生活保障问题，为管控区物资采购困难的60户重度残疾人家庭每户送去价值500元的“爱心包”，保证他们日常生活基本需求。开展伤残退役军人慰问活动，为多名军残人员送去价值5000元的慰问金及慰问品，将党和政府的关心关怀送到他们身边。为特困残疾人发放临时救助172913元，建档立卡残疾人发放生活补助8000元。

【残疾人康复】 为残疾儿童57人提供康复救助，总投资20.01万元，其中安装矫正器5人、适配辅助器具19人、康复训练33人，精准康复系统服务率100%。衔接市卫健局，开展残疾人家庭医生签约服务，实现残疾人家庭医生签约“全覆盖”。适配辅助器具219件，精准康复系统辅助器具适配率100%。落实0~17岁残疾儿童康复救助家庭生活补助和交通补助工作（每户每次康复给予1000元的康复生活交通补助，每年累计补助标准为4000元），通过发放生活和交通补助，帮助同仁市残疾儿童外出康复治疗。12月，在全省康复工作线培训班上，通报同仁市残疾人康复服务率100%、辅助器具适配率100%、残疾儿童康复救助率100%。同仁市残疾人联合会被州残联评为2021年度残疾儿童康复救助工作先进单位。

【残疾人就业培训】 东噶尔热贡艺术开发有限公司和王绍良非遗凿剪纸艺术工作室带动周边25名残疾人就业（学唐卡绘画技艺、凿剪纸）并增加收入；东噶尔热贡艺术开发有限公司入驻黄南州残疾人创业孵化基地，增强残疾人的自主能力。市残疾人联合会与各部门统筹协调，安排残疾毕业学生就业7人，安排残疾人及亲属担任各乡镇（社区）专职委员5人。截至年底，全市行政企事业单位安排残疾人就业46人。进一步完善残疾人按比例就业制度，对超比例安置残疾人的8家单位进行资金奖励，促进扩展全市残疾人就业岗位，重视残疾人就业，奖励共计14.96万元。市残联与黄南州格桑花培训学校联合举办2022年度困难残疾人实用技术（藏饰加工、刺绣）培训班暨扫盲培训班，组织全市250名残疾人参加培训，投入培训资金23.85万元。

【残疾人法律维权】 州、市人大定期对《中华人民共和国残疾人保障法》《青海省实施〈中华

2022年8月8日，同仁市2022年度残疾人藏饰加工技能培训班在黄乃亥乡政府结业（市残联供图）

人民共和国残疾人保障法〉办法》等涉残政策法规执行情况开展执法检查和调研督察；各乡镇残联组织围绕加快实现残疾人“残有所助、学有所教、劳有所得、病有所医、老有所养、住有所居”的小康目标，推动基层政府及相关部门制定相应的扶残助残优惠政策和措施办法，保障残疾人事业的健康持续发展。通过与司法局沟通协调，加强法律救助工作站规范化建设，成立同仁市残疾人法律救助工作站，聘请律师开展残疾人维权工作。全年来访登记70人次，办结率100%，无重大案件发生。

【残疾人保障与托养服务】 落实重度残疾人护理补贴和生活补贴制度，对一、二级重度残疾人和三、四级残疾人发放94万元。全年对25名重度困难残疾人实施集中托养，总投资60.3万元，人均年托养资金24120元，日人均托养资金67元。市残联根据规定进行入户走访调查后，经筛选对符合条件的25名重度残疾人进行营养膳食供给、生活照料和护理、认知能力训练、生活自理能力训练等日间照料服务，让重度残疾人真正享受到党和政府的关心和关爱，减轻残疾人家庭负担。

【残疾人教育救助】 利用“爱耳日”“全国助残日”“全国特奥日”等活动，开展《中华人民共和国残疾人保障法》等法律法规知识宣传教育，举办残疾人维权法律知识讲座，向残疾人宣传各项优惠政策、法律法规知识。截至年底，举办残疾人维权法律知识讲座1次，开展残疾预防宣传教育活动2次，增强全社会残疾预防意识，发放宣传资料1500余份。为帮助残疾学生能正常入学，顺利完成学业，减轻家庭负担，对同仁市43名大学生、高中中职阶段的残疾学生发放助学补助2.16万元。

2022年3月10日，州、市残联联合组织开展残疾人文化进家庭“五个一”活动（市残联供图）

【残疾人竞赛】 青海省第十八届运动会暨第四届全民健身大会，同仁市12名残疾人运动员代表黄南参加运动会。此次比赛同仁市残疾人运动员获得奖项10项，其中乒乓球听力组男子单打获得第二名和第七名；乒乓球男子站立组第二名、飞镖女子听力组第四名、羽毛球女子听力障碍组第五名、听力男子组铅球第二名、视力组男子铅球第二名、上肢男子组铅球第一名、田径女子听力组一百米第二名、跳远听力女子组第五名，三人制聋人篮球比赛优秀组织奖，为黄南代表队取得了优秀的荣誉。在黄南州残联举办的第四届残疾人运动会上，同仁市残联获“团体一等奖”，并有17名残疾人获得个人奖。

【助残日活动】 倡导“残健共融”理念，通过举办残疾人文化周、世界读书日、黄南州残联文化进残疾人家庭“五个一”活动、全国助残日残疾人文艺演出、残疾预防日等活动，引导和鼓励他们坚定文化自信，勇于走出家门参与活动、融入社会，州市残联联合组织开展残联文化进残疾人家庭“五个一”活动。

市红十字会

【概况】 2022 年，同仁市红十字会坚持发挥党和政府人道领域桥梁纽带作用，通过“红十字博爱送万家”活动，把党和国家扶危济困、救助关爱方针政策落实到最需要关心关爱的社会弱势群体当中，旨在把红十字“人道、博爱、奉献”精神传播到基层农牧区，把党和政府的温暖关怀送到社会弱势群体的心坎上，用实际行动坚守人道初心，践行红十字会使命。年内市红十字会结合世界红十字日和党史教育工作，开展宣传红十字精神、应急救护、红十字博爱、先心病救治、唇腭裂治疗等工作。

【红会机制建设】 市卫生健康局坚持一把手负总责、分管领导具体抓原则，成立以局长为组长，副局长为副组长，局下直属各站所和乡（镇）卫生院负责人为成员的红十字会各项活动领导小组。

2022 年 5 月 8 日，市红十字会在黄南州移动广场开展以“关爱生命、救在身边”为主题的“红十字博爱周”宣传活动（市卫生健康局供图）

牵头做好全市抗击新冠肺炎疫情及各项医疗卫生工作，与全市卫生健康系统联合开展“护士节”慰问活动会。

【扶危救困】 开展唇腭裂救助筛查报名工作，上报全市 7 名特困户唇腭裂患者工作。按照青海省红十字会先心病救助项目资助通知方案要求，在全市困难家庭中上报确诊先心病患儿名单工作，对全市未满 18 周岁的先心病患者治疗手术工作做出基础贡献。

【博爱项目】 实施同仁市垃圾焚烧站建设项目，在市周边乡（镇）村（社）密集地方建设 11 座小型垃圾焚烧站，其中包括厂房、设备等。每座焚烧站总占地面积 300～400 平方米，其中工具房 15 平方米、垃圾分类晾晒棚 45 平方米、铁艺大门 1 座、铁艺围墙 70 米、地坪硬化 219 平方米，购置焚烧炉等。工程总投资 1166 万元，其中工程费用 1047.28 万元、其他费用 118.72 万元。2022 年内完成项目并竣工。

法治　军事

政法委与综治

【概况】 2022年，同仁市严格贯彻落实中央、省委、州委平安建设领导小组会议部署要求，始终坚持以总体国家安全观为统领，以共建共治共享为导向，以防范化解影响社会稳定的突出风险为重点，以市域社会治理现代化为抓手，与乡村振兴、铸牢中华民族共同体意识、提升保障改善民生水平等工作有机结合，明确目标任务，细化工作措施，全面推进平安同仁建设。

【平安同仁建设】 科技体系建设 全市范围跨部门大数据办案平台全面建成并平稳运行，实现公检法司案件信息、案件卷宗的线上传达，节约案件受理时间成本，提高办案效率，进一步强化公检法司四部门对刑事案件办理相关事宜的相互监督协作。

维护社会稳定 修订完善突发事件应急处置预案，组建应急处突队伍，强化应急处置演练，提升应急处置能力。结合维稳安保和疫情防控工作，强化武装联勤，加强对重点场所、重点部门巡逻，提高见警率和管事率，防止出现盲区，确保社会面管控稳定。全年受理刑事案件99起，破获刑事案件54起，破获率57.1%；受理行政案件104起，查处86起，查处率83%。开展“缉枪治爆”活动，收缴枪支41支、子弹1906发、雷管10枚、炸药58千克、导火线501米、管制刀具16把。强化人民联防队伍建设，全市人民联防员在节点和重大活动期间，严格遵守各项规章制度，在社会治理中发挥作用。在虫草采挖期间，蹲点驻守虫草采挖点开展巡山工作，实现“零事件”目标，确保社会大局持续和谐稳定。

常态化扫黑除恶斗争 持续开展“扫黄打非”、“缉枪治暴”、行业领域专项整治等专项打击整治活动。开展打击整治养老诈骗专项行动。自打击整治养老诈骗专项行动以来，将统战部门纳入养老诈骗工作的做法得到全省通报表扬。开展打击电信网络诈骗专项行动，全年排查发现电信网络诈骗案件21起（较2021年案发率降低53.2%），破案1起，止付涉案个人金额1839.04万元，止付涉案对公金额1196.49万元。

法治宣传 结合“线上+线下”双模式，利用“今日同仁”“同仁普法”微信公众号等新媒体矩阵开展法治宣传教育，以双语形式推送典型案例、法律资讯，推动法治思想入心入脑。开展《中华人民共和国宪法》、《中华人民共和国民法典》、《中华人民共和国法律援助法》、《中华人民共和国反恐怖主义法》、《中华人民共和国治安管理处罚法》、《中华人民共和国乡村振兴促进法》、《中华人民共和国反有组织犯罪法》、扫黑除恶政策、防范养老诈骗及电信网络诈骗等法治宣传活动。全年开展法治宣传140场次，参与人数1.66万人次，发放各类双文法律书籍1.61万余册，解答法律咨询802人次。

矛盾纠纷调处 推进矛盾纠纷化解“三区”动态管理，进一步实现“小事不出村、大事不出乡、矛盾不上交”的“枫桥经验”做法。全年排查调处矛盾纠纷616起，化解率达100%。成功调处兰采乡兼多山22年之久的草山纠纷、瓜什则乡400兆瓦“牧光储”综合一体化发电项目阻工纠纷。

【社会治理】 成立以市委书记为组长的领导小组，制定印发实施方案，明确各成员单位职责任务，健全完善“政府负责、群团助推、社会协同、公众参与”体系，形成问题联治、工作联动、

同仁市综治维稳信息中心（市委政法委供图）

平安联创局面，确保市域社会治理现代化工作各项举措落地落实。将全市划分为467个网格，设立241名网格长、998名网格员，将信息采集、矛盾调处、服务群众等工作责任打包压实到网格，打通服务群众“最后一米”，实现精准化管理和治理服务全覆盖。发挥基层党组织和党员在维护社会稳定、服务群众生产方面的积极作用，在虫草采挖季和疫情防控期间成立临时党支部，建立党员突击队、设立党员先锋岗，始终让党旗飘扬在基层一线。引导基层维稳工作队、人民联防等群众自治队伍开展巡逻值守、调处纠纷、化解矛盾、服务群众、应急抢救等工作，推动矛盾隐患发现在基层、化解在萌芽状态。

【乡村治理】　组织各乡镇多次召开基层社会治理专项工作组工作推进会，安排部署群众分组、具体任务等，推动治理体系和治理能力建设，完善考评机制，提升工作质量。建成市、乡、村三级综治中心92个，并通过综治视联网系统每日不定时对各乡镇、村社综治中心及网格员手持终端进行视频调度2次以上，及时详细了解和部署辖区内社会稳定、疫情防控等工作，并每日以文件形式通报调度情况。将基层社会治理专项工作组工作开展情况纳入平安同仁建设年度工作目标考核指标体系，压紧压实责任。把党的引领作为贯穿社会治理的主线，为整体推进提供保障，以点带面，推进专项工作，强化示范带动，推动工作落实。根据各村实际情况开展调研督导考评，将隆务镇吾屯上庄村、多哇镇直跃村、曲库乎乡多哇村选树为基层社会治理专项组工作示范村。

【政法队伍建设】　组织党员干部集中学习38次，撰写心得体会每人3篇，召开党员大会5次、支委会12次、组织生活会2次，民主评议党员2次，党课4次，开展主题党日活动12次，开展学习中共二十大、省十四次党代会、《中国共产党政法工作条例》等研讨交流3次。强化精神文明创建工作，坚持以文化人、以文育人，推进社会主义核心价值观塑造工程。推进学雷锋志愿服务制度化，开展学雷锋志愿者活动，组织干部职工到联点村开展“一对一”结对帮扶和“七一”党日等活动，为贫困地区人民群众办好事、办实事。精心组织各类主题纪念活动，加强对党员干部职工的文化引领，开展机关“全民阅读”等各类文体活动，打造“书香机关”。成立意识形态工作领导小组，履行班子集体意识形态工作的主体责任，坚持“一把手”带头，当好“第一责任人”，定期召开会议分析研判意识形态领域情况，分析思想文化领域突出问题，有针对性地进行引导，筑牢意识形态防线。落实党风廉政建设责任制，坚持党风廉政建设教育制度化、经常化，继续把加强党员干部的理论武装和思想教育作为反腐倡廉工作的首要任务，引导干部职工树立廉洁从政观念，筑牢拒腐防变思想道德防线。

法治政府建设

【概况】　2022年，同仁市党政主要负责人履行法治建设第一责任人职责，带头贯彻落实党中央、省委、州委关于法治建设重大决策部署，市委常委会2次研究法治建设相关工作，市政府常务会3次研究法治政府建设事宜。召开市委全面依法治市委员会第五次会议及全市法治政府建设推进会，制定印发《同仁市法治政府建设实施意见（2021—2025年）》《全面依法治市委员会工作要点》《同仁市法治政府建设工作要点》等文件，健全组织保障体系。开展法治政府建设示范创建活动，申报省级综合示范地区和单项示范项目，以创建促提升，以示范带发展。

【行政立法】　定期组织传达学习省、州相关立法文件，协调配合好省、州开展立法调研和立法协调相关工作，配合州委依法治州委员会各项决策部署和立法任务推动，发挥组织协调作用，形成工作合力，提高立法效率。

【规范性文件审查】　推进行政复议体制改革，整合复议资源，不断完善复议工作机制，落实救济权利告知制度和行政机关负责人出庭应诉制度。全年办结行政复议案件2件、行政诉讼案件21件，行政机关负责人出庭应诉覆盖率达100%。开展全市行政规范性文件第五次全面清理工作，对现行有效的23件行政规范性文件进行清理，废止4件，修改2件，保留17件，有效维护法律体系协调统一。

【行政审批制度改革】　深化"放管服"改革，持续优化营商环境，降低市场主体准入门槛，推动落实企业自主经营权，全市登记各类市场主体9765户。全面提升政务服务水平，推行"互联网+政务服务"便民服务模式，发放全程电子化登记系统自主申请的营业执照855份。梳理政务服务事项602项，"网上办"事项567项，网办率94.2%。

【行政执法规范】　按照执法"三项制度"，对全市重点执法部门已办结的101件行政执法案卷进行评查指导，其中良好89件、合格10件、不合格2件，对各乡镇各单位"八五"普法和行政执法监督工作情况进行专项监督检查，并通报相关突出问题，以通报促整改，以整改促落实。邀请市政府法律顾问为全市8家执法单位30名行政执法人员进行授课，推行提升依法行政能力。组织全市各执法单位58名执法人员参加行政执法人员线上培训及考试，全市180余人持有执法证，做到持证上岗、亮证执法。

【法治监督】　完善审判权、检察权运行和监督机制，制定人民法院、人民检察院关于落实防止领导干部干预司法"三个规定"制度，健全行政机关依法出庭应诉。健全完善以证据为核心的刑事犯罪指控体系。发挥巡回审判制度，推进双语诉讼，完善检察机关提起公益诉讼工作机制，推动建立公安机关办理重大、复杂、疑难案件听取检察机关意见和建议制度。

【法律服务中心建设】　发挥集法律援助、人民调解、法律咨询、公证服务、双语服务、代书服务、其他服务7项基本服务于一体的公共法律服务中心作用，统筹发挥综合枢纽和指挥协调作用，最大限度发挥法律服务效能，提高办事效率，提升服务水平，实现窗口接待、现场办理、智能服务、分类转办、跟踪督办的"一站式"服务，满足人民群众对于便捷、优质、高效服务的需求。

【法律顾问制度建设】　落实重大行政决策各项程序，推行政府法律顾问制度，聘用1个法律顾问团为政府重大决策、经济合同、招商引资、信访接待等方面提供法律服务，参与政府决策8次，审核各类重大行政决策26件，其中行政规范性文件3件，均向上级司法行政部门报备。市直15家项目部门、执法部门均聘请法律顾问。

公　安

【概况】　2022年，同仁市始终保持严打高压态势，防范化解各类风险隐患，维护社会稳定，接连打赢"两节"、"两会"、北京冬奥会冬残奥会、正月法会安保，常态化疫情防控，防汛救灾，以及中共二十大安保维稳工作等多场硬仗，有效维护全市政治社会治安大局持续平稳。全年立刑事

2022年1月25日，甘南州夏河县公安局联合黄南州同仁市公安局开展突发事件应急处置实战演练（市公安局供图）

案件139起，破获刑事案件79起；受理治安案件249起，查处225起，申报全国、省级各类表彰奖励32人，州级表彰3个集体、16名个人，市公安局表彰个人31次、集体10个；集中慰问退休民警34人、老党员3人、群众5人、困难民辅警2人、村警3人，三八国际妇女节走访慰问因公牺牲家属、困难民警2人，组织全局为受灾民警1人捐款2.5万元；申报困难民警2人、辅警53人；上报警衔晋升51人。

【维护社会稳定】 以“全警投入、全员参战、全面布控”原则及时调整勤务模式，常态化成立巡逻组和值守组，开展社会面治安巡逻防控工作，通过提高见警率、管事率挤压各类违法犯罪空间，提升人民群众安全感。对市区重点区域、场所采用车巡、步巡、定点执勤相结合的方式，落实公安武警武装联勤巡逻“135”机制和“四项机制”，优化勤务模式，加大社会面巡逻力度。全年出勤务1000余次，武装联勤联动巡逻392次。落实24小时值班备勤、领导带班和重大情况请示报告制度。完善《同仁市公安局突发事件应急处置工作方案》，组建总警力290人的处突力量，拉动演练27次。按照“属地管理”原则，借鉴2021年同仁市采挖虫草“零事件”的成功经验，抽调警力80余人，由副局长任工作组组长，到兰采乡、曲库乎乡和牙浪乡等7个虫草采挖点开展宣传教育、治安巡逻、应急处突等社会稳定工作，确保2022年虫草采挖维稳安保工作取得成效。

【扫黑除恶】 制定《同仁市公安局关于开展全市涉黑涉恶案件“一案一整治回头看”工作实施方案》，持续实施《同仁市公安局关于持续开展重点行业领域专项整治方案》《同仁市公安局打击整治“砂霸”“矿霸”等自然资源领域黑恶犯罪专项行动方案》等方案。印发扫黑除恶斗争宣传彩页，打击“砂霸” “矿霸”等自然资源领域黑恶犯罪线索征集通告等宣传资料，发动群众参与案件举报、线索排查。全年发放宣传资料6000余册、宣传品3000余份，悬挂宣传横幅100余条，制作各类宣传展板150余块，张贴各类宣传海报1万余张。开展涉黑涉恶案件（线索）自查工作。全年收到上级转办线索1条，办结1条，经核查该线索不存在涉黑涉恶情况。持续开展重点行业领域专项整治行动，开展200余次夜间清查整治活动，联合交警和交通部门共出动警力8000人次、警车1000余辆次，累计检查过往车辆约12万辆。查处各类违法行为1.2万余起。持续开展“昆仑行动”等专项打击整治行动，严厉打击非法采砂、非法采矿等犯罪活动，未发现“砂霸”“矿霸”等自然资源领域黑恶犯罪。持续开展“云剑”“断卡”行动，严厉打击电信网络诈骗犯罪及其上下游关联犯罪，防止涉诈重点人员出境作案。

【刑事侦查】 以“云剑2022”行动为载体，开展“防风险、除隐患、降发案、保平安”专项行动，锻造“四个铁一般”高素质过硬刑侦铁军，严厉打击各类突出犯罪，按照“主动侦查、积极串并、深度研判、强化经营、集中打击”工作模式，持续保持对犯罪分子的严打高压态势。全年立刑事案件139起，破获刑事案件79起，抓获犯罪嫌疑人51人，刑拘23人，提请逮捕14人，取保候审34人、起诉28人，行政处罚5人。严格贯彻“一长双责”制，发挥刑侦、技侦、网安、治安加指挥中心的“4+1”命案及重大案件侦破工作机制优势，快速反应，合成作战。受理非正常死亡案件16起，非正常死亡案件得到妥善处置。严厉打击侵财类犯罪，全市破获盗抢骗案件35起，抓获犯罪嫌疑人17人。推动网络电信诈骗犯罪的防范宣传工作，每月办案民警走上街头，广泛宣传防范电信诈骗知识，并在繁华路段张贴警示语、设置电信网络诈骗宣传展板，通过宣传，增强群众防范意识。协助其他单位抓获网逃人员6人。

【治安管理】 *基层治安管理* 开展“枫桥式公安派出所”创建活动，打击操纵经营“黄赌毒”、食药环、“两抢一盗”、打击破坏森林和危害野生动物等违法犯罪活动，严打暴力或软暴力讨债等侵害人民群众利益，危害社会治安的行为，聚焦乡村治理中黑恶势力把持基层政权，横行乡里称霸一方，欺压残害百姓，以威胁、恐吓、滋扰等手段垄断农村资源、侵吞集体财产的问题，真正做到“情况明、底数清、管得住”，及时化解辖区不稳定因素，维护治安秩序。

矛盾纠纷排查化解　以“一标三实”信息采集和“百万警进千万家”工作为依托，组织民辅警、村警深入排查各类矛盾纠纷化解，通过打好“源头牌、联动牌、特色牌”，坚决做到“矛盾不上交、平安不出事”的工作目标，紧盯欠薪欠债、草山地界、征地拆迁、房产物业等领域矛盾纠纷，把走访作为掌握矛盾纠纷的重要渠道，把矛盾化解在基层，发动基层所队力量和村警人熟、地熟优势，全面排查、精准掌握各类矛盾纠纷，确保排查全覆盖、掌握无盲区，排查化解矛盾纠纷39起。

重点场所监管　根据《同仁市“防风险、保安全、护稳定”安全生产大检查大整治工作方案》，开展娱乐场所、宾馆、出租屋、城中村、城乡接合部等治安乱象整治行动，加强寄递物流、出租车、“低慢小”等企业安全监管，抽调机关、派出所警力30余人与各责任单位组成6个联合检查组，检查企业8000家次，整改安全隐患问题100余条，检查寄递物流企业56家次，发现隐患22条，当场整改9条，限期整改13条，下达整改通知书4份，停业整顿1家，消除各类治安隐患。持续深化“护校安园”行动，设立7个“护学岗”执勤岗位，抽调50名警力加强校园重点环节管控，发挥护学岗作用，护航校园安全。9名民警任中小学（幼儿园）法治副校长，在开学季深入学校开展法治宣讲。加强校园周边巡逻防控，优化特巡警大队巡逻路线，安排派出所民警、交警在学生上放学期间进行校园周边交通疏导，为师生道路安全保驾护航。

打击“黄赌毒”　各派出所加大力度在各自辖区开展打击“黄赌毒”专项行动。其中，查处各类赌博案件22起，收缴赌资58885元、麻将机20余件，抓获参赌人员105人。

打击食药环违法犯罪　治安部门围绕严厉打击食药环等民生领域突出违法犯罪，围绕销售有毒有害食品、打击假冒伪劣产品等违法犯罪推进工作，制定印发《同仁市公安局“昆仑2022”专项行动方案》《同仁市公安局打击整治医疗美容行业违法犯罪行动方案》等工作方案，结合“夏季治安打击整治百日行动”等专项行动组织警力针对重点地区、重点领域开展专项检查，聚集食药环领域突出违法犯罪问题，严厉打击生产有毒有害食品、私屠滥宰、生产销售假冒伪劣品、污染环境、非法采矿等违法犯罪行为。

危险物品安全监管　强化易爆物品、剧毒和易制爆危险化学品、易制毒化学品、散装汽油等危险物品的安全监管，对各类违法问题开展专项整治。严格管控易爆物品、火工品使用，确保“不漏管、不流失、不炸响”。全年检查各类行业场所4000家次，检查涉枪涉爆涉险危企业72家次，发现隐患21条，责令整改21条。定期组织民警重点检查各类烟花爆竹销售点的证件是否完备齐全，是否存在储存、销售伪劣假冒烟花爆竹产品的行为，是否存在销售土炮、火药等违禁物品的情况，确保不发生安全事故。对全市7家烟花爆竹销售点检查56家次，发现隐患4处，责令整改4处；收缴各类非法烟花爆竹80余箱，行政处罚违法行为3人。进一步规范零售散装汽油销售程序，对14家加油站检查128家次，发现各类隐患28处，责令整改28处。

缉枪治爆　开展“缉枪治爆”专项工作，各乡镇派出所开展宣传，通过张贴通告、悬挂标

2022年2月6日，春节期间市公安局开展巡逻，稳定治安秩序（市公安局供图）

语、发放宣传单等方式大力宣传私藏枪支弹药、爆炸物品和管制刀具的危害性。开展联防联动，积极动员乡村党员干部协助开展宣传非法持有枪支弹药、管制刀具等的危害性和违法性，引导村民主动上缴持有的枪支弹药、管制刀具等，激发群众参与治理的积极性。全年集中宣传252次、悬挂横幅226条、发放宣传单(册)1.5万份，入户367次1万户，张贴发放宣传资料5万份，签订责任书、承诺书1万份，检查涉枪、涉爆、涉危企业74家次，发现隐患12处，下发整改通知书7份。10月8日，公安部、省厅督导检查组对公安局公务用枪管理情况进行督导检查，肯定公务用枪日常管理、维护保养、民警心理健康和枪支领用审批等工作，并对枪支弹药底数清、情况明、管理台账规范等情况进行表扬。

【户政管理】 春节前，在政务服务中心张贴通知，公示办证民警联系方式，在做好防疫措施的基础上通过采取错时服务、延时服务、预约服务、上门服务、绿色通道等多种方式，及时为群众办理户口登记提供便利。在中高考期间，办证服务大厅开启考生居民身份证速办“绿色通道”，优先为高考生办理居民身份证。设立临办窗口，对考试期间遗失居民身份证的考生快速办理临时居民身份证或开具户籍证明，确保考生及时参加高考。采取延时服务、错时服务、预约服务等措施，优先为部队士兵办理居民身份证，并提供送证上门服务，将办理的30余张居民身份证第一时间送达部队士兵手中。全年办理出生申报1175人，死亡注销419人，省内（外）迁入1042人，省内（外）迁出1079人，办理身份证7603张，异地身份证办理649张，身份证藏文翻译7643人次，办理军人身份证98张、临时身份证404张、户籍证明及其他证明2010余张，清理户口104人，办理居住证117人。

【监所管理】 全年开展监所安全检查30次，组织学习2次，对全所民辅警谈心谈话130余次，对在押人员谈心谈话210余次。同时保障物资设备供给充足，落实应对大风雨涝、停电停水等紧急情况的各项措施。

【参与废旧市场治理】 加大废品收购行业管理力度，解决废品收购业存在的突出问题，对市内19家废品收购站开展治安检查。重点对废品收购的经营范围、营业执照、收购物品、来源种类、登记情况进行检查，对废品收购站的消防设施配置、维护以及电路等情况进行重点检查。提醒业主增强法律意识，严禁收购赃物或来路不明物品，坚决做到不收账、不销赃，守法经营，发现可疑物品及时报警，筑牢安全屏障。

【交通安全管理】 开展春运，返校复学，春季、夏季、秋冬国省道交通秩序整治，中共二十大期间交通整治，百日行动等各类专项整治行动，完成元旦、“五一”、中秋国庆等重点节假日以及中共二十大、两会等重要节点90余项交通安保重任。实时开展城区交通秩序集中整治行动、乱点乱象整治行动、联合推进扫黑除恶打击“黑车”专项行动、集中整治非法改装及摩托赛车大噪声违法行动等专项整治行动。查获各类交通违法行为17478起，其中重点交通违法行为饮酒驾驶86起，醉酒驾驶13起，无证驾驶666起，超载361起，警告教育轻微违法5300余起。加强重点车辆管理，严查严处“三超一疲劳”、酒驾醉驾毒驾、危化品运输车违反禁限规定通行及农牧区“两违”等严重交通违法行为。在城区设立7个交通疏导点，5个流动巡逻组，整治乱停乱放、占用消防通道等违法行为，防范交通事故及拥堵情况，确保城区路面整洁畅通。到辖区客货运企业安全检查28次，约谈客货运企业34次，下达交通安全隐患整改通知书8份。排查行人、非机动车事故多发点段，推动完善行人过街设施、机动车与非机动车隔离设施和机动车让行提示设施。持续深化机动车斑马线不礼让行人治理工作，对重点路口进行专项治理，不间断组织全城统一行动，严查非机动车闯红灯、逆行等违法行为，推动社会共治，增强礼让观念，规范行人交通行为，加大闯红灯等违法查处力度。加强机动车通行秩序管理和堵点乱点治理。以“逢五”、周末夜查、“防除降保”等专项整治行动为契机，加大酒驾醉驾、假牌套牌、无证驾驶、不按规定让行等违法查处力度，严管重型货车、渣土车，严查超限超载、遮挡污损号牌、闯红灯等严重交通违法行为。推动建立警医合作长效机制。加强交警部门与医院的协同配合，完善信息共享联动救援工作机制，提升事故应急救援协作联动反应能力。

【出入境管理】 全年办理公民普通护照4本（其中留学护照2本、文化交流2本），港澳通行证2本，回收护照52本。加大检查力度，确保“底数清”。

跨境犯罪宣传工作 联合相关警种通过制作横幅、发放宣传资料、张贴宣传标语、依托微信公众号及阳光警务平台发布信息等多种形式，在行政服务大厅、辖区人员密集场所、娱乐场所等进行广泛宣传。多角度主动发起宣传，正确引导和鼓励群众提高思想认识，举报“三非”外国人及身边的涉嫌国（边）境犯罪、跨国境赌博人员以及组织此类违法犯罪行为，向群众宣讲出境后染疫风险及危害，严防疫情通过出入境渠道传播。

窗口服务建设 出入境办证大厅建立老年人优先咨询“绿色通道”。完善老年人综合服务设施，设置老年人窗口，摆放“老年人优先”标识，提升老年人窗口服务水平。业务受理期间，人工窗口全程引导，帮助填写申请表，提供“家人式”服务。为老年人准备常用的辅助设备（放置饮水机、一次性纸杯、老视镜、放大镜、口罩、消毒液等便民物品），设药品箱（常置速效救心丸、丹参片、降压药），以备不时之需，并为老年人宣传普及最新出入境政策和业务流程，解决老年人往返跑路的问题。

【公安信息化建设】 针对公安机关内部警种信息资源分散不利于侦查工作快速开展的状况，打破内部信息壁垒，将经侦、治安、刑侦、交管等各部门的情报资源集中在信息化实战应用中心，供大数据实战专班集中使用。全年利用大数据手段协助破获案件102起，利用大数据手段协助打击、抓获违法犯罪人员82人，利用大数据手段破获案件数量占当地案件总量的21.2%。建设智慧安防小区，在隆务镇霍尔甲、教育、惠民3个小区安装视频监控、人脸识别、车辆识别等前端设备，通过前端设备及后端智慧小区平台的互通，实现小区各类数据的智能分析及智能化运用。日常将市区划分为3个巡区网格，设置3个警务室（建成1个，在建1个，1辆移动警务车），将已建成的警务室升级为集智慧调度、民警休息于一体的智慧警务室。

【网络安全管理】 加强同仁社会公共网络安全管理，联合市委网信办对13家单位开展现场安全检查，主要围绕各重点网站和重要信息系统的运行情况、安全防护能力等进行检查；签订网络安全责任书13份；联合市委网信办全面清理存在问题的网站，包括有域名未注销、网站被篡改、网站管理者无法管理等突出问题的网站，摸排清理问题网站51家。开展网吧和电竞酒店安全检查工作，重点检查实名制上网登记制度落实情况，防止不法分子利用互联网上网服务营业场所传播淫秽色情有害信息等违法犯罪活动发生，同时稳步推进“证照分离”工作。检查网吧60家次，组织警力30人次，核对上网人员身份300余人次，取缔1家黑网吧，批评教育30人。

检　察

【概况】 2022年，同仁市落实州委《关于加强新时代检察机关法律监督工作的责任清单》，持续更新理念，强化能动履职，各项工作取得新进展。年内侯丽莉被州委组织部评为“2021年度‘黄南先锋’智慧党建平台优秀管理员”，张培花被州妇联评为“全州妇女儿童维权先进个人”，仁增昂毛被市妇联评为“同仁市巾帼建功标兵”，卡毛先被市妇联评为“最美母亲”，张培花因从事档案工作满15年被最高人民检察院给予通报表扬，侯丽莉被同仁市委宣传部评为“2022年度全市优秀网评员”；辛雨林被最高人民检察院纳入全国检察机关控告申诉人才库，张培花被最高人民检察院纳入全国检察机关办公室系统档案管理人才库。

【刑事检察】 一体推进认罪认罚从宽制度，依法审查逮捕、起诉各类刑事犯罪案件，深化诉源治理。依法受理审查逮捕案件8件18人，批准逮捕8件14人，不捕4人。受理审查起诉案件49件74人（含上年积存7件11人），移送起诉27件35人，不起诉9件12人，同意移送单位撤回起诉1件1人，改变管辖1件10人，审查11件16人。办理吴某盗窃案（犯罪数额144万元），被判处有期徒刑11年；受理州监委移送的井某某涉嫌挪用公款案（涉案金额1000余万元），正在审查起诉中。践行认罪认罚从宽刑事司法政策，适用认罪认罚从宽程序34件42人，认罪认罚适用率100%，确定刑量刑建议采纳率100%。

【诉讼监督】 会同公安部门共同设立侦查监督与协作配合办公室，办理监督立案1件，对侦查活动违法提出纠正意见3件。针对监督中发现的问题向法院、公安机关、司法行政机关制发检察建议10份、纠正违法通知书3份，进一步提升监督实效性。

【民事检察】 审查民事裁判生效案件102件，办理民事监督案件2件，监督法院集中执行活动2次。审查网上公开的裁判文书20份，办理民事监督案件2件。组织开展“支持农民工讨薪，‘检察蓝’在行动”专项活动，参与调解2起农民工讨薪维权案件，帮助农民工成功讨回工资656万元。

【行政检察】 邀请应急、生态环境等七部门召开最高检“八号检察建议”贯彻落实联席会，开展安全生产领域专项检查3次。审查行政非诉执行案件13件，办理行政非诉执行类案监督案件2件，发出检察建议1份，推动行政执法规范化。

【公益诉讼检察】 紧盯热贡文化、历史文化名城、传统村落等同仁特色，积极稳妥拓展“等”外领域，联合文化部门对市域范围内文物保护单位进行走访调查6次，与院校共同开展文物和文化遗产保护领域检察公益诉讼研究课题。拓展案源渠道，聘任“益心为公”检察云平台生态志愿者25人，凝聚守护公益合力。全年办理行政公益诉讼案件32件，制发检察建议25份，办理刑事附带民事公益诉讼案件3件，5名被告人因杀害野生动物（岩羊、马麝）、贩卖野生动物制品（麝香），分别被法院判处有期徒刑并追缴生态损害赔偿金14.5万元。

2022年5月20日，市检察院、市公安局举行“侦查监督与协作配合办公室”挂牌仪式（市检察院供图）

【控告申诉检察】 落实人民监督制度，邀请人民监督员参与检察听证和检察开放日等活动48人次，实现十种监督方式全覆盖。全年群众信访18件22人，排查化解矛盾纠纷2起；办理司法救助案件1件21人，发放司法救助金20.82万元。

【监所检查】 对市看守所存在的安全隐患等问题制发检察建议4份；巡回检察工作中，对市司法局在社区矫正方面存在的问题制发检察建议6份；通过刑罚执行监督，对市法院在财产刑执行中的违法问题发出纠正违法通知书3份，以上问题均已整改。

【未成年人检察】 落实《中华人民共和国未成年人保护法》，以司法保护融入家庭、学校、社会、网络和政府保护，针对管教不严、监督缺位等发出“督促监护令”1份。持续落实最高检“一号检察建议”，结合学校疫情防控、食堂管理及校园安保情况，制发检察建议 2 份。与教育等 9 个部门及市域所辖 7 个社区、4 家卫生医疗单位共同建立侵害未成年人强制报告工作机制，推动密切接触未成年人行业开展入职查询 281 人。落实未成年人犯罪记录封存制度，封存未成年人犯罪记录 2 人次。4 名检察官担任法治副校长，入校普法 10 场次，参与学生 3400 余人。联合同仁市利众社会工作服务中心到乡镇开展“关爱留守儿童”法治宣传活动。

2022 年 7 月，市人民检察院举行行政机关专业人员兼任检察官助理聘任仪式（市人民检察院供图）

【专项检查工作】 开展惩治涉黑恶犯罪“回头看”专项行动，排查 2020 年以来刑事和治安案件近千件，对四类案件数据进行串并，未发现涉黑恶线索；开展打击整治养老诈骗专项行动，主题宣传 5 次，发放双文宣传册 1500 余份，在“两微一端”发布信息及短视频 42 条；监督市监局及城管局开展食品安全、窨井盖专项检查，守护群众“舌尖上”“脚底下”的安全。围绕矿山生产安全问题，联合相关部门针对青海顺隆矿业有限公司和恰冬铜矿在安全生产中存在的问题以及填埋尾矿废渣、违规排放等行为开展监督。邀请应急、生态环境、自然资源、市监、住建、交通运输、水利等七部门召开最高检“八号检察建议”贯彻落实联席会，通过“以案释法+法条解读”的方式进行详细讲解和座谈讨论。走访市域内 6 家加油站、加气站、矿业等安全生产重点行业，制发安全生产类检察建议 1 份。

【检务公开】 自觉接受人大监督和政协民主监督，向市人大常委会专题汇报公益诉讼检察工作。邀请五级人大代表、政协委员和人民监督员 32 人次，参加检察开放日、听证会等活动，主动赠阅《检察日报》等报刊。结合创建精神文明工作、意识形态工作和检察文化建设工作进行专项部署，拓宽渠道深化检务公开，公开起诉书 19 份、案件程序性信息 79 条、重要案件信息 3 条。

【检察宣传】 落实“谁执法谁普法”责任制，推进“互联网+检察”工作模式，利用市委红旗宣讲团和“宪法宣传周”等各类活动平台，开展政策及法律宣讲 71 次，发放藏汉双语宣传册及检察文化宣传品 14000 余份，制作全省首例“以劳代偿”刑事附带民事公益诉讼案件专题宣传片《诉以公益护山河》，在“两微一端”发布宣传文章 106 篇、警示小视频 3 个，阅读量达 3 万多人次、点赞量达 4000 次。

【检察队伍建设】 修订完善党组议事规则、检委会议事制度和业务学习制度，以“周一例会”“线上+线下”“每周一课”等方式，组织专题学习班 41 次，参训干警 590 人次。聘请 9 名市监局、应急局等行政机关人员为特邀检察官助理，利用专业优势，为检察官办理案件提供辅助。

法　院

【概况】　2022年，同仁市围绕“努力让人民群众在每一个司法案件中感受到公平正义”目标，坚持司法为民、公正司法主线，围绕“六个现代化新青海”建设，全面做好审判执行工作，提升司法能力，各项工作不断取得新进展。全年受理案件1904件，审结1895件，结案率99.53%，同比增长2.35%，在全州法院中排名第一、全省法院排名第二。年内提拔4名中青年干警，平均年龄37岁。通过第五批法官遴选，3名法官助理正式任命为审判员。2名新考录公务员加入法院工作。市人民法院获省级精神文明标兵单位、全市“七五”普法先进集体、维权工作先进集体、民族团结进步先进集体等荣誉称号。5名干警分别获全国法院先进个人、全国“最美家庭”、全市维权先进个人、全州法院优秀共产党员及优秀党务工作者等荣誉称号。

【民商事审判】　依法维护劳动者合法权益，为农民工开通绿色办案通道，及时办结看某某等19名农民工追索劳动报酬系列案，帮助农民工追索劳动报酬6万元。依法办理民间借贷纠纷261件，妥善审理婚姻家庭类纠纷94件。发放市人民法院统一制式的离婚证明书，依法保护婚姻当事人合法权益。化解侵权纠纷、物权纠纷、人格权纠纷60件，妥善办理赵某某在同仁市某建设项目施工过程中不慎坠楼一案。全年累计受理民事案件1129件，结案1123件，结案率为99.47%。审理合同类纠纷案件933件，维护正常交易秩序。

2022年11月24日，市人民法院到曲库乎乡江龙牧业村开展生态保护法治宣讲活动（曲库乎乡供图）

【行政审判】　结合法治政府建设，开展法律进机关，推进行政机关第一责任人出庭制度，全年审理行政案件21件，结案21件，仅上诉1件，且维持原判，结案率100%。行政机关负责人出庭应诉1件，出庭率100%。

【刑事审判】　履行审判职能，严厉打击帮助信息网络犯罪，盗窃，交通肇事，危险驾驶，危害珍贵、濒危野生动物等刑事案件，判处罪犯33人，25名罪犯被判处三年以下有期徒刑，6名罪犯判处三年以上十年以下有期徒刑，2名罪犯判处十年以上有期徒刑。其中，严格依法公平公正办理本地区影响较大的钟某、肖某某盗窃寺庙佛塔装饰品一案并当庭宣判，分别被判处有期徒刑二年零三个月及三年不等的刑期。依法打击破坏生态刑事案件2起，对马某某、却某危害珍贵、濒危野生动物罪一案，分别判处四年至五年刑期，处罚金3000元。开展保护珍贵、野生动物罪普法宣传，宣传国家重点保护珍贵、濒危野生动物对环境保护和科学发展的重大意义，达到以案示警、以案说法的效果。全年依法受理各类刑事案件27件，审结27件，结案率100%。

【诉源治理】　加强“一站式建设”，依照繁简分流机制，探索组建速裁团队，探索人民调解、诉前调解、行政调解有机结合，注重资源整合，根据速裁案件的特点在诉讼过程中将审理工作集约化、庭审流程高效化。速裁团队办理案件887件，占全院民商事案件的75.81%，平均办理天数仅为8.9天。加大纠纷化解力度，追求既要“案结”更要“事了”的目标，当庭履行案件196件，履行金额410.55万元，达到“简案快审，简出效率”目标，节约当事人诉讼成本和司法成本。该团队负责人获全国法院先进个人荣誉称号。

【诉讼服务】 线上诉讼服务 面对疫情防控严峻态势，坚持审执工作不停歇、不打折，在全院居家办公期间，利用信息化成果，开启线上办案模式，成功办结完某诉马某某民间借贷纠纷等19件重大审执案件。为减轻当事人诉累，市人民法院依托诉讼服务中心建设，借助“互联网+”，受理网上立案289件，网上缴费763件，电子送达平台送达文书10611份。制定“12368”热线24小时服务制度，人工接听热线496次，接听率80.13%。市人民法院被州中级人民法院评为2021年度“一站式”多元解纷和诉讼服务体系建设先进集体，“一站式”诉讼服务平台得分88.7，位列全省法院第三。

畅通诉讼服务绿色通道 制定“全流程一对一导诉”服务机制，在诉讼服务大厅设立双语法律咨询台，由院双语审判工作人员全程跟踪服务，引导不通汉语的少数民族群众了解诉讼流程，累计接待2400余人次。高度重视涉民生案件的审判执行，专门开通涉民生案件优先立案、优先审理、优先执行渠道，化解劳务合同纠纷204件、婚姻家庭纠纷86件、民间借贷纠纷261件。快速执结涉农民工案件19件，发放案款6万元。

【执行工作】 开展“办实事暖民心”专项执行行动，妥善处理申请执行人兰某等64名农民工与被执行人马某劳务合同纠纷一案，维护农民工合法权益。为严厉震慑“老赖”，组织开展“春日惊雷”集中执行行动，为保障农民工胜诉权益组织开展“夏季飓风”集中执行行动，在短期内抽调精干力量，及时办结16件“骨头案”，打击拒不履行生效法律文书的被执行人。加大司法救助力度，向政府争取财政资金20万元，用于救助丧失劳动能力、无经济来源的困难当事人，依法为申请人才某某等32名生活困难的农民工发放“暖心钱”。全年发布失信被执行人“黑名单”132例，对220名被执行人限制高消费；司法拍卖18件，成交2件，成交金额677.7万元；累计受理执行案件720件，结案717件，结案率99.58%，执行到位金额3472万元。

2022年6月9日，市人民法院参加黄南州集中执行工作（市人民法院供图）

【审判监督】 监督检查案件信息录入情况，及时整改发现的问题，保证案件信息录入的准确性。完成审判管理工作通报28期、审判运行态势分析3期，内容包括法官办案情况、结案审核工作、司法公开、裁判文书公开、人民法院在线平台建设、政法跨部门协同办公等内容。信息化方面，下架更换旧防火墙，维修第五法庭EDS500庭审设备，安装调试看守所远程提讯设备，为全院电脑终端安装安全软件。全年调试保障视频会议40余次，保障互联网开庭、庭审30余次，后台信息维护101次。截至年底，在中国裁判文书上共公开裁判文书783件，藏文裁判文书上传62件。

【法院信访工作】 成立以院党组书记、院长为组长、分管副院长为副组长、各庭室负责人为成员的工作领导小组，推动涉诉信访案件和事项源头治理工作，专题研究部署信访化解工作会议5次。加强审执工作，杜绝发生信访案件。审判工作坚持“调判结合”原则，在合法、自愿前提下，加大调解力度，调撤案件595件，调撤率78.99%。针对无法达成调解协议的案件，为保障当事人的诉讼权益及时判决，避免出现“久调不决”现象。加大执行力度，开展集中执行行动2次，及时发布失信被执行人名单18人，采取网络查控措施327次，执行到位金额1395.96万元。

司法行政

【概况】 2022年，同仁市全面依法履行法治宣传、法律服务、法律保障等职能，开展法治宣传165场次，参与人数1.84万人次，发放各类双文法律书籍1.86万余册，解答法律咨询815人次。全市在册矫正对象17人，其中缓刑16人、暂予监外执行1人。在册安置帮教人员205人，落实临时救助18人，完成心理疏导129人。各级各类人民调解开展矛盾纠纷排查45885次，受理办结矛盾纠纷665起，调处率达100%，涉及金额2783.39万元。市司法局获国家级节约型机关、省州市三级精神文明单位、全市目标责任考核优秀班子和民族团结进步工作先进集体等荣誉称号。

2022年3月10日，市司法局到市二完小开展“新学期法治教育第一堂课”活动（市司法局供图）

【普法宣传】 召开市委全面依法治市委员会第五次会议，制定印发《同仁市2022年度普法依法治理工作要点》，各乡镇、部门建立工作机构，保障组织力量。结合“线上+线下”双模式，运用“同仁普法”微信公众号等新媒体矩阵开展法治宣传教育，以双语形式推送典型案例、法律资讯1555篇，编印汉文藏文宣传书籍6.2万余册，制作宣传用品抽纸、纸杯、手提袋等34万个。落实“谁执法谁普法”责任分工机制，推进“法律十一进”，开展《中华人民共和国宪法》《中华人民共和国民法典》、疫情防控、扫黑除恶、乡村振兴、生态环境保护等法律法规宣传，将以案释法、执法普法、警示教育、法治讲座、送法下乡有机结合，打造立体化全方位普法格局。针对机关单位，把习近平法治思想纳入各单位理论学习计划进行指标考核，举办习近平法治思想专题讲座2次，宪法宣誓24场次，组织网络学法考试21次。针对农牧区，围绕“八五”普法规划，以“六下乡”“乡村振兴·法治同行”“美好生活·民法典相伴”“疫情防控·法治同行”等主题为抓手，分层次集中开展宣传活动。针对学校，配齐配强市辖25所中小学（幼儿园）法治副校长，利用“新学期法治教育第一堂课”“三官一律”进校园集中开展送法活动29场次。针对寺庙，结合“寺庙法治宣传月”“联谊交友”“百寺千讲”活动，在寺庙开展爱国主义和以民族宗教政策、相关法律法规等为主要内容的法治宣讲活动54场次。针对家庭，结合典型案例，把不违反法律、不违背公序良俗作为家风家教建设的重要内容，让社会主义法治精神在家庭中生根。针对军营，以“送法进军营 普法入军心”为主题，从法律对军婚的保护、对军人军属的法律援助、对退役军人的司法救助、军人休假探亲权益、军人子女教育优待政策等方面进行解读。针对企业，通过宣传企业诚信合法经营、依法纳税等相关法律法规和政策规定，正确引导企业员工依法维护自身合法权益。

【基层司法所建设】 因地制宜发挥青年路社区物业纠纷调解室和年都乎市场矛盾纠纷调解室特色，提标升级“才巴”个人品牌调解室，打造瓜什则乡力吉村杨忠加党员个人品牌调解室，坚持“枫桥经验”同仁化。全市建立人民调解组织117个，开展人民调解卷宗质量评查活动，落实以案定补50450元。举办市、乡两级人民调解员培训班16期，参训人数累计306人次，完成司法所月评月考12次。加大隐患排查整治力度，累计开展入户排查走访、谈心谈话594人次，集中法治培训69场次，走访帮扶80余名特殊困难群体，实行动态管理应纳尽纳。发挥社区矫正一体化平台，实时监管人员行动轨迹，年内完成人员入矫10人，解矫23人。购买第三方服务项目，对全市社区矫正对象、安置帮教和重点人员开展心理测评及法治警示教育。隆务镇、保安镇、多哇镇、年都乎乡、瓜什则乡5个司法所被评定为省级“枫桥式”五星级司法所。申报创建省级“智慧矫正中心”示范点。打造运行“一站式”矛盾纠纷调解中心，加强行业性、专业性调委会建设，发挥三调联动机制，健全诉调、公调、信调、访调对接机制，多元化化解各类矛盾纠纷。

2022年6月2日，市人民检察院与市妇联举行“关注困难妇女群体，加强专项司法救助”工作机制会签仪式（市妇联供图）

【公共法律服务】 夯实“一核三治”社会治理法治基础，组建市、乡、村三级公共法律服务实体平台，依托“一村（社）一法律顾问”，每月定期开展法治宣传、法律咨询等服务，年内举办法治讲座33次，开展法治宣传活动163场次，提供法律咨询815人次，指导修订完善村规民约72个、居民公约8个、寺规僧约38个。年内完成隆务镇、保安镇基层法律服务所和11名基层法律服务工作者年度考核登记工作。

【法律援助】 推广、引导群众使用智慧公共法律服务亭、触摸一体机、“12348”热线终端机，宣传“12348”青海法网，引导群众依托线上平台寻求便捷高效法律咨询。全市11个乡镇、市人民法院、市人民检察院、市妇联、市残联、市看守所、市劳动监察大队等部门建立法律援助工作站，发挥联系点作用，让广大群众就近申请享受援助服务。不断优化援助便民措施。对农民工、老年人、残疾人、未成年人、军人军属、失业人员、妇女等特殊群体给予优先受理审查指派；对行动不便的残疾人、老年人等特殊受援人实行电话预约、上门服务；对请求支付劳动报酬或工伤赔偿的农民工推行免予审查经济困难状况，快速指派，提供便利；援助案件均实行首援律师一援到底原则，保证服务质量。加大《中华人民共和国法律援助法》宣传活动，增强广大农牧民群众维权意识，提高法律援助社会影响力和公众知晓率。做好农民工讨薪法律援助和刑事案件辩护全覆盖工作，开展案件质量评查活动、落实案件回访机制，确保案件质量。全年办理各类法律援助案件133件，其中民事案件112件、刑事案件21件，农民工51件、妇女68件、残疾人5件、未成年人7件，代写法律文书370份，接待群众来访来电1093人次，挽回经济损失295.4万元。

【法律公证】 发挥社会行业力量，从源头预防化解和减少社会矛盾，青海省同仁市公证处与黄南州中级人民法院联合签订《关于共同推进诉调对接工作合作协议》，推行公证员参与矛盾纠纷就地发现、就地调处、就地化解，维护社会和谐稳定。践行“我为群众办实事”活动，落实落细公证十项便民措施，强化运用公证综合业务系统，压缩办证时限，落实一次性告知制度，开通特殊人群办理公证“绿色通道”，为老年人、残疾人、危重病人等特殊群体提供上门办证，打通公证便民服务“最后一公里”。全年办理各类公证事项122件，其中委托书公证46件、继承权公证40件、放弃继承权声明书29件、解除劳动合同4件、微信公众号迁移公证1件、签名印鉴属实公证1件、其他声明书公证1件，收费55274元，解答法律咨询312人次。

人民武装

【概况】 2022年，同仁市按照军分区“一年推动整体性转型、两年推进体系化备战、三年推向高质量发展”第二个三年规划建设布局，坚持在强化旗帜引领中坚定理想信念，在树立向战为战导向中提升备战打仗能力，在推进规范化建设中夯实建设基础，在落实规章制度中守住安全底线，在持续固强补弱中提高抓建能力，人武部各项建设和工作在挑战与历练中实现新进步。全年有3个单位、10名个人受到青海省军区和黄南军分区表彰奖励。

【战备训练】 贯彻习近平主席训令，始终把备战打仗作为第一要务。落实党委议战议训制度，正视备战打仗本领差距，分析问题原因教训，研究制定整改措施。严格规范战备秩序，积极应对高危期备战要求，滚动修订支援保障作战、非战争军事行动、日常战备等方案预案，做到以案促备。深化按纲施训，完成基干民兵基地轮训+野外驻训和基干民兵强化训练，组织民兵教练员和民兵训练尖子参加比武竞赛活动，不断打牢战斗力生成基础。组织市应急力量参与抗洪救灾、疫情防控和治安巡逻，成建制民兵队伍遂行多样化任务能力得到有效提升。11月，接受青海省军区民兵分队成建制拉动考核，取得全省第二名。

【国防动员】 落实国防动员、后备力量建设“十四五”规划，将市民兵应急队伍纳入政府应急力量管理体系。核准8类92项国防动员潜力和35项重点潜力，依托编兵单位预储专业装备器材，推进潜力底数进入预案、融入备战。紧贴担负任务实际，组织专武干部业务培训、参观见学，到11个乡（镇）武装部检查调研，形成调研报告，推动国防动员准备向“十四五”规划目标坚实迈进。着眼疫情防控常态要求，做好兵役登记和征兵工作，在全州率先完成兵役登记，登记率100%；围绕“五率”目标，落实廉洁征兵各项制度，高标准完成兵员征集工作任务，连续6年实现零退兵。

【部队管理】 贯彻军委国防动员部“六个规范性”文件，抓实安全保密教育，及时传达学习上级违规违纪通报，增强所属人员安全防范意识。落实安全形势分析和保密形势分析制度，以《2022年军委国防动员部安全大检查综合检查情况通报》为抓手，组织安全和保密工作检查，坚持开展周一法规制度学习，推动“百日安全”活动开展，集中组织“四严四整”教育整训、所属人员政治考核、微信泄密和保密工作专项整治，堵塞安全漏洞。落实“四个秩序”规范要求，调整办公场所和各类库室布局，力争要素齐全、整齐统一，管理教育科学化，一日生活制度条令化。

【军地共建】 坚持党管武装制度，协调召开市委议军会议，组织第一书记述职，研究国防动员建设矛盾，解决驻军实际困难。推进双拥共建，抓好“双清单、三助力”建设，与3座寺庙常态联建，进一步巩固发展军政军民团结和民族团结。主动助力乡村振兴，投入资金3万元，为瓜什则乡力吉村购买牛羊过冬草料。组织民兵参加抢险救灾、应急处突、疫情防控、植树造林、生态保护等急难险重任务，为建设富裕、团结、文明、和谐、美丽新同仁作出新贡献。

TONGREN YEARBOOK

经济管理

宏观经济调控

【概况】 2022年，同仁市坚持稳中求进工作总基调，坚持以供给侧结构性改革为主线，以改革开放为动力，贯彻“疫情要防住、经济要稳住、发展要安全”重大要求，统筹推进疫情防控和经济社会发展各项工作。全市实现地区生产总值41.03亿元，同比增长1.4%。继续强化农牧业基础地位，实现第一产业增加值6.88亿元，同比增长4.4%。第二产业增加值6.45亿元，同比增长34.4%。第三产业增加值27.68亿元，下降率控制在4.5%以内。全市固定资产投资完成16.22亿元，同比下降31.41%，在全州总量中保持30%以上。全市实现社会消费品零售总额10.43亿元，同比增长2.7%。实现全体居民人均可支配收入23238元，同比增长5.3%。其中，城镇居民人均可支配收入39204元，同比增长2.4%；农村居民人均可支配收入12955元，同比增长6.5%。全年地方财政公共预算收入1.25亿元，同比增长5.4%。地方财政公共预算支出23.26亿元，同比下降18.35%。全年居民消费价格呈稳中略涨态势，累计上涨2.4%，涨幅比2021年高1.1百分点，与全省平均水平持平。

【规划编制与执行】 持续推进国土空间总体规划编制，完成规划文本初稿、七个专题研究及三区三线划定。制定《同仁市绿色有机农畜产品输出地专项规划》《1+5同仁市文旅融合全域旅游发展规划》《同仁市高铁新区总体规划》《同仁市智慧城市规划》《同仁市城市提标升级规划》《重点乡镇基础设施及公共服务设施提升规划》等规划，为同仁市“十四五”各项重点工作提供规划指导依据。

【重点项目建设与投资】 谋划储备城镇道路桥梁、城镇清洁能源供热、城镇环境综合整治、乡镇基础设施延伸、城镇公交基础设施等项目115项，总投资35.56亿元。全年落实2022年中央预算内投资、省级预算内（平安与振兴工程）、少数民族专项等各类专项资金突破10亿元。全年全市新续建项目121项，开复工94项，开复工率77.7%。扎毛灌渠、管廊二期、郭么日大桥、城北新区防洪综合治理、加查玛桥等重大项目持续推进，浪加水库下闸蓄水，霍尔加南北路路面工程等项目全面完工，城北新区规划七路及祥云北路、小街小巷环境整治、天然气市政管网及集中供热煤改气工程完成前期工作。

推进新型城镇化建设，西成铁路、张汶高速、城北新区综合管廊（二期）、郭么日大桥、市体育场停车场等重大项目持续推进，330千伏变电站工程接近尾声，交通水利设施日趋完善，天然气输配工程工作全面实施，集中供热五期、集中式光伏工程全面启动，乡镇清洁能源供热覆盖率达100%，逐步迈入清洁能源城市；北区路网骨架已建成，污水处理厂提标扩建及第二生活垃圾处理场项目投入使用，城区公厕升级改造工程取得实质性进展；4座人行过街天桥、14个老旧小区综合整治及基础设施提升改造工程全面完成。持续巩固拓展脱贫攻坚成果同乡村振兴有效衔接，实施衔接项目47项，总投资16422.1万元，其中基本支出类6项、产业发展类15项、基础设施类22项、行业部门4项，项目开工率100%。

【农牧产业发展方案制定与成效】 聚焦打造全省绿色有机农畜产品输出地，制定《同仁市2022年农牧业高质量发展意见》《同仁市推进乡村振兴“八大行动”工作方案》，明确“一地两创三促四园五带”发展思路和产业重点。严守耕地安全红线，完成撂荒地复耕复垦700公顷，排查撂荒地766.67公顷、耕地“非粮化”713.33公顷，整治耕地“非粮化”356.1公顷，持续强化乱占耕地建房整治，宅基地审批实现“破零”。坚守粮食增产主线，完成农作物播种面积7946.67公顷，粮油作物种植面积分别达3673.33公顷、2266.67公顷，产量分别达1.37万吨、0.29万吨，超额完成省定指标。提升“菜篮子”产品稳产保供能力，提升改造旧棚100栋，种植蔬菜140公顷，产量达0.75万吨。畜牧业生产后势强劲。年末各类牲畜存栏431103头（匹、只），其中牛92400头、羊337249只，肉类产量0.71万吨、奶产量1.07万吨、蛋产量746.8吨。春秋季应免牲畜免疫密度达100%，免疫抗体合格率保持在70%以上。提高灾害防御能力，累计储备饲草料达5.5万吨。争取资金266.89万元，新建兽医实验室和业务用房，填补全市无兽医实验室空白。加大品牌建设力度，申报“同仁藏羊”“同仁犏牛”2个国家地理标志产品和原有5个地理标志证明商标注册，做好热贡“尕玛顿丹”“佳加哇娄”种畜禽生产经营许可证及“国家畜禽品种遗传资源”申报工作。

2022年6月15日，同仁市党政代表团一行到江苏省启东市参观访问，开展对口协作（市委办、市发展和改革局供图）

【营商环境优化】 开展“诚信进企业”宣传及营商环境调研活动，发放《关于征集营商环境领域问题线索的公告》《青海省优化营商环境条例》《青海省公共信息条例》等宣传资料，引导诚信经营，优化营商环境。邀请省信息中心对同仁市相关部门开展“青信融”平台应用指导培训，联合州发展改革委邀请省营商环境专家到同仁市组织开展社会信用体系建设工作业务培训，从公共信用信息条例、信用联合奖惩、信用修复、公务员诚信等方面做详细讲授，达到“深化学习、提高认识、开阔视野、启发思路”的培训目的。

【粮油管理】 把保障粮食安全放在全市经济社会发展的突出位置，落实粮食安全党政责任制，增强粮食安全忧患意识、大局意识。执行国家粮油政策，加强粮食政策宣传，完善信息公示制度，主动接受社会监督，落实储备粮油轮换制度，守住管好“同仁粮仓”。完成市级成品粮储备任务。

【深化改革】 落实“放管服”改革优化营商环境各项政策措施，推进各项改革政策落地见效。再压项目审批办理时限，深化“30+X”工作日，做到项目网上申报、线上受理、并联审批、信息公开、协同监管，实现项目“一窗受理”“一网通办”“平台之外无审批”。全年全市预审并赋码项目202项，赋码率100%，投资额28.4亿元。开展“便民办税春风行动”，推出5大类121条便民办税缴费措施，“非接触式”占比达91.24%。深入推进守信联合激励、失信联合惩戒机制，建立全市信用平台网站“一网通”，累计上报数据8.2万条。

【对口援建与合作】 全年同仁市对口支援项目6个，总投资2200万元。其中，续建项目3项，总投资1200万元，主要包括黄乃亥乡“村村通”项目等；新建项目5项，总投资1000万元，主要包括农牧民致富带头人职业技能培训，劳务经纪人、大学生培训和举办招聘会，阿旦村村集体经济（有机畜牧业）发展项目、阿旦村垃圾焚烧炉建设，黄乃亥乡振兴广场建设项目，多哇镇卫生院建设项目。发挥好与启东市东西部协作总协调作用，落实东西部协作援建资金6600万元，实施同仁市疫情防控配套设施及医疗基础设施建设、加吾乡犏牛养殖繁育基地、同仁市金黄果蛋禽养殖基地（一期）、同仁市环境整治建设、同仁市乡村文旅手工业发展基地等协作项目5个，均开工建设，资金支付率60%。

自然资源管理

【概况】 2022年，同仁市土地总面积31.95万公顷，其中农用地面积30.93万公顷、建设用地面积4526.73公顷、未利用地面积5665.89公顷。耕地总面积8592.8公顷，平均耕地等级13等，人均耕地占有面积0.08公顷。全市国有建设用地供地总面积193.33公顷，出让价款1181.76万元。已发现金属矿产10余种，开发利用的金属矿产2个；矿产资源勘查项目有效期内申请延续的探矿权6家；颁发采矿许可证的砂石黏土矿3家，其中砂石料场1家、黏土矿2家。11月8日，同仁市机构改革，撤销同仁市自然资源局（林业和草原局），挂牌成立同仁市自然资源和林业草原局（三江源自然保护局同仁市管理局、同仁市自然资源确权登记局）。

2022年6月17日，同仁市召开“三区三线”划定工作推进会（市自然资源局供图）

【国土空间规划】 坚持国土空间唯一性，完成各类专项规划及其规划建设项目矢量数据的收集工作，确保“十四五”期间各类专项规划和建设项目纳入国土空间规划“一张图”。以国土“三调”数据为基础，以国土空间开发保护现状、国土空间规划数据整理等专题研究为支撑，持续推进国土空间规划编制工作。全面开展城市体检工作，对同仁市底线管控、资源利用和设施布局情况进行系统、科学的监测分析，形成“问题找得准、原因分析透彻、对策针对性强”的评估报告，为高水平编制国土空间总体规划提供决策依据。落实“三区三线”划定要求、划定规则，严格按照耕地和永久基本农田、生态保护红线、城镇开发边界优先顺序，因地制宜完成划定工作，划定耕地保护8593.33公顷、永久基本农田7100公顷、生态红线85588公顷、城镇开发边界1178.73公顷，做到应保尽保、应划尽划，划定成果通过自然资源部审查并正式启用，标志着同仁市国土空间规划完成最核心工作，确保未来13年资源保护和经济发展“双保双赢”。发挥村庄规划在乡村振兴战略实施中的基础作用，优化村域国土空间规划管控，编制完成19个行政村的村庄规划，待县级审查。

【土地管理】 完成西成铁路、同赛高速、绿色有机农畜产品输出地和北城区综合管廊建设（二期）及同仁市丹霞路延伸段道路建设项目、迎宾大道两侧景观环境提升项目、同仁市200兆瓦“牧光储”多能互补综合一体化等项目征地拆迁面积约566.67公顷，发放征地补偿款1996万元。加快推进建设用地报批工作，做好项目建设土地要素保障，完成建设用地审批193.33公顷，正在组件上报建设用地213.33公顷；

2022年11月3日，市自然资源局到瓜什则乡开展村庄规划意见征求会（市自然资源局供图）

完成土地供应12宗，其中，划拨9宗，面积193.33公顷；出让3宗，面积3.26公顷，出让价款1181.76万元。严格预审项目用地及规划审查，发放建设项目用地预审和选址意见书110份，办理建设用地规划许可证62本、建设工程规划许可证62本、乡村规划许可证61本。加强临时用地管理，为G0611同仁至赛尔龙段公路TSEPC-1、青海省同仁南至西卜沙公路工程办理临时用地手续，面积165.47公顷。规范设施农用地管理，办理设施农业用地备案项目7宗。制定《同仁市批而未供和闲置土地盘活利用专项整治行动方案》，盘活处置批而未供土地166.67公顷。用好用活建设用地“增减挂钩”。完成2020年城乡建设用地增减挂钩项目（拆旧区规模为33.33公顷）拆旧任务，净收益1.5亿元。申报省域内增减挂钩项目1个，面积13公顷，总投资850.47万元，项目初审已通过，待省自然资源厅审查通过后实施。

【耕地保护】 确保全市耕地保有量8606.67公顷和基本农田保护面积7067.4公顷不减少，将耕地和基本农田保护指标分解到各乡镇，将其纳入乡镇年终目标考核中，层层签订责任书，明确保护范围、保护措施和保护责任，实现面积不减少、用途不改变。严格耕地用途管制，全面完成耕地后备资源调查评价工作，对661个其他草地、沙地、裸地图斑宜耕性调查评价及成果核查，形成集面积、类型和分布于 体的耕地后备资源评价成果。申报占补平衡项目，建设规模44公顷，投资718.31万元，项目已经批复。申报占补平衡提质改造项目1个，建设规模24.6公顷，投资120万元，项目的实施将有效增加市域耕地面积。积极推进耕地“非农化”存量问题整改工作，下发图斑总数8198个，总面积224.2公顷，经核查涉及耕地“非农化”168个图斑168.67公顷，并形成台账。

【矿产资源管理】 强化矿产资源管理，出让采矿权5宗，采矿权出让收益4674万元，完成全市20个有效矿业权开发利用统计工作和全市20个开采资源储量统计工作。制定《同仁市砂石资源布局整合优化方案》，将砂石资源采矿权总数控制在5个以内。按照“谁破坏、谁治理”原则，督促并指导矿山企业按照矿山地质环境保护与土地复垦方案等要求进行矿山治理与恢复，进一步改善矿区生态环境。会同生态、应急、工信等部门及相关乡镇，采取联合检查方式，全面排查、整治全市矿山企业，对不按规定生产的企业采取强制措施，强化企业生态意识、环保意识、安全意识，先后开展监督检查65次。

【执法监察】 按照同仁市2022年自然资源执法监察动态巡查工作方案要求，定期或不定期开展日常动态巡查工作，实施动态巡查，发现农村宅基地违法占地行为3个，将线索移交至农牧部门处置。根据全市成品油“双随机、一公开”部门事项清单及督导检查要求，严格按照自然资源的职能职责，对全市范围成品油（加油站）用地审批手续情况进行核查。经查，未发现未批先建及超批准面积建设的情况。以卫片执法监察工作为契机，加大全域动态巡查密度，严肃查处土地、矿产等违法违规行为，全年查处违法占地行为24个，收缴罚没款822万元。完成省厅下发农村乱占耕地、土地卫片执法图斑154个图斑外业核查及内业合法性判定工作。

【全民所有自然资源资产清查】 履行全民所有自然资源资产所有者职责，全面推进全民所有自然资源资产清查试点，印发试点实施方案，完成自然资源空间位置、数量、质量等实物量信息及自然资源价格体系量化资产价

2022年8月10日，市自然资源局组织开展地质灾害应急演练（市自然资源局供图）

值。统筹推进年度国土变更调查、森林、草原、湿地等资源专项调查监测，准确掌握全市各类自然资源家底和变化情况。

【地质灾害防治】　做好地质灾害防治工作，建立和完善群测群防体系，及时成立地质灾害应急工作小组，制定《同仁市2022年地质灾害防治预案》，严格执行汛期值班值守制度，对128处地质灾害隐患点开展排查工作，发放地质灾害防灾避险明白卡1065份，设立地质灾害警示牌145个，开展地质灾害应急演练1次。强化“人防+技防”预警监测水平，实施同仁市地质灾害监测预警试点建设工作，安装监测设备96台，有效提升地质灾害防治能力。完成4个乡（镇）53户的地质灾害避险搬迁工作，保障群众生命财产安全。

财　政

【概况】　2022年，同仁市持续推进严肃财经纪律，不断优化支出结构，强化财政资源统筹，服务重大项目需求，坚持保重点促发展，强管理重绩效，推动财政工作取得新成效。全年全市一般公共预算收入完成12540万元，为年度预算的100.37%，同比增长5.4%。其中，税务部门主管的收入完成8692万元，完成年初预算93.49%，同比增长8.05%；财政部门主管的收入完成3848万元，完成年初预算的120.4%，同比下降0.15%；税收收入完成7650万元，完成年初预算的87.48%，同比增长8.48%；非税收入完成4890万元，完成年初预算的130.47%，同比增长0.9%。政府性基金收入完成16104万元。全市一般公共预算支出完成232667万元，同比下降18.64%；民生支出完成189195万元，占一般公共预算支出的81.32%。

2022年10月26日，市财政局对市政府办开展进一步规范基层财务管理专项整治行动重点监督检查工作（市财政局供图）

【财政监管】　全市各预算单位开展会计质量自查自纠工作，并通过抽查方式对市审计局、市社会保险事业管理局等4家预算单位、1家代理记账机构、1家地方民营企业进行重点检查，检查发现共性问题6条、个性问题3条。通过自查和重点检查相结合方式，各预算单位开展预决算自查工作，自查面达到100%。在自查基础上，市财政局按照抽查面不低于

2022年10月20日，市财政局召开进一步规范基层财务管理专项整治行动暨2023年预算编制工作部署会（市财政局供图）

20%的要求，抽取市民政局、市残联等17个部门完成线上重点监督检查工作，检查发现共性问题2条、个性问题3条。全市7家代理记账机构开展代理记账业务质量自查自纠工作，并对7家代理记账机构开展重点监督检查，检查发现个性问题1条。组织各相关单位开展惠民惠农财政补贴资金发放“一卡通”自查自纠工作，在自查基础上，对市民政局、市农牧业综合服务中心2个单位进行重点抽查，检查发现个性问题2条。开展进一步规范基层财务管理专项整治行动，全市55个预算单位开展自查自纠、立查立改工作，自查覆盖面达100%。在自查自纠的基础上，市财政局按不低于10%的比例对市政协、市乡村振兴局、曲库乎乡政府、黄乃亥乡政府、多哇镇政府等12个单位开展重点检查工作，检查发现共性问题6条、个性问题5条。

【财政改革】 2022年1月1日，同仁市预算管理一体化系统正式上线运行，实现对预算编制、预算批复、预算调整调剂、预算执行、会计核算等业务全链条管理和资金全方位监控。根据教育、交通、医疗卫生、生态环境等各领域州与市县财政事权和支出责任划分改革实施方案，市级财政落实地方财政事权责任，推进支出政策，确保政策落地落实。落实留抵退税政策，研究增值税留抵退税相关政策文件，统筹上级转移支付和自有资金，有效满足退税资金需求，保障政策落地，全年完成留抵退税规模达263万元。

【政府性债务监管】 全市申报债券项目38个。其中，一般债券项目30个，申报金额40107万元；专项债券项目8个，申报金额36417万元。获得地方政府新增债券资金25308万元。其中，专项债券项目2个，债券资金19419万元，主要投向天然气、水利等项目领域；一般债券项目5个，债券资金5889万元，主要投向交通、水利、城市建设等项目领域。市财政局加快债券资金支出进度，对申请的债券资金支出不足的进行预警通报，超期闲置资金予以收回。截至2022年底，同仁市新增地方政府一般债券资金5889万元，实际支出5041.3万元，支出率86%。新增地方政府专项债券资金19419万元，实际支出6467万元，支出率33%。

【涉农资金统筹整合】 全年中央和省级下达乡村振兴衔接资金16422.6万元，其中中央资金11842.48万元、省级资金4580.12万元，本级财政安排乡村振兴衔接资金项目前期费等850万元。衔接资金支出15316.46万元，支出率93.26%。继续深化涉农资金统筹整合工作，年度整合涉农资金23713.9万元，整合项目65个，其中中央财政资金15038.14万元、省级财政资金8463.26万元、市级财政资金212.5万元。支出20236.4万元，支出率85.34%。将同仁市妇女手工制作工坊、同仁市化肥农药减量增效、同仁市黄乃亥乡群吾村特色种植基地建设等9个涉农资金统筹整合项目纳入绩效目标管理，开展绩效评价。

【绩效管理】 加强预算绩效目标申报管理，要求所有的部门均需编制部门整体支出绩效目标，全年完成批复部门预算绩效目标，纳入绩效目标管理部门项目306个，绩效目标管理金额24502.05万元。加强预算绩效监控管理，财政业务股室、绩效股、预算股各负其责、责任到位，日常监管和重点监控相结合，在预算绩效监控管理方面加强协调沟通，提高财政资金使用效益。加强重点项目绩效评价，围绕市委、市政府重大决策部署及群众关心的民生领域，纳入重点评价绩效目标管理项目18个，绩效目标管理金额11516.46万元。加强预算绩效评价管理，完成2021年度全市行政事业单位部门预算绩效考评，奖励兑现资金65万元。对评为五档的单位和未报绩效资料的单位扣减当年经费13.78万元。

【“三公”经费支出管理】 落实政府过“紧日子”要求，一般性支出压减10%，把非刚性、非重点的一般性支出压减下来，将有限资金用到“刀刃”上。全年“三公”经费实际支出652万元，其中车辆购置费368万元、车辆运行维护费235万元、接待费49万元。

【会计管理与培训】 6月22日，市财政局举办政府采购管理系统“政采云”网上业务操作专题培训。各预算单位（含二级预算单位）政府采购业务人员等90余人参加培训。此次培训，围绕青海省政府采购管理系统操作流程、对平台的项目采购意向公开、采购计划实施、“政采云”电子卖场、项目采购全流程操作等内容进行详细讲解，并就政府采购业务实施过程中遇到的业务问题进行互动交流。10月20日，同仁市召开进一步规范基层财务管理专项整治行动暨2023年预算编制工作部署会，传达《同仁市开展进一步规范基层财务管理专项整治行动工作实施方案》。市纪委和市审计局围绕基层财务管理违纪违法案例和审计查处有关问题案例进行警示教育。市财政局对2023年预算编制工作作出安排部署。

税 务

【概况】 2022年，同仁市克服经济下行、多轮疫情等因素的影响，依法依规组织税费收入，坚守不收“过头税费”底线，强化对关键时点、重点税种、重点领域监控管理，推动组织收入工作提质增效。5月，国家税务总局同仁市税务局获“全国五一劳动奖状”。全年累计组织各项税费收入8.24亿元，同比增长37.33%，其中税收收入1.76亿元、各项社会保险费及非税收入6.48亿元。累计组织县级税收收入7913万元。辖区内登记各类纳税户3426户，其中企业1426户、个体户1670户、行政事业单位及其他330户。

【减税降费】 4月1日，大规模增值税留抵退税实施后，同仁市构建政府主导、税务主抓、财库协同、多部门联动的“一盘棋”退税政策落实机制，形成稳经济落实合力。税务部门通过“报、网、端、微、视、台”全媒体平台，开展组合式税费支持政策宣传；组织开展分行业、多轮次“纳税人学堂”培训以及上门入户精准辅导，助力政策红利直达快享。全年累计落实各项税费优惠政策7692万元，其中，增值税留抵退税1775万元。

2022年7月21日，省总工会为同仁市税务局颁发“全国五一劳动奖状”（市税务局供图）

【依法治税】 推行行政执法“三项制度”，落实税收执法责任制，严格公正文明执法。优化税务执法方式，落实“首违不罚”清单制度，全年累计处理涉税不予处罚123户。发挥征管和评估

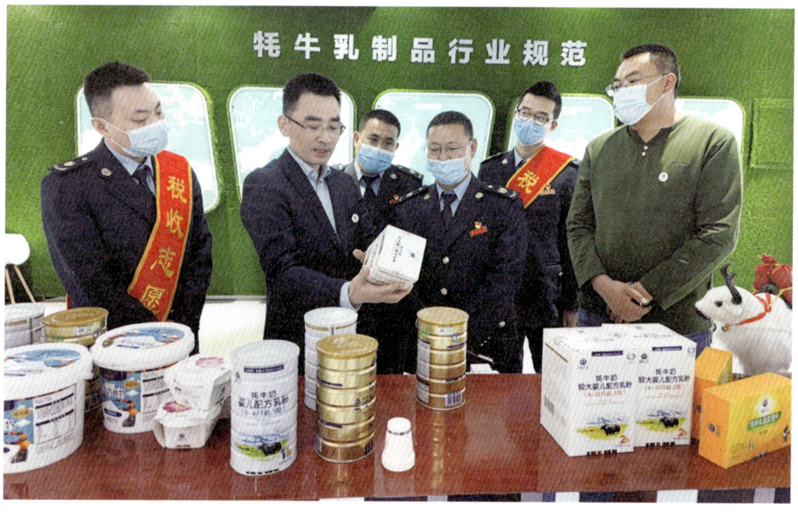

2022年4月12日，市税务局党委班子到青海高原之宝问需调研并宣传新的组合式税费支持政策（市税务局供图）

作用，综合运用风险管理、评估核查等方式依法组织收入和税费减免。全年查补入库涉税风险税款 70.66 万元、滞纳金 1.84 万元；针对 28 户次企业阻断、追回留抵退税 260.2 万元。

【税收征管改革】 推进“全电发票”受票扩围试点工作，依托“一户式”应用 2.0 版服务功能逐户做好精准辅导工作，确保纳税人应知应会应用。全年对 168 户纳税人完成“预先服”辅导，接收“全电发票”纳税人 170 户次。稳步推进个人所得税汇算清缴工作，7869 名自然人办理年度综合汇算，成功退税 3855 笔、376.38 万元，退税办结率达 100%。

【纳税服务】 推广电子税务局、移动终端、微信、支付宝等线上办税缴费平台，扩大“非接触式”办税缴费服务范围，实现 214 项涉税事项线上办理，网上申报率达 98.11%，“非接触式”占比达 91.24%，企业社保缴费全面实现“网上办”，个人社保缴费基本实现“掌上办”。打造“一次不用跑 税费全办好”纳税服务品牌，办税“最多跑一次”事项清单扩展至 14 类 191 项业务。推行绿色通道、容缺受理、延时办理等便民服务措施，推动办税服务从好办转向快办。开展“春雨润苗”专项行动，发挥税务部门与工商联“助微计划”品牌效应，助力小微市场主体稳发展、行长远。开展第 9 个“便民办税春风行动”和全国第 31 个税收宣传月活动，2022 年 5 大类 12 项 121 条便民办税举措全部落地生效。

审　计

【概况】 2022 年，同仁市安排审计项目 19 项，完成 19 项，查出问题资金 104709.86 万元，其中违规资金 107.84 万元、管理不规范资金 104602.02 万元；问题 187 条，其中非金额计量问题 72 条；提出审计建议 102 条；移送市纪委问题线索 2 件。市审计局组织实施的同仁市 2019—2021 年 10 月粮食储备政策落实和粮食储备资金管理使用情况审计，在全省审计机关审计项目质量等级评定中被评为县（区）级审计项目一等级；马艳在 2022 年全省审计机关“十佳审计能手”评选中被评为“核查问题优秀个人”。

【预算执行审计】 围绕实施积极财政政策、过“紧日子”要求，重点关注财政预算的真实性、完整性、合规性，预算绩效管理、决算草案编制、债务规模结构和偿还能力、国有资产管理、部门财务收支管理、专项资金使用绩效等情况，开展 2021 年度本级预算执行和其他财政收支情况审计，审计查出管理不规范资金 88178.25 万元；问题 12 条，其中非金额计量问题 5 条；提出审计建议 9 条。以监督检查财政收支的真实合法效益为基础，推行反映公共资金使用、公共权力运行和公共部门履职尽责情况，以巡审联动形式，完成同仁市住房和城乡建设局 2020—2021 年、市民政局 2019—2021 年、市发展和改革局 2019—2021 年、市水利局 2020—2021 年 4 个单位财政财务收支审计，审计查出问题资金 5477.57 万元，其中违规资金 57.21 万元、管理不规范资金 5420.36 万元；问题 52 条，其中非金额计量问题 16 条；提出审计建议 30 条。

【经济责任审计】 重点关注贯彻执行党和国家经济方针政策和决策部署、重大经济事项决策执行和效果、财政财务管理和经济风险防范、预算管理执行机构编制管理、党风廉政建设责任和廉洁从政规定的贯彻落实、以往审计发现问题整改等情况，坚持党政同责、同责同审，紧扣领导干部权责清单，开展经济责任审计，完成双朋西乡、扎毛乡、加吾乡、年都乎乡、市自然资源局、市工业商务和信息化局、市妇女联合会等 7 个单位 12 名领导干部经济责任审计。审计查出问题资金 10303.90 万元，其中违规资金 30.98 万元、管理不规范资金 10272.92 万元；问题 86 条，其中非金额计量问题 19 条；提出审计建议 47 条。

【专项审计】 贯彻落实习近平总书记根治粮食购销领域系统性腐败的重要批示，重点关注粮食主管部门关于政策贯彻落实、粮食收储资金管理使用和粮食收储、保管、轮换情况等情况，对同仁市 2019 年至 2021 年 10 月粮食储备政策落实和粮食储备资金管理使用情况进行审计。审计查出问题资金 55.04 万元，其中违规资金 19.65 万元、管理不规范资金 35.39 万元；审计查出问题 14 条，其中账实不符、账目混乱、管理不规范等非金额计量问题 11 条；提出审计建议 4 条；移送纪委问题线索 2 件。

【自然资源资产审计】 完成扎毛乡原党委副书记、乡长自然资源资产离任审计，重点关注自然资源资产管理、生态安全、环境风险防控、生态环境和耕地保护目标任务完成以及履行监督责任等情况。审计查出管理不规范资金 48.50 万元；问题 10 条，其中非金额计量问题 9 条；提出审计建议 3 条。

【政策跟踪审计】 重点关注“六稳”、“六保”、民生保障和改善、生态环境保护、产业“四地”建设、优化营商环境等政策落实情况，财政直达资金以及存量资金监控、管理、拨付、使用情况，对同仁市 2020—2021 年度新增财政直达资金管理使用情况开展政策跟踪审计。审计查出管理不规范资金 646.6 万元；问题 2 条，其中非金额计量问题 1 条；提出审计建议 2 条。推动惠农项目落地见效，完成 2021 年同仁市化肥农药减量增效项目审计，重点对项目招投标及实施过程、资金管理使用情况和项目绩效进行审计。审计查出非金额计量问题 6 条，提出审计建议 4 条。

【乡村振兴项目审计检查】 为推进乡村振兴政策措施落地见效，开展扎毛乡扎毛村农业休闲观光园项目审计，重点对项目建设全过程、资金管理使用情况进行审计。审计查出非金额计量问题 5 条，提出审计建议 3 条。聘请三方对乡村振兴项目开展全过程跟踪检查，完成 2021 年、2022 年度乡村振兴项目跟踪审计阶段任务，审计查出问题及时反馈被审计单位，落实边审边改，确保乡村振兴项目顺利实施。

【竣工工程项目审计】 为推动全市各类工程建设项目顺利实施、资金规范管理和使用，按照市政府 2022 年第 4 次专题会议决议，提交《关于印发〈关于开展全市各类项目审计监督的通知〉的请示》，拟对省、州、市重点建设项目、政企合作建设项目、乡村振兴项目、对口援建项目、东西部协作资金、社会捐助资金等开展审计。全年统筹全市各类建设项目，完成投资额千万元以上竣工项目审计监督 5 个，核减工程款 1140.05 万元。

【督导审计查出问题整改】 贯彻落实《中共中央办公厅、国务院办公厅印发〈关于建立健全审计查出问题整改长效机制的意见〉的通知》，动态更新审计查出问题台账，落实“销号制”，通过下发催告通知、会议通报、集中清理等方式，督导审计查出问题整改落实。截至年底，审计查出问题整改率达到 95.21%。

【市委审计委员会会议】 4 月 6 日，市委审计委员会第七次会议召开。会议传达学习全国审计工作会议精神、省委审计委员会第七次会议精神、省委书记信长星对全省审计工作提出的要求、全省审计工作会议精神和州委审计委员会第七次会议精神。听取 2021 年全市审计工作汇报，审议《同仁市 2022 年度审计项目计划》，安排部署 2022 年度全市审计工作。

9 月 9 日，市委审计委员会第

2022 年 4 月 6 日，中共同仁市委审计委员会第七次会议召开（市审计局供图）

八次会议召开。会议传达学习省委审计委员会第一次会议暨中央审计发现问题整改工作领导小组第二次会议精神和信长星、吴晓军在省委审计委员会第二次会议上的讲话。听取全市审计查出问题整改情况的汇报，审议相关文件，对全市审计工作及审计查出问题整改工作提出要求。

统　计

【概况】　2022年，同仁市按照年报和定期报表实施方案及各项专业报表制度要求，完成农业、工业、投资、社会消费品零售总额、劳动工资等各项常规月（季）度报表及联网直报平台的报表统计工作及调查任务。第七次全国人口普查工作结束，市统计局获青海省第七次全国人口普查先进集体，6名普查指导员及普查员获全国先进个人表彰。10月10日，同仁市人口变动情况抽样调查工作全面启动，此项工作走在全州之首。加强规模以上、限额以上企业培育入库工作，并配合市工信局对已达标的企业进行现场核实，指导督促企业及时提供入库资料。全年申报限额以上商贸零售企业2家、规模以上工业企业1家。

2022年7月28日，市统计局举办2022年固定资产民间投资统计工作培训会（市统计局供图）

【统计执法】　配合州统计局对同仁市随机抽取的四上企业及核查定期报表数据质量及统计基础工作情况开展统计执法检查工作，不断加大统计执法检查频次和力度。对各专业开展统计执法抽查工作，采取“双随机”方式，持续保持防范和惩治统计弄虚作假的高压态势，并加强对数据采集、审核、报送、发布的整个流程进行“全程监督”，从源头上提高统计数据质量，为市委、市政府宏观决策做好统计服务。

【统计培训】　4月20日，组织召开全市农业统计工作暨业务培训会，11个乡镇专、兼职统计员参训。培训主要内容是抓好全市基层农业统计工作，进一步规范农业统计调查基层基础资料，防范统计弄虚作假，确保基层农业统计数据质量。

7月28日，市统计局联合发展和改革局、工业和信息化局组织开展2022年固定资产民间投资工作培训。传达学习《中华人民共和国统计法》、统计法律及中央有关部门对统计法修订草案的意见、《部门统计调查项目管理办法》、《防范和惩治统计造假、弄虚作假督察工作规定》、《防范和惩治统计造假弄虚作假重要文件选编》、《关于更加有效发挥统计监督职能作用的意见》、《国家统计局督查青海省防范和惩治统计造假弄虚作假情况反馈意见》，要求和强调各报表单位要进一步增强对固定资产投资统计工作重要性的认识；各统计人员必须严格执行固定资产投资报表制度，做到“实事求是、数出有源、数出有据”；新建项目入库要严格按照时限要求进行入库，入库前必须将相关要件资料准备齐全，确保一次性入库成功。

9月29日，市统计局组织举办2022年人口变动情况抽样调查培训会，各乡镇指导员及调查员50余人参加培训。此次培训，主要从人口变动调查方案介绍、人口变动调查入户技巧、建筑物核实、人口变动调查登记表填写、数据采集程序等进行培训，并在课堂中穿插提问、测试等环节，同时就存在的问题进行现场答疑解惑。培训最后，与在会的“两员”签订保密协议。

【人口变动抽样调查】 工作开展前期，举办培训班，提升指导员与调查员业务素质，为完成此次调查工作打下基础。10 月 10 日，同仁市人口变动情况抽样调查工作全面启动，在全市 72 名调查指导员和调查员努力下，完成 19 个样本村、760 个样本户的登记、审核、验收及 82 个行政村（社区）基本情况表的上报工作，上报率 100%。此项工作走在全州之首。

2022 年 9 月 29 日，同仁市 2022 年人口变动调查工作培训会召开（市统计局供图）

价格管理

【概况】 2022 年，同仁市做好常规价格监测及重要节假日、省内西宁市及海东市新冠疫情多点暴发期间市场价格重点监测，加大生活必需品调运力度和频次，保障市场供应，强化市场监测，实行价格预警，确保价格稳定。继续以清费治乱减负、优化经济环境、保持市场物价稳定为重点，发挥价格杠杆职能，重点开展城镇供水、供电、供气、供暖行业收费等专项检查，努力维护人民群众利益，规范市场价格。坚持“客观、公正、合理、科学”的原则，开展价格认证公正，全年受理涉案价格认定 12 件，价值达 33.9 万元，办结率 100%。

【价格监督与执法】 贯彻落实省市场监管局《关于开展妨碍统一市场和公平竞争的政策措施清理工作通知》的精神，开展对全市公平竞争审查联席会议成员单位政策措施清理工作。加强节前检查巡查，规范市场价格。“两节”期间，重点加强监督与人民群众生活密切相关的米、面、油等物品的市场价格，督促经营者严格执行明码标价制度，依法严肃查处相互串通操纵市场价格、囤货居奇、哄抬物价、牟取暴利以及散布涨价谣言等价格违法行为。全年出动 46 人次，检查各类经营主体户 92 户次，其中干果店 7 家、物业公司 11 家。检查中未发现突击涨价、哄抬物价等价格违法行为。在各类市场主体场所显著位置张贴同仁市市场监督管理局关于稳控物价的告知书 350 余份，通过宣传教育，使经营者进一步增强诚实守信意识，自觉

2022 年 8 月 19 日，市市场监督管理局在商场超市检查，规范市场价格（市市场监督管理局供图）

加强价格自律。开展各类专项检查，落实国家降费让利政策。根据省局和州局通知要求，组织开展全市辖区内物业企业检查，检查物业企业16家，对21家小区物业的收费进行检查。经查，全市收费情况基本良好，个别物业收费公示制度未执行到位，责令整改。城镇供水收费检查重点包括是否收取城市增容费、是否利用垄断地位强行施工供水项目、国家规定的减免政策是否执行到位等，清退水费4.7万元，做到市场主体减负保运。

信用体系建设

【概况】 2022年，同仁市按照国家统一标准规范建设市级信用平台，形成以州信用平台为枢纽、信用青海（同仁）为窗口的新型载体。建立全市信用平台网站“一网通”，面向全社会提供信息发布、数据交换、信息共享、信用公示、信用查询、信用修复、联合奖惩等“一站式”信用服务。累计上报数据8.9万条。

【信用监管】 市市场监督管理局加强企业经营异常名录和严重违法失信企业名单管理工作。对被列入经营异常名录的市场主体，秉承为企业服务之原则，主动联系企业，督促其尽快履行年报，帮助被列入经营异常名录的企业履行公示义务，手续齐全后，按照相关法规、程序核实，移出经营异常名录库。加大信用监管力度，市场主体年报公示工作平稳推进，同仁市2021年度企业年报公示率为92.1%。推进失信企业协同监管和联合惩戒，对被列为失信被执行人的企业主要负责人、股东、高级管理人员等信息及时纳入“失信被执行人/黑名单”，并在该类企业办理变更、注销登记手续时，给予一定限制。

【企业单位信用公示专项检查】 联合工信、公安等11个部门对中石化南出口加油站等3家企业开展成品油经营领域“双随机、一公开”联合抽查工作，完成联合抽查并将检查结果通过企业信用信息公示系统（青海）记载于企业名下并向社会公示。联合人社局对粮食储备有限公司等24家企业开展年报公示信息跨部门抽查检查，完成联合抽查并将检查结果通过企业信用信息公示系统（青海）记载于企业名下并向社会公示。市市场监督管理局双随机完成生产企业、商标印制机构、小作坊、直销企业、食品经营户、餐饮经营主体、广告经营户等8类94户的抽查检查工作，检查结果通过企业信用信息公示系统（青海）记载于企业名下并向社会公示。

【金融系统信用体系建设】 推进农牧区信用体系建设，加快推进同仁市贫困村、贫困户信用体系的创建工作，做好贫困户信用修复工作，拓展“信用创评+扶贫贷款”“信用贷款+金融扶贫风险防控资金”等扶贫信贷模式，解决贫困户融资难的问题。推动信用体系建设，巩固“三农”市场基础。与市委、市政府汇报沟通，对其他金融机构未发放贷款的村或个人，安排所管辖的支行跟进信贷服务。加强区域信用体系环境建设，以“双基联动+信用体系”建设为切入点，运用“双基联动”办公室“挂职副行长”办公机制，做好信用体系建设工作，做实信用户评定授信工作。

农商行信用体系建设　同仁农商银行大力推进农牧户信用体系建设和信用修复工作，为信用户发放1万元~20万元的低利息无担保信用贷款。将信用评定范围扩展至城镇居民、个体工商户、小微企业、新型农业经营主体等群体。截至年底，累计评定信用户12939户，信用村59个，信用乡11个，当年新增信用户695户。累计发放农牧户小额信用贷款6.51亿元，7270户；农牧户信用贷款余额4.87亿元，5502户。全年召开“双基联动”会议6次，覆盖辖内全部乡镇。

邮储银行信用体系建设　中国邮政储蓄银行股份有限公司黄南藏族自治州支行落实信用村体系建设，通过选择特色优势产业集中、信用环境良好、资金需求旺盛的行政村，提升农村地区贷款办理效率，与当地政府、村“两委”合作，推进信用村“整体开发、批量授信”，打造“银村合作”平台，精准对接“三农”特色需求，为广大农户、新型农业经营主体、小微企业、农业龙头企业等提供集信贷、理财、结算于一体的特色化、综合化服务，服务触角持续延伸。“村村贷”业务快速增长，截至年底，建立信用户 787 户，涉及信用村 41 个，实现贷款发放信用村 26 个，其中纯信用类信用户贷款发放 365 户 3096 万元，信用户纯信用类贷款结余 2510.56 万元。

市场监督管理

【概况】 2022 年，同仁市统筹大市场、大质量、大监管，推进“十四五”市场监管规划有效实施。全年登记各类市场主体 874 户（其中企业 131 户、个体工商户 743 户），变更 338 户，注销 678 户。截至年底，全市共登记各类市场主体 9765 户。发放“多证合一”企业营业执照 270 份、“二证合一”个体工商户营业执照 1020 份。以经营场所自主申报承诺制方式为市场主体 776 户办理登记业务。通过市场主体登记全程电子化平台自主申请的营业执照 855 份（企业 125 份、个体工商户 730 份），已有 15 户企业通过企业信用信息公示系统（青海）发布简易注销公告，并在公告到期后进行注销。将“证照分离”改革与压缩企业开办时间改革相结合，将企业工商注册时间压缩至 1.5 个工作日以内；将“证照分离”改革与企业名称登记改革相结合，实施企业名称自主申报制度；将“证照分离”改革与“全程电子化登记”改革相结合，进一步深化企业登记便利化程度。

【市场综合管理】 继续深化商事制度改革，整合审批职能，简化准入流程，推行营造更优营商环境。抓好培育驰名、著名商标和商标申请注册工作。实施商标战略，支持企业做大做强，稳步推进全市注册商标总量持续增长。做好广告监管工作，加大违法广告整治力度，维护良好的广告市场秩序。加强重点领域市场监管执法，依法惩处各类违法违规行为，加大危害市场秩序和群众切身利益的重点领域执法力度。持续开展食品安全专项治理行动，依法严惩重处药品、化妆品、保健品、医疗器械的安全违法行为。加大消费维权力度，完善消费纠纷处置机制，结合政务服务热线整合，规范投诉举报分流处置流程，重视“12345”市政热线服务平台、“12315”互联网平台、信函转办等投诉举报处置工作，按时保质完成投诉举报初查、处理、办结和反馈工作，杜绝超期反馈、超期办结现象发生，不断提高群众满意度。强化事中事后监管，加快建立“双随机、一公开”的新型监管机制，营造公平竞争的市场环境。持续开展特种设备专项检查，加大对电梯、锅炉和压力容器（含气瓶）专项整治力度，加强学校、宾馆电梯安全检查，严厉打击各种违法行为。加大特种设备安全监察力度，强化定期检验，及时发现隐患，处理和消除隐患。

【农资市场监管】 落实《农业生产资料监督管理办法》，并与农资经营户签订农资商品质量经营目标责任书，规范农资经营户经

2022 年 9 月 28 日，市市场监督管理局到客都超市开展直销市场规范检查（市市场监督管理局供图）

营活动，确保农资市场安全有序。结合当地的实际和农时特点，加强农资市场全方位监管，重点开展化肥、农药、农膜、农机具及配件等农业生产必需的农资产品专项执法检查，严厉查处制售假冒伪劣农资坑农害农行为。联合青海省化工产品质量监督检验站送检有机肥料22个批次、农家肥6个批次，出动执法人员8人次、执法车辆4辆次，检查农资经营户6户。对1家农资经营户经营的农资进货单据不全、没有及时索票的行为，责令其整改；对1户经营户未亮照经营，当场予以纠正。

【虫草市场监管】　开展虫草市场综合整治行动，抽调执法人员牵头联合公安、城管等部门成立联合检查巡查小组，重点对德合隆南路、麦秀路周边虫草流动摊贩，虫草专营店等主体开展日常监管，严格检查掌握虫草市场动态，对占道经营、无照经营等违法行为进行整治，同时宣传、教育、引导流动经营户进入正规市场销售，严禁占道经营、无照经营。开展宣传活动，畅通投诉渠道。执法人员向虫草采挖人员和虫草收购人员宣传法律法规，通过在市场醒目位置悬挂横幅、张贴宣传公告、现场宣传等形式宣传市委、市政府关于加强冬虫夏草采挖期间维稳安保工作会议的精神和常态化扫黑除恶专项斗争的工作要求的有关事项，使广大经营者守法、合法地开展虫草交易活动。严格检查虫草质量。专项整治期间，出动执法人员10人次，检查黄南州佳德农畜产品有限公司1户、虫草经营户45户，清理占道经营、流动摊贩15户。开展扫黑除恶治乱常态化宣传2次，悬挂横幅2条，张贴宣传虫草市场宣传公告100份。

【成品油市场监管】　由市市场监督管理局牵头，联合公安、人社、应急管理、消防等部门开展成品油市场“双随机、一公开”联合执法检查工作，及时成立州市县成品油市场专项整治和综合监管改革工作领导机构，明确责任分工，推进工作落实，市场监管、公安、工信、税务、交通、应急管理等部门对成品油存储运、销售中掺杂使假、缺斤短两、无证无照经营、无票或变票销售等违法行为进行查处，查办案件1起，罚没款3000元。其间，组织执法人员对全市私营加油站及中石油、中石化加油站进行专项检查，重点检查进货方资质、油品检验报告、加油机检定情况等。

【煤炭市场监管】　加大流通领域煤炭市场监督抽检力度，按照扫黑除恶治乱的工作要求，严厉查处掺杂使假、以次充好欺诈消费者和销售假冒伪劣煤炭等违法行为，对全市流通领域煤炭质量开展抽查检验工作。累计抽检11家煤炭经营户11批次，抽检结果均为合格。

【茶叶市场监管】　贯彻落实《青海省巩固提升重点地方病防治五年行动计划（2021—2025年）》确定的目标任务，有效预防和控制饮茶型地氟病危害，规范茶叶市场经营行为，维护市场秩序，严厉打击违法违规行为，保障茶叶消费者的合法权益。对同仁市5家茶叶产品销售经营单位开展此次专项整治工作，并结合同仁实际，不断加大茶叶的抽检力度，严查砖茶中高氟、铅、农药残留超标等不符合质量标准的违法行为，加强茶叶质量安全监管。杜绝不符合标准的茶叶流向市场，保障老百姓食品安全。抽检5批次的产品，抽检结果均为合格。开展餐具制作单位及自制油饼油条餐饮服务单位专项检查工作。

【网络市场交易监管】　落实“网站自行亮照”“平台为网店亮照”“平台为网店亮标”要求，集中开展非法主体网站专项整治。督促平台经营者就履行法定义务和责任问题进行自查自纠，通过执法检查、责令整改、行政约谈、案件查处等方式，促使平台经营者自觉履行法定义务和责任。开展“百家电商平台点亮”专项检查，检查督促并落实本辖区内已经（或需要）办理市场主体登记的网络交易经营者按照《中华人民共和国电子商务法》《市场主体登记管理条例》《网络交易监督管理办法》等规定在其首页（经营活动主页面）显著位置持续公示营业执照信息；督促并落实本辖区内不需要进行登记的经营者，在其经营活动的主页面如实持续公示自我声明以及实际经营地址、联系方式等信息。督促检查并落实本辖区内需依法取得行政许可的网络交易经营者按照

《中华人民共和国电子商务法》《中华人民共和国药品管理办法》《中华人民共和国食品安全法》等规定在其首页（经营活动主页面）显著位置持续公示营业执照信息的同时，须一并公示与其经营业务有关的行政许可信息。督促检查规范本辖区范围内初具网络交易平台“雏形”的网站、App、小程序的网络交易经营者按照相关法律、法规规定在首页显著位置持续公示平台服务协议或交易规则信息，并敦促在其中经营的经营者亮标、亮照（证）。督促其严格按照网络交易平台的规范要求依法、依规、规范经营。全年出动执法人员4人次，重点检查“同仁美团”等电商平台，宣传《网络交易平台经营者履行主体责任合规指引》要求，落实电商平台主体责任，指导督促平台集中清理平台内冒用、过期、未及时变更等情形的无效证照，促进平台规范有序。加大违法广告、虚假宣传、不正当竞争等违法、违规行为的监管、规范和指导，增强其守法经营意识。

工商行政管理

【经济合同管理】 开展格式化合同专项检查，主要检查商户的主体资格、经营范围、业务办理、服务协议等。通过检查，对商户讲解相关的法律法规，增强商户“公平交易”意识，增强商户和消费者合同意识。多举措推进合同监管工作，不断创新工作机制和服务方式，营造公平竞争的市场环境；广泛宣传和推广合同示范文本，引导企业合法使用，不断提高合同规范化程度。指导企业履行合同约定，强化合同自律。发挥“12315”申诉举报通道作用，受理消费者投诉举报，认真受理，仔细核实，迅速执法，及时查处。

【商标管理】 商标地理标志品牌培育建设　增强同仁市企业品牌创建和运营能力，突出重点领域抓好商标品牌注册培育工作。高度重视商标品牌培育、注册、宣传工作，细化工作责任。推动同仁当地农牧业产品品牌建设，支持农畜产品高质量发展。设立商标品牌指导站，向企业宣传《中华人民共和国商标法》《地理标志产品保护规定》等法律法规，使重视商标发展的意识融入基层一线和企业。以品牌建设引导企业树立品牌意识，带动产业发展。进牧区、跑企业，到青海高原之宝牦牛乳业股份有限公司、瓜什则乡、扎毛乡等牧区开展商标品牌注册、运用、保护、推广等宣传指导，动员广大企业和农牧户开展商标注册和地理标志保护工作。推进商标战略实施，通过宣传营造实施商标战略的社会氛围，增强全社会商标意识。通过指导，引导未使用商标的企业注册商标，提升已经注册商标的企业走“品牌兴企”的发展道路；通过培育，做到成熟一批、推荐一批、储备一批；通过保护，保护商标权利人的合法权益和消费者的合法权益。

打击侵权假冒和保护商标专用权专项整治行动　重点检查侵权和仿冒知名酒类商品以及“三无”“无中文标识”名优白酒、葡萄酒、啤酒等各类酒类商品，严厉查处销售侵权商品，仿冒知名商品特有的名称、包装、装潢等违法行为，加大对酒类商品投诉举报案件的查办力度，向广大经营者和消费者宣传国家知识产权保护工作的政策法规。全年出动执法人员15人次、车辆5次，检查各类经营户30家，对2户未明码标价的经营户责令整改。通过检查，未发现同仁地区市场销售假冒侵权商品。

【广告管理】 传统媒体广告整治　严格按照“谁审批谁监管、谁主管谁监管”原则，对报纸、广播、电视、期刊、印刷品、户外广告等传统媒介广告经营行为进行重点监管。持续强化广告导向监管，严厉查处“软色情”“低俗媚俗庸俗”等涉及导向问题、敏感问题以及违背社会良好风尚和借中共二十大等重大活动名义违规从事商业广告宣传等行为。督促广告经营单位和广告发布者严把广告发布前的审查关，将事中、事后监管前移，强化事前预防，坚决堵住虚假违法广告传播途径。

互联网广告整治　结合“双随机”抽查工作，加强对重点互联网广告媒介主体的监测检查。针对有关老年人的食品、保健产品以会代销，专家义诊免费试用，虚假宣传产品功效等的虚假广告进行全面检查整治。针对医疗、药品、保健食品、房地产、金融投资理财等虚假违法广告进行全面排查整治。

青少年近视防控产品违法违规商业营销和校外培训广告整治工作　围绕辖区眼镜店、药房、校园周边眼视光产品经营户进行整治工作，重点检查眼镜制配经营单位，是否存在使用“康复”“恢复”“降低度数”“近视治愈”“近视克星”“度数修复”等误导性表述对青少年近视防控产品进行营销宣传的行为，加大对冒用中医药名义或者假借中医药理论、技术进行营销宣传欺骗广大消费者行为的检查和打击力度。强化行政指导，向经营者宣传《中华人民共和国广告法》等相关法律法规，促进企业知法守法，提升依法经营意识。全年出动执法人员12人次，检查电视台1家、外卖配送网站1个、广告公司5家、印刷厂1家、药店5家、化妆品经营户5家、房地产公司1家、其他商户10家。

打击整治养老诈骗广告宣传　在黄南电视台等新闻媒体进行宣传，现场讲解新型诈骗知识，告诫人们在日常生活中对犯罪分子的花言巧语要提高警惕，遇到问题要及时和相关单位联系，不贪图小利，提高警惕，远离诈骗，营造和谐的社会氛围。

【小微企业服务】　坚持“非禁即入”原则，除国家明令禁止的，所有投资领域一律对小微企业开放。放宽企业名称使用限制，允许使用综合性用语。实施经营范围规范化表述，市场主体在办理设立和变更登记范围登记时，可以通过经营范围名称库中的关键字搜索，选取标准规范的经营范围，无须自行描述，减少因经营范围填写不规范导致材料反复修改问题。放宽住所使用证明限制，对非自建房或不涉及将城镇住宅改变为经营性用房的，由申请人自主申报经营场所，自行作出承诺，并对所申报经营场所及其信息的真实性和合法性负责。放宽企业出资条件审查，除国家规定的部分行业，其余行业均实行认缴制。完善首办责任制、一次告知、限时办结等登记制度，从“多人审核”“一审一核”到“一人审核”，不断改革审批制度；不断创新完善跟踪服务、预约服务、延时服务和上门服务等服务措施。

【个体私营经济协会】　同仁市个体私营经济协会结合工作实际，创新方式，开展“光彩服务日”活动。向广大消费者开展免费咨询活动，真正把“为民、利民、便民”思想落实在具体行动上。印制并发放《中国消费者宣传册》《中华人民共和国食品安全法》《中华人民共和国特种设备安全法》等资料，向群众及消费者现场讲解如何识别过期食品及维护自身利益等相关知识。以上党课的形式，组织联点村尖德村29名党员认真学习二十大报告精神，把学习宣传贯彻中共二十大报告精神作为当前和今后一个时期的重大政治任务，自觉把思想和行动统一到大会精神上来。开展学校食品安全宣传工作，加强对学生的宣传教育，出动人员160人次，发放宣传材料300余份，宣传人数达200余人。活动期间，根据《联点帮扶贫困户名单》的实际情况，在多哇镇尖德村同步开展帮扶慰问活动，为联建村捐物捐款折合5000元，慰问困难户81户，为贫困户送去食用油81桶，面粉45袋，大米36袋。

质量技术监督管理

【电动车质量监管】　重点摸底排查辖区内电动车商品经营户，加强日常监督检查，严厉打击销售假冒伪劣和不合格商品违法行为，打击以次充好、以假充真、以不合格商品冒充合格商品、售卖无厂名厂址等来源不明商品、伪造或者冒用他人注册商标、篡改生产日期、伪造或者冒用认证证书等质量标志以及侵权仿冒产品等违法行为。全年出动执法人员6人次，检查电动车经营户4户，并对所有电动车经营户进行宣传教育，要求电动车经营户承诺守法经营，严把商品进货关和质量关，加强3C认证产品监管，严禁销售不合格商品。全年结合“安全生产月”“质量月”“计量日”等主题活动组织开展各类宣传42次，制作特种设备安全宣传微视频1个、横幅16条，发放宣传资料2100余份。

【电灶电线电缆质量监管】 以辖区电线电缆产品代理商、五金交电零售门市部等为重点区域，以电灶、电线电缆低压成套开关设备等产品为重点品种，检查电灶、电线电缆产品经营者的主体资格、产品质量、包装标识、检验报告以及电线电缆生产企业的3C认证证书和工业产品生产许可证情况，严厉查处无证照经营、生产销售不符合国家标准、行业标准的电线电缆产品等违法行为，确保广大群众生命财产安全。其间，组织执法人员将全市电线电缆经营户情况录入“工品查”小程序，出动执法人员8人次，检查电线电缆产品经营户7户，现场没收在销售的裸露电炉丝灶台4台，要求个体户不得销售。

【计量管理与检定】 重点检查新世纪华联超市、热贡超市、年都乎市场、虫草市场、中山市场等人口密集、交易量大的场所，对正在使用中的计量器具进行全面检查。查看在用电子秤、电子天平等计量器具是否定期检定并在有效期内使用，使用计价秤是否存在违规行为，是否加贴检定合格标志，公平秤是否设立和按规定摆放便于消费者复核等；计量器具是否存在私自改装、增加作弊装置或作弊手段，是否存在使用非国家法定计量单位或者以计量单位转换等方式欺骗消费者，是否存在缺斤短两被消费者投诉举报现象等。宣传国家计量法规，普及计量常识，要求各个体工商户严格自律、守法经营，杜绝缺斤短两等计量作弊违法行为，检查计量器具468台，现场没收8台作弊或计量不准的计量器具。

【特种设备安全监管】 结合2022年度开展的“四大安全铁拳行动”，联合州市场监督管理局组织特种设备安全监察人员对州医院、黄南州金黄果天然食品有限公司、西城铁路段、同仁鑫瑞捷气有限公司等单位的特种设备进行监督检查。重点查看特种设备注册登记情况及使用单位相关证件是否齐全，压力容器、压力管道的安全状况、定期检验情况，特种设备操作人员持证情况，岗位安全责任落实情况以及突发状况应急预案等。在年都乎村军兰液化气站开展液化气充装站安全事故应急救援演练活动，现场发放宣传资料80余份。

食品药品监督管理

【重大活动和重要节点食品安全保障】 开展元旦、春节、端午、“五一”、“六一”、中秋等节前食品安全大检查，根据同仁地区节日期间的消费特点，以大型商场超市、农贸市场为重点领域、重点部位进行全范围检查督导。累计出动执法人员125人次，检查辖区内大型商场超市5家、农贸市场2家、食品销售单位813户、学校食堂44家、餐饮服务单位347家，发放价格行为的提醒告诫书400余份，对5家索证索票台账不规范的餐饮单位给予口头警告，要求其当场整改。完成重大活动期间餐饮保障任务，在州、市“两会”与尖扎县“关注森林·绿色城乡是安处”活动、青藏川滇甘交界地区州（市）长第

2022年4月28日，市市场监督管理局在客都超市开展食品安全专项检查（市市场监督管理局供图）

七次联席会议等重大活动期间，坚持“预防为主、突出重点、安全第一”的保障工作原则，周密部署，提前介入，严密监控，确保人员到位、职责到位、工作到位。全年累计完成7次餐饮服务保障任务，其间出动执法人员16人次、车辆4台次。

【食堂食品安全专项检查】 出动检查人员5人次、执法车辆1车次，执法人员对中铁十一集团有限公司西成铁路甘青项目部（瓜什则乡）和中路二局第四工程有限公司（双朋西乡）2家建设工地食堂进行专项监督检查，及时发现和消除食品安全隐患。开展全市学校食堂及校园周边食品安全专项检查，出动执法人员376人次、车辆65台次，检查校园周边食品经营单位188家。下架封存辣条（调味面制品）102袋，货值350元；查扣过期小食品和酸奶14袋（瓶），货值56元；对检查中发现不亮照经营3家；2家餐饮索证索票台账不规范、后厨卫生脏乱差，责令其当场整改；2家单位从业人员健康证已过期；2家食品经营许可证已到期、限期3个工作日内办理有效健康证；同时签订校园周边食品安全责任书60份。

【农村牧区食品安全专项检查】

组织执法人员前往瓜什则、双朋西、加吾、保安、多哇等乡镇开展农村牧区食品安全专项检查，严厉打击农村牧区食品违法行为。重点对农村牧区超市、副食品店、农家院、餐饮、小作坊、小摊点、肉铺经营户等食品经营单位食品生产、流通、餐饮各环节进行严格的检查。共出动执法车辆4台次，执法人员15人次，检查各类食品经营户58户次，口头警告3家，停业整顿1家，下达责令整改通知书3份，对5家疫情防控措施落实不到位的餐饮单位要求其当场整改，立案查处2起售卖过期食品违法案件，罚没款1万元整。

【进口冷链食品监管】 开展进口冷链食品及从业人员核酸检测专项检查，出动执法人员201人次，检查冷链经营户27户，针对销售台账建立不规范的1家和消毒台账记录不规范的2家进口冷链肉经营户给予口头警告，要求限期1个工作日内整改到位；对在“青冷链（省级）”追溯平台未及时录入相关信息的1家进口冷链肉经营户给予3日停业整顿的处罚，并要求在3个工作日内补录完毕。

【畜禽肉市场专项检查】 出动执法人员28人次，执法车辆7台次，检查畜禽肉经营户61家次。经查，同仁市畜禽肉市场总体规范有序，经营者索证索票台账基本齐全，未发现变质不合格或来源不明的肉类流入市场，针对个别经营者存在的未严格落实进货查验义务等问题，执法人员现场责令经营者予以整改。

【月饼市场专项检查】 对辖区内月饼生产加工小作坊与月饼销售单位开展节前专项检查。主要检查相关市场主体和食品经营者是否存在食品安全违法、价格违法、过度包装、虚假广告和虚假宣传等违法行为；督促相关主体开展自查自检，落实索证索票及进货查验制度，如实记录商品进销货台账，落实明码标价。专项检查共出动执法人员6人次，执法车辆2台次，检查月饼生产及销售单位8家。经查，节前月饼市场秩序总体良好，未发现有销售“天价”月饼和过度包装的违规情况。

【养老机构食堂食品安全专项检查】 出动检查人员5人次、执法车辆1车次，检查养老机构2家，检查中发现的部分食品安全管理细节问题，现场提出整改意见，并指导其进行整改。同时，对存在的隐患问题下达责令其限期整改。开展城乡接合部食品安全专项检查。出动76人次，检查学校周边食品经营店、食杂店，劝导经营户下架、依法没收包括“辣条”在内的“垃圾食品”共314袋，下发责令整改通知书1份。开展“食品安全、你我共同的责任、安全食品、你我共同的心愿”进乡村宣传活动。共免费发放宣传手册、彩页等资料200余份，接受群众咨询300余人次。

【复用餐具及自制油饼油条餐饮服务单位专项检查】 结合市场监管领域四大安全“铁拳”专项整治行动，在辖区内以使用复用餐具、自制油饼油条的小吃店、餐饮服务单位为重点检查对象，开展使用复用餐具及自制油饼油条餐饮服务单位专项检查。其间，出动执法人员6人次，检查自制油饼油条的小吃店5家、餐饮服务单位63家，口头警告3家，下达责令整改通知书3份。通过本次专项检查，规范经营户对于餐饮具清洁消毒的行为，限制超限量、超范围使用含铝等添加剂的情况。

【食品加工小作坊专项检查】 规范食品小作坊生产行为，严查重处非法生产加工食品的“黑工厂、黑作坊、黑窝点”，摸底调查同时开展专项检查，经摸底调查同仁市辖区内有各类小作坊46家。

【食品生产企业督促检查】 在全市开展四大安全“铁拳”整治行动，严厉打击食品生产经营环节违法违规行为，为广大人民群众营造放心、满意的食品消费环境。出动执法人员18人次、执法车辆6台次，检查食品生产企业6家，口头警告1家，下达责令整改通知书1份，立案查处食品类违法案件1件，结案1件，罚没款13.13万元，召回不合格食品34560盒，没收违法所得26256元。

【保健食品市场专项检查】 加强辖区保健食品市场质量监管，严厉打击夸大、虚假宣传保健食品功能的违法违规行为，有效净化保健食品市场秩序。其间，出动执法人员8人次、执法车辆2台次，检查保健食品经营户16家。检查中发现个别经营者存在提示牌、警示语设置使用不规范，保健食品与普通食品混放销售，产品检验报告不全，从业人员健康证过期等问题。针对检查中发现的问题，执法人员现场提出整改意见和建议，要求各保健食品经营户规范经营，给市民营造一个安全、健康的消费环境。

【散装奶规范管理专项整治】

加强对散装奶经营户的日常检查，与散装奶销售经营户签订协议书，要求经营者有销售从业人员健康证明；禁止在散装奶运输、销售过程中添加任何物质，及时查处违规销售变质、掺杂使假等不合格散装奶的违法行为。定期对登记管理的散装奶经营户的散装奶及盛装容器进行专项监督检查，对日常监督检查中发现的问题，指导和监督销售户立即整改到位，确保销售的散装奶质量安全。出动执法人员26人次、执法车辆6台次，摸底排查33户散装奶经营户，发放30余份散装奶经营户意见征求表，对辖区散装奶销售点随机抽检20家，抽检结果均不合格。

【奶粉监管】 在全市范围内开展婴幼儿配方乳粉质量安全专项整治行动工作。其间，检查食品经营业户274户，乳制品经营户20户（其中含婴幼儿配方奶粉经营户8家），查出索证索票台账不规范的5户，责令其当场整改。

【农村牧区假冒伪劣食品整治行动】 坚持问题导向，以农村牧区小作坊、小商店（超市）、小餐馆、小摊贩等食品生产经营主体和农村集市、食品批发市场及校园周边的食品生产经营主体为重点对象，针对进口冷链食品、酒类、饮料、糕点、冷冻饮品、肉制品、调味品等农村牧区消费量大的重点品类，组织开展农村牧区假冒伪劣食品排查治理。其间，出动执法车辆4台次、执法人员15人次，检查各类食品经营户58户次，对检查中发现的未完善索证索票制度的2户食品店、从业人员健康证即将到期的2家经营户、餐饮具清洗消毒不规范1家饭店，执法人员给予严重警告，并现场督促当场整改。立案1件，结案1件，罚没款合计5000元。

【进口冷链食品疫情防控“回头看”专项行动】 主要检查辖区内27户进口冷链食品经营单位是否落实进口冷链食品“三专、三证、四不”要求；检查销售进口冷链食品经营单位是否落实信息化追溯主体责任，在“青冷链（省级）”追溯平台如实、及时录入相关信息；检查从业人员是否按要求落实佩戴口罩、手套，着工作服入冻库等个人防护措施；检查是否落实进货查验和建立规范出入库台账制度；检查贮存条件是否符合食品安全要求；检查是否做好消杀工作，消毒台账记录是否规范、产品质量是否符合标准等内容。做到冷链食品安全信息全链条可追溯，做到来源可查、去向可追、风险可控。其间，出动执法人员12人次，检查进口冷链食品经营户26户，口头警告3家，停业整顿1家，抽检28批次，结果均为阴性。

【食品安全“你点我检”活动】
开展我为群众办实事——食品安全“你点我检”活动，完成食品快检80批次，其中食用农产品农药残留快速检测42批次、兽药残留快速检测26批次、三聚氰胺快速检测6批次、飞喹诺酮类胶体金法快速检测6批次。由抽检工作人员介绍食品安全抽检监测工作，宣传普及食品安全科学知识，并向消费者公布其参与抽取的80个批次食品的检测结果，其中蔬菜类42批次、肉类26批次、牛奶6批次，鸟兽禽蛋类6批次。

【创建“市场综合监管示范街”活动】 开展创建“市场综合监管示范街”活动，通过打造“食品安全示范街”，发挥引领示范作用，以点带面，全面提升全市食品安全综合治理能力，保障人民群众“舌尖上的安全”。食品安全示范街位于同仁市尖扎路（法治一条街），沿街有餐饮经营户16家、食品销售经营户3家、食品小作坊1家，为改善食品安全经营状况，规范管理标准，提升业户内部安全管理能力，市市场监督管理局以“四个统一”“四个一百”“四个到位”为标准，对示范街内的食品经营进行全面规范提升。

【药品市场监管】 开展全市药品零售企业药品安全专项检查，邀请市检察院执法人员共同对辖区内药品零售企业全覆盖开展专项检查。重点检查各个药店的经营资格、药品储存条件、采购药品票据凭证、药品摆放与贮存、处方药销售等情况。检查医药价格是否稳定，针对检查中个别零售药店存在药品与非药品摆放没有明显间隔等问题，执法人员当场要求立即改正。共出动执法人员8人次，检查药房35家。

【医疗器械市场监管】 医疗器械安全使用宣传 开展“安全用械、共治共享”主题宣传周活动。通过悬挂宣传横幅、设立咨询台、在大型超市等人员密集场所发放宣传单等形式，现场为广大群众普及医疗器械法律法规知识。重点向群众宣传什么是医疗器械，日常生活中如何正确使用医疗器械及常见医疗器械不良事件表现等知识。活动接受过往群众咨询80余人次，发放医疗器械宣传海报300份，宣传册300份。

第三类医疗器械专项检查 重点检查经营商户是否办理医疗器械经营许可证，是否具备经营资质，购进渠道是否规范、是否查验供货方和产品资质证明，购进验收、销售记录是否完整规范；在售的隐形眼镜是否有注册证，包装、标签和说明书是否符合国家有关规定；经营质量管理是否规范、验配人员是否在岗、验配仪器是否验证校准，是否存在夸大、虚假宣传等方面。出动执法人员3人次、执法车辆1车次，检查第三类医疗器械经营商户6家。通过检查发现，各经营商户证照齐全，设备完善，进货渠道正规。有1家经营商户医疗器械经营许可证已过期，责令限期整改，并告诫商户只有办理医疗器械经营许可证才能销售第三类医疗器械。针对个别商户进货验收记录不完整，员工对相关档案建立不了解等问题，执法人员督促其进行整改，并开展后续跟踪检查，确保各项整改要求落实到位。

消费维权

【概况】 2022年，同仁市受理省、州、市级“12315”投诉举报消费者投诉110件、民生热线投诉175件、商品类投诉5件、服务类投诉280件，处理280件，其中符合受理条件的有278件，2件投诉案件不属于市场监督管理局工作职责，已办结278件，调解成功278件，办结率100%，为消费者挽回经济损失18万元。

【打击侵权行为专项整治行动】
结合本地实际情况，组织执法人员进牧区、进乡镇市场进行现场宣传《中华人民共和国消费者权益保护法》、《中华人民共和国食品安全法》、《中华人民共和国反不正当竞争法》、打击传销组织及直销行为条例等法律法规，指导消费群众增强维权及自身利益保护意识；检查综合超市、药店，加大对消费欺诈行为的打击力度。重点对夸大或隐瞒所提供的商品或者服务的数量、质量、性能等与消费者有重大利害关系的信息误导消费者；未经消费者同意，收集、使用消费者个人信息的违法行为；泄露、出售或者非法向他人提供所收集的消费者个人信息的行为进行专项检查。专项检查出动执法检查人员 10 人次，悬挂横幅 5 条，发放宣传资料 200 多份，接受群众、学生咨询 100 多人次，检查各类经营户 58 户。

【消费维权宣传】 开展“进牧区”严厉“打击传销”宣传活动。加强外来人员和暂住人口管理，“进牧区”在乡镇开展流动人口和出租房屋集中清理工作，摸清底数；提高宣传教育的覆盖面和渗透力，加强对乡镇居民、务工人员等群众宣传教育的针对性；推广打击传销宣传工作先进经验，将创建“无传销社区”工作作为综治考评的一项内容同时推动，推进创建“无传销社区”工作开展。出动执法检查人员 10 人次、执法车辆 3 辆次，悬挂横幅 8 条，发放宣传资料 400 多份，接受群众咨询 10 余人次，检查各类经营户 50 户。要求广大市民提高警惕，发现苗头及时通过“12315”投诉举报电话进行举报，共同携手铲除传销“毒瘤”，共建无传销美丽乡镇。

2022 年 3 月 15 日，市市场监督管理局开展“3·15”国际消费者权益日系列维权活动（市市场监督管理局供图）

【消费者协会】 邀请媒体、电视台、地方人大代表、政协委员、企业、个体户代表等参加“3·15”国际消费者权益宣传活动开幕式。在热贡文化广场联合相关执法单位、辖区优秀企业代表采取悬挂横幅、产品展示、现场讲解等宣传方式开展宣传服务活动，现场受理消费者咨询投诉。其间，重点宣传《中华人民共和国消费者权益保护法》《中华人民共和国消费者权益保护法实施条例》《中华人民共和国食品安全法》《特种设备检查知识》等消费维权法律法规知识，面向广大群众讲解如何鉴别化肥、农药、食品、药品、电灶、计量器具等假冒伪劣知识，接受“12315”消费投诉咨询。累计发放食品药品安全、扫黑除恶、非法集资、反垄断、打击传销、规范直销宣传手册 2000 份，现场受理群众咨询 100 多人次。在塔山垃圾填埋场集中销毁 2021 年在市场检查整治中查获的过期食品、化妆品、药品和假劣商品等不合格产品，总价值 7.7 万元；联合州烟草专卖局一并销毁假冒伪劣卷烟 27 个品牌（品规）、399.6 条，涉及案值金额约 18.86 万元。

农村 农业

乡村规划与建设

【乡村规划】 2022年，同仁市按照“守底线、抓发展、促振兴”总要求，紧扣“1+5+7+N”有效衔接政策体系，根据同仁市发展现状和环境，由市乡村振兴局编制《同仁市巩固拓展脱贫攻坚成果同乡村振兴有效衔接实施方案（2022—2025）》，将各领域重点工作任务，分类有序分解到各年度工作计划中，明确总体要求、重点内容及保障措施，为今后全面推进乡村振兴提供行动指南和重要依据，确保各项远期目标的逐步高效落实。

【美丽乡村建设】 全年投资960万元，承建高原美丽乡村6个，项目已实施完成。助力乡村振兴，推动农牧民人居条件改善，全年下达农牧民居住条件改善工程任务2000户，总投资3000万元，通过分解至各乡镇，由乡镇统规自建，项目已完工。结合“八个乡村建设”示范村建设，推进国家级传统村落集中连片保护示范点建设，投资1.14亿元，提高传统村落人居环境质量，保护和延续传统村落历史风貌，有效提升村庄社会经济发展，完善通村公路、农村生活污水处理、周边环境整治、农房提升、厕所革命、公共服务等基础设施，助推脱贫攻坚同乡村振兴有效衔接，改善农村居住环境和生活质量，提升群众的获得感、幸福感、安全感。项目已实施完成。

2022年11月14日，多哇镇卡什加村2022年高原美丽乡村建设成果（市住建局供图）

【乡村建设示范村建设】 实施开展8个乡村建设示范村打造行动。围绕“让乡村望得见青山绿水，留得住田园乡愁”的总目标，注重保护传统村落和乡村特色风貌，防止千村一面，有效缩小城乡居住环境的差距。坚持“源头整合、应整尽整”，统筹整合人力、物力、财力等各方资源，累计统筹资金2.95亿元，实施传统村落集中连片保护和867户农牧民居住条件改善工程；通乡公路、通村公路、主街道提标升级工程；农牧区供水保障、灌区续建配套与节水改造、提升防洪保安能力三大任务等。累计整治农村公路路域环境260千米，清理河道120余千米，完成农村公路绿化554.9千米，铺设污水管网67.24千米，修缮村文化广场5个，打造农家书屋2个等。承办全州乡村建设学习交流观摩会，逐步形成并推广乡村建设“同仁做法”，乡村建设的典型经验做法得到省政府主要领导的充分肯定。

【乡村振兴试点村建设】 2021年，综合考虑各行政村脱贫基础、区位特点、资源禀赋、发展现状等因素，在充分尊重群众意愿的

2022年11月12日，市乡村建设观摩学习团到隆务镇措玉村观摩（隆务镇供图）

基础上，重点建设打造7个省级乡村振兴试点村，实施基础设施建设项目2项，乡村旅游项目3项，产业发展项目2项，涉及资金6250万元。2022年，在4个村实施第二批试点工作，实施产业项目4项，投入资金2400万元。

【农村人饮提质工程】 投入2021年乡村振兴衔接资金1800万元，完成人饮提质增效工程5项，涉及建设水厂3座、蓄水池3座、新建管道35.29千米、截水廊道2座、阀门井75座等，改善1个镇2个乡8个村1153户6827人的饮水状况，提高饮水质量，保障饮水安全。下半年衔接乡村振兴资金980万元，实施涉及4个乡（隆务镇、曲库乎乡、年都乎乡、扎毛乡）7个村提质增效项目5项，实施更换老旧管道23.24千米、入户管埋设34.84千米、各类阀门井布置937座等，解决957户4682人的饮水保障问题。实施完成同仁市2022年人饮维修养护工程，解决11乡镇64村5233户24047人，牲畜239807头（只）饮水安全问题。全市72个行政村集中供水率达到90%，自来水普及率94%，供水保证率92%，水质均达到农村饮用水标准，实现项目区饮水安全提质增效目标。

【乡村“厕所革命”】 因地制宜推进厕所革命，整合年度资金在全市6个乡镇12个行政村推行水冲式户厕试点1264座（包括新增314座）、公厕1座，每座4平方米。其中，措玉村62座、城内村130座、城外村140座、双朋西村257座、扎毛村178座、江龙农业村183座、瓜什则村239座、录合相村75座，曲麻村实施公厕1座。截至年底，所有水厕改造任务全面完成。

延伸：同仁市加吾岗村等9个村成功入选国家级传统村落保护名录

同仁作为全省唯一的国家级历史文化名城，文化历史悠久，市域内现存27个国家级传统村落，占全省国家级传统村落总数的22%。同仁市持续加大对传统村落的保护和发展，用文化留住美丽乡愁，不搞大拆大建、下足“绣花功夫”，争取落实1.14亿元实施完成27个传统村落集中连片保护利用项目，坚持微改造、精提升，提升改造传统村落基础设施，将别具风格的传统村落改造好，着力保护历史文脉，保留村庄肌理，保持乡土特色，真正让同仁古村落成为“看得见山，望得见水，记得住乡愁”的诗画意境。2022年，同仁市加吾乡加吾岗村、保安镇全都村、隆务镇牙浪村等9个村成功列入第六批国家级传统村落名录，全市国家级传统村落增加至36个，占全市行政村的50%。

乡村振兴

【概况】 2022年，同仁市持续巩固提升脱贫成果，不断夯实农牧业产业基础，乡村建设、乡村治理、乡村特色产业亮点可圈可点，乡村面貌持续改善，农牧民幸福感、获得感、安全感显著提升。年内顺利通过国家东西部协作、省州成效考核、绩效考核。全年实施衔接项目47项，总投资

2022年8月31日，同仁市乡村振兴财政衔接资金支付及乡村振兴产业项目推进会召开（市乡村振兴局供图）

16422.1万元，其中基本支出类6项、产业发展类15项、基础设施类22项、行业部门4项。项目安排率100%，项目开工率100%，资金支出率达95%。全年储备2023年度项目82项，涉及资金4.16亿元。全年全体居民人均可支配收入15781元，同比增长6.2%，农牧区脱贫人口人均纯收入13737元，同比增长9.89%。

【返贫监测】 健全完善义务教育、基本医疗、安全住房及饮水安全保障机制，围绕“三保障”和饮水安全，压紧压实行业部门责任，定期定向开展问题排查，从严落实政策措施，加快补齐短板弱项，全面提升脱贫质量。逐级分解控辍保学目标任务，全市控辍保学系统户籍库6项指标实现整体清零，义务教育巩固率97%以上；开展住房安全排查核实鉴定工作，安全隐患排查率达到100%，农村住房安全保障率达100%；建立健全因病致贫返贫监测方案，落实“双预警”监测机制，强化防返贫监测信息系统数据分析，做好监测数据实时传输共享，按要求落实各项医保待遇。农牧区建档立卡脱贫人口全部实现100%资助参保，住院实际报付比例稳定在90%，72个行政村村级卫生室全部纳入定点协议管理范围，实现“一站式”即时结算；落实农牧区饮水安全“三个责任”“三项制度”，确保各项水利项目建得成、管得严、用得好，全市供水巩固率在96%以上。精准落实“2411”防返贫动态监测和帮扶机制，制定《防止返贫动态监测和帮扶联席会议制度》《防止返贫动态监测多部门预警机制》，建立健全跨部门工作会商和信息共享互通措施，简化工作流程，缩短认定时间。开展两轮防返监测帮扶集中大排查工作，新纳入监测对象31户114人，及时有效落实针对性帮扶措施。累计识别返贫致贫风险监测对象158户597人，消除123户477人，风险消除率达80%以上。

【扶贫项目资产确权】 对2013—2020年以来投入形成的所有扶贫项目资产进行全面清产核资，分层分类进行等级评定和项目资产的确权工作，建立健全市、乡、村、行业部门资产管理台账，确保扶贫资产持续发挥效益。累计盘点各类项目620个，涉及资金22.9亿元，形成市、乡、村、行业部门管理资产18.6亿元（其中公益性资产12.5亿元，经营性资产2.9亿元，到户类资产3.2亿元）。

【易地搬迁后续扶持】 全市有易地搬迁户1110户4720人，易地搬迁集中安置点7个（796户3432人），根据易地搬迁安置区实际情况，制定印发《同仁市易地搬迁后续扶持工作巩固脱贫攻坚成果实施方案》《同仁市易地搬迁后续产业和就业规划》，为后续扶持工作提供政策支撑，先后在安置区内新建幼儿园4所、小学4所、卫生室7所、室内外活动场地14个。新开发各类公益性岗位311人，确保有劳动能力的搬迁户家庭有1人稳定就业。自2021年起，先后安排落实衔接资金3814.56万元，涉及产业及基础设施公共服务建设项目10项。

【乡村产业振兴】 特色农牧产业振兴 出台《同仁市2022年农牧业高质量发展指导意见》《同仁市绿色有机农畜产品输出地规划》《同仁市万头犏牛基地建设规划》《同仁市省级现代农牧业产业园创建方案》等“一揽子”政策措施，在市级财政极其困难的情况下，地方财政支农资金从100万元增加到1000万元，从产业发展、政策体系、资金支撑等

2022年11月15日，市乡村振兴局组织行业部门负责人、乡镇党政负责人召开扶贫项目资产确权移交联席会议（市乡村振兴局供图）

2022年7月17日，中央农办副主任、国家乡村振兴局局长刘焕鑫（中）到曲库乎乡江龙农业村开展调研（曲库乎乡供图）

方面推动同仁特色乡村产业发展。推进绿色有机农畜产品输出地建设，围绕油菜、黑青稞、马铃薯、饲草等特色资源，打造“四个万亩”种植业基地。建设标准化特色产业基地28个，其中犏牛基地8个、畜牧良种繁育基地3个、千只藏羊基地1个、色彩农业产业园6个、农畜产品加工基地3个、饲草产业基地2个、黑青稞加工基地1个、黄果长廊1处，提升改造奶牛基地1个。热贡尕玛顿丹扩繁场、热贡佳加哇娄保种场、高原牦牛扩繁场陆续建成投产，万头犏牛基地工程顺利推进，饲草种植首次实现防灾饲草自给。

民族文化产业振兴　立足同仁文化优势，将热贡文化产业与乡村振兴帮扶车间相结合，采取“政府+帮扶车间+脱贫户”模式，建立23家乡村振兴产业帮扶车间（工坊），直接带动92名脱贫群众，人均增收2万元以上，成为青海省文化产业带动农牧民群众增收发展的典范。其优秀做法和取得的成绩被省乡村振兴局在全省推广，并得到国家乡村振兴局局长刘焕鑫的高度肯定。

消费促进乡村振兴　在江苏省启东市搭建同仁市农畜产品销售平台，拓宽消费帮扶渠道。启东市采购同仁市农畜产品消费金额1170.71万元。

【就业扶持助力乡村振兴】　持续抓好稳岗就业，特别是脱贫人口务工就业，累计实现就业5502名；合理开发设置公益性岗位2838名，保证有劳动力的脱贫户家庭有一人稳定就业。征求全市脱贫群众和监测对象技能培训意愿，在5个乡镇开展贫困劳动力技能培训5期3个工种，共250人次。成立专项工作组，到乡镇、村社开展各项大学生就业帮扶工作，强化宣传引领和服务指导，严格规范程序，提高数据质量，做到“应纳尽纳、应补尽补”，全年发放补助资金436人384万元。

延伸：同仁市挖掘农业多元价值，构建色彩农业新格局

紧抓历史发展机遇，围绕《同仁市2022年农牧业高质量发展实施意见》《同仁市2022年推进乡村振兴“八大行动”实施方案》等政策措施，立足区域优势、资源禀赋、生产特点，鼓励拓展农业多种功能，挖掘多元价值，突破和创新现代化农业多样发展模式，大力发展色彩农业，推动农业和文旅深度融合。通过项目带动、产业发展，重点支持村集体经济发展，实施休闲农业提升工程，打造扎毛乡芊桑别院、加吾乡“在那东山顶上”、双朋西丹霞地貌奇峰园等6个休闲农业基地，创新内部管理机制，实行基地所有权、承包权、经营权“三权分置”，探索建立“村集体经济+农户”“休闲农业+农户”的利益联结机制，实现基地统一经营、利润按股分红，推动村集体经济健康发展。现已投入使用色彩农业基地3个，开业3个月，6个村集体经济组织的1958户户均增收894元，稳定脱贫人口就业189人。同时，鼓励农牧民群众加大服务行业、餐饮、民族歌舞等技能培训，提高职业技能素质和服务水平，提升就近就业能力，拓宽增收渠道，持续增加农牧民收入，为建设宜居宜业宜游和美乡村、推动乡村全面振兴夯实坚实基础。

农村经营管理

【概况】 同仁市是一个农牧并重的半农半牧地区，辖3个镇8个乡，72个行政村、8个社区，362个农牧业生产合作社，有耕地面积0.86万公顷、草原面积31.80万公顷，可利用草场面积30.07万公顷。全市总人口10.33万人，其中农牧业人口5.05万人，占全市总人口的48.89%。2022年，同仁市农牧和科技局围绕巩固拓展脱贫攻坚成果同乡村振兴战略有效衔接、农牧业高质量发展和绿色有机农畜产品有效供给、国家粮食安全和“非农化”“非粮化”整治、壮大集体经济和持续增加农牧民收入、乡村振兴“八大行动”等重点领域，聚力打造绿色有机农畜产品输出地，加快农业农村现代化建设步伐，开创“三农”工作新局面。全年恢复种植撂荒地700公顷，整治耕地“非粮化”353.33公顷，宅基地审批实现“破零”。全市农作物种植面积达7946.67公顷，其中粮食3807公顷、油料1543.8公顷；粮食、油料、肉、奶、蛋、菜等主要“菜篮子”产品产量分别达1.45万吨、0.33万吨、0.71万吨、1.07万吨、0.07万吨、0.75万吨，农畜产品检测合格率98.3%，动物防疫密度达到100%，产量稳中有增，质量好中增优；牛羊出栏达21.21万头（只），创近年来最高水平；首次加大耕地轮作，试种冬油菜33.33公顷；特别是首次试验种植的0.67公顷高原小米获得成功，小米中硒含量超出市场小米硒含量的2倍，预估亩产值达2800元，亩经济收益达1900元以上，并具有较大富锶潜力。

【农牧发展规划】 市地方支农支牧资金由“十三五”每年100万增加到每年1000万元，制定出台《同仁市2022年农牧业高质量发展指导意见》，确立“一地两创三促四园五带”（一地：打造绿色有机农畜产品输出地；两创：创建国家农村产业融合发展示范园和创建青海省现代农牧业产业园；三促：促进村集体经济发展、促进生产经营股份合作、促进建立农牧民利益联结机制；四园：热贡文化产业园、农畜产品加工园、藏羊牦牛良种园、色彩农业产业园；五带：黄果蔬菜产业带、藏羊牦牛产业带、犏牛饲草产业带、黑青稞马铃薯产业带、肉牛奶牛生猪蛋鸡产业带）发展思路与产业布局，突出重点，找准定位。编制《同仁市绿色有机农畜产品输出地规划》《同仁市万头犏牛基地建设规划》《同仁市脱贫地区特色产业发展规划》《同仁市国家农村产业融合发展示范园创建方案》《同仁市省级现代农牧业产业园创建方案》，挖掘出热贡“尕玛顿丹”、热贡“佳加哇娄”2个藏羊地方优势品种资源，抓好畜牧业转型升级，遴选生态畜牧业建设基础好的环却乎村、交隆务村、东维村、阿旦村、江龙牧业村，按照基地建设、草畜联动、冬春舍饲、夏秋放牧、规模生产、标准化养殖路径，开展集体股份经济合作社、生态畜牧业合作社转型升级试点，推动经营管理、生产形式、养殖方式、利益联结、链条式发展的转型升级。在牧区持续推进“三增三适”生产模式，启动创建省级生态畜牧业转型示范县工作。

延伸：同仁市农牧特色产业发展闯出新路径

2022年3月10日，同仁市委农村牧区工作会议暨农牧业高质量发展大会召开（市农牧和科技局供图）

市委、市政府连续两年高规格召开市委农村牧区工作会议，制定《同仁市绿色有机农畜产品输出地专项规划（2021—2025）》《同仁市2022年农牧业高质量发展指导意见》等“一揽子”政策措施，确立“一地两创三促四园五带”发展思路与产业布局，为全市农牧产业发展定调指向，做到精确谋划、精心布局、精准发力。在此基础上，市委、市政府出台《同仁市农牧业高质量发展2023年重点工作方案》，坚持科技强农、产业兴农、品牌富农，全力做好“三个衔接”、突出“四个优先”、提升“五大能力”、巩固“六大成果”、落实“七大任务”，加快打造高原特色种业基地，不断聚集推动农牧业高质量发展新动能新优势。

聚焦市域内犏牛、藏羊、饲草、金黄果等资源禀赋，近3年累计安排衔接资金、东西部协作资金约4亿元和本级财政支农资金2750万元，实施人才培育科技支撑、绿色生产基地创建、畜牧良种繁殖推广、特色产业基地建设等“七大工程”。截至3月，全市建设标准化特色产业基地28个。严控耕地“非粮化”，利用半农半牧区撂荒地等土地资源，建设“百千万”绿色种植基地，培育小米、金牧粮草、冬油菜3个百亩试验基地，打造设施蔬菜、玉米、荷兰豆3个千亩高效基地，建立金黄果、饲草、黑青稞、马铃薯、油菜5个万亩创新示范基地，形成以耕地集约化、作业机械化为主的黄乃亥乡日秀玛饲草产业“六化”模式。2022年，同仁高原小米试种成功，小米中硒含量超出市场小米硒含量2倍，每亩产值达2800元，每亩经济收益达1900元以上。

【农牧品牌建设】　鼓励黄乃亥乡全民种植饲草，饲草“产业强镇”基本形成，全市饲草种植1666.67公顷，产草量2.1万吨，分别同比增长150%、180%，首次实现防灾饲草自给。热贡尕玛顿丹扩繁场、热贡佳加哇娄保种场、若若牦牛扩繁场建成投产，种畜数量达到设计要求，热贡尕玛顿丹藏羊市价持续攀升，热贡佳加哇娄效应持续发酵。万头犏牛基地“3545”工程顺利推进，建成3个千头、5个五百头基地，存栏经产牦母牛1587头、犏牛1115头，散养犏牛5420头规模。“六个万亩基地”实现集中连片种植和“一村一品”“一乡一业”发展态势。落实新修订的《中华人民共和国农产品质量安全法》，健全追溯体系，继续推行农产品合格证达标制度，实现农产品带证上市。县级兽医实验室建成运行，强化农畜产品监测，农畜产品监测合格率达98.3%以上。继续申报“同仁犏牛肉”“黄乃亥青饲燕麦”等8个特色品种“三品一标”和名特优新产品认证，挖掘出地域特色鲜明的“同仁犏牛肉”“同仁犏牛奶”“同仁牦牛肉”“同仁藏羊肉”“加吾马铃薯”“黄乃亥黑豌豆”“曲库乎黑青稞”“黄乃亥青饲燕麦”等一批农作物品种，“瓜什则牦牛酸奶”品牌重振旗鼓，“同仁金黄果”“同仁沙棘”建立起统一收购、统一加工、统一包装、统一营销的品牌体系。聚力打造同仁市“金色谷地”农畜产品公用品牌，全方位推进农牧业品牌建设向品牌强农、品牌富农纵深发展。抢抓州、市共建绿色有机农畜产品输出地园区和省级特色现代农业产业园机遇，引进农畜产品加工龙头企业，提升农畜产品精深加工水平和能力。参加省、州、市级各类农畜产品宣传推介和产销对接活动，促进集生产、加工、物流、研发、示范、营销于一体的全产业链开发。

【休闲农牧业发展】　挖掘乡村色彩农业发展空间，科学研判市场需求，摸排特色鲜明、地貌独特、基础设施完善、文化底蕴深厚、能够发挥带动作用的农旅融合发展示范村社，遴选出20多个色彩农业拟建项目。通过聘请省、州专家现场考察、环境评估、可行性评价、遴选立项。打造扎毛芊桑别院、加吾“在那东山顶上”、兰采温泉休闲疗养园、双朋西丹霞地貌奇峰园、年都乎贡嘎林和东干木休闲园等6个乡村旅游基地，同仁市第一批色彩农业产业园成功问世。投入营业的加吾“在那东山顶上”、扎毛芊桑别院、年都乎贡嘎林和东干木休闲园4个色彩农业产业园发挥和利用山水林田湖草等资源优势，种植观赏油料作物333.33公顷（其中撂荒地133.33公顷），增添花海景观。据测算，6个色彩农业产业园能够带动6个村2164户10025人，户均增收893.8元。吸纳当地农牧民就业135人（其中脱贫人口77人）、城镇居民就业23人，人均年收入3万~4万余元。间接带动当地农牧民55人销售特色农畜产品、民族工艺品，人均纯收入1.2万元。

【农产品质量监测】　截至10月底，开具各类食用农产品合格证90张，附带合格证上市的农产品

15 吨。全市建立食用农产品合格证制度台账机制，加强执法监督频次，累计出动执法人员 40 人次，抽检样品 16 批次。强化农贸市场食用农产品安全准入关，提升市场销售食用农产品质量安全水平，全年全市检测农产品 260 个样品、17 批次，其中蔬菜 209 个、瓜果 51 个，抽检合格率 98%以上，未发生农产品质量安全事故。

【撂荒地与“非粮化”用地整治】

统筹推进乡村振兴“八大行动”稳粮保供行动，开展撂荒地、“非粮化”摸排整治专项行动以及未耕地图斑调查核实工作。截至 7 月，全市排查撂荒地面积 769.46 公顷，完成撂荒地复耕复垦 702.63 公顷，台账内撂荒地复垦复种率达 92%，剩余撂荒地因土层较薄、基础设施不完善，达不到耕种条件；摸排耕地“非粮化”面积约达 718.15 公顷，完成整治 356.1 公顷，整治率达 50%。

【特色产业基地建设】 聚焦绿色有机农畜产品输出地建设，围绕“一地两创三促四园五带”发展思路和产业布局，2021—2022 年，安排资金 4 亿元，实施乡村特色产业“万头犏牛‘3545’工程、畜牧良种繁殖推广工程、‘百千万’创新示范工程、人才培育科技支撑工程、色彩农业联农带农工程、绿色生产基地创建工程、特色产业基地建设工程”七大工程，建成标准化特色产业基地 28 个。其中，在万头犏牛“3545”工程中，建成 3 个千头、5 个五百头基地，打造“中国娟姗犏牛之乡”；建成饲草产业基地 2 个，饲草产业“六化”经营模式初具规模；“百千万”绿色种植基地实现“一村一品、一乡一业”发展态势。围绕牦牛、藏羊主导产业，建设“热贡佳加哇娄”保种基地 1 个，组建保种母羊 350 只、种公羊 26 只，挖掘出热贡山羊品种；建设“热贡尕玛顿丹”藏羊扩繁基地 1 个，组建核心适龄母羊 400 多只、种公羊 26 只；建设若若牦牛扩繁基地 1 个，组建核心群适龄母牛 240 多头、种公牛 16 头。

【经营主体培育】 统筹整合各类涉农资金，以扶持发展示范社的方式参与生产运营，重点向省、市、县级示范社倾斜，推动全市经营主体规范化提升，促进经营主体高质量发展，助推农业农村经济健康发展。截至年底，同仁市有专业合作社 245 家，其中认定县级示范社 12 家、州级示范社 11 家、培育扶持专业合作社 6 家；家庭牧场有 685 家，其中认定县级示范性家庭牧场 101 家，培育扶持 10 家家庭牧场。

【“空壳”农牧民专业合作清理】

根据省、州、市关于开展农牧民专业合作社“空壳社”摸排清理工作的相关通知要求，自 4 月 20 日起，按照职责职能，组织相关人员到各乡镇组织开展合作社“空壳社”专项清理工作，围绕八项整顿内容对全市范围内的农牧民专业合作社运行情况进行全面的摸底排查，共排查出 69 家经营异常的合作社。由市监局负责引导其自愿注销农牧民专业合作社，或依法设立、登记家庭农牧场或其他经营主体。

【大学生服务村集体经济】 严格按照省、州文件要求，续聘 2021 年聘用的 22 名大学生继续服务 19 个合作组织，每月工资报酬为 2400 元，全年 2.88 万元，共计 63.36 万元。通过大学生创业试点工作，探索大学生乡村振兴试点村开展服务的用人机制，提高村集体规范运行质量、壮大村

2022 年 4 月 8 日，曲库乎乡多哇村古德赛岗农产品种销专业合作社土地流转合同签订会召开（曲库乎乡供图）

集体经济，增强村级建设应对市场变化、带动成员共同发展的能力，实现村集体经济发展壮大，同时拓宽大学生创业就业渠道。

【农业生产机械化】 9—10 月，市农牧业综合服务中心实施社会化服务，工作重点以秋收、深耕为主要环节，完成机械化收割、深耕 66.67 公顷和机械化深耕任务 381 公顷。服务补贴 50 万元，其中机械化收割和深耕补助资金 10 万元、深耕单环节补助资金 40 万元。在同仁市农业机械化水平不断提高和农村劳动力不断减少的情况下，农业生产利用机械数量逐步增加，机械作业面积逐步扩大，但小农户接受农业生产社会化服务程度还不高，特别是机械化、规模化、集约化的绿色高效农业现代化程度较低，农业生产社会化服务对提高全市农业综合效益和竞争力、促进农业绿色发展和资源可持续利用具有重大意义。

【农业补贴】 惠农补贴 实施 2022 年草原生态补助奖励政策，发放资金 2567.39 万元，全部发放完成；发放实际种粮农民一次性补贴，下达补贴资金 94.48 万元，严格按照中央、省、州安排部署全部发放到位；实施耕地地力保护补贴政策，下达补贴资金 903.46 万元，其中中央、省级下达资金 795 万元，市级配套资金 108.46 万元，按照 100 元/亩标准全部发放完成。以上惠农补贴资金采取“一卡通”的方式及时足额兑现补奖资金，确保资金安全规范使用。

农机购置补贴 全年下达补贴资金 164 万元，采取自主购机、先购后补、定额补贴、市级结算、直补到卡的方式，对从事农牧业生产的农牧民、农业生产经营组织等实行农机购置补贴，提高农民积极性，减轻农民负担，扩大农业机械化率。截至年底，补贴 15 台（套）、9.77 万元。

农业保险补贴 以保险公司市场化经营为依托，通过保费补贴扶持，对种植业、养殖业因遭受自然灾害和意外事故造成的经济损失提供补偿。截至年底，全市牲畜养殖保险补贴工作已全面完成，保障藏香羊、牦牛 18.64 万头（只），总保费达 1096.48 万元。

【农村承包地经营纠纷调解仲裁】

按照省级要求，开展农村承包地经营纠纷调解仲裁工作，争取资金 3 万元，加大基层仲裁员、调解员培训力度，培训仲裁员、调解员 50 人。通过仲裁员培训，让仲裁员通过法律、乡规民约，把矛盾纠纷化解在基层，并要求将双方当事人基本情况、纠纷事由、调查取证、调解情况记录、调解书、调解协议书等材料及时装订归档，做到案件留痕一案一卷，维护当事人合法权益和农村社会稳定，规范有序开展仲裁工作。

延伸：同仁市优化结构调整，推动种植业现代化发展

聚焦打造绿色有机农畜产品输出地，立足全省半农半牧区地域和资源优势，持续调整优化种植业结构，大力发展特色种植，开展绿色农业增效行动，打造饲草、油菜、黑青稞、马铃薯、金黄果、豌豆“六个万亩”绿色生产基地，培育荷兰豆千亩示范田、冬油菜百亩攻关田、小米十亩试验田，推行农业生产规模化、机械化、标准化。重点在饲草产业发展方面，在黄乃亥乡等半农半牧区打造万亩饲草种植基地，凝练总结并大力推广“资本股份化、农民股民化、经营规模化、生产标准化、耕作机械化、收益分红化”的饲草产业“六化”经营模式，探索建立“村集体经济组织+合作社+农户”“整村推进+集体经营+农户”的新发展格局，提高饲草生产集约化、机械化、规模化水平，共种植饲草 1666.67 公顷，年产量达 2.1 万吨，种草收益较种油菜收益每亩增收 1000 元。培育饲草良种试验田 0.67 公顷，推广种植饲草新品种 333.33 公顷，开展豆科牧草和燕麦混播栽培技术攻关，建成全州首个饲草种植试验基地。积极引导“3545”万头犏牛养殖合作社、牛羊养殖大户等实行订单式合作，拓宽了饲草销售渠道，推动饲草种植、收割、加工、储存、运输、销售一体化运营水平，培育形成饲草全产业链重点链和典型强镇，推动农业现代化发展水平。

农村水利建设

2022年9月15日，大南曼河河道治理工程施工建设一隅（市水利局供图）

【隆务古曲防洪工程】 治理主河道6100米，新建护岸总长7033米，新建防洪堤2984米，拆除恢复浆砌石防洪堤40米；新建过水路面2座；网箱潜坝7座，钢筋混凝土退水渠修复10米；引水管和排水管7座，治理支沟210米，修建护岸57米，修建防洪堤186米，修建网箱潜坝7座。总投资2400万元，该工程于3月开工建设，年内完工。工程建设后可保护环曲乎村287户1600人、牲畜1866头（只）及周边草场及下游兰采林场隆务古曲周边20户120人生命财产安全和40公顷林地及13.33公顷耕地的安全。

【多哇镇大南曼河治理工程】 治理河道6952米，两岸新建护岸总长12423.59米（左岸6850.83米、右岸5572.76米）；修建主堤踏步18座；牲畜饮水通道22座，排水管8座，总长48米；潜坝4座，总长67米。总投资2614万元。该工程于7月开工建设，截至年底完成整体形象进度的90%。工程建成后可保护多哇镇尖德新村、东维村和交隆务新村共195户781人、8250头（只）牲畜、349.93公顷草场的安全。

【农田水利建设】 同仁市小型灌区56项，有效灌溉面积1554.23公顷。水利设施有引水口52处，机井4处，干、支、斗渠道总长388千米。在建扎毛水库灌溉工程投资6.12亿元，截至年底，修建隧洞13条，累计完成开挖支护衬砌22.18千米；完成明渠渠道8.2千米，排洪桥12座，排洪涵洞10座，车桥7座，跌水5座，分水闸30座，倒虹吸3座，陡坡4座，渡槽8座，管桥4座，累计完成投资4.36亿元，占工程总投资的71.21%。建成后可改善灌溉面积2206.67公顷（农田2100公顷、林地106.67公顷），新增灌溉面积1386.67公顷（农田280公顷，林地1106.67公顷），工程计划于2023年内完成通水。完成农田水利设施维修项目2项，总投资94万元。涉及同仁市2个镇1个乡共14个村2202户10157人，控制灌溉面积484.8公顷。

【农村人饮工程】 投入乡村振兴衔接资金2780万元，完成人饮提质增效工程10项，改善1个镇、5个乡、15个村、2110户、115097人饮水保障问题，构建乡村节水体系，夯实乡村产业水利基础，提高农村牧区供水率及入户率，增强群众水利获得感、幸福感、安全感。

2022年3月7日，市水利局组织技术员开展农田水利设施养护排查工作（市水利局供图）

实施完成同仁市2022年人饮维修养护工程，解决11个乡镇64个村5233户24047人、239807头（只）牲畜饮水安全问题。全市72个行政村集中供水率达到90%，自来水普及率94%，供水保证率92%，水质均达到农村饮用水标准。

【夏河南路排洪防涝工程】 修建仰斜式浆砌石护岸964米，修建钢筋混凝土箱涵554米，箱涵沿线设置检查井8座，桥涵衔接2处，消力池1座，潜坝4座。总投资976万元，已开工建设。工程完成后可保护阿布忠沟上下游750人居民生命财产安全及周边企事业单位的安全。

种植业

【概况】 围绕“保耕地、稳粮食、重油菜、强青稞、抓蔬菜”总体目标，进一步优化种植业结构调整。2022年，同仁市完成农作物播种面积7243.27公顷，同比减少17.6公顷，降低0.24%。其中，粮食作物播种面积3807公顷（小麦1768.33公顷、青稞1269.2公顷、豆类185.47公顷、马铃薯457.67公顷、玉米17.6公顷）；油料作物播种面积达1543.8公顷，同比增加96.93公顷，增长6.7%；蔬菜305.73公顷，同比增加4.67公顷，增长1.6%；其他作物1586.78公顷，同比减少203.02公顷，降低11.3%。全年粮食总产13692吨，同比增加332吨，增长2.5%。其中，小麦产量7307吨、青稞产量3587吨、豆类产量494吨、马铃薯产量2192吨、玉米产量112吨。油料总产量2874吨，同比减产181吨，降低5.9%；蔬菜总产量7142吨，同比减产1050吨，降低12.8%。

2022年9月，饲草种植基地（市农牧和科技局供图）

【蔬菜种植】 通过政府引导和产业结构调整，加大蔬菜种植面积，蔬菜种植面积达305.73公顷，其中设施蔬菜种植面积为70.4公顷。种植品种主要为大白菜、甘蓝、萝卜、黄瓜、辣椒、芹菜、菠菜、葱、韭菜、西葫芦、西红柿等作物。年底蔬菜年产量达7142吨，其中设施蔬菜产量达3300吨。自给率由2013年的16.9%提高至58%，基本保障全市蔬菜有效供给。

【优质苜蓿种植】 2011—2022年，在4家种植、养殖合作社流转土地，种植优质苜蓿280.67公顷，组织技术培训会及现场操作学习2次，培训25人次。通过紫

2022年，高原荷兰豆试种成功（市农牧和科技局供图）

花苜蓿的种植，改善耕地土壤结构，拓宽耕地宜种范围，使原有的“粮经”二元种植结构转变为“粮经饲”三元种植结构，农牧联动、草畜结合，打造农区畜牧强县。苜蓿每亩约产1000千克鲜草，年内可产鲜草4210吨，折合青干草1403吨，按每吨青干草2500元市价计，收入350.75万元，除去投入252.6万元，净增98.15万元。

【春耕农资调运】　抓好春播备耕工作，抢抓春耕生产有利时机，同仁市农牧业综合服务中心及时调查研判各种农资货源、价格以及农民的购买意愿，抓好农资储备调运和供应工作。全年全市储备各类种子12.3万千克（其中本地收储小麦良种6.77万千克、省内调运小麦良种5.53万千克），杂交油菜1240千克。春耕物资可满足全市农业生产需求。

【肥料与农药管理】　采取“政府扶持+地方配套”的资金筹措方式，完成化肥农药减量增效5533.33公顷。总投资1465.9万元（省级财政补贴资金1040.9万元、州级补贴资金212.5万元、市级补贴资金212.5万元），调运发放有机肥1.28万吨。在有机肥供肥现场，采取随机抽样方式，对有机肥抽检样品进行留样备查，重点检查产品商标、养分含量等，抽取样品264个，送检样品28个。通过购买无人机飞防队服务的形式对小麦、油菜等农作物进行统防统治绿色防控工作，完成5533.33公顷，其中2000公顷采取“植保无人机统防统治+绿色防控”相融的技术模式，科学配置农药用量，大范围集中喷施，提升农作物病虫害防控水平，确保农业生态和农产品质量安全。

畜牧业

【概况】　2022年，同仁市草原面积31.8万公顷，可利用草场面积30.1万公顷。同仁市畜牧业生产稳中向好，全年生猪年末存栏1043头，出栏1508头，肉产量104.94吨；牛存栏92400头，出栏38326头，肉产量3556.82吨；羊存栏337249只，出栏173820只，肉产量3322.51吨；鸡存栏73800只，其中蛋鸡存栏73800只，产蛋量755299千克；鲜奶产量5552576千克。饲草种植面积1666.67公顷，收贮青贮饲草及青干草1.46万吨。在全州举办的第四届动物防疫技能竞赛和第五届动物检疫技术竞赛活动中，同仁市畜牧兽医站获全州动物防疫技能竞赛团体第三名、个人单项第二名和第三名，动物检疫技术竞赛团体一等奖，个人单项第一名。

【动物检疫】　开展青海“牧运通”检疫工作，按照《青海省农业农村关于印发青海省动物检疫全链条管理和无纸化出具动物检疫合格证明（B证）试点实施方案的通知》要求，同仁市畜牧兽医站共培训官方兽医、协检员、贩运户等30人，受训人员基本掌握无纸化出证工作。全年完成信息录入11个分支机构和11个申报点、出证点；养殖合作社72家（牛42家5613头、羊22家6536只、猪6家803头、禽2家70000只）；散养户4137户（牛112935头、羊345677只、猪428头）；产地检疫员27名、运输管理员1名、指定通道检查员6名、村级防疫员127名；春防免疫录入养

2022年8月10日，市畜牧兽医站在州农牧局参加黄南州第五届动物检疫大比武活动。图为获奖人员参加颁奖仪式（市农牧和科技局供图）

殖场 29 家，散养户 1324 户。产地检疫累计出证 2720 头（只），其中牛 529 头、羊 1749 只、猪 426 头、其他 16 只；饲养环节病死动物无害化处理数 516 头（只），其中牛 107 头、羊 325 只、猪 84 头［意外 303 头（只）、病死 72 头（只）］；瓜什则公路动物防疫监督检查站检查过境车 593 车次、牛 14156 头。组织专技人员 60 余人开展技术培训，夯实无纸化出证基础。发放宣传门型展架 12 个、大海报 34 张、小海报 144 张、折页 165 份、操作手册 34 份。

【动物疫病防控】　春秋季，强制免疫牲畜口蹄疫、布鲁氏菌病、小反刍兽疫、棘球蚴病、猪瘟、高致病性猪蓝耳病、禽流感等动物疫病。坚持“政府保密度，业务部门保质量”和“属地管理，分级负责”原则，逐级签订动物防疫责任书，落实责任，确保各项防控措施落实到位。在免疫密度上，采取先大户、后散户，先密集地区、后分散地区，逐村逐户、整村推进的工作模式，拉网式开展集中免疫工作，做到“应免尽免，不留空档”，免疫密度达 100%。加强日常补免，确保实现应免尽免，不留“空档”，提升免疫质量，防止动物疫病发生。在免疫质量上，按照统一疫苗、统一程序、统一操作要求，做到“一严”（严格操作规程）、“二准”（部位要准、剂量要准）、“三集中”（集中时间、人力、物力）、“四到场”（乡镇政府、乡镇兽医站、村社干部、村级防疫员到场）、“五不漏”（乡不漏村、村不漏户、户不漏畜、畜不漏针、针不漏苗），杜绝漏针、飞针、漏免等情况，使群体免疫密度常年保持在 95% 以上。其中，应免畜禽免疫密度达 100%，免疫抗体合格率全年保持在 70% 以上。在集中免疫过程中，安排专技人员到一线开展跟踪检查服务，掌握动态、查找问题、分析研究、提出建议、规范档案，保障春防工作“最后一公里”。全市免疫口蹄疫牛应免 24.89 万头，羊应免 74.02 万只，猪应免 0.23 万头；小反刍兽疫病羊应免 14.13 万只；布病牛应免 3.23 万头，羊应免 16.85 万只；棘球蚴病羊应免 8.87 万只；猪瘟应免 1170 头；猪蓝耳病应免 1170 头；禽流感应免鸡 9 万羽；鸡新城疫应免 10 万羽，应免密度均为 100%。

【畜种改良】　聚焦打造绿色有机农畜产品输出地，立足资源禀赋和区位优势，将同仁犏牛产业作为同仁市特色发展产业之一，建立健全犏牛产业发展体系，重点在基地建设、品种选优、培育技术和示范推广技术等方面下功夫，提升“同仁犏牛”品质及输出能力，采用人工授精技术，成功用娟姗牛冻精完成 9 个犏牛繁育养殖基地（合作社）人工授精牦（犏）牛 412 头。

【兽药经营】　市畜牧兽医站联合州市场监督局、州疫控中心、市执法大队多次开展兽药、生物制品专项检查工作，主要以兽药经营门店、畜禽规模养殖场为检查对象，重点检查禁用、未批准的兽药及过期药品，防止养殖环节添加使用违禁兽药及饲料添加剂，杜绝源头污染畜产品安全事件的发生。全市 7 家兽药店，经营范围为兽用化学药品、中药制剂、外用杀虫药、消毒剂。人均纯收入达 7 万元，同时完成 7 家兽药店新版兽药经营许可证换发工作。

【饲料饲草生产及管理】　实施粮改饲项目，项目总投资 108 万元。其中，朝阳村清鲜奶牛养殖专业合作社种植饲用玉米 4.72 公顷，收贮 354 吨；黄乃亥特色农产品加工专业合作社等 23 个合作

2022 年 9 月 6 日，乡镇专业技术人员在黄乃亥乡进行饲草测产工作（市农牧和科技局供图）

社及种植户种植燕麦 1666.67 公顷，收贮 1.43 万吨，共计补贴 105 万元。全年饲草种植面积 1666.67 公顷，收贮青贮饲草及青干草 2.11 万吨。在黄乃亥乡等半农牧区打造万亩饲草种植基地，凝结总结并大力推广“资本股份化、农民股民化、经营规模化、生产标准化、耕作机械化、收益分红化”的饲草生产“六化”经营模式。探索建立“村集体经济组织+合作社+农户”“整村推进+集体经营+农户”的发展格局，巩固提升饲草生产基地建设，全面提升饲草“种、收、加、储、运”能力，逐步健全防灾减灾机制。带动农户通过土地流转、生产加工提高收入，促进饲草产业集约化、设施化、规模化、标准化发展。

【生态畜牧业建设】 学习借鉴泽库拉格日模式成功经验，在 8 个纯牧业村生态畜牧业合作社中推广“拉格日”模式，加快推进全市生态畜牧业合作社提标升级。重点提升同仁市牧业乡镇的生态畜牧业合作社综合生产能力和运营水平，使合作社组织化程度得到提高，合作社规范运行，提高牧民收入。实施同仁市生态畜牧业建设项目，投资 140 万元，用于多哇镇交隆务村、直跃村、东维村，瓜什则乡西合来村、尕什加村，扎毛乡卡苏乎村，曲库乎乡江龙牧业村，兰采乡还曲乎村生态畜牧业专业合作社购置生产设备农运车、拖拉机、农机具、冷库等 22 台（套）和网（片）围栏等。

延伸：同仁市加快发展犏牛特色产业，着力打造全省犏牛养殖高地

探索建立“整村推进、集体经营、股份合作、农牧互补、草畜联动、循环发展、高效养殖”为主要内容的同仁市万头犏牛产业发展模式，启动实施“3545”万头犏牛规模化养殖基地建设工程，建成 3 个千头、5 个 500 头、45 个 200 头自筹合作社基地。采取人工授精和引进良种的方式，与青海省畜牧兽医科学院许尚荣教授团队合作，开展 5 期犏牛“人工授精”繁殖技术试验示范和展示培训，成功用娟姗牛冻精完成 9 个犏牛繁育养殖基地（合作社）人工授精牦（犏）牛 412 头，培育繁殖技术人员 23 名。投入资金 70.7 万元引进娟姗牛 43 头，投入资金 350 余万元引进麦洼牦牛、犏牛等良种牛 339 头，加快畜种串换，提高犏牛良种繁育水平。同时，市政府牵头组织犏牛养殖合作社和村集体负责人 100 余人，先后 3 次到甘肃省临夏市、合作市、夏河县、张掖市，四川省红原县及黄南州河南县等地观摩学习犏牛养殖繁育技术、养殖基地运行管理模式，拓宽了犏牛产业发展思路，找准了发展短板和方向，激发了内生动力。持续延伸产业链条，以规模化犏牛养殖基地为基础，全力以赴建设产业化基地带动、现代生产要素聚集的产业园，申报省级“万头标准化犏牛产业园（基地）”，组建产业联盟，形成聚合发展，着力建设串珠成线、连块成带、集群成链的犏牛产业集群带，着力打造全省犏牛养殖高地。

工业　建筑业

工　业

【概况】　2022 年，同仁市围绕全市发展大局，认真履职、切实工作，各项工作有序推进，助力全市经济运行平稳发展。全年规模以上工业实现增加值 3244 万元，同比下降 10.1%，增速位列全州第二，成功培育青海晟大生态农牧科技开发有限公司为规模以上企业。规模以下工业增加值同比下降 8.7%。从产品产量看，完成发电量 2.29 亿千瓦时，同比下降 19.3%。

【工业投入】　全年向同仁市启鑫源生态综合开发有限公司落实工业转型升级资金 30 万元，向青海高原之宝牦牛乳业有限公司落实 2022 年青海省第一批中小企业发展专项资金 20 万元，向青海悦牧人家牛羊肉综合开发有限公司落实助企纾困资金 200 万元，帮助同仁市新贤新型墙体环保材料厂和同仁市隆务峡口水电站开展灾后救援、慰问和重建工作。

【工业门类】　全市工业主要门类为食品饮料业、电力业、热力业、新能源产业等。其中，新能源产业方面引进 2 个新项目。通过第 23 届青洽会暨第二届生态博览会引进大陆希望集团实施的年产 2000 兆瓦新一代智能光伏组件生产线建设项目和广东电力发展股份有限公司实施的同仁市瓜什则 400 兆瓦“牧光储”综合一体化发电项目及同仁市城区 60 兆瓦屋顶分布式光伏开发建设项目。

【工业企业发展】　科学实施中小微企业扶持培育提升行动，年内完成培育中小微企业 4 户。加大本地企业扶持力度，确定 3 家工业企业为工业重点监管企业，1 个重点项目纳入工业重点跟踪项目范围。加快工业转型升级，引导工业企业申报项目。协助同仁市启鑫源生态综合开发有限公司、青海顺兴和中药材种植开发有限公司申报青海省第五批专精特新中小企业认定项目、青海省 2022 年工业转型升级专项资金项目、2022 年青海省中小企业发展专项资金项目；协助青海高原之宝牦牛乳业有限公司申报青海省 2022 年省级节能专项资金项目。开展规模以上企业培育工作，多次到工业企业开展调研并推进规模以上企业培育工作。加强对企业上规入统工作的业务指导和项目的跟踪服务工作，协调解决企业生产经营中遇到的困难和问题，帮扶企业提高经营效益，共同做好企业上限入规入统培育工作。全年培育规模以上企业 1 户，即青海晟大生态农牧科技有限责任公司。召开助企纾困政策宣讲培训会、政银企融资对接会、座谈会 4 次，精准推送惠企政策 120 余次，让政策及时传导到企业，助推惠企助企政策有效落地落实。

【中小企业扶持】　制定《同仁市落实稳住经济一揽子政策措施的实施方案》，编制出台《同仁市招商引资优惠政策》《同仁市招商引资奖励办法》。协助企业申报省级招商引资专项资金、工业转型升级专项等各类项目 9 个，落实 2 项，落实资金 70 万元，受益企业 3 家；累计为 47 家企业发放中小企业发展资金及助企纾困补助资金 427 万余元。建立“一企一策”县级领导和局领导包抓重点企业工作机制，推进“企业大走访”活动，建立纾困减负台账 5 个，强化企业问题化解，全市挂钩人员累计联系企业 143 人次，帮助企业协调解决 50 余个用工、融资、“五通一平”基础设施建设等各方面的问题；选派 20 余

2022 年 6 月 24 日，市工业商务和信息化局邀请州工业商务和信息化局有关领导及讲师召开助企纾困政策宣讲培训会（市工业商务和信息化局供图）

个企业负责人参加省州各类培训班，帮助企业人员开阔视野，更新观念，增强企业发展后劲。统计汇总13家企业和各乡镇就业需求，召开线下专场招聘会，实现全市重点人群百人以上稳岗就业，有效解决“招工难”和“就业难”矛盾；开展机关单位拖欠中小企业账款清理专项行动，协调解决拖欠项目工程款19.47万元。

【重点工业企业选介】 黄南金迪源建材有限公司 位于隆务镇吾屯下庄村，成立于2017年3月，总投资2000万元，占地1.33公顷，建成节能环保SLB4000H8型沥青混凝土拌合站。主要从事沥青混凝料乳化沥青、水稳层的生产、销售、运输、摊铺、碾压及路面工程的施工。公司生产车间及料棚面积达3000平方米，沥青搅拌站各类机械加工高级技工20余人，运输、后勤保障人员30余人，拥有雄厚的技术力量和新型材料生产加工能力，年产超过50万吨沥青混合料及产品。

青海晟大生态农牧科技有限责任公司 青海晟大生态农牧科技有限责任公司是一家专业从事畜禽养殖、蛋品包装及销售、有机复合肥生产加工为主的全产业链开发企业，成立于2021年，位于同仁市保安镇，总占地面积9.07公顷，员工38人，其中专业技术人员5人。公司设行政管理、蛋鸡养殖、蛋品包装、有机肥生产四大功能区，设计饲养规模为20万只。在上级部门支持下，扩建年养殖20万只同仁市金黄果蛋禽养殖基地，生产区建有标准化鸡舍5栋（每栋1200平方米）、40吨饲料塔1座、蛋库1间（800平方米）、有机肥生产加工车间（1万平方米）及其他基础设施建设。购置安装5套蛋鸡全自动笼养设备，引进25万只罗曼褐蛋鸡投入生产，日产鸡蛋约13吨，实现产品喷码上市，质量可追溯；产品主要销往黄南州、化隆、西宁等地区的部分超市及市场。公司有机肥厂投入生产后不仅解决蛋鸡养殖过程中产生的大量鸡粪，而且解决周围乡（镇）牛羊养殖合作社产生的牛羊粪，经公司有机肥车间加工处理后是很好的农业用肥，年生产有机肥料10万吨，不仅可以改善土壤结构，增加土壤有机质，而且可以提高粮食产量，减少化肥污染。

【重点光伏项目】 同仁市瓜什则乡400兆瓦“牧光储”综合一体化发电项目 同仁市瓜什则乡400兆瓦“牧光储”综合一体化发电项目位于瓜什则乡东南侧约7千米，距离同仁市约55千米，场地经过县道601线，交通便利。项目总占地面积666.67公顷，项目装机总容量400兆瓦，并配备400兆瓦/120兆瓦时储能系统。该项目因地制宜利用天然牧草地建设光伏项目，将结合牧业打造成为牧光互补+储能的综合性光伏电站。项目场址地势起伏小，开阔平整，环境较好。该工程采用分块发电，集中并网方案，建设容量为400兆瓦，设计925184块540Wp（标准太阳光照条件下的太阳能电池输出功率单位）双面双玻单晶组件，通过22回集电线路接入新建的330千伏升压站，再通过1回330千伏接至同仁330千伏变电站。2022年，该项目完成基桩34.58万个，已采购10万个，已安装6.5万个，完成率19%，支架采购50兆瓦，已安装1000组，完成率9.2%，组件共计40万千瓦，已采购10万千瓦，采购完成率25%，累计完成投资15.41亿元。截至年底，项目正在进行用地手续报批及电力接入系统评审，开工时间待定。项目总投资为23亿元。

同仁市200兆瓦“牧光储”多能互补综合一体化光伏项目 同仁市200兆瓦“牧光储”多能互补综合一体化光伏项目由国能（同仁）新能源开发有限公司负责实施，于10月31日取得州发改委备案批复。项目位于瓜什则乡郭进村，场址中心距同仁市直线距离约23千米，场地西侧临近省道308线，东侧距国道308线约5千米，对外交通条件较便利，场址总体条件有利于光伏电站的布置。规划装机容量200兆瓦，配套每4小时15%的化学储能，项目用地总规模293.5公顷，永久用地面积1.4公顷，土地类型为天然牧草地，不涉及占用耕地和基本农田，总投资约11.11亿元。该项目被列入年度全省市场化并网重点项目，预计2023年12月并网发电。项目建成后，按照火电煤耗（标准煤）305.5克/千瓦时，建设投运每年可节约标煤11.14万吨，减少二氧化碳约33.52万吨。

建筑业

【概况】 2022年，同仁市完成建筑业总产值62009.4万元；全市建筑业总产值中，完成建筑工程产值59720.5万元，占建筑业总产值的96.31%，同比增长281.25%；完成安装工程产值1138.7万元，占建筑业总产值的1.84%，同比下降10.4%；完成其他产值1150.2万元，占建筑业总产值的1.85%，同比增长78.77%。

【建筑市场管理】 同仁市住房和城乡建设局狠抓建筑施工安全生产监管和建筑施工专项整治，定期不定期对全市建筑施工企业和工地进行检查，在工作中坚决做到“严管重罚”，预防各类安全事故发生。全年省、州、市住建局联合对同仁建筑市场和工程质量安全执法检查2次，检查在建工程9项、州市联合检查44次，检查在建工程70余个，日常监督巡查132次，检查在建工程100余个，查出安全隐患60余起，下发限期整改通知书26份。其中，对质量安全问题突出的39家施工、监理单位当场下发安全停工整改通知书。

2022年10月9日，市民政局开展建设项目工地进展和安全生产、疫情防控督导检查工作（市民政局供图）

【建筑工地扬尘整治】 抓好建筑工地环境污染工作，督促全市建筑企业落实“6个100%”制度（施工工地周边100%围挡、物料堆放100%覆盖、出入车辆100%冲洗、施工现场地面100%硬化、拆迁工地100%湿法作业、渣土车辆100%密闭运输），特别是沿街项目施工现场全天候进行洒水作业，抑止尘土飞扬。

城镇建设与管理

TONGREN YEARBOOK

2022 年 12 月 17 日，同仁市城区中山路过街天桥（市住房和城乡建设局供图）

城镇建设

【概况】 2022 年，同仁市申报城镇建设项目 14 项，总投资 12 亿元；已下达清洁能源改造、天然气管网二期、集中供热煤改气等工程 6 项。承建续建项目 27 项，总投资 11 亿元；承建新建项目 16 项，总投资 5.56 亿元。

【市政建设】 市政续建项目 承建续建项目 27 项，总投资 11 亿元，其中城南社区内涝整治项目、河东片区城中村市政基础设施配套项目、古城巷环境整治及西坡治理工程、多哇镇北入口处环境整治项目、中山路和热贡路沿街风貌品质提升项目、瓜什则乡生态美丽乡镇建设项目与州人大等 5 个老旧小区配套基础设施建设项目、瓜什则乡政府周边巷道环境整治工程、瓜什则乡市政道路建设项目、瓜什则乡环城南路建设项目、瓜什则乡环城北路建设项目、瓜什则乡风貌改造工程、2022 年老旧小区改造项目已完工。城区中山路过街天桥建设项目完成工程量的 90%，城区过街天桥建设项目完成工程量的 90%，五期供热项目完成工程量的 45%，市体育场停车场建设项目完成工程量的 30%，北城区综合管廊建设项目（二期）一标段完成工程量的 90%、二标段完成工程量的 25%，县城供水提质增效及城北新区供水管网改扩建工程完成工程量的 90%，郭么日大桥建设工程完成工程量的 85%，加查玛桥建设项目完成工程量的 50%，住宅小区物业用房配套设施及环卫设施配套工程完成工程量的 30%。霍尔加北路延伸段建设项目、年都乎南二路建设项目、保安镇产业环路建设项目处于征地阶段。同仁市一期、二期集中供热煤改气建设项目，集中供热三期、四期煤改气工程完成招标。停车场建设项目处于前期阶段。

市政新建项目 全年承建新建项目 16 项，总投资 5.57 亿元，其中市民族中学家属院等 2 个老旧小区配套基础设施建设项目已完工。市交通信号灯更新项目完成工程量 40%、市体育场停车场配套设施建设项目完成工程量 90%。阳光大道危桥改建工程、州卫生监督所家属院等 3 个老旧小区配套基础设施建设项目、城北新区规划七路及祥云北路整治建设项目、小街小巷环境整治项目、霍尔加片区集中供热“煤改气”建设项目、老城区街道环境整治工程已完成招标。保安镇发展大道、发展东路附属设施建设项目处于征地阶段。同仁市天然气利用工程市政管网工程（一期）、天然气利用工程市政管网工程（二期）、同仁市公交站亭、站牌建设项目处于招标阶段。

2022 年 12 月 20 日，城市老旧小区拆除现场（市住房和城乡建设局供图）

2022 年同仁市住建重大项目投资完成情况一览表

表 2　　　　单位：万元

项目名称	建设规模	项目进展情况	总投资	已完成投资	本年计划完成投资	项目目前进展
总计	—	—	55797.38	7521.45	27165.38	—
同仁市天然气利用工程市政管网工程（一期）	建设中压管网 23.85 千米	招投标阶段	5800.00	0	0	施工图审查
同仁市天然气利用工程市政管网工程（二期）	建设中压管网 90.29 千米	未开工	13090.00	0	0	初设阶段
同仁市民族中学家属院等 2 个老旧小区配套基础设施建设项目	住宅小区物业用房配套设施及环卫设施配套工程	已开工	280	0	280	已开工
同仁市州卫生监督所家属院等 3 个老旧小区配套基础设施建设项目	改造州卫生监督所家属院、州粮油公司、州就业局小区 3 个小区场地硬化 2500 平方米，管网 1256 米。围墙、环卫设施、照明等配套附属设施	已开工	460	0	460	已开工
同仁市 2022 年老旧小区改造项目	对电视台家属院等 14 个老旧小区进行外立面、楼本体改造	已开工	849	254.7	849	已完工
同仁市城北新区规划七路及祥云北路整治建设项目	整治道路长度 2.04 千米及配套附属设施	已开工	1480	0	1480	完成招投标
同仁市保安镇发展大道、发展东路附属设施建设项目	整治道路 2.56 千米及配套附属设施	未开工	2140	0	0	招标阶段
同仁市公交站亭、站牌建设项目	建设公交港湾 69 处，更换公交站牌 20 处，新建公交站牌 172 处，停车场 8152 平方米	已开工	2260	0	678	已开工
同仁市阳光大道危桥改建工程	隆务河 1 号桥 146 米及附属配套设施	未开工	6370	0	350	初设阶段
同仁市老城区街道环境整治工程	实施中心城区德合隆路、夏琼路等主要街道环境综合整治	完成招投标	1950	0	1950	准备开工
同仁市小街小巷环境整治项目	整治雪莲路、步行街环境问题	完成招投标	1200	0	1200	准备开工
同仁市交通信号灯更新项目	升级改造机动车道、人行道、电子警察灯	已开工	900	0	900	完成 40%
农牧民居住条件改善工程	对农牧民居住条件进行改善	已开工	3000	1560	3000	已完工

续表2

项目名称	建设规模	项目进展情况	总投资	已完成投资	本年计划完成投资	项目目前进展
同仁市传统村落集中连片保护项目	对27个传统村落进行保护，第一批下达11个	已开工	11413.5	5706.75	11413.5	已完工
同仁市体育场停车场配套设施建设项目	基坑支护和高压电引入	已开工	1205	0	1205	完成90%
霍尔加片区集中供热煤改气建设项目	改造霍尔加片区集中供热锅炉房	完成招投标	3399.88	0	3399.88	准备开工

【城镇污水与垃圾处理】 全年污水总进水量225.6万吨，日均处理量6355吨，进水COD（化学需氧量）浓度均值288.1毫克/升，氨氮均值为35.6毫克/升。污水出水量208.4万吨，日均出水量5871吨，出水COD（化学需氧量）浓度均值18.2毫克/升，氨氮均值0.593毫克/升。污泥处理量1994吨，日均出泥量5.54吨，全部卫生填埋。化学需氧量总消减量575.1吨，氨氮总消减量73.2吨。处理城镇生活垃圾生产量59285吨，城镇生活垃圾无害化处理量55727.9吨，城镇生活垃圾无害化处理率94%。

【城市住房保障】 全年下达老旧小区改造项目14项，涉及618户，总投资927万元。主要对老旧小区屋顶、外立面、公共设施、楼本体等基础设施进行改造。截至11月10日，完成工程量的90%。此外，下达2个项目总计5个老旧小区基础设施改造任务，投资730万元，主要实施院落地坪、雨污水管网改造、供暖管网改造、改造门卫室、新建老年活动室等，完成2个小区改造任务，3个小区因供暖管道影响暂停改造。对享受城镇低保但无廉租房家庭及城镇低收入无房家庭140户，分4个季度发放全年租赁补贴41万元。严厉整治保障性住房转借、转租、空置等行为，发布《关于开展同仁市市直公共租赁房整治专项行动的通告》，加大困难群众住房保障力度，规范租赁市场秩序。全年清查70余次，整治1988套保障性住房，查出转租转借、长期空置、拖欠房租等63户，清退30户。

【城镇环境整治】 严格执行环境卫生大扫除制度，坚持每周五全体干部职工出动，对卫生责任片区的“脏乱差”问题进行集中清扫处理，保证街道秩序井然，片区干净整洁。加大居民小区环境整治力度。联合物业公司，动员院内党员住户、义务志愿者每月开展卫生大扫除活动，清除卫生死角和生产生活垃圾。积极争取老旧小区改造项目，完善小区基础设施，改善小区人居环境。

【城镇沟道治理】 实施沟道治理2项，总投资975万元。其中，扎毛乡高原美丽乡村周边沟道治理工程总投资435万元，11月开工建设，治理沟道长度3.51千米，累计修建排洪渠0.9千米；修建谷坊38座，修建护岸298米，修建浆砌石护堤1座，修建

2022年7月，环卫工人清洗路面及车行道护栏（市城市管理局供图）

网箱潜坝 1 座，溢水管 110 米，过水路面 1 座。工程的实施可保护扎毛乡政府所在地约 365 户 1245 人的生命财产安全。武警支队后墙防洪及团结渠州医院段渠道改线工程，总投资 540 万元，5 月开工建设，在武警支队后山沟道修建渠道 797 米、谷坊 11 座、车便桥 2 座、混凝土道路 1300 米；团结渠修建 122 米矩形砼渠道、沉砂池 4 座、清淤井 11 座、管道清淤 564 米。工程的实施可保护下游 30.53 公顷耕地，23 户 103 人的生命财产不受洪水威胁。

【城北新区防洪综合治理工程】 城北新区防洪综合治理工程治理沟道 6.63 千米，"一横"修建截洪沟 2 条 1862 米，"五纵"治理沟道 5 条共修建箱涵 6535 米，布设谷坊 205 座。修建生态水系 4 处、园路 8 条、木栈桥 4 处，亲水平台 6 处、人行便桥 12 座、活动广场 4 处、跌水 16 座、增加绿化 39.27 公顷，配套绿化灌溉工程 4 项、铺设管道 20.46 千米。总投资 1.4 亿元，该工程于 3 月开工建设，完成整体形象进度 60%，通过对城北新区西山山洪沟道和坡面洪水辅以水安全保障、水生态修复等综合治理措施，保障山洪沟道行洪以及城北新区的防洪安全。

延伸：同仁市高质量推进撤县设市后城市功能提升，着力打造宜居宜业宜游城市

2022 年 12 月 21 日，新建的市区公共厕所内部环境（市政府办供图）

同仁市坚持以人民为中心的发展理念，以重大项目建设为引擎，高质量深入推进城市更新行动，完善城市功能，提升城市品质，不断增强人民群众获得感幸福感。同仁市作为全省最年轻的县级市，树牢首府意识，在州委、州政府的坚强领导和大力支持下，坚持以"市"的理念谋划和推动城市发展，结合城市基础设施欠账多，功能不完善，基础设施和公共服务设施相对滞后的实际，紧紧围绕人民群众关注度高的"停车难、如厕难、道路安全隐患及周边环境"等突出问题，积极争取落实强基础、补短板的城市功能提升项目 11 项，总投资 4.33 亿元，其中市政公共厕所革命工程全面完工，霍尔加南、北路道路整治、迎宾大道两侧生态绿地建设项目等 4 项完成工程量的 70%，其余项目正在全力推进。为保障城市功能提升项目落地落实，计划筹措资金 3.8 亿元及时启动推进同仁市建市以来规模、拆迁量最大的撤县设市后城市功能提升项目征地拆迁工作。截至年底，签订征地拆迁补偿协议 245 份，拨付补偿资金 70%的 123 户、100%的 111 户，补偿款支付率达 95.51%，拆迁率达 60.95%。撤县设市后城市功能提升项目的推进实施，将切实提升城市基础设施条件，补齐城市发展中的短板弱项，有效解决"停车难、如厕难"等事关人民群众生产生活的突出问题，大幅改善城市市容市貌，着力提升城市宜居宜业宜游水平。

房地产业

【概况】 2022 年，同仁市累计完成房屋转移登记办证 198 户，面积 18810 平方米；完成房屋初始登记 256 户，面积 28160 平方米；办理抵押登记 66 户，建筑面积 6952 平方米；注销登记 41 户，建筑面积 4120 平方米；商品房网签备案登记 135 户，建筑面积 16200 平方米；办理商品房预售许可证延期 9 件，建筑面积 31791.05 平方米。

【不动产登记】 全年市自然资源局发放不动产权证书 625 本，不动产登记证明 250 份，查询

967 人次。核实完成全市 13 年来农村宅基地新增及变更数据。妥善解决不动产历史遗留问题和当前群众反映强烈的“操心事”“烦心事”，维护群众的合法利益，化解 85 户不动产历史遗留问题。拓展“互联网+不动产”登记工作，启用自助查询机，一次办理完成查询不动产登记结果和档案资料工作，减少群众多个部门查询办理。

【城建档案管理】 2022 年初，市住房和城乡建设局对住建 2013—2021 年文书、项目资料重新整理并分类归档，确保城乡建设档案归档有序。配备相应的设施和兼职人员，增加档案柜，完善保密设备设施，对建设项目档案和文书档案进行科学分类和保管，排架整齐，为档案管理工作打下基础。全年竣工验收项目档案 30 个、文书档案 12 个（其中党建 1 个、党风廉政建设 1 个、意识形态与精神文明建设 1 个、重点工作 1 个、疫情防控 1 个、民族团结进步 1 个、扫黑除恶 1 个、普法 1 个、保密 1 个、信访 1 个、省部共建 1 个、作风建设 1 个），新农村建设档案 3 个（其中高原美丽乡村建设 1 个、传统村落保护 1 个、农牧民居住条件改善工程 1 个），保障性住房管理服务中心档案 5 个（其中公租房合同 1 个、廉租房合同 1 个、缴纳租金 1 个、小区物业 1 个、房屋转移登记 1 个）。

【物业管理】 截至年底，同仁市有居民小区 159 个，其中有门卫的小区 109 个、无门卫的小区 50 个，有物业公司管理的小区 27 个，登记注册的物业管理服务公司 11 家。为进一步规范和加强物业服务管理，市住建局召集 16 个物业公司负责人召开专题会，就做好物业小区疫情防控、安全生产、小区内车辆乱停乱放、物业服务等作详细安排，并签订物业责任书。解决群众反映的小区物业管理、环境卫生等民生问题，截至 2022 年底，解决 70 起问题。市住建局起草符合同仁实情的《物业管理办法》，对接发改局、物价局等部门确定物业收费及星级标准后，计划引进资质较好的物业公司。

城市管理

【概况】 2022 年，同仁市开展专项整治店外经营 30 余次，累计整治占道经营商户 3500 余家，行政处罚 62 家，行政许可 64 件，签订门前“三包”责任书 5590 余家，对未落实“门前三包”及疫情防控不到位的商家停业整顿 80 家、黄牌警告 57 家；累计抓捕流浪犬 14 次 110 余条，查处 11 起渣土车违法行为，拆除违章建筑 100 余平方米。联合公安交警、市监开展城区市容市貌综合整治攻坚行动 14 次。

【市政设施维护】 签订垃圾清运协议 120 余份，收取统管统运费 110 余万元；更换城区雨水箅子、井盖 68 个；维修道路隔离护栏 180 余米，绿化带围栏 600 余米，维修人行道 1276 平方米，铺设沥青路面 80 余平方米；维修城区红绿灯 80 余次、路灯线路 5.8 千米，更换路灯灯泡 600 个，城区亮灯率达到 95%。

【园林绿化】 坚持“乔灌结合、灌草结合、美化结合、彩化结合”

2022 年 6 月，城市道路绿化作业（市城市管理局供图）

原则，以道路绿化、公园绿化为重点，做好“缺苗断空”和裸露土地的绿化补植、绿化带内苗木修剪、杂草清除、枯树死枝去除清理等工作。集中清理、冲洗树干和植物叶面残留灰垢，清理绿地内垃圾杂物，以及园林水体中的漂浮物等。集中检查城区绿地的管养护状况，及时补栽或更换缺株死树和损伤灌木、草坪，检查园林设施（道路、座凳、景观小品等）保养情况，确保各类设施完好、清洁、整齐以及没有裸露土壤。

【环卫基础设施建设】 实施完成城区公共厕所升级改造工程项目，改造完成11处公厕并升级投入使用。新建公厕3座，同时订购20座移动公厕安置于城区人员聚集处，解决城区“如厕难”问题。推进餐厨垃圾处理项目建设，项目建成后对全市餐厨垃圾收集处理全覆盖。

【市容环境卫生整治】 严格要求清尘公司按照日产日清措施进行垃圾清扫清运工作，累计清运垃圾58721吨，垃圾处理55909.2吨，垃圾处理率达95%以上，累计清理“野广告”“牛皮癣”2500余处；组织安排清尘公司开展“清城”行动，加强洒水洗扫降尘。城区范围内洒水、降尘、洗路作业，保持道路湿润，减轻道路扬尘污染，协助做好“蓝天保卫战”大气污染防治工作。落实城北新区、隆务河景观带及城乡接合部环境卫生长效管理，加快改善城北新区、隆务河景观带及城乡接合部环境卫生整治，确保环境卫生保洁质量，及时组织局属环卫工人划分区域，落实清扫责任区保洁力度，形成城乡同治、齐抓共管的工作格局。全年处理城乡垃圾约390吨左右。年内在城南社区、热贡广场、学校开展垃圾分类宣传工作5次，累计发放宣传资料及手册8000余份，拉横幅10余条。

【城市管理执法】 按照“一岗多责、一人多能，一人负责、多人协同”，结合“门前三包”“街长制”与网格化管理促进上下联动，围绕环境卫生、户外广告、清扫保洁、市容秩序、渣土运输、市政养护、绿化亮化等方面，结合实际，建立管理台账，制定城市管理目标量化、管理标准精细化、职责分工明晰化的相关依据，形成“精致、精细、深入、规范”的城市管理模式。全年专项整治店外经营30余次，累计整治占道经营商户3500余家，清理店外杂物30余车，行政处罚案件62起，行政许可64起，签订门前三包责任书5590余家，其中已考核4500余家，考核不合格14家，未落实“门前三包”管理制度停业整顿19家，开展渣土车整治11次，严查各类渣土车辆规范运输暂扣违章渣土车4辆，其中行政处罚1辆。将城区划分为24个小网格，每一条道路明确2~3名城管队员，建立责任机制，实行网格化管理。加强对网格化工作考核，实行巡路常态化、制度化，处置问题快速化、精准化，不断提升城市精细化管理水平，推动城市管理从“大写意”向“工笔画”转变。

【同仁迎春节花灯安装完成】

此次花灯筹备工作从2021年12月底开始。按照“绿色环保、创新节俭、突出亮点、因地制宜”原则，在热贡桥、城区主要干道7处公共空间悬挂3396盏大红灯笼，制作盛世龙门灯组1个，对市区4处广场制作彩灯4组，对2处行道树及绿化带进行满天星亮化。

城市供水

【概况】 2022年，同仁市自来水有限公司以“真抓实干、安全供水”为指导，立足岗位、提质增效，强化措施，狠抓落实，较好地完成供水任务。9月中旬，在城北新区新建供水管道，年底通水；对同赛高速公路西卜沙路段管网进行改迁；7月，对江什加水厂锅炉进行煤改电改造；对江龙水源管道进行改迁；对隆务庄备用水厂进行管网改迁，保证城南片区及隆务庄村居民用水。截至年底，城市供水主管网面积达到117平方千米，城区及周边村社，包括城中区，供水普及率达100%，日供水量突破14000立方米，日进水量突破15000立方米；2022 年供水量 476.78 万立方米。7 月，公司安装维修队获“青海高原工人先锋号”称号。

【安全供水】 2022 年初，与各科室负责人签订安全生产目标责任书，形成一级抓一级，层层抓落实的安全管理体制。在净水处理厂配备监控设备，随时对水厂沉淀池、虹吸滤池、机电房设备，厂区安全等进行全方位监控，随时检查供水设备和查看水位、流量，做到对扎毛水库源头闸阀井一日一巡查，对江龙水源、扎毛水库机电设备、供水管道进行一月一巡查，发现问题一查到底并及时整改，不留任何安全隐患。全年公司未发生任何安全责任事故。

【管网维修】 公司组建一支能力强、业务精、服务好的抢修队伍，负责城区内的主管道维修、爆管抢修、水表校检、维修等工作；定期不定期对输配水管道、管道排水阀、消防栓进行检查，坚决杜绝供水主管道上的跑、冒、滴、漏等问题。成立公司安全生产应急救援领导小组，确保及时处理应急救援和应急抢修任务。明确规定从 23 时开始至次日 6 时加班加点完成抢修任务，不影响居民生活用水，避开用水高峰期，保障城区正常供水。截至年底，开展夜间抢修 20 次，更换部分供水主管道阀门。安装各种软密封

2022 年 10 月 8 日，市自来水公司抢修吾屯管网现场（市自来水公司供图）

闸阀 86 块、各种铁闸阀 18 块、各种 PPR 闸阀 16 个、各种自锁阀 37 块、各种水表 161 块、各种 PE 管 684 米。累计维修管道 23 次，免费为用户清洗水表 20 次；新增用户 30 户，城区管网排水 19 次。

【水费收缴】 通过分区分片和建立群众监督机制，分为行政事业抄表组、营业性质抄表组和私人用户抄表组，公司规定各营业室工作人员文明礼貌、耐心细致、热情周到，做到文明用语，抄表按时、到位、准确、收费及时；每月按时抄表、负责用户建档上户、销户及用户资料修改等工作。为方便各用水户缴纳水费，自来水公司于 2021 年 9 月开通支付宝缴费功能，2022 年 1 月开通微信公众号缴费功能。全年第一营业室抄收 1553 户，年度星级抄表班组光荣榜中获得 23 颗星；第二营业室抄收 3402 户，年度星级抄表班组光荣榜中获得 48 颗星；第三营业室抄收 2777 户，年度星级抄表班组光荣榜中获得 38 颗星；第四营业室抄收 2854 户，年度星级抄表班组光荣榜中获得 38 颗星；第五营业室抄收 2614 户，年度星级抄表班组光荣榜中获得 39 颗星。

【水质达标检测】 每季度对水源水、出厂水、管网水送青海谱测检测有限公司进行检测，水质报告送主管部门、卫生监督等部门备案，全年共检测 10 次，其中大检 4 次，小检 6 次，由于疫情封控原因，10 月及 11 月小检未能按时检测。每次水质检测结果定期在同仁市政府网站进行公开公示，同时报卫生监督部门及主管局备案。

交通　通信

TONGREN YEARBOOK

交通运输管理

【概况】 2022 年，同仁市有等级客运站 5 个，其中二级站 1 个、三级以下站 4 个。开通道路客运线路 24 条，其中跨省线路 2 条、跨市线路 2 条；日发班次 15 个。道路货运总量 23627.2 万吨，货物周转量 5.05 亿吨千米；道路客运量（农村客运量）114.13 万人，旅客周转量 6254.86 万人千米。全年查处非法营运出租车 23 台，查处违规客车 3 台，分流旅客 136 人次；查处超载货车 174 台，卸货 52 吨；查处各类其他违规油品运输车辆和货运车辆 3 台。强化“双超”车辆追踪处理，全年追踪处理车辆及相关驾驶员 3 辆次、2 人次。

2022 年同仁市公共交通情况一览表

表 3

项目	单位	数量	项目	单位	数量
公共汽车	公交线路条数（条）	8	出租汽车	其中：小客车（辆）	402
	公交线路长度（千米）	120（单程）		载客车次（万次）	836
	运营公交车辆数（辆）	48		运营里程（万千米）	3970
	客运总量（亿人次）	221.3		营业里程（千米）	2540
出租汽车	运营单位（个）	1		运营收入（亿元）	0.7
	运营车辆（辆）	402			

2022 年同仁市公交线路基本情况一览表

表 4

线路	发车站	终点站	发车时间	票价（元）
1 路	唯哇	州民族高级中学（州民师）	7：03—18：58（每隔 15 分钟发一班）	1
2 路	加毛桥头	州民族高级中学（州民师）	7：00—20：06（每隔 15 分钟发一班）	1
3 路	唯哇	教育小区	7：00—19：28（每隔 15 分钟发一班）	1
4 路	热贡桥头	腾达驾校	6：50—19：00（每隔 20 分钟发一班）	3
5 路	热贡桥头	扎毛	7：00—17：00（每隔 30 分钟发一班）	3
6 路	热贡桥头	麻巴	6：40—18：40（每隔 30 分钟发一班）	3
7 路	热贡桥头	多哇镇	8：00/8：20	15

【运输行业管理】 加强监管应急装备设施建设，优化公路突发事件应急处置、公众信息服务、数据研判分析等信息化功能模块，提高突发事件应急处置能力和公众出行信息服务水平。持续完善应急体系建设，健全应急工作体制机制，完善应急预案，加大专家咨询服务保障力度，加强应急处置工作和应急演练开展后评估工作，提升应急处置能力。加快推进应急救援队伍能力建设，加强大型化、专业化、多样化的应急装备配置，推动公路应急指挥平台间的互联互通。确保重点时段安全畅通。统筹推进交通运输安全生产和疫情常态化防控工作，提前部署做好春运、两会、“五一”、汛期、国庆等重大活动、重点时段安全保障工作，做好信息发布、新闻宣传、舆论引导和应

急准备。紧盯重点区域、重点领域、重点环节，采取驻点督查、分片包干等方式，加强现场安全监管，抓实抓细各项安全保障措施。根据交通运输特点和工作实际，及时做好预警预防工作，加强重点领域安全监管，加强应急值守和应急处置，确保安全形势持续稳定。

【运输产业发展】 全市有汽车综合性能检测站2家，全市一、二类汽车维修企业2家，汽车维修工作量18150辆次，维修工作量以年均1%以上速度增长。机动车驾驶员培训学校4家，2022年培训机动车驾驶员1430人、从业资格人员1260人。农村客运市场，乡镇通班车率100%，行政村通班车率100%，自然村通班车率100%。全市有出租公司1家，出租车402辆，从业人员630余人。

【城市交通运输治理】 综合治理执法行动 加强出租汽车和公交车道路运输行业运输安全管理，执法人员采取定点检查与流动巡查相结合等方式加强对重点时段、重点区域、重点企业的监管，严厉打击车辆证照不全、服务不规范，以及拒载、乱收费、兜圈绕行、强行拼客、无牌无证、有证不携带等违法从事出租经营行为；依法查处出租车空车待租拒载、固定线路经营、途中甩客、故意绕道行驶、乱掉头、不遵守交通规则、斑马线不礼让行人、闯红灯、随意变道、随意停车拉客、拒绝载客到隆务老城区等违法违规行为；整治运营中司机不系安全带、不提醒乘客系安全带、不使用文明用语、接打电话、吸烟等不文明行为；规范出租车辆车容车貌、车内外卫生及驾驶员个人卫生；严厉查处未取得经营许可从事出租汽车经营活动开展非法营运等行为，年度非法营运车辆专项整治行动出动执法人员1240人次、执法车辆194辆次，检查车辆1751辆次。

2022年5月13日，市交通运输局交通执法人员对出租车辆进行例行检查（市交通运输局供图）

道路客运车辆管理 规范道路旅客运输及客运站场经营活动，保障道路旅客运输安全，整治客运班车站外揽客行为，执法人员将群众反映突出的路段、区域以及高速公路收费站作为整治营运客车违章行为的严管路段、区域，派出人员定点蹲守检查。全年出动执法人员384人次，出动执法车辆103辆次，检查车辆952辆次。

【驾培市场管理】 进一步规范机动车驾驶员培训市场秩序，规范全市驾培行业经营行为，提高培训质量，保障驾驶培训学员合法权益，市交通运输执法大队重点整治驾培行业非法报名点、场外教学等违法行为。全年出动执法人员376人次、执法车54辆次，依法查处驾驶员培训机构违规从事机动车驾驶培训教学活动案件1起。

【道路运政执法】 加大对路面巡查力度，严查严管各类运输车辆，特别加大公交班车、省际客车监管力度，确保道路运输安全。为保证辖区范围内公路完好、安全、畅通，提升公路服务水平，执法大队执法人员加强公路巡逻。联合公安交警、隆务治超站等部门采取源头治理和路面治理相结合，固定检测与流动巡查相结合的办法，建立“肩并肩”式联合管理执法机制，加大对重点部位、重点时段、重点区域的路面管控力度，严厉打击“百吨王”、超限超载、沿路滴漏洒等车辆违法行为，共同依法查处打击超限超载违法，有效遏制辖区公路超限超载车辆违法运输行为。

【交通运输企业简介】 黄南州山峰公交有限公司 2013 年成立，有 5 个科室、6 个车队、1 个保修厂，工作人员 55 人，营运车辆 48 台，生产用地 1 处，占地 2 公顷，固定资产原值 1307.86 万元，净值 589.03 万元。拥有营运线路 8 条，里程 120 千米，全市线路日运行班次 38 个，日运送乘客量 0.55 万人次，全年公交公司完成营运里程 280 万千米。

黄南藏族自治州汽车客运总站 成立于 2010 年 6 月，一直由州交通部门直接管理，是州内最大的汽车客运总站。在职职工 5 人（男职工 4 人、女职工 1 人），退休人员 4 人，临聘人员 8 人。客运站有客运线路 7 条（同仁至西宁、临夏、夏河、尖扎、循化、泽库、河南），其中省际 2 条、省内 5 条。

同仁市出租车公司 拥有管理工作人员 10 人、出租车辆 295 辆，车主及租聘驾驶人员 467 人。载客车次 531 万次，运营里程 2655 万千米。公司建立一车一档、一人一档及电子台账工作，加强对公司出租车辆以及驾驶员资料和个人信息管理。安排专人每天进行查看车载 GPS 定位系统动态实时监控，随时掌握了解出租车运行状况。

公路建设与管理

【概况】 2022 年，同仁市等级公路通车里程 1072.15 千米，其中国道、省道、县道、乡道、村道里程分别为 62.56 千米、162.63 千米、55.70 千米、485.35 千米、305.92 千米，无专用公路。全市农村公路建设工程 13 项，建设总里程 267.59 千米，总投资 18194.79 万元。其中，续建项目 4 项，建设总里程 56.79 千米，投资 10660 万元；新建项目 9 项，建设总里程 210.80 千米，投资 7534.79 万元。

【公路建设项目】 新建项目 兰采乡尕日哇等 6 个自然村公路工程建设里程 60 千米，投资 1080.46 万元，完成 100%；多哇镇直跃村等 3 个自然村公路工程建设里程 38 千米，投资 684 万元，完成 100%；村道安全生命防护工程建设里程 12.4 千米，投资 161.43 万元，完成 100%；扎毛乡卡苏乎村村道路硬化工程建设里程 3.21 千米，投资 270.9 万元，完成 100%；同仁市 2022 年养护工程建设里程 58 千米，投资 212 万元，完成 100%；双朋西乡环主村公路病害整治及西关寺道路提升工程建设里程 11 千米，投资 1200 万元，完成 70%；双朋西村道硬化及便民桥梁工程建设里程 3.29 千米，投资 348 万元，完成 70%；曲玛—录合相公路建设里程 11.3 千米，投资 1130 万元，完成 50%；阿赛公路—兰采乡公路建设里程 13.6 千米，投资 2448 万元，完成 50%。

续建项目 同仁市向阳至黄乃亥公路改扩建工程，建设里程 14.82 千米，投资 2275 万元，已竣工验收；浪加水库淹没区同夏公路改建工程，建设里程 1.49 千米，投资 1962 万元，施工进度 95%；隆务镇牙浪卡图沟及草原扶贫旅游公路，建设里程 27.98 千米，投资 5923 万元，施工进度 90%；多哇镇交隆务村 1 队公路，建设里程 12.5 千米，投资 500 万

2022 年 6 月，牙浪卡图沟公路（市交通运输局供图）

2022年7月，保安滨河公路建设现场（市交通运输局供图）

元，已竣工验收。

【公路养护】　市交通运输局承担全市农村公路的日常养护、水毁抢修等工作，养护公路总里程1112.8千米。其中，国道1条，公路养护里程62千米；省级道路1条，公路养护里程203.84千米；县级道路7条，公路养护里程55.70千米；乡级道路46条，公路养护里程485.35千米；村级道路101条，公路养护里程305.92千米。

制定完善《2022年同仁市深入推进路长制工作实施方案》。召开专题会4次，配合或接受省、州、市检查督导3次。全年完成日常养护路面清扫893千米，疏通涵洞220个，除草14.5万平方米，清理水沟1.9万米，修补坑槽0.3万平方米，参与修补1254人次，机械256台次，抢通水毁路段46处，清理边坡塌方8962立方米，疏通涵洞126道，清理边沟386千米，回填路基456立方米。防汛期间，组织养护人员120人次，进行为期近4个月的水毁抢修保通，清理泥石流23.7万立方米、塌方4.76万立方米，修复水毁路基22.56千米。市政府财政拨款126.5万元，建设农村公路养护管理站11个，配备自卸车辆11辆，养护人员工作服和养护工具600套，安装“路长制公示牌”55个。与各乡镇签订养护责任书，明确责任主体并纳入年底考核。截至年底，同仁市国道优良率75%、省道优良率75%、县道优良率65%、乡道优良率60%、村道优良率45%。落实“路长制”，围绕同仁市公路交通发展现状，探索深化农村公路管养体制，推行农村公路网络化精准管养，市、乡级政府主要负责人和村委会主要负责人为县、乡、村三级路长；在全市各乡镇街道设立“路长办公室”；全市公路实现“一路一长”，有效遏制公路红线范围内乱占乱建、随意损坏公路设施、个别公路弃养失养现象，实现有路必管的目标。加快推进养护常态化、规范化，路产路权得到有效保护，路域环境优美整洁；建立健全水毁整治，及时完成日常水毁抢修工作。

【路政管理】　组织执法人员在热贡文化广场、客运站等重要路段开展车辆超限超载、渣土车治理、安全生产等为主题的法治宣传。利用标语横幅、宣传栏、宣传单、出租车LED显示屏等方式宣传《中华人民共和国公路法》《中华人民共和国公路管理规定》《中华人民共和国道路运输条例》等重点法律法规。全年制作横幅48条，张贴标语63条，制作展板15块，发放宣传资料2500余份。加强法律法规宣传，加大路政巡查力度，出动执法人员562人次，巡查里程1146千米，清理路面堆积物211立方米、路面垃圾30立方米，查处违章建筑、打场晒粮等占用公路案件104件，说服教育群众17次；取缔非法加水洗车点2处，设置限高限宽23处；制止公路违法建筑3次，年内全市公路巡查里程3.5万千米，清理违章建筑353平方米，发生路政案件1起，查处1起，查处率和结案率达100%，路赔回收4万元，路产回收率100%。

延伸：推进“四好农村路”建设，铺筑美丽乡村幸福路

同仁市围绕“建好、管好、护好、运营好”四大目标，健全完善农村公路体系、管养保障体系、绿色服务体系、公交一体化体系，将农村公路打造成带动发展的产业路、管护高效的平安路、服务便民的智慧路、风景优美的生态路，力争在2023年成功创建“四好农村路”省级示范县，为同仁经济社会发展提供坚强的农村交通运输保障。高标准规划建设。同仁市坚持超前谋划、规划先行、高标准建设，将农村公路规划与乡村建设相结合，累计投资7.29亿元，建设里程1700.48千米，其中在全市8个村建设通村柏油路，进一步提升群众幸福感。健全机制抓管理。全面推行由政府主导农村公路“路长制”管理模式，下发《同仁市全面做好“路长制”工作实施方案》，将单一部门管理转变为“路长”负责综合管理，实行市、乡、村三级“路长制”，建立农村公路绩效考核机制，农村公路管理水平有效提升。高水平精准养护。依托“路长制”制度，按照“县道县管、乡道乡管、村道村管”原则，在全省范围内率先建立11个乡镇农村管理养护站及农村公路养护管理队伍，拨付专款126.5万元，为全市11个乡镇农村公路养护管理站购置养护车辆11辆、养护工具及养护工作服318套，进一步巩固农村道路建设成果，保障农村公路使用寿命。城乡一体化运营。坚持把“四好农村路”建设作为推进城乡一体发展，实现农业农村现代化的重要突破口，交通助力乡村建设的支撑作用。投入财政资金690万元，购置环保纯电动公交车46辆、大功率纯电动公交车2辆，开通城乡公共交通线路7条（其中城区公交3条、城乡公交4条，覆盖全市46个建制村，占总数的63%），修建快速充电站2座、充电桩30台，配备充电枪60支，为5.3万余人次提供交通便利。

通信建设

【概况】 2022年，同仁市光纤宽带接入数量为40158户，其中百兆宽带接入户数26132户、千兆宽带接入户数14026户。推进基站新建和升级改造工作，在全市范围内修建升级4G基站51座、5G基站103座。组织推进落实清除信号盲点盲区工作，排查信号盲区盲点问题201个，多次召开会议商讨解决方案，拟定上报《清除全市乡镇信号盲点盲区解决方案》并全力推进。

【中国电信同仁分公司】 基本情况　中国电信同仁分公司设立1个农村支局、2个城镇支局、1个营业厅。在职正式员工5人、聘用制员工22人。截至年底，移动市场份额到达31.7%，同比提升3.06%。5G渗透率累计到达77%。建成数字乡村9个，已签约未建设4个。建立农村以店包片10个。

网络建设　完成新建基站1.8G基站6个、扩容小区59个；无线指标及拉网测试收集梳理问题127条，整理无线网络信号优化事项368条，共计495条问题。完成质差用户光衰整治6190户，光衰达标27503户，达标率99.09%。发展州到省城域网出口带宽从40G扩容至双边80G，移动网络4G出口带宽由原有的双边20G扩容至40G。同步完成三县到州的城域网扩容，由20G扩容至40G。将现有低带宽设备替换为千兆接入设备12台，建设千兆PON（无源光纤网络）口384个，覆盖一市三县县城主要地区，同步对乡镇以下带宽不足500兆的11台设备进行优化升级。同仁市中山路电信综合通信楼IDC（互联网数据中心）机房，投资520万元。主要完成机房电源建设实现后备电源“1+N”模式，建设冷仓1个，共计32个机架1144U，冷仓空调采用平送风模式，机房PUE（电源使用效率）低于1.3。

信息化建设　全年立项建设完成3个重点项目。在项目拓展过程中，以平台为主，云、5G、双线业务为核心，通过项目后期延展带动云电脑发展近千台，达到以项目带动云业务发展的目的。将保安镇城内村打造成为数字乡村示范村，汇报数字乡村建设相关工作，将数字乡村建设专题板块纳入乡村建设观摩学习活动，带动分公司公众面宽带、移动、智家产品业务发展。黄南州

“12345”政务服务便民热线项目为政府搭建“零距离”服务群众的民心平台。

客户服务　通过实施服务礼仪规范、用户信息安全、实名制和“九严禁、两严控、一严防”、核心厅店建立“爱心翼站”专区等方案，对服务问题早发现早解决，从源头上杜绝重大服务事件的发生。组织全州480人开展全业务系列体验活动，通过“全方位、全过程”业务体验实测，以用户的视角发现各类业务在全流程服务过程中存在的问题。将体验问题清单做出销项整改，提升客户感知。总经理与客户面对面倾听用户所反映的问题，收集问题46件，现场解决41件，后期解决5件。全年接待12场次，领导参与率100%，回访用户满意率100%。每季度开展倾听客户、员工心声活动，分公司中层及以上领导参与倾听活动62人次，了解一线问题，共计收集问题25件，现场全部解决，问题解决率100%。

2022年10月11日，同仁市兰采乡通信合作社开业及受理业务现场（中国联通同仁分公司供图）

【中国联通同仁分公司】　基本情况　同仁市分公司累计建设427座基站，其中3G基站138座、4G基站184座、5G基站105座。全年累计新建基站10个，建设宽带用户端口1200余个。疫情防控期间，承建吾屯妇幼保健院、同仁城北方舱医院、同仁体育馆方舱医院和同仁慢性病医院整体宽带覆盖及视频监控项目。

客户服务　按照公司“强基固本、守正创新、融合开放”总体要求，围绕高质量、规模效益发展工作主线，推进互联网化运营，打造创新发展新动能。以客户服务为中心，以5G、千兆发展为牵引，拉动基础业务净增，夯实底座，全面落实市场线“1539”量质构效发展要求。

社会服务　助力乡村振兴工作，与扎毛乡和日村、曲库乎乡古德村、兰采乡尕日哇村、多哇镇交隆务村、多哇镇直跃村达成业务协议，对村庄进行网络精细化覆盖，发展移网500户，宽带发展135户。

【中国移动同仁分公司】　基本情况　截至年底，同仁市移动客户数达到4.9万户，客户份额达到48.3%，5G客户数达到2.1万户，年收入达到4000余万元，同比增长达到13%，宽带用户达到1.4万户，宽带份额达到38%。4G基站100%覆盖，主城区实现5G无缝隙覆盖，所有行政村都至少建设1个5G基站，光缆铺设达到2500多千米；城区覆盖率达到99%，乡镇覆盖率达到85%。配合公检法打造城市治理系统，建设全市监控平台4个，平台投资

2022年4月15日，移动网络维护人员宽带安装现场（中国移动同仁分公司供图）

约4500余万元，基本覆盖同仁市区及各行政村。

数字乡村 同仁移动以数字技术赋能乡村公共服务，加快推动数字乡村标准化建设。与曲库乎乡加加村、多哇村签订数字乡村建设协议，完成监控、电视屏的安装，管理人员可通过智能手机、智能音箱、智能摄像头及音柱等多种形态构建乡村治理“指挥中心”，村民可以通过“和家亲”App实时了解家中牛羊圈情况，使乡村管理更加便捷、有效。

网络建设 对200个站次的移动网络进行优化处理，扩大覆盖范围，提高网络质量。全市开通政企类有线网络1200余条、“云视讯”会议系统10套；华为视频会议系统2套；四级综治中心数据专线95条。配合市政基础设施，在西成高铁建设项目部、张汶高速建设项目部免费开通基站6个，总投资约90万元；在乡村振兴工作、推进“数字乡村”建设中，与3个村委会签订“数字乡村”免费建设示范点，投资约10万元。

客户服务 建设城区、乡镇共5家网格营业厅，对营业厅进行亮化、优化和改造，优化业务办理台席，增设迎宾专员，不断提高办理效率，减少等待时间。通过“12345”市长热线，接受市民投诉建议，及时跟进解决客户投诉建议。“10086”统一客户服务热线，随时随地接受客户咨询和监督，并生成电子工单下派到各职能部门，限时处理客户的投诉。营业厅前台建立客户咨询投诉登记本，对外公开服务监督电话，受理客户咨询和疑难解答，对客户提出的意见或建议及时整改。

商贸服务

TONGREN YEARBOOK

招商引资

【概况】 2022年，同仁市将政策供给作为招商引资“吸引力”，政策扶持作为招商引资“向心力”，编制出台全州首个《同仁市招商引资优惠政策》，从专项计划、扶持资金、人才引进、土地政策、财税优惠、金融优惠等方面提出31条具体措施。配套制定《同仁市招商引资奖励办法》，对符合奖励条件的部门和项目单位、商会（中介组织）按照奖励办法给予现金奖励。两个政策文件填补招商引资优惠政策空白现状。利用“青洽会”等平台，紧盯新能源、文化旅游等行业领域，开展精准招商，提升招商层次和水平，抓好签约项目跟踪落地。依照实际情况不断优化政策、推行政策，推动同仁市启鑫源生态综合开发有限公司和青海晟大生态农牧科技有限公司“五通一平”等基础设施建设，助力企业投产达产。全年项目签约取得新突破，总签约额34.4亿元。

【项目签约】 2021—2022年，同仁市签约项目15个，总签约金额55.05亿元。截至年底，落地项目11个，到位资金17.25亿元。其中，同仁市瓜什则400兆瓦“牧光储”综合一体化发电项目签约资金23亿元，到位资金15.3亿元；同仁市1500兆瓦“牧光储”多能互补综合一体化项目一期签约资金10亿元，到位资金2.29亿元。

2022年7月23日，第23届中国·青海绿色发展投资贸易洽谈会暨第二届中国（青海）国际生态博览会黄南州专场签约仪式在青海国际会展中心A馆举行。图为同仁市签约企业代表参加“青洽会”现场（市工业商务和信息化局供图）

【招商宣传】 编制印发《同仁市2022年招商引资项目库》，拍摄制作同仁市城市形象宣传片和同仁市2022年招商引资宣传片，完成“十四五”招商引资专题片取景拍摄和解说词编写工作，开通“同仁招商引资”专题宣传抖音号，多视角推介同仁优势资源、招商项目、优惠政策、营商环境等，增强同仁投资吸引力。

【重要商品展洽活动】 同仁市通过第23届中国·青海绿色发展投资贸易洽谈会暨第二届中国（青海）国际生态博览会引进签约招商引资项目9个，签约企业8家，签约项目涉及农牧业、文化旅游、清洁新能源、商贸类、轻加工业、基础设施建设等六大类，总签约额达34.4亿元。其中，省级招商引资重点项目1个，为年产2000兆瓦新一代智能光伏组件生产线建设项目，签约额10亿元。州级重点签约项目8个，签约额24.4亿元，分别为同仁·玺云谷建设项目、同仁农发行片区开发建设项目、同仁市畜禽养殖及有机肥加工建设项目、黄南州同仁市建材市场建设项目、黄南州同仁市垃圾焚烧供热建设项目、同仁市瓜什则400兆瓦“牧光储”综合一体化发电项目及同仁市城区60兆瓦屋顶分布式光伏开发建设项目、同仁市吾屯上庄村特色民宿项目、中国古代唐卡及艺术品研学修复中心（一期）建设项目。截至年底，落地项目7个，到位资金9.37亿元。

商贸流通

【概况】 2022年，同仁市坚持稳中求进工作总基调，顺应消费升级趋势，推进数字商务发展，克服疫情不利影响，做好“六稳”“六保”和商贸流通企业复工复产各项工作，进一步推进商贸流通领域稳增长、调结构、促改革、惠民生，促进商贸流通业健康平稳发展。全年实现社会消费品零售总额104325.4万元，同比增长2.7%。

【民营经济发展】 组织召开同仁市绿色农畜产品企业座谈会，帮助民营企业解决实际问题，实现全市经济社会健康有序发展。召开特色农产品供需对接会，发挥黄南州合作交流中心平台效应，强化与天津滨海新区交往交流和深度合作，进一步拓宽帮扶农产品销售渠道，实现特色农畜产品“产得出”“销得出”，带动本地经济发展。统筹做好保障产业链供应链稳定及重点工业品和原材料物资运输保通保畅工作，建立重点产业链供应链及生活物资保障企业“白名单”，畅通货物运输“绿色通道”，累计为1028家企业办理重点物资运输通行证，助推企业复工复产、复商兴市。针对疫情防控期间企业产品销售难问题，通过实地走访、省内外市场消化等方式，建立本地产品产销对接机制，帮助企业搭平台、畅渠道，多措并举促进本地农畜产品销售。年内召开产品供需对接会、物资保供推进会等会议12次，累计投入250余万元资金促进本地产品销售，推行解决企业产品“销售难”和资金“周转难”问题。

2022年11月2日，市工信局组织召开同仁市市场物资保供工作推进会（市工业商务和信息化局供图）

【发放惠民消费券】 利用元旦、春节、热贡“六月会”、中秋、国庆等重要节日期间，开展“迎新春促消费”“共享丰收 同庆六月会”等促消费活动5次。2022年，同仁市共发放消费券26109张195.6万元，实际核销141.92万元，共有71家当地餐饮企业、商户参与，实现消费金额511.06万元，撬动消费约1500万元，逾3.6倍，撬动比位列全州首位，促消费效果显著，有效推动全市消费稳中提质，助推同仁经济快速增长。加大困难群众基本生活保障力度，投入消费补贴资金168.64万元，为全市16571名城乡

同仁市消费券发放现场（市工业商务和信息化局供图）

2022 年 3 月 28 日，市工信局到全市快递物流企业开展疫情防控及安全生产专项检查（市工业商务和信息化局供图）

低保对象和 293 名特困供养对象发放一次性补贴消费券 16864 张。

【电商物流】　坚持把优化营商环境作为推动电商高质量发展的重要举措，加快布局新业态新模式。推进县域商业体系建设，稳步推动三级物流体系建设工作，制订工作方案，成立专班全力推进，构建以县物流仓储分拨配送中心为枢纽、乡镇物流中转站为节点、村物流综合服务站为末端的县乡村三级物流网络，发展县域物流“统仓共配”模式。截至 2022 年底，建成全市 8 个乡村振兴示范点。

【商贸企业服务】　推动中小企业公共服务平台建设，建成“青海圣光唐卡检验检测与质量信息追溯服务平台”；加大本地企业扶持力度，确定 3 家商贸企业为联点帮扶重点批零住餐企业；全年培育限额以上企业 2 家，助力全市经济稳步发展。

【三级物流体系建设】　2022 年 11 月 18 日，市政府办印发《同仁市关于进一步完善农牧区县乡村三级物流体系工作方案》。黄南州同仁邮政分公司县、乡、村三级物流配送具体线路 9 条，其中 7 条线路正在建设，2 条城区线路（20 千米范围）已运行。同仁市区及距离市区 20 千米范围以内配送时间不超过 24 小时（1 日 1 频次）；距离市区 20～50 千米范围内的配送不超过 48 小时（2 日 1 频次）；距离市区 50～100 千米范围以内的配送不超过 72 小时（3 日 1 频次）；对距离市区 100 千米以上范围且日单量较小（低于 10 件/天）的配送争取 7 日送达。全市入驻快递品牌 8 个，分别为顺丰（2014 年入驻）、京东（2018 年入驻）、德邦（2018 年入驻）、圆通（2018 年入驻）、中通（2014 年入驻）、申通、韵达、极兔；快递企业分支机构 8 家；已备案的快递服务站 8 个，其中乡镇快递服务站 3 个（分别设在保安镇、多哇镇、瓜什则乡）；快递营业网点共计 16 个，均为单独门店。自 2021 年开始，曲库乎乡、扎毛乡、加吾乡、黄乃亥乡、年都乎乡、兰采乡、双朋西乡等乡镇开展邮快合作，8 家快递公司快件由邮政负责统一转运投递，覆盖 11 个乡镇，月均转运代投量 1.52 万余件。黄南州同仁邮政分公司与圆通快递、申通快递等 8 家快递企业签订邮件代投协议代投单件费用 0.8 元、末端取件不收取任何费用。

2022 年起，统筹邮政、供销、电商、快递、商贸流通等各类主体，开展市场化合作，建设 1 个市物流仓储分拨配送中心，整合市域快递物流资源达 80% 以上，实现揽件、仓储、分拣、运输、配送“五统一”和场地、设备、车辆、人员、运营“五整合”；建设 11 个乡镇物流中转站，根据同仁实际，部分乡镇政府所在地与行政村所在地重叠的，为避免重复建设，原则上建设 1 个站点；计划建设 53 个村物流综合服务站，辐射 11 个乡镇 72 个行政村，实现农产品上行“最初一公里”和工业品下行“最后一公里”，力争村级站点实现“多站合一”比例不低于 50%，在保证寄递物流服务“全覆盖”目标的基础上，实现农产品农村物流网络优化，提升农村物流投递和收寄能力，实现快递到乡镇、配送到农村，全面降低快递物流总成本，实现乡镇服务全覆盖，为同仁市三级物流体系建设夯实快递物流配套基础，推动全市商贸流通业健康发展，实现多方共赢。

【商贸流通重点企业选介】 黄南州新世佳餐饮有限公司 位于隆务镇迎宾大道，成立于2016年10月18日，注册资金150万元，主要经营正餐服务，是集中餐和火锅于一体的餐厅，可同时接纳200余人用餐，2022年营业额为265.03万元。

黄南世纪华联商贸有限公司 位于德合隆中路，成立于2016年12月，注册资金1000万元。开业时间2017年1月6日，占地面积0.4公顷，员工总数55人，公司经营范围及主营产品为服装鞋帽、日用百货、工艺美术品、五金交电、文体用品、纺织品、洗涤用品、家电电器、电子产品、通信器材、音像制品、书刊、预包装食品、散装食品、乳制品、保健品、烟草制品、蔬菜、水果、猪肉、牛肉、羊肉、水产品、农副产品零售、禽蛋批发、零售；建材、装潢材料零售；场地、柜台租赁。

【生活性服务业】 市工信局涉及生活性服务业为零售业、住宿和餐饮业等领域，其中工信管辖领域内正常经营的批零住餐企业126家。建立批零住餐企业联点帮扶工作机制，开展走访摸底排查工作，形成纾困减负台账，与3家联点帮扶重点批零住餐企业“一对一联点，点对点服务”，做到“人员直达、政策直达”，强化批零住餐实体经济发展。全年实现商品零售额为85489.6万元，同比增长9.1%；实现餐饮收入为18835.8万元，同比下降18.7%。

【特色农畜产品销售中心开业】 3月11日，黄南、海西合资项目——特色农畜产品销售中心在同仁市举行开业仪式，该项目总投资1250万元。其中，海西州政府援建出资500万元，购置房产面积1256平方米（地下二层为冷藏车间及产品分包车间，地上二层为产品展示厅及办公场所），购置4部冷链运输车。中心主要入驻酸奶、酥油、蕨麻、黑青稞、石刻文化、黄果梨汁等具有黄南特色的商品。

延伸：同仁市“三点发力” 打好助企纾困“组合拳”

2022年，同仁市全面贯彻落实省、州稳经济一揽子政策措施，聚焦企业发展难点堵点痛点问题，从政策扶持、释放红利、优质服务等方面，进一步减轻企业市场负担，为企业纾困解难，促进全市经济稳定增长。

以政策扶持为切入点，精准滴灌暖企心。抓政策。出台《同仁市落实稳住经济一揽子政策措施的实施方案》《同仁市招商引资优惠政策》，从10个方面11条具体补助措施，帮助企业纾困解难。抓服务。开展“企业走访”活动，建立纾困减负台账5个，建立“一企一策”县级领导联系重点企业工作机制，解决企业发展过程中存在的用工、融资、基础设施建设等方面问题，助推企业快速发展。抓基础。持续深入开展“送政策、优服务”活动，采取选派企业负责人参加省州培训、集中宣讲、座谈等形式，加大助企纾困政策宣讲力度，助推惠企助企政策有效落地落实。

以释放红利为着力点，精准施策显温度。重扶持。实施中小微企业扶持培育提升行动，培育中小微企业4户。加大企业扶持力度，落实省级招商引资专项资金、工业转型升级专项等各类项目资金70万元，受益本地企业3家。累计为47家企业发放社零、中小企业发展资金及助企纾困补助资金427万余元。增动力。落实阶段性社保政策，按照失业保险稳岗返还政策，为10家本地企业返还稳岗补贴资金3.14万元，惠及职工79人；持续优化纳税服务，精准投放企业退税减税“政策包”，确保纳税人准确适用政策。截至年底，为企业退税300余万元。促消费。按照“政府有补贴，商家有让利”原则，发挥政府消费券杠杆撬动作用。

以优质服务为支撑点，精准对接促发展。优服务。进一步优化企业办实流程、简化审批材料、缩短办结时间，为企业“少跑腿、简易办、一次办好”提供坚实保障，助力审批服务跑出“加速度”。搭平台。通过实地走访、省内外市场消化等方式，邀请农蓄产品加工企业、经营户到各乡镇与养殖合作社、牧户进行“点对点”交易，确保全市农畜产品供销畅通、市场稳定、农民增收。强保障。建立重点产业链供应链及生活物资保障企业“白名单”，畅通货物运输“绿色通道”，累计为1028家企业发放重点物资运输车辆通行证1039张，护航企业复工复产、复商兴市。

供　电

【概况】　2022 年，同仁市累计完成配电网固定资产投资 8479.07 万元，售电量完成 2.21 亿千瓦时，同比增长 14.16%；农村电网供电可靠率 99.79%，综合电压合格率 99.91%。110 千伏变电站 3 座，35 千伏变电站 4 座，输配电线路长度 943.51 千米，变电站总容量 215.95 兆伏安。“95598”工单满意率 98.03%，高于指标 2.03 个百分点，没有发生服务投诉事件，综合线损率 3.78%，优于指标 0.02 个百分点。公司获青海省安全生产工作考核先进企业、同仁市经济建设贡献先进单位荣誉称号。

【城乡电网建设】　全年下达综合计划 25 项，电网建设总投资 8479.07 万元，改造新建 10 千伏线路 16.04 千米，改造 0.4 千伏低压线路 143.88 千米，配电变压器 93 台，配变容量 8695 千伏安。大修技改项目投资 1516.36 万元，完成 10 千伏同一路等 13 条公网线路配电自动化完善工程、10 千伏隆四路阿如 001 号公网变等 27 台高损耗配变改造工程，10 千伏保二路 49～57 号杆线路隐患整治工程，同仁地区输配电线路通道树障隐患治理工程等。

【电力抢修】　8 月 21 日，同仁区域突降暴雨，单日降水量突破汛期历史极值，造成区域内 10 条 10 千伏线路故障停运，177 台公网变失电，13075 户用户停电，10 千伏线路 1 处断线，14 基杆塔倒杆断线，2 处低压计量箱受损。公司第一时间启动应急响应，制订抢修方案，组织 8 支抢修队伍，共计派出 60 余人、16 辆车在保证安全的前提下连夜沿线巡视检查故障线路，抢修人员各司其职，克服疫情防控期间诸多不便，顺利完成防汛抢险任务。第一时间恢复 177 台公网变正常供电。

2022 年，在同仁市城北新区建设 10 千伏电力线路（同仁供电公司供图）

【用电安全生产】　开展“查风险、治违章、抓落实”安全大检查，查出问题 330 项，整改 330 项。监督检查作业现场 531 次，查处违章 20 人次，加大安全教育培训和奖惩力度，公司安全管控能力进一步增强。完成中共二十大、国家领导人员调研、五省区州（市）长联席会议、中高考等

2022 年 8 月，同仁供电公司员工为专用变用户排查用电隐患（同仁供电公司供图）

系列保电任务。全年安全局面保持稳定，实现“七杜绝四防范一减少二实现三控制”安全目标，实现连续安全生产7757天。

【客户用电服务】 按照“优化营商环境”相关要求，规范业扩流程，新装增容高压7户、低压156户，满足客户用电需求。常态化开展“每周一学”思想教育和业务培训，结合供电服务巡察、获得电力自查自纠工作，整改遗留问题44项，促进提升业务水平。开展市场调研，走访市委、市政府、小区物业等，了解电动汽车等新业态用电需求，与市交通局签订电动汽车充电协议，黄南首座电动汽车充电站建成并正式投运，为建设“山水黄南”提供新的补能点，为新能源电动汽车提供日充电量6000千瓦时的优质服务。开展乡村振兴项目走访，主动与加吾乡、年都乎乡、黄乃亥乡、保安镇等政府沟通，掌握乡村振兴项目，安排客户经理全程跟踪，按时按质完成8个项目的装表接电工作。对受疫情影响的客户实施“欠费不停供”和缓收电费惠民政策，确保全市3.9万户电力客户安全可靠用电。

2022年同仁市用电量情况统计表

表5

项目	数量（万千瓦时）	比上年增长（%）
用电总量	22100	14.18
工业用电	2030	26.52
农业用电	170	37.83
城市居民生活用电	4852	14.48
农村用电总量	2985	16.33
其中：机电排灌	45	-11.99
农、副业加工	1350	15.9
农村居民生活用电	2805	12.42

2022年同仁市供电公司输配电线路、电缆长度统计表

表6

项目	100~380伏	2~13.2千伏	22~35千伏	110千伏
输配电线路（千米）	760.55	943.51	—	—
电缆长度（千米）	1.68	6.17	—	—
变配电站（座）	—	—	4	3
变压器台数（台）	—	1388	7	6

供销合作

【概况】 2022年，同仁市推进“三位一体”（生产、供销、信用）改革，夯实基层社实力，提高供销社为农服务能力，把基层供销社的发展摆在优先位置，广泛吸纳本乡镇各个类型的农民专业合作社、家庭农场等新型经营主体，组织和动员农户、农民专业合作社、农村龙头企业参股入社，并把同仁市赛岗农产品种销专业合作社定为开展生产、供销、信用服务试点。截至年底，全市有7个基层供销社组织，年内新增1个加吾乡基层供销社；有40

个村级综合服务站，年内新增多哇镇交隆务村村级综合服务社、多哇镇尖德村村级综合服务社、加吾乡东维村村级综合服务社、保安镇下庄村村级综合服务社共4个村级综合服务站。截至年底，基层供销社组织覆盖率从2021年底的54.5%提高到63.6%，村级综合服务社覆盖率从2021年底的50%提高到58.33%。

【经营服务体系建设】 围绕综合改革工作主线，完善服务机制，加强市域流通服务体系建设，努力把供销社打造成为服务农民生产生活的生力军和综合平台，同仁市供销系统社有企业经营金黄果饮料、蛋鸡养殖、有机肥加工、黑青稞种植、牛羊肉加工等，促进社有企业实现高质量发展。

【农副产品供销】 全年全系统商品总购进完成9436万元，同比增长41.02%；销售总额11317万元，同比增长37.87%；平台交易额1417万元，同比增长46.68%；利润总额1478万元，同比增长433.6%，其中农副产品供销782万元，同比增长346.8%。

【再生资源供销】 全市各级供销社加快推进再生资源回收利用体系建设，依托系统经营网络设站布点，强化内外整合合作，回收业务不断拓展。发挥再生资源企业作用，建成交易、再生资源循环利用回收网点11个，全年回收废旧物资150吨左右，利润总额28万元。其中，废旧农膜6吨，为农村环境整治发挥积极作用。

2022年3月31日，省供销联社党组成员、监事会主任何世林一行在浪加村哈日恰种植养殖专业合作社实地查看燕麦和苜蓿播种情况（市供销联社供图）

【农业生产资料供销】 同仁市供销联社入社企业——青海晟大生态农牧科技有限公司对年都乎乡、黄乃亥乡（实施面积1574.2公顷）投放3609.45吨有机肥，货源充足，能够满足当地农业生产需求。3月31日，省供销联社党组成员、监事会主任何世林等一行到同仁市就2022年春耕备播农资供应工作检查督导，听取市供销联社对春耕备播农资供应工作汇报，并到同仁市供销联社入社企业——青海晟大生态农牧科技有限公司了解春季农资市场供应和蛋禽养殖情况，听取企业负责人情况介绍，督导组察看农资库存和供应情况。调研组到浪加村哈日恰种植养殖专业合作社实地察看燕麦和苜蓿播种情况，督查组与基层干部群众进行交流，询问种植规模、务工收入、产值效益、春耕春种等情况。

旅游业

TONGREN YEARBOOK

旅游资源

【概况】 同仁市旅游资源主要是人文旅游资源。截至 2022 年底，同仁境内有全国重点文物保护单位 2 处。曾涌现出宗喀巴大师的启蒙老师东智仁青、藏密宗师夏嘎巴、藏族奇僧根顿群培、佛学宗师夏日仓、中国花儿王朱仲禄等高僧大德和艺术名人。先后有 8 名唐卡艺人被评为国家级工艺美术大师。热贡六月会、土族於菟、黄南藏戏于 2006 年被列入第一批国家级非物质文化遗产名录，热贡艺术 2009 年被列入世界人类非物质文化遗产名录。在这里，村村有寺庙、户户有佛堂，被誉为“安多藏文化源生地”。

【历史文化名城及古堡】 中国历史文化名城隆务古城建筑古朴、自然、协调，在不足 1 千米的古街上，有福音堂（天主教）、清真寺（伊斯兰教）、二郎庙（道教）、圆通寺（汉传佛教）、隆务寺（藏传佛教）“五教一条街”。全国重点文物保护单位保安古屯田寨堡古建筑群距今已有 700 多年历史，其中郭么日村是中国历史文化名村，郭么日古堡是同仁地区年代最早、国内保留最为完整的古堡之一。

【非物质文化遗产】 同仁是世界人类非物质文化遗产——热贡艺术的发祥地。热贡艺术有“唐卡、堆绣、泥塑”三绝，其中绘画作品画风古朴典雅，色彩华美厚重，线描功夫精深，造型生动传神，富于内涵。热贡艺人们在长期的实践中摸索出一套独特的绘画颜料配料方法，绘制唐卡所用的颜料，全部取自天然矿物和植物，具有经久不褪色的优点。由此，热贡艺术被誉为“中华民族艺术宝库中的一颗瑰丽明珠”“青藏高原上的一朵艺术奇葩”。2021 年 11 月，同仁市（热贡艺术）被文化和旅游部评为 2021—2023 年度“中国民间文化艺术之乡”。

热贡唐卡 一种卷轴画（藏语音译为唐卡），是一种便于悬挂，易于收藏的画种，用彩缎装裱而成。这种画具有鲜明的民族特点，浓郁的宗教色彩和独特的艺术风格，历来被藏族人民视为珍宝。热贡地区唐卡题材极为广泛，常见的有释迦牟尼、无量寿、菩萨、文殊、观音、白度母、罗汉以及各时期有名的高僧等。唐卡艺术小镇由天津市人民政府援建，投资 5000 万元，后由同仁市政府追加 2700 万元，最终投入 7700 万元打造完成，有唐卡艺术博物馆、唐卡艺术体验点等。

年都乎堆绣 从广义上讲，堆绣属于唐卡的一种。唐卡有卷轴唐卡、刺绣唐卡、提花唐卡、贴花唐卡（又称剪堆，即堆绣）和宝石唐卡几种。其中年都乎的堆绣最为著名。

黄南藏戏 安多藏戏的主要代表之一。主要剧目有《文成公主》《曲吉诺桑》《郎萨姑娘》《卓哇桑姆》《智美更登》《白玛文巴》《苏吉尼玛》《顿月顿珠》，流传至今已有 400 多年的历史。由于民族文化的融合及当地学者的努力，热贡藏戏不仅保留了西藏藏戏的传统风格，而且具有与众不同的地方特色，已列入第一批国家级非物质文化遗产名录。

藏乡六月会 热贡六月会，是流行于同仁市的传统民俗活动，是藏族、土族群众中盛行的大型祭祀表演活动，每年农历六月十六日至二十五日举行，举办活动的有 24 个村庄，依次接力在村庙广场举办热贡六月会，藏语称其为“六月勒瑞”。2006 年 5 月，热贡六月会经中华人民共和国国务院批准列入第一批国家级非物质文化遗产名录。

於菟舞 是同仁地区年都乎乡年都乎土族村庄每年农历十一月二十日举行的祭祀神灵、祛病避灾、求福纳祥的民俗活动，有着浓郁的原始宗教色彩。由 7 名青年脱去上衣，裤腿卷至大腿，赤胸袒背，先用煨桑香灰涂抹全身、面部，再用墨汁（以前用锅灰）从脸到脚画出虎豹斑纹。也可画豹头豹身虎腿，集两种凶兽于一体，更增加除魔、驱灾之法力。

保安社火 同仁地区的汉族是明代到此戍边移民的后裔，明末由内地拨来屯守的营兵把社火带到保安营后，一直承袭军营习武性质的传统表演形式，流传于同仁市保安古城。保安社火表演主要由灯官、舞狮、舞龙、旱船、霸王鞭、杨林夺牌、高跷、腰鼓等节目组成。动作表演主要以锣鼓为主，小唱小调则以民族弦乐为主，配以其他伴奏乐器。

郭么日木雕 雕塑的一种，

在中国常被称为“民间工艺”。木雕可以分为立体圆雕、根雕、浮雕三大类。木雕是从木工中分离出来的一个工种，在中国的工种分类中为“精细木工”。

【民俗风情】 热贡六月会是流传于同仁市境内的一种具有独特风格的民间习俗活动，已有1400多年的历史，在每年农历六月十六日至二十五日举行，热贡群众广泛参与。它蕴含着宗教历史、民俗风情等丰富的文化内容，充满神奇与欢乐。主要活动有跳龙舞、神舞、军舞、上口扦、上背扦、法师开山等。“六月会”场面恢宏壮观，舞姿潇洒粗犷，成为世界民俗文化中的奇珍绝宝。同仁市“於菟”是年都乎村每年农历十一月二十日举行的祭祀活动，目的在于驱邪避灾、祈求平安。“土族於菟”已被列入国家级非物质文化遗产名录。

【旅游景点简介】 隆务寺 隆务寺属全国重点文物保护单位，位于州、市府所在地隆务镇西山脚下，地处隆务河中游河畔，气候宜人。“隆务”系藏语，意为农业区。隆务寺，藏语全称“隆务德钦曲科尔朗”，意为“隆务大乐法轮洲”。元大德五年（1301）建寺，距今已有700多年的历史，它的建寺年代早于青海的塔尔寺和甘肃的拉卜楞寺，是青海最大的格鲁派寺庙之一。寺内珍藏着各类艺术精品和珍贵文物，以及众多造型精美的佛像、壁画、堆绣、唐卡等艺术品，成为省内主要的佛教艺术博物馆。主要活动有：正月祈愿法会，于初七日至十六日举行，其间有十四日的晒佛、十五日的转弥勒佛、十六日的跳羌姆等活动；“晒大佛”是藏族人一年当中最隆重的法事活动，仅限在寺庙举办；转弥勒佛在每年的正月十五，寺庙僧人会请出弥勒佛像转寺，信徒们纷纷前去膜拜；“跳羌姆”俗称跳神，每年藏历元月十六日、藏历十月二十九日。隆务寺属黄教格鲁派寺庙，主要跳“六臂金刚舞”“法王舞”。表演者头戴面具，身着华丽戏剧服装，手持如意法宝表演护法、赞神、斩魔等内容，虔诚的藏传佛教信徒则会在此时朝拜和煨桑，驱逐来年可能带来灾难的妖魔鬼怪。

隆务古城区 隆务古城区是青海唯一的国家级历史文化名城，老街先建于隆务河边一级台地上，近几十年二级台地上又建起新城。处于青海农业区与南部牧业区，青藏高原与黄土高原接合部的中心点，是西藏文化、西域文化与中原文化的融会地，各种文化曾在这里冲突、渗透、交流、融合。

二郎庙 建于清同治二年（1863），由夏日仓六世活佛布施木料，当时的广大汉族信众出资修建。主殿供有二郎神，北殿供有财神，南殿供有观音菩萨。

清真寺 建于清光绪八年（1882），由当时的广大穆斯林信众集资修建，总面积1000余平方米，殿内有明朝时期的手抄牛皮《古兰经》4本。

圆通寺 民国35年（1946），根据夏日仓六世活佛的意愿，由曲库乎关秀村群众布施木料，广大汉族信众出资修建。主供佛为观世音菩萨。

年都乎寺 年都乎寺藏语称“年都乎噶尔扎西达吉林”，意为“年都乎吉祥兴旺洲”。位于同仁市以北1千米的年都乎乡政府所在地北山脚下。据《安多政教史》记载，年都乎寺由丹智钦初建，第三世夏日仓根敦赤列（1740—1794）时期成为隆务寺属寺。

郭么日古堡 郭么日古堡被誉为中国两千年屯垦戍边史活化石，是青海省唯一的国家级历史文化名村，也是同仁地区年代最早乃至国内保留最为完整的古堡之一。郭么日古城堡初建于公元7世纪，为夯土版筑，是一座镇守边关的军营城，距今有700余年的历史。古堡呈长方形，东西长260米，南北宽96米，建筑面积2496平方米，有东、西、南3个城门，东门为正门，用红铜铸造。古堡内巷道星罗棋布，最宽2米，窄处仅容一人通过。

安多第一塔 郭么日寺时轮金刚塔是安多藏区最大的佛塔，有着安多藏区第一佛塔的美誉。时轮金刚塔高33米，塔基周长33米，占地面积约1156平方米，整座佛塔结构严谨、布局新颖别致。塔心藏有十世班禅大师的袈裟和生活用具，塔的外壁上塑有35座般若佛像。

吾屯寺 吾屯寺藏语称“森格雄麻昂贡巴”，法名“格丹彭措曲林”，意为“具善圆满法洲”。位于隆务镇东7千米的吾屯下庄东侧公路边，地处隆务河谷川水地带，气候宜人。该寺系同仁市隆务大寺所属格鲁派寺庙。吾屯寺历史悠久。据传，明天启年间（1621—1627），在吾屯下庄就建有一宁玛派小寺庙，后人称为“玛贡娘哇”，意为“古老的母寺”。明崇祯年间（1628—1644），隆务寺第一世夏日仓噶丹嘉措的经师东科多居嘉措扩建吾屯下寺，并改宗为格鲁派寺庙。

保安古城　位于同仁市保安镇保安城内村内，古城呈长方形，墙体黄土夯筑，残高8米，基宽5米，夯层为10~15厘米，北城墙中部建有马面1座（长12米，宽9米，高8米），城四角建有碉堡。据《循化志》（二卷）记载，为明代修筑设保安操守所，清代沿用，设守备。城内现残存有明清时期驻军营房、保安营都司衙门、药王庙、关帝庙、古民居等古老建筑。古城南北二门，城隍庙、菩萨庙、北祖师殿、钟鼓楼、戏楼、拜殿等在“文化大革命”期间被毁。保安古城于2008年4月被省政府公布为第八批省级文物保护单位。

双朋西根顿群培故居　位于双朋西乡。根顿群培原名仁真朗吉，13岁被送进日贡寺剃度为僧，从师父取名为根顿群培。佛学知识渊博，是一位善于雄辩的学者，曾在扎西奇寺经坛上舌战群僧，赢得人们的尊敬和赞扬，被认定为一位宁玛派喇嘛的化身，称之为“多扎仁波钦”。

江什加玛尼石堆　玛尼石堆藏语称“多本”，意为“10万经石”。由大小不等的石头垒集起来的，上面均镌刻着佛像或经文，最常见的是藏文六字真言。玛尼石堆多为白色石头的堆积，常常呈方形或圆形置于山顶、山口、路口、渡口、湖边或寺庙、墓地，用于祈福，成为当地人们的保护神。

扎毛水库　建于扎毛乡隆务河上游，是一个以灌溉、防洪、生态治理、发电为主，兼顾旅游业、养殖业的综合水利枢纽工程。

扎毛蝴蝶滩　位于扎毛乡么什当村。此处气候凉爽，树木蔽日，美景如画。每逢夏季，成千上万只蝴蝶汇聚于此，翩翩起舞，争相斗艳，场面蔚为壮观。是同仁市著名的自然景观之一。这里拥有最古老的藏乡传统乡土民居资源文化。

曲库乎温泉　位于同仁市以南18千米的麦秀山北端，隆务河上游东侧的西卜沙沟。交通便利，风景优美，树木葱茏，溪流淙淙。共有5口泉眼，泉水清澈透明，水温在65℃左右，年流量为2万吨，四季同温。水中含有大量锂、偏硅酸等多种人体有益的元素，对治疗风湿性关节炎、皮肤病、动脉硬化等疾病有显著疗效，被当地群众称为“神水”。是疗养、避暑、游览的胜地。

麻巴东干木乡村旅游点　东干木村位于保安镇西部，距离乡镇所在地3千米。村内有文昌庙、金色热浪庙（财神庙）、桑尕塘寺等传统资源。

保安镇花儿沟　位于保安古镇东北部。花儿沟因著名的花儿王朱仲禄少年时期及20世纪60年代在此劳动生活、演唱花儿而得名。花儿沟北依“烟墩山”丹霞地貌，南屏“莲花山”，东邻“格登”原始森林，西有唐代雕巢城“铁城山”。保安古城花儿沟是参观、游览、徒步、避暑的好去处。近年来，同仁市利用花儿王朱仲禄名人效应，探索“花儿传统文化传承+乡村旅游”的结合点，打造出以乡村避暑纳凉、文化传承、农事体验等“多业共生、多轮驱动”的乡村旅游扶贫特色接待点——保安镇花儿沟，推动“花儿”传统文化与乡村旅游并蒂发展。

双朋西丹霞地貌　位于同仁市东北部30千米处，属于红层地貌，是一种水平构造地貌，是红色砂岩经长期风化剥离和流水侵蚀后，形成孤立的山峰和陡峭的奇岩怪石，是巨厚红色砂、砾岩层中沿垂直节理发育的各种丹霞奇峰。双朋西丹霞地貌是同仁市境内最大的丹霞地貌区，也是同仁市著名的旅游避暑胜地之一。

瓜什则力吉滩　瓜什则乡位于市境东部，每年7—9月的力吉滩，草原风光独特，格桑花儿盛开，举办的格桑花节人文习俗独特。同时，结合藏族的传统节日、藏传佛教文化艺术等，发展民俗风情旅游、热贡艺术文化旅游和草原自然风光旅游等。近年来，按照“公司+农村经济合作组织+农户”的经营模式，延长产业链，提高农牧产品的组织化程度和社会化服务水平。

旅游管理

【概况】 2022年，同仁市进一步整合旅游资源，全面提升旅游景区质量，丰富旅游内涵，助力乡村振兴工作。申报完成省级乡村旅游重点村2家、国家级夜间文化和旅游消费集聚区1处、省级乡村旅游特色示范点1个、国家AAA级旅游景区3个、三星级乡村旅游接待点20家、省级生态旅游景区2个、省级工业旅游示范区2个、国家AA级旅游景区6个。吾屯村入选第四批全国乡村旅游重点村，扎毛乡扎毛村被评为全国乡村旅游重点村，兰采乡叶西被评为2022年“乡村阅读榜样”，成为省内享有该荣誉的唯一市区。全市旅游收入达67800万元，同比下降60%；旅游人数为159.2万人次，同比下降53%。各类文化旅游从业人员24000余人。

【旅游推介】 结合同仁得天独厚的人文资源和自然景观，推出“热贡六月会”民俗体验一日、二日、三日游精品线路；探索推出郭么日古堡、保安古屯田寨堡、吾屯上下庄为主的“古色线路”和扎毛村、双朋西村、吾屯村在内的“绿色线路”等多条特色旅游线路。推介热贡藏乡“六月会”民俗活动品牌，扩大热贡“六月会”品牌效应，对涉及“六月会”的村落落实25万元的展示展演补助资金。在青甘两地专场推介“藏乡六月会”，与青甘两地330余家旅行社达成合作协议。其间，人民日报青海分社、中央电视台青海记者站、甘肃电视台等40余家媒体专题报道“热贡六月会”，累计转载专题信息52篇。精准落实助企纾困政策，落实优惠政策专项资金765695元，形成“青甘人游同仁”局面。

【景区景点旅游路线】 同仁市主要景区景点旅游线路有4条，分别是：西域胜境（隆务寺）—隆务古街—年都乎（於菟舞）—郭么日（历史文化名村）—龙树画苑—仁俊画院；唐卡艺术小镇—民族文化宫—吾屯上下寺—郭么日古堡—保安古城；博物馆—江什加（玛尼石堆、藏戏）—曲库乎温泉—扎毛村传统村落—麦秀国家森林公园；保安花儿沟（AAA级旅游景区）—麻巴东干木乡村旅游点（AAA级旅游景区）—双朋西丹霞地貌—双朋西（根顿群培故居）—瓜什则大草原。

2022年同仁市重要景区景点信息一览表

表7

路线主题	主要驻足参观点	最佳参观时间
古色参访路线	西域胜境隆务寺（国家AAAA级旅游景区）	正月
	隆务寺晒大佛	正月十四
	隆务寺转“弥勒佛”	正月十五
	隆务寺金刚舞	正月十六
	同仁历史文化名城（国家AAAA级旅游景区）	夏季
	圆通寺	全年
	清真寺	全年
	二郎庙	全年
	热贡八大休闲胜地	全年
	热贡艺术画院（89家）	全年
	年都乎寺	全年
	年都乎土族於菟	农历十一月二十
	年都乎堆绣	全年
	郭么日（历史文化名村）	夏季

续表7

路线主题	主要驻足参观点	最佳参观时间
古色参访路线	郭么日古堡	夏季
	郭么日木雕	全年
	热贡艺术之乡吾屯	全年
	热贡唐卡	全年
	吾屯上下寺庙	全年
	唐卡艺术小镇	全年
	保安古城	全年
	保安社火	正月十三至十五
	双朋西根顿群培故居	全年
	藏乡六月会	农历六月十六至二十五
	热贡藏戏	正月
	江什加玛尼石堆	全年
绿色参访路线	扎毛村传统村落（国家级旅游重点村）	夏季
	扎毛蝴蝶滩	夏季
	曲库乎古德村、曲库乎多哇村（省级旅游重点村）、曲库乎温泉	夏季
	保安镇东干木村（国家AAA级旅游景区、省级旅游重点村）	夏季
	保安镇花儿沟（国家AAA级旅游景区、旅游度假区）	夏季
	双朋西丹霞地貌	夏季
	瓜什则乡力吉滩	夏季

延伸：同仁市全面发展乡村旅游，助力乡村全面振兴

2022年12月15日，芊桑别院民宿（市乡村振兴局供图）

聚焦打造国际生态旅游目的地，依托区域资源禀赋、全面推动乡村振兴产业建设，促进乡村旅游与乡村产业融合发展，打造一批“见山民俗”、“在那东山顶上”、年都乎土族庄园等民宿集群，“芊桑别院”“贡嘎林”云端热贡民宿露营地以及隆务镇千亩油菜花海基地等，为乡村旅游注入新活力。强化乡村生态旅游品牌培育，围绕绿色生态、藏乡风情、宗教寺庙等优势资源，打造集餐饮、休闲、娱乐、体验等于一体的旅游景区，推出郭么日古堡、保安古屯田寨堡、吾屯上下庄在内的“古色线路”和扎毛村、双朋西村、吾屯村为主的“绿色线路”等多条特色旅游线路，充分发挥乡村旅游助力同仁经济社会高质量发展的积极作用。2022年，同仁市吾屯村成功入选“第四批全国乡村旅游重点村”。

金融业

金融管理与监督

【概况】 2022 年，同仁市采取多种有效措施引导辖内金融机构做好金融服务工作。同仁地区有建设银行、农业银行、农商银行、邮政储蓄银行 4 家银行，设立营业网点 22 个，其中建设银行网点 3 个、农业银行网点 3 个、邮政储蓄银行网点 6 个、农商银行网点 10 个，建设银行未设立同仁市分支机构。全年同仁支行各项存款余额 67.3 亿元，各项贷款余额 32 亿元，其中对公类贷款余额 11.6 亿元、个人贷款余额 20.4 亿元。

【保险市场】 全市保险公司参与社会风险管理和社会保障体系建设，重点推进生态环境、食品安全、安全生产、医疗卫生、交通运输、旅游服务、校园安全、诉讼保全、职业责任、政府救助等与公众利益关系密切的责任保险。全年同仁支公司全险种实收保费 2608.18 万元，其中车险实现保费收入 1836.33 万元、商业非车险实收保费 771.85 万元。全险种累计直接赔款 997.61 万元，上缴利税 632.65 万元，其中代缴车船税 467.33 万元。推广手机远程自助理赔系统和微信理赔，强化小额快赔、人伤事故全流程一站式处理，简化理赔流程，缩短结案周期，持续改善客户体验；建立高端客户授信理赔服务机制、扩大优质客户线上一站式理赔、实施差异化现场查勘政策，升级理赔服务供给，落实差异化服务；持续完善客户投诉管理机制，推行提升投诉处理及时率，提升客户满意度；落地客户服务记录仪，实现理赔过程全程记录全程监督，不断规范服务行为，提升服务质量。

【担保公司】 同仁市担保公司为青海省财政厅全资农牧业信贷担保有限责任公司。截至年底，同仁分公司在保笔数为 632 笔，在保金额为 13102 万元，在保金额完成率 104.8%，在保笔数完成率 120%。总计完成净增担保项目 166 笔 3470 万元；总计完成净增担保项目 166 笔 3470 万元。

【地方金融】 开展整治养老诈骗专项行动，守护好老百姓“养老钱”，以实际行动维护好老年人的合法权益。督促同仁市辖内各银行业金融机构依托网点点多面广的优势，通过 LED 屏播放宣传标语、集中宣讲等形式，向老年人讲解养老服务领域非法集资的防范要点。及时组织全市金融机构开展全面的自查，发挥各机构网点贴近群众、熟悉民情等工作优势，利用贷款发放、走村入户的时机，采用明察暗访、民意调查、走访群众等有效手段，排查在金融领域各种以“会员卡”“预付费”“投资养老公寓”“销售保健品”“老年产品用品”“会员卡”“养老养生”“投资入股”“保健品”“旅游”等名义向老年人或不特定公众吸纳资金的行为。对市辖区内如意居家养老服务有限公司同仁分公司、同仁德桑藏西医结合康养老服务有限公司、青海迈迈养老服务有限公司、黄南州百孝居家养老服务有限公司、黄南州仁爱养老服务有限公司进行排查，5 家公司均在工商、民政部门进行备案。要求各金融机构及养老服务公司严格遵守各项法律法规，在各项法律法规规定的范围内合法经营、规范服务，对相关行业的负责人进行宣讲教育，发放宣传手册，告知举报电话，引导公众积极参与整治养老诈骗防范工作。市财政局金融办联合市工信局在市财政局会议室召开“同仁市银企融资对接会”，搭建政府、企业与金融机构多维度交流平台，帮助企业与金融机构对接，扩展融资渠道，从而助推中小微企业不断发展壮大、快速腾飞。

银行业

【同仁农商银行】 2022年，同仁农商银行有11个部、3个室、6个中心，有营业网点10个，其中县城网点6个、乡镇网点4个。截至年底，各项存款余额28.41亿元，较年初增加0.97亿元，占全市金融机构存款总量的31.06%。各项贷款余额16.89亿元，较年初增加0.89亿元，各项贷款同仁市场占比42.7%。同时借助“整村授信”工程，利用“信用户”“信用村”“信用乡(镇)”“信用商户”“信用居民”建设的契机，加强与地方党政部门、公检法部门的合作，纵深推进不良贷款清收处置工作。

信贷支持经济发展 全年累计投放贷款8.49亿元，其中累计投放涉农贷款4.08亿元，涉农贷款余额达8.66亿元，较年初增加0.25亿元；累计投放小微企业贷款0.83亿元，小微企业贷款余额达3.04亿元，较年初增加0.19亿元。支持发放市各类创业担保贷款和州本级各类创业担保贷款，创业贷款余额0.26亿元。至年底白领贷客户1430户，白领贷授信达到7亿元，用信达到3.93亿元，全年新增77户。加强与州住房公积金中心业务合作，办理州、市个人住房公积金贷款97笔，金额0.51亿元。运用各类金融工具，加大对实体经济的支持力度，支持困难行业和小微企业办理调整分期还款计划15笔740万元，办理展期4笔1477万元。

2022年5月6日，同仁市村集体经济组织“三资”管理服务中心揭牌仪式在同仁农商银行举行（同仁农商银行供图）

金融扶贫 累计建立“双基联动”合作贷款办公80个，覆盖全市100%的行政村，全年累计发放“双基联动”贷款1235笔1.85亿元，年末贷款余额8.39亿元，惠及农牧户6788户。持续加大对小微企业、个体工商户、小微企业主、新型农业经营主体贷款业务的支持。截至年底，绿色贷款5.01亿元、普惠小微企业贷款3.04亿元、涉农贷款8.66亿元、扶贫贷款0.17亿元、创业贷款0.26亿元、其他各类贷款0.86亿元，全年在特色产业、“三农三牧”、小微企业等方面投放贷款总额达13亿元。加大精准扶贫贷款投放力度，扶贫小额贷款余额达1313万元；在全市72个行政村、8个社区开展“双基联动”合作贷款业务。

2022年11月15日，同仁农商银行瓜什则支行进村入户了解牧民生产经营情况（同仁农商银行供图）

金融社会服务　为客户开通手机银行、电子社保卡、短信等业务。通过与市税务局合作，代征缴同仁市城乡居民基本医疗保险和基本养老保险，借助居民社保卡储蓄功能，向广大乡镇、社区、行政村推广应用社保卡缴费方式，营业部、康乐支行主动对接州、市工资代发单位，做好工资代发、三代社保卡转换工作，完成州、市36个单位三代社保卡转换。5月6日，同仁市村集体经济组织“三资”管理服务中心揭牌仪式在同仁农商银行举行，通过服务市域73个村集体经济组织，助推市域经济社会持续健康发展。

【邮储银行黄南支行】　2022年，中国邮政储蓄银行股份有限公司黄南藏族自治州支行有员工33名，辖2个二级支行（含1个直属营业部），共7个营业网点，金融服务范围覆盖4个市（县）27个乡镇262个行政村，县域网点覆盖率100%，是全州金融系统中唯一具备普惠金融流动服务银行，可直接通过流动金融服务车和移动展业PDA（个人数字助手）延伸服务，将群众金融需求送到群众家门口。全年实现收入2682.85万元，同比增长53.97%，完成率排全省第一，人均收入79万元；实现净利润1450万元，同比增长68%，利润完成率排全省第一，人均利润43万元，收入利润率54%。截至2022年底，支行各项存款余额达8.32亿元。个人存款方面，自营个人储蓄余额1.62亿元，较年初新增2364万元；公司存款6.7亿元，较年初下降5568万元，完成日均余额73826万元，较年初新增27587万元。各项贷款余额15117.46万元，较年初增加4726.87万元，同比增长45.49%。

“三农”金融服务　响应“服务社区”和“服务三农”号召，将重要贷款业务投向涉农企业、面向现代农业示范种植养殖户等建设主体投放贷款，同时针对农牧业合作社，种植、养殖专业大户，家庭农牧场等新型经营主体发放“三农”贷款。近3年，累计发放“三农”贷款931笔12395.3万元。针对农牧户存在融资难、贷款手续繁杂且农牧户准入条件不足等问题，与村委合力完成贷前调查及客户筛选工作。为解决村民往来银行不便的困难，提供上门办卡、受理贷款服务，村民足不出户即可获得贷款资金，同时提高业务办理效率，实现3天放款，一周完成整村受理发放贷款。

信贷支持小微企业　截至年底，小企业贷款结余846.99万元，本年净增565.69万元。针对普惠型小微企业贷款给予利率优惠，降低小微企业融资成本，为企业主一键解决“慢、难、贵”难题。截至年底，支行普惠小微企业贷款结余98户，较年初增长5户；贷款余额4094.09万元，较年初增长995.73万元，同比增长32.13%，普惠小微企业贷款增速较各项贷款增速下降13.36个百分点。

风险防控　加大不良贷款清收力度，加强与法院的沟通协作，提高诉讼时效，合理利用多种手段，进一步压降逾期不良，提高资产质量。全年清收计划260万元，清收完成345.64万元（其中已核销贷款清收9.89万元），清收完成率132.94%，清收完成率全省排名第五，清收完成率同比上升0.54%。

普惠金融服务　与州退役军人事务局对接退役军人优待证申领发放事宜，面向优待人群提供18项金融优惠措施。在签订优待证发放合作协议后，州退役军人事务局支持支行与三县退役军人事务局签订批量开卡、绑卡等互联网金融业务协议。在全省率先完成退役军人、其他优抚对象建档立卡、优待证申领任务，做到存量对象应建尽建、应发尽发。全州退役军人、其他优抚对象建档立卡率99.9%，优待证申领率99.81%，优待证制发率84.99%。做好新市民卡发卡工作，该卡自4月1日起免工本费、年费、小额账户管理费、账户余额变动通知短信服务费，免收跨行转账手续费、免收境内跨行ATM取现手续费。配置流动金融服务车，实现邮政储蓄银行金融服务走进乡镇百姓家，为农牧民提供“零距离”金融服务。通过流动上门服务、运用现代化支付手段将金融服务延伸到偏远农牧区乡镇，有效改善农村地区支付结算服务环境。配备藏族营业员，该举措得到县级政府、监管部门、老百姓的认可以及社会各界肯定。

【农行同仁支行】　2022年，中国农业银行同仁支行有对外营业网点4个。截至年底，各项存款余额270996万元，比年初增加2929万元。其中对公存款134838万元，同比下降18840万元；个人存款余额136158万元，比年初增加11532万元。各项贷款余额135723万元，比年初增加63610万元，全年累放贷款1691笔89379万元，其中个人贷款24403万元、法人贷款1164万元、转贴现63812万元，其中信用卡透支3149万元。委托住房公积金贷款余额25084万元，累计发放贷款93笔4863万元，累收3443万元。

“三农”金融服务　出台《2022年服务乡村振兴“八大行动”实施方案》《支持乡村振兴重点帮扶县工作实施方案》《2022年乡村振兴专项考评方案》及乡村振兴、服务“三农”等一揽子政策。成立以行总支书记、行长为组长的金融精准扶贫工作领导小组，每月召开金融扶贫工作领导小组会议，及时解决金融扶贫工作中存在的问题和困难。制定《同仁支行金融精准扶贫工作方案》，做到有组织、有计划、有步骤地推进金融精准扶贫工作。以“信用村、信用户评定”为契机，以农户小额贷款、农村个人生产经营贷款等方式，支持“信用户”，以带动贫困户在短期内增收脱贫。与小微企业和专业合作社进行合作，精准衔接贫困户，将服务带动建档立卡户贫困人口作为客户授信用信的重要条件，将贷款发放与带贫情况挂钩，协调推动贷款客户与贫困户建立利益联结机制，引领和带动贫困户脱贫致富。全年发放小额扶贫贷款764笔1.1亿元。

风险防控　定期和不定期对3个营业网点业务经营及其风险状况进行现场和非现场监管。开展多次自查，配合内外部检查，对检查中发现的问题安排专人及时整改，整改率达100%。推进“平安农行”建设，建立网点报警联网体系和微型消防。对信用风险、网络安全风险等重点领域进行风险排查，对房地产、个人住房等社会关切领域加强风险管理。

信贷业务营销　推广结算套餐、企业金融服务平台、单位结算卡等产品，争取做到新开立账户时即绑定交易银行产品，提高对公产品交叉销售率。加强代理保险业务营销，提高寿险业务占比。抓住互联网金融发展机遇，着重营销“纳税e贷”“抵押e贷”等适用产品。推进“个贷+”协同发展，在“网捷贷”全省公积金数据直连上下功夫，采用“插红旗”的方式，对辖内缴纳公积金单位全面开展营销，推动全行个人消费贷款的快速增长。同仁支行与政府签订风险补偿基金协议，发展创业担保贷款，加快个贷产品在政务端输出，拓宽普惠个贷渠道。推进“烟商e贷”“流量e贷”“惠农e贷”“农户小额贷款”等贷款产品，在取得省分行批复后，做好营销推广，用好微信、抖音等自媒体，强化业务宣传，提高产品知名度，有效组织“进市场”“进商圈”等专项营销活动，开展地毯式营销，快速提升营销质效。通过掌银，聚焦政务民生、消费零售、产业链三大类场景，抢抓一批智慧学校、智慧停车、智慧医院、政务、城市、涉农等重点场景，持续丰富掌银金融和非金融服务。发展信用卡业务，加快场景建设，做强商户综合经营，做好聚合码，利用北极星、营销宝、金融小店等渠道做大客户规模，继续做好消费分期、账单分期和现金分期、营销汽车分期、家装分期等专项分期业务，推广乐分易，宣传推介掌银、短信等线上分期快捷申请渠道，加大外呼系统推广运用，做大分期交易额，提高分期收入贡献度。

保险业

【中国人寿保险】　中国人寿同仁支公司内部设经理室、营销发展部、机构业务部、健康保险部、综合部、客户服务中心等6个部门，有员工48人。同仁支公司开办的业务主要有人身保险、意外保险、健康保险和城乡居民医疗保险四个板块，所售各类产品达到2000种以上。其中，人身保险所售的产品以健康保障类业务为主，代表性产品有国寿福重大疾病保险、康悦百万医疗保险。2022年，同仁支公司各项保费累计收入2220.56万元，赔款支出158.01万元。

2022年中国人寿保险股份有限公司同仁支公司业务经营统计表

表 8　　单位：万元、%

项目		计划	完成	完成比例
总保费		—	2220.56	—
长期首年		270	290.1	107.4
其中：	10年以上期交首年	110	149	135.36
	5~9年期交首年	—	6.04	—
	5年期以下	160	144.3	90.19
短期险保费（不含大病保险）		315	186.6	59.24
其中：	短期意外险保费		115.33	
	短期健康险保费		71.27	
长险续期		—	1733.84	—

商业保险　营销发展部首年期交保费完成290.1万元、标保完成93万元、10年期以上完成149万元、短期险保费完成34.46万元。机构业务部团险渠道全年完成短险业务178.09万元，完成代理年金保险52万元。机构业务部银保渠道期交达成9.3万元；运营渠道新契约502件，其中无纸化502件，短险汇交、团单、建工险312件。保全业务1241件，平台处理265件，线上E柜处理976件。

理赔和投诉服务　平台处理理赔456件，核及理赔调查51件。会办单及投诉方面，柜面及时处理“95519”会办单，第一时间联系客户并解答客户疑问，将客户不满心理及时做好安抚工作，避免客户投诉升级。在每次柜面例会中，提醒柜员提升服务技能，做好服务，杜绝客户投诉。

政策性医疗保险　全年全州城乡居民医疗保险参保人数22.66万人，同比下降0.36%。各项医保基金总收入31638.91万元，总支出27455.44万元，基金结余4183.47万元。其中，城乡居民基本医保基金收入22874.24万元，支出18996.21万元，基金结余3878.03万元；大病医保基金收入2170.37万元，支出1946.54万元，基金结余223.83万元；医疗救助基金收入6594.3万元，支出6512.69万元，基金结余81.61万元。全州门诊就诊人数33.16万人次，医疗总费用14624.83万元，各项基金报付合计8929.37万元，报付比例61.06%。特殊购药就诊人数1568人次，医疗总费用281.08万元，基本医保报付金额130.16万元，大病报付金额52.05万元，医疗救助报付金额32.09万元，各项基金合计报付比例76.24%。住院就诊人数4.56万人次，医疗总费用32186.8万元，基本医保报付金额14298.03万元，大病报付0.35万人次1928.11万元，医疗救助报付

2022年6月16日，中国人寿同仁支公司开展反洗钱、非法集资宣传（中国人寿同仁支公司供图）

2.19万人次4471.29万元，各项基金合计报付比例64.3%。省外异地就医就诊人数741人次，占总住院人次的1.62%，其中联网结算530人次，占比71.52%；中心报销151人次，占比0.2%；补充报销60人次，占比0.08%。医疗总费用1176.73万元，基本医保报付金额375.36万元，大病医保报付金额132.23万元，医疗救助报付金额178.67万元，各项基金合计报付比例58.32%。医保病案费用审核方面，全年审核11家次医疗机构进行基本医保违规扣款29.09万元，主要从DRG（疾病诊断相关分组）审核、智能审核及人工审核三方面进行扣款。“双调”工作方面，累计调查意外伤害病案183件，涉及总医疗费用金额435.84万元，核查省外就诊病案86件，涉及总医疗费用金额192.93万元，未发现不实案件。

保险服务　发展保障类产品，加快基本医保商业补充保险的改革进程，针对市场需求相继推出一系列保费低廉、保障适中、条款简单的健康险产品，特别是针对高额医疗费用报销难的问题，公司投放保障较高的专属医疗费用报销产品，赢得市场高度认可；加大市场营销力度，提升黄南州保险深度和密度。改革市场营销方式方法，结合黄南藏区的实际情况，组建双语营销团队，并将群众认可的产品翻译成藏语，解决保险条款生硬难懂难题；加快案件赔付的改革进程，按照案件等级，实行限时性赔付模式，对案情简单明了、赔付金额在万元以下的要求，赔付款项当天到位，其余案件的赔款平均时限均控制在5天之内，有效缓解群众医疗费用报销和赔付的难题。

2022年4月，人保财险同仁支公司到隆务镇吾屯村宣讲政策性农房保险和老年人意外险（人保财险同仁支公司供图）

【中国财产保险】　中国人民财产保险股份有限公司同仁支公司作为人保财险驻同仁市机构，是同仁市保险市场规模最大的财产保险公司，设立机构2个。2022年，同仁支公司全险种实收保费2608.18万元，其中车险实收保费1836.33万元、商业非车险保费收入771.85万元；全险种赔款支出997.61万元，其中车险赔款567.14万元、商业非车险赔款430.47万元。上缴各类税款830.3万元，

2022年5月，人保财险同仁支公司到双朋西乡宣传收取政策性农房保险（人保财险同仁支公司供图）

其中代缴车船税468万元。

保险服务　开展社会民生保险服务，为地区群众提供近13亿元的风险保障。开展社会治理保险服务，重点推进生态环境、食品安全、安全生产、医疗卫生、交通运输、旅游服务、校园安全、诉讼服务、职业责任、政府救助等相关利益关系密切的责任保险，促进社会和谐。加大普惠金融推进力度，推进助贷机构队伍建设，为人民群众提供优质的普惠金融服务。实体经济保险服务，拓展雇主责任保险、企业财产险等产品，为黄南宏丰得、水电公司等企业提供近3000万元的风险保障。

客户服务　在同仁实施“警保联动”服务模式，持续提供农村地区交通综合治理水平。推出并全面启动理赔午夜市场、行车路上有人保、车险“全程托付”等服务新举措，持续提升客户服务体验。整合公司内外部资源，开发安全管理、风险检验、安全预警等符合客户实际需求的线上“服务包”产品，建立以向俱乐部会员推送服务包为核心的增值服务提升体系。开展“车驾管”业务，实现公司理赔系统与公安交管系统的无缝对接。推广手机远程自主理赔系统和微信理赔，强化小额快赔、人伤事故全流程一站式处理，简化理赔流程，缩短结案周期，持续改善客户体验。建立高端客户授信理赔服务机制，扩大优质客户线上一站式理赔、实施差异化现场查勘政策，升级理赔服务供给，落实差异化服务。持续完善客户投诉管理机制，提升投诉处理及时率，提升客户满意度。继续加强落地服务记录仪的使用，实现理赔过程全程录像监督。

TONGREN YEARBOOK

生态环境

生态环境保护

【概况】 2022年，同仁市全面保护生态系统，加快构建生态功能保障基线，完成省、州、市制定的监察任务，及时处理环保信访案件，保证各项污染指标达标排放，全市各类环境质量均在国家标准之内。国控站点环境空气质量超额完成96.9%的省定目标任务，达标天数比例为97%，同比上升0.7%。2个集中式饮用水水源地水质达标率为100%，境内2个国控断面水质均达到或优于Ⅲ类水质标准，水功能区达标率为100%。农用地土壤安全利用率达到98%以上。

【生态建设】 按照“岸上与岸下齐抓、治标与治本同步”思路，围绕隆务河流域水生态系统治理、农村生活污水治理等方面，加快实施曲麻沟、尕让沟、塞加沟等水生态环境整治项目和8个乡村建设示范村农村生活污水治理项目，通过打造人工湿地、生态矩阵、液压坝、河岸景观和铺设污水管网等工程，安装污水净化设备，改善隆务河流域环境质量状况，提升宜居环境。开展大气污染防治攻坚行动，加大隆务河流域污染防治力度，推进土壤污染防治。组织开展燃煤锅炉淘汰、沙尘重污染天气等专项整治行动。落实《中华人民共和国固体废物污染环境防治法》，在各乡镇推行垃圾分类转运处置体系建设，多哇、扎毛、黄乃亥、加吾等乡镇进行率先试点。

【生态环境监察】 畅通群众举报渠道，落实生态损害赔偿制度，打击生态环境违法行为。环评执行率达100%，受理信访案件89起，办结率达100%，全年查处生态损害赔偿案件2件，已立案。

【生态环境执法】 落实普法依法治理责任，狠抓责任落实，成立普法依法治理工作领导小组，使普法工作有人抓、有人管，贯彻落实“谁执法、谁普法”“谁管理、谁普法”的要求，抓好生态环保领域普法宣传教育，增强环保执法队伍的学法、用法、守法意识和广大干部群众的环保意识，加强依法行政工作水平，组织开展各类环境安全隐患检查专项行动。

【环保督察问题整改】 黄河流域全方位“体检”发现问题48条，整改完成37条，整改率77.1%；黄河流域生态警示片反映问题3条，举一反三形成5条具体措施，全部完成整改并销号。

【生态环境宣传】 开展“6·5”世界环境保护日“共建清洁美丽世界”主题活动，举办环保知识、环保法律法规送教活动，通过广播宣传，发放宣传资料、送法上

2022年10月29日，市生态环境局在保安镇举行同仁隆务河流域尕让河塞加河水环境整治项目开工典礼（市生态环境局供图）

门等方式，使广大干部群众提高对环境保护的思想认识，践行绿色环保低碳的生活方式。此次活动，累计发放农村环保宣传手册、《中华人民共和国环境保护法》、《中华人民共和国土壤污染防治法》、公民生态环境行为规范等内容的汉语、藏语宣传手册资料1600余份，环保纸杯2600余个，环保抽纸2000余盒，环保手提袋1200余个，悬挂横幅8条，展示宣传展板12张。

2022年6月1—2日，市生态环境局联合州生态环境局在热贡文化广场开展“6·5”世界环境保护日“共建清洁美丽世界”主题活动（市生态环境局供图）

林业和草原

【概况】　2022年，同仁市土地总面积319500公顷，其中林地面积109519.86公顷，占全市土地总面积的34.3%。林地中，乔木林地23061.54公顷，占林地面积的21.1%；灌木林地83794.11公顷，占林地面积的76.5%；其他林地2664.21公顷，占林地面积的2.4%。全市森林覆盖率33.74%。拥有草地188085.22公顷，占全市土地总面积的58.8%。草地中，天然牧草地186321.83公顷，占草地总面积的99.1%；人工牧草地1318.05公顷，占草地总面积的0.7%；其他草地445.34公顷，占草地总面积的0.2%。草地类型主要以高寒草甸类、山地草甸类、灌丛草甸类为主，分别占草地总面积的51.2%、21%和8.2%。牧草以禾本科莎草科为主，豆科牧草较少。从草地质量综合评定来看，同仁市天然草地质量较好，其中Ⅱ等草地面积最大，占全市天然草地总面积的48.66%，Ⅲ等草地居第二位，占33.62%，Ⅰ等草地居第三位，占13.96%，劣等草地面积较小。平均产鲜草3109.05千克/平方千米，其中夏秋草地平均产草3156千克/平方千米，冬春草地平均亩产草3064.05千克/平方千米，草原综合植被覆盖度达61%。

【义务植树】　4月7日，市委、市政府组织县直单位2200余名工作人员，以上率下开展干部义务植树活动，推进生态工程建设，完成义务植树57.8万株、道路绿化554.93千米，建立全州第一个“互联网+”义务植树基地。

【国土绿化】　全年完成国土绿化面积8524.49公顷，完成率100%。其中，大苗造林1524.49公顷（高标准造林893.33公顷、

2022年4月7日，同仁市全民义务植树现场（市自然资源局供图）

绿水青山93.33公顷、峡口造林56.82公顷、道路绿化造林481公顷)，灌木造林333.33公顷，封山育林4000公顷，退化林修复2333.33公顷、森林质量精准提升333.33公顷，总投资6997.25万元。划分国土绿化11个“战区”、道路绿化9个“战区”，以林草长制为抓手，由市委书记、市长担任总指挥长，各县级领导为战区指挥长、总负责人，63名部门“一把手”为各国土绿化、道路绿化负责人，各乡镇级林草长为本辖区内具体责任人，各级林草长全力落实资金投入、物资运输、劳务用工等相关保障工作，全市森林覆盖率逐年提升。

【种苗培育】 黄果梨苗木繁育及有害生物防控技术推广项目嫁接同仁黄果苗木3.5万株，完成全市黄果病虫害防治113.33公顷，申报科技成果一项，发表论文两篇。对全市范围内3个国有苗圃及22个私营苗圃地开展种苗产地检疫工作，产地检疫面积212.27公顷，检疫各类苗木611.05万株，产地检疫率达100%，签发产地检疫合格证36份；复检苗木95.45万株、花卉1.62万株、木材8077.49立方米（松木板材4675立方米、松木原木3402.49立方米），检疫检查木材加工厂14家、光缆盘277盘，签订应施植物报检复检协议书27份、种苗检疫防治协议27份，开具检疫处理通知单27份，处理带疫苗木26批次57688株，处理带疫木材1批次32立方米。

【林草地征占用管理】 同仁市结合“绿盾”行动和“全州打击毁林专项”行动，开展违法出售贩卖柏香枝、林草征占、野生动物保护、野生动物疫源疫病等专项排查工作，完成青海省林业和草原局第一批挂牌督办违法使用林地22个项目；黄河流域生态环境全方位“体检”问题责任清单反馈涉及违法占用林草地问题共计27项，整改完成19项，剩余8项正在整改中；青海省林长办公室挂牌督办第三批违法使用林地问题20项，整改销号19项。

【森林草原资源保护管理】 根据同仁市的森林草原资源状况，结合天然林保护工程建设方案和公益林建设方案，严格执行天然林保护和公益林管理的相关政策，加强与森林资源管理“一张图”衔接，通过森林草原防火、有害生物防治、林草地征占、野生动植物资源保护等工作，拓展林草长制与河湖长制、路街长制等的融合，推动实现全市“山水林田湖草沙冰”一体化管理，提高全市自然资源的科学化、即时化、精细化水平。进一步优化林草生态资源管护网格，明确每个网格的村（社、国有林场）级林草长、基层监管员、生态管护员职责，落实生态管护员工作责任，确保涉林涉草违法行为能及时发现、及时处置，维护林牧区稳定。加强生态管护员队伍建设，按照统一巡护服装、统一巡护装备、统一管理职责、统一考核奖惩的要求，进一步加强规范管理。引导广大群众、社会团体参与治理、管护森林草原资源，让“共管”成为保护和发展的新亮点。

【森林草原防火】 落实市、乡、村三级联防制度，推广“防火码”应用，实现市、乡、村网格化管理。加强防火物资储备检修和应急值守，进入2022—2023年森林草原防火期后，全市各级林草长召开防火会议进行安排部署，其中市级4次、自然资源部门5次、乡镇级22次、各林场20次、

2022年6月17日，生态管护员开展巡山巡林（市自然资源局供图）

村级 72 次，签订责任书 4553 份，发放双文宣传材料 12437 份、宣传画册 1380 份，在林区刷写宣传标语 147 处，悬挂横幅标语 89 条，张贴防火宣传标语 251 份，制作大中型喷绘森林草原防火宣传标牌 6 个，发放森林草原防火责任通知单 261 份，防火宣传受教育人数达 18647 人次；取缔临时煨桑点 58 处，优化上坟点 5 处，除草 58 千米，设卡 18 处，维修围栏 11 处，新设临时管护点 20 处，下发电网整改通知 6 份；政府出资 78 万元，购置 6 辆防火洒水车，出资 15 万元购置电动防火巡护车，各林场维修三防体系监控和新安装小型监控，做好森林草原防火无漏洞。

【野生动物保护】 结合“世界野生动植物日”“爱鸟周”“生物多样性日”等活动日，采取张贴标语、发放宣传单、悬挂宣传横幅、发放倡议书等方式宣传禁止非法野生动物交易、革除滥食野生动物陋习，保护野生动植物，全市累计印发野生动物保护法律法规宣传单 500 余份，张贴标语 18 条。继续开展打击违规交易野生动物“清风行动”，强化日常管理和监督检查。对市域内野生动物人工繁育场所、动物栖息地、河流水域、交通要道及餐馆“农家乐”等进行现场调查，出动车辆 138 辆次，受教育群众达 1500 人次，未发现违法行为。

【有害生物防控】 完成林业有

2022 年 4 月 12 日，市自然资源局联合州林草局、市林业工作站开展“世界野生动植物日”主题宣传活动（市自然资源局供图）

害生物防控任务 4333.33 公顷，其中杨树叶锈病 363.33 公顷、云杉叶锈病 86.67 公顷、云杉小蠹虫 1320 公顷、侧柏毒蛾 1158 公顷、柳蓝叶甲 413.33 公顷、杏球蚧 36.67 公顷、圆柏枝梢害虫 266.67 公顷、黄檗粉蝶 96.67 公顷、蚜虫 216.67 公顷、松大蚜 100 公顷、松梢螟 83.33 公顷、松皮小卷蛾 66.67 公顷、横坑切梢小蠹 125.33 公顷。草原病虫害防治 2.2 万公顷，退化草地改良 6666.67 公顷。

【天然林（公益林）管护】 结合天然林保护工程建设方案和公益林建设方案，执行天然林保护和公益林管理的相关政策，对全市 73040 公顷天然林和 47206.67 公顷公益林合理划分管护区域，落实管护责任，加强天然林和公益林的保护管理，签订落实林场与站、站与人等各级管护合同，明确管护界线、管护面积、管护责任、管护质量要求、管护年限、管护措施，以及管护报酬和奖惩措施等内容，把森林管护责任具体落实到森林管护人员。

【林草长制】 构建由各级党政主要领导担任林草长，全面负责相应行政区域内森林草原资源保护发展的管理机制，推进同仁市林草长制工作和生态文明示范区建设进程，建立市、乡、村三级林草长组织管理体系，全市 133 名林草长实现对全市林地、草原和湿地的分级管理全覆盖，聘请生态管护员 1889 人，实行分片包干，就近对每位管护员划分管护片区。市级林草长到林场、护林点、牧草地开展巡林巡草 37 次，各乡镇级林草长巡林巡草 156 次，各国有林场林草长做到每日一巡，累计巡林巡草 1725 次。

水生态

【河湖长制】 委托专业设计单位修改完善全市“一河湖一策”编制和“一河一档”信息。常态化开展巡河湖工作以来，州、市总河湖长利用“河湖长通”App开展巡河活动，全市各级河湖长累计巡河达5800余人次，各乡镇累计开展“清河行动”150余次，累计发动人数达25000余人次，清理河道总计740余千米，清除生活垃圾和建筑垃圾450余吨，彻底对河道内、河库岸边、滩地垃圾、水面漂浮物、防洪坝铁丝网附着垃圾进行全方位、无死角清理，彻底清除河湖“四乱”问题。

【水资源管理】 实现全市用水总量控制在0.29亿立方米以内的目标，万元地区生产总值用水量同比下降16.51%，万元工业增加值用水量同比下降7.37%，经测算农田灌溉水有效利用系数达到0.5083，重要江河湖泊水功能区水质达标率100%，一般水功能区水质达标率100%。同仁市2022年取水口取水监测计量体系建设项目投资46万元，对全市48处取水口安装监测计量设施（灌区工程取水口11处，人畜饮水工程取水口37处），有力支撑同仁市水资源监管工作，实现水资源的高效利用。

全年查处违规取水3项，并督促青海省顺隆矿业有限公司、青海高原之宝牦牛乳业有限公司、青海省黄南州华帝矿业有限责任公司开展水资源论证报告，及时延续办理取水许可证，合规取用水。对重点河段、敏感水域或可能存在河道采砂行为的地点不定期巡查，开展巡查河道24次，查处非法采砂事件1起，完成乱堆乱放、违规乱建行政执法30次，下发责令整改通知书12份、对企业执法督导检查16次、对相关责任人进行警示约谈10次、处理同仁市网名留言（举报）信息1起，处罚金额7.7万元。

【水土保持】 实施隆务镇牙浪沟、安中沟小流域水土保持综合治理工程和双朋西乡双朋西村周边小流域综合治理工程2项小流域项目，总投资1892万元，该工程于2022年3月开工建设，截至年底完成工程进度95.5%，实施后可治理水土流失面积37.84平方千米。浪加水库工程总投资2.25亿元，于2016年12月20日开工建设，截至年底，水库各主体建筑工程全部完成，并于2022年12月底正式下闸蓄水。

全年下达水土保持方案审批准予许可21个、水土流失防治责任范围0.82平方千米，受理水土保持设施验收报备8项、水土保持整改通知8项，开展监督检查35次，征收水土保持补偿费16.19万元。在2022年全国生产建设项目水土保持信息化区域监管工作中，核查扰动图斑28个，查处水土保持违法违规项目8项。配合黄河流域水土保持生态环境监测中心开展2022年度全国水土流失动态监测遥感解译专题信息提取抽查工作，调查解译图斑219个。设立水土保持综合监测径流小区8个，卡扣观测站1座，简易气象站1处，气象观测围栏1处，气象、监测和实验设备1套，管理及实验室1处，多参数土壤水分传感器1台，视频监控系统1台。

2022年12月24日，由市水利局承建的浪加水库举行下闸蓄水仪式（市水利局供图）

科技 教育

TONGREN YEARBOOK

科学普及

【概况】 2022年，同仁市结合文件宣讲、党史学习教育工作等契机，选派320名干部驻村入户开展宣讲工作，各乡镇累计召开动员部署会35次、村民大会130次、党员大会120次，组建宣讲工作组65个，召开村民大会集中宣讲310次，入户政策巡讲1720次，覆盖农牧民群众3784人次。发放《中央和省委1号文件精神宣讲问答》200册、科普宣传册3000余册，悬挂横幅5条、展板15套。

【科普宣传】 6月2日至7月30日，州科技局（协）、州地震局、市农牧和科技局联合开展科普大篷车“万里行”活动，在隆务镇等11个乡镇、22个村、22所学校、3个社区、1座寺庙开展科普宣传“五进”宣传活动。由州科技局、州科协牵头于5月24—30日开展科技活动周宣传工作。6月15日，在热贡文化广场组织开展世界环境日科普宣传活动。通过现场咨询、展示展板、发放宣传资料等形式，面向基层群众，讲解山洪灾害预防、农业水价改革、水源地保护等水利、卫生健康知识领域方面的科技创新知识。累计悬挂横幅50条、展板85套，发放科普知识手册、宣传品等8500余册，让广大群众们更直观地了解相关的科普知识。

【科普宣传栏建设】 以“贴近实际、贴近生活、贴近群众”为宗旨建设科普宣传栏，广泛宣传科普知识。在热贡路社区建设科普宣传栏，在内容设置上，针对群众关心的一些热点问题，如地震等灾害发生时的自救常识、如何辨别真假优劣食品、防范新型冠状病毒感染等方面的知识，受到群众的欢迎。采取图文并茂、通俗易懂的方式，向群众普及农牧业实用技术知识，营造人人讲科学、爱科学的氛围。

【全民科学素质行动纲要】 把科普工作纳入《全民科学素质行动计划纲要》框架内，并列入部门和乡镇经济目标绩效考核指标内，重点面向四大人群开展各类科普活动，真正使科普宣传做到群众化、社会化和经常化。结合市情实际，重点实施“六大工程”。实施科学教育和培训基础工程，采取实体培训与网络培训相融合的方式，实现规模化培训，以创新人才激励机制等方法，引进学术、教学水平高，科普经验丰富的师资，提高教学与培训效果。加大科普资金在基础设施建设方面的投入，举办实用技术培训班、制作宣传栏、订制宣传品、举办科普巡展，科教进社区等活动。

农牧科技与产品

【畜牧科技培训】 同仁市畜牧兽医站召集动物疫控中心全体干部职工、各乡（镇）农牧业技术服务站专业技术人员、村级防疫员先后开展春、秋季重大动物疫病防控工作安排部署会、动物疫病防控技术培训会、畜间包虫病和布鲁氏菌病防控知识培训班、高素质农牧民培训等，累计培训600余人次，发放冷藏包127个，金属注射器127支，医用手套762双，碘酒127瓶，针头38100支。市畜牧兽医站围绕包虫病、布病、《中华人民共和国动物防疫法》等方面进行宣传，向广大群众发放宣传手册1.5万余份、纸杯6000余包，悬挂横幅30余条。

【畜牧科技推广应用】 与省畜牧兽医科学院许尚荣教授团队合作，组织开展犏牛繁殖技术培训和现场人工授精技术实际操作培训，完成9个犏牛繁育养殖基地（合作社）牦牛人工授精412头，培训人数累计达1100余人次，培育繁殖技术人员23人。组织各乡镇主要负责人、全市犏牛养殖基地和村“两委”主要负责人3次到甘肃省临夏市、合作市、夏河县、张掖市，四川省红原县及黄南州河南县等地观摩学习犏牛养殖繁育技术、养殖基地运行管理模式等相关知识。

【县级兽医实验室建设】 为保障全市重大动物疫病防控工作顺利开展和畜产品质量安全，经市政府第9次常务会议研究，将市疾病预防控制中心原办公场所划转市畜牧兽医站，用于县级兽医实验室和市动物疫病预防控制中心办公用房。项目总投资266.89万元，其资金来源为地方财政资金。将原有市疾病预防控制中心办公楼一层装修改造为兽医实验室；二层及三层重新装修改造为办公用房。

【牦牛藏羊追溯体系建设】 牦牛藏羊可追溯体系建设项目主要包括县级追溯平台及终端软件、硬件和物联网设施、通信网络运维。溯源体系基于精准的农牧业传感器实时监测，数据多层次分析，并将分析指令与各种控制设备进行联动完成农牧业生产、管理，提高农产品产量和质量。截至年底，同仁市牦牛藏羊原产地可追溯工程建设项目，电子耳标佩戴共计完成143户，佩戴牦牛1346头。

延伸：农牧科技新发展

同仁市用活科技帮扶团力量，聘请产业发展咨询顾问，挖掘本地牦牛、藏羊原始品种，建立“热贡佳加哇娄”保种基地和“热贡尕玛顿丹”藏羊扩繁基地，加快藏羊良种繁育推广力度。启动实施“3545”万头犏牛基地建设工程，通过牦牛人工授精等良种繁育技术成功孕育出实验性娟姗犏牛50头。采取“走出去+请进来”的方式，组织农牧业技术人员到四川、山东、河南、甘肃等地学习先进技术，并聘请四川省红原县精英型“土专家”2名，引进进口性控冻精，筛选经产母牦牛3000头，通过采取同期发情方式开展人工授精技术推广工作，为成功打造“中国犏牛之乡”提供强有力技术支撑。持续做好品牌建设工作，“晶黄果”饮品顺利通过国家ISO9001产品质量认证，“同仁青稞”等5个特色品种获国家地理标志农产品认证，启动申报“同仁犏牛肉”“同仁犏牛奶”“同仁牦牛肉”等8个品种国家地理标志、名特优新农畜产品申请认证和绿色认证，热贡佳加哇娄、热贡尕玛顿丹良种品牌即将获批《种畜禽生产经营许可证》。建立健全“金黄果”“瓜什则牦牛酸奶”产供销一体化运营体系，努力打造出同仁“金色谷地”区域公用品牌。

积极发展色彩农业，打造7个休闲农业基地，建成“在那东山顶上”“芊桑别院”“贡嘎林”等，探索建立“农业+旅游”产业融合发展模式，色彩农业呈现“百花齐放”发展态势。成功创建国家级农村产业融合发展示范园和省级特色农业产业园，推进农牧业设施化、园区化、融合化、绿色化、数字化发展，为促进农牧业高质高效、农牧区宜居宜业、农牧民富裕富足提供支撑。加快构建现代化经营体系，培育农民合作社国家示范社3家、省级示范社24家、州级示范社33家，省级示范性家庭牧场20家、县级98家，不断把资源优势转化为发展优势、产业优势。

【有机产品认证】 瓜什则乡和多哇镇有机面积是11.8万公顷(其中瓜什则乡面积3.68万公顷，多哇镇面积8.08万公顷)；牦牛总养殖规模39837头（其中瓜什则乡11200头，多哇镇28637头）；藏羊总养殖规模108020只(瓜什则乡50788只，多哇镇57232只)，2022年瓜什则乡西合来村、阿旦村、郭进村、尕什加村、力吉村、赛庆村，多哇镇交隆务村、曲日那村、东维村、尖德村、直跃村、卡什加村完成有机草场和牛、羊认证。

【地理标志认证】 申报热贡“尕玛顿丹”“佳加哇娄”藏羊商标注册和“国家畜禽遗传资源名录”及“同仁犏牛”国家地理标志产品，强化本地种畜新资源保护，加大新品种利用与推广，提升品质品牌建设，扩大本地特色畜产品输出能力，助推种业振兴工程。

【科技交流】 邀请省级专家、服务团专家及草产业专家到黄乃亥乡开展饲草种植、加工技术培训，引进青甜1~7号及青海444等10余个燕麦品种，开展区域试验。通过专家指导，黄乃亥乡种植青饲燕麦466.67公顷，下种量由18千克降到12千克，节约成本18.48万元，产值达211万元。组织乡镇领导及犏牛养殖合作社负责人近50人参观考察甘肃省张掖娟姗牛养殖场、饲料加工企业和红原县犏牛养殖基地、鲜奶收储站、乳品联合社加工厂，学习管理模式、利益联结机制、分配方式等先进经验及娟姗牛养殖与饲料加工技术。

2022年11月17日，州畜牧兽医站实验室人员查看同仁市兽医实验室工程进度（市农牧和科技局供图）

【科技人才队伍建设】 聘请省级畜牧业专家担任同仁市农牧产业发展顾问，指导全市农牧产业发展各项工作。推进万头犏牛基地“3545”工程，与省畜牧兽医科学院签订《青海省科技成果科技专项项目合作协议》，省畜牧兽医科学院研究员徐尚荣，在同仁市开展牦牛人工授精技术现场指导，培养出一批人工授精技术人员。在四川省红原县考察期间，与红原县2名从事人工授精技术20多年的民间技术人才，签订犏牛人工授精技术服务协议，同时围绕特色产业发展需求，培训农牧民技术骨干255人。落实2022年度“三区”科技人才支持计划，建立科技特派员站点5处，安排专项资金86万元，派驻科技特派员43名，在全市新型经营主体开展“一对一、点对点”技术指导服务，解决全市农牧产业发展难题，并组织天津专家、科技特派团、2022年度“三区”科技人才等因地制宜开展科技工作，动员全系统科学技术骨干力量，投入乡村振兴攻坚主战场，开展科技精神帮扶行动。年度获“全国科技管理系统先进工作者”荣誉称号1人、“全省优秀科技特派员”荣誉称号3人，获青海省“天津设施农业栽培技术引进集成与示范”科学技术成果证书。

延伸：同仁市全力挖掘“尕玛顿丹”“佳加哇娄”种畜新资源，提升本地特色畜产品输出能力

2022年，同仁市重点在品种培优、品质提升和标准化建设上下功夫，启动实施热贡“尕玛顿丹”藏羊扩繁基地和“佳加哇娄”藏羊保种基地建设，优化品种区域布局，做大保种繁育生产基地，扩大标准化养殖规模。同时，加快特色畜禽品种育种攻关，建立良种场种畜系谱档案，健全种畜场管理制度和“三位一体”追溯耳标及档案，积极申报“热贡尕玛顿丹”“佳加哇娄”藏羊商标注册和“国家畜禽遗传资源名录”及“同仁犏牛”国家地理标志产品，强化本地种畜新资源保护，加大新品种利用与推广，提升品质品牌建设，扩大本地特色畜产品输出能力，助推种业振兴工程。

教育管理

【概况】 2022年，同仁市有各级各类幼儿园57所（公办49所、民办8所），在园幼儿5325人；中小学47所（完全中学1所、初级中学2所、九年一贯制学校1所、小学28所、教学点15所）。全市在校中小学生15696人（高中生1091人、初中生3795人、小学生10810人）。有教职工编制948个，教职工951人（高级职称272人、中级职称429人、初级职称 250 人），地方特岗 30 人，同工同酬 135 人，编外教师 50 人。

【教育投入】 实施 15 年教育资助政策，构建从学前教育到高等教育贫困学生资助政策体系。全年下达教育补助资金 5996.57 万元，享受人数 35659 人次。其中，城乡义务教育补助资金 4685.49 万元，学前教育资助补助资金 665.04 万元；支持学前教育发展资金 506.34 万元；普通高中学生资助补助资金 139.7 万元。稳步开展助学贷款办理，办理生源地信用助学贷款 706 人，贷款资金 531.2 万元。划拨近 40 万元，实施“奖学助教”，表彰 21 名应届优秀高中毕业生，资助 40 名应届贫困高中毕业生。制定《同仁市教育捐赠基金管理（暂行）办法》，成功设立同仁市教育发展基金专户，动员娘本大师等社会力量助力教育发展基金。筹措教育发展资金 60.9 万元，其中 24.5 万元用于资助 49 名大学生。

【农村义务教育经费保障机制改革】 为保障农村中小学校的正常运转，深化农村义务教育经费保障机制改革工作，市教育系统严格按照教育经费保障机制具体要求，加强农村中小学财务管理，提高农村学校经费保障水平，严格按照预算办理各项支出，防止挤占、截留、挪用教育经费。推行农村中小学财务公开制度，以确保资金分配使用的及时、规范、安全和有效。

【教研科研】 定期开展教学研讨、教学难点问题联合研究，推动“三科课程开设现状、问题及对策研究”升级为省、州级课题，推动全市“三科课程”深入实施。按照同仁市教育发展大会精神，在增核 3 个教研督导专项事业编制的基础上，采取专兼职结合、遴选骨干专职教研人员，统筹用好各方面资源力量，推动教研机构提标升级，定期开展教学研讨、教学难点问题联合研究。引导教师学习先进教学理念，改进教学方法，解决教学中存在的瓶颈问题，并完善校本教研、网络教研制度，促进学校教科研工作高质量发展。做好省、州、市级科研课题的申报、立项、研究、结题、推广和优秀课题评审工作，形成研究的氛围，为教学质量的进一步提高提供理论支撑。要求专职教研员人人有科研项目，要求全市中小学校校有科研项目。

【教育改革】 10 月，出台印发《关于进一步规范全市中小学管理体制更好聚焦教学工作的意见（试行）》《同仁市中小学教学常规管理实施细则（草案）》《同仁市中小学校教职工编制核定标准（试行）》《同仁市中小学校教师工作量标准（试行）》《同仁市中小学教学评价管理办法（试行）》《同仁市教育系统评先表彰办法（试行）》《同仁市荣誉督学聘任管理暂行办法》等 9 个配套文件，科学、稳妥、有序推进全市教育高质量发展。为深化教育评价改革，强化教育督导工作，落实 500 万元用于教育发展基金，在此基础上争取 200 万元，用于评价表彰专项资金，其中安排荣誉督学专项经费 80 万元，进一步推动督学工作常态化、专业化、项目化。以异地办班为抓手，加大同仁与天津、江苏启东市等教育合作力度，与先进地区建立教育合作关系，推进教育改革，80 名同仁市籍学生在天津第一百中学接受优质教育。按照同仁市智慧校园建设思路，探索以教育信息化支撑引领教育现代

2022 年 9 月 27 日，同仁市 2022 年奖助学金发放仪式暨优秀大学生座谈会在市第二民族中学举行（市教育局供图）

化，创新推进“互联网+教育”促进教育优质均衡发展。

【学校布局调整】 坚持“优化资源配置，促进均衡发展，提升发展内涵”工作思路，通过实施中小学布局调整工作，改善办学条件，提升教育教学质量，促进全市教育事业健康发展。撤销村小学1所，撤销3所民办幼儿园，29所幼儿园变更为走教点。聚焦薄弱县振兴行动计划，进行优化教育布局再调整，加大教育项目建设力度，完成加吾乡寄宿制小学、城北九年一贯制寄宿制学校收尾工作。

【教师队伍建设】 在全市教育工作领导小组会上审议通过《同仁市中小学（幼儿园）教师职业行为负面清单》《同仁市开展教师队伍“坚持立德树人、严守师德师风”建设年工作方案》等文件，抓好教师队伍建设工作。贯彻落实《关于全面深化新时代教师队伍建设改革的意见》，在省教育厅列入的13类中小学教师职业行为负面清单基础上，结合同仁实际，建立同仁市中小学（幼儿园）教师职业行为负面清单，涉及政治素质、教育教学、职业素养3个方面19个具体行为，用硬指标全力打通教师队伍“第一关”。采取“走出去、请进来”的办法，实施教师培养工程，组织开展新课程改革等各类交流活动，举办各类培训。推动城镇优秀教师向乡村学校流动，通过定期交流、跨校竞聘、学校一体化管理、学校联盟、对口支援、县城学校教师支教帮扶等多种途径和方式，重点引导优秀校长和骨干教师向乡村学校流动。把乡村教师培训纳入基本公共服务体系，保障经费投入，确保乡村教师培训时间和质量。优化职称评聘，提升农村学校教师中、高级职称通过率。组织50名种子教师进行为期3天的线上阅读能力提升培训；组织157名三科教师开展2022年全省民族地区中小学三科教师研训一体化项目网络研修；组织全市义务教育阶段135名数学教师和34名兼职科学教师进行新课标解读培训。加强队伍建设，按照《同仁市教育高质量发展若干措施》时间表，通过政府购买，补足配齐50名编外教师。安排222名保教岗位到岗担任保教工作，安排441名公益性岗位人员补充到各学校担任后勤。

2022年3月9日，同仁市新入职教师岗前培训会召开（市教育局供图）

【教育基础设施建设】 投入资金5033万元，实施学前教育、义务教育薄弱环节与能力提升建设等项目46个，新建、改扩建中小学校26所。坚持教育资源重点向农牧区学校倾斜，投资3264万元，新建、改扩建农牧区寄宿制学校15所。集优教育资源，加强农村小规模学校及寄宿制学校建设，完成农村学校教师周转宿舍建设，对学校食堂、运动场、厕所全面提升改造。按照年度工作要点，通过争取项目资金投入，加大项目建设力度，在惠民小区和城南地区新建2所公办幼儿园，招生规模近720人。

【民办教育】 加强规范管理和风险防控，严格落实年检制度、审批制度，全面禁止“小学化”倾向，落实普及普惠相关政策，完善监管机制、规范办学行为、防范办学风险。严格落实学前教育“五大领域”的开发和园本教材的推广，有力促进民办幼儿教育健康发展。

【招生考试】 建立完善招生考试工作责任体系，坚持依法治招、从严治考，促进教育事业发展。严格按照招生考试的各项工作要求，对考试工作的重要环节进行进一步详细的培训，加大招生信息公开力度，确保招生考试工作公平、公正、公开。

延伸：办好民生实事，促进教育均衡发展

2022 年，同仁市围绕市委、市政府教育高质量发展决策部署，精准实施同仁教育“八大工程”，改革创新，加大教育督导创新力度，持续推进全市教育优质均衡发展。完善保障体系，出台印发《关于进一步规范全市中小学管理体制更好聚焦教学工作的意见（试行）》《同仁市中小学教学常规管理实施细则（草案）》等 9 个配套性制度，完善政策供给，强化保障支持，以科学、稳妥、有序助推同仁教育高质量发展跑出“加速度”。加强队伍建设，按照《同仁市教育高质量发展若干措施》时间表，通过政府购买，已补足配齐 50 名编外教师，安排 222 名保教岗位到岗担任保教工作，安排 441 名公益性岗位人员补充到各学校担任后勤。推进信息化建设，按照同仁市智慧校园建设思路，探索以教育信息化支撑引领教育现代化，争取 800 万元推进全市“互联网+教育”信息化平台建设落地落实。

教育阶段

【学前教育】 对全市 49 所公办幼儿园、8 所民办幼儿园的园所管理、队伍建设、设施与环境、教育教学、保健保育等 5 个方面进行督导评估，进一步健全市学前教育政策保障体系，加快推进学前教育普及、普惠、安全、优质发展。通过学前教育办园体制改革工作，逐步形成幼小分开、财务独立的办园体制，制定幼儿园成本分担机制，规范学前收费工作，不断扩增优质教育资源，缩小园际差距。全市学前三年毛入园率达到 103.44%。

【义务教育】 全年九年义务教育巩固率达到 97.03%，资助教育覆盖率和贫困家庭大学生、中高职学生资助比例均达 100%。实施义务教育学校标准化建设，重点建设乡镇寄宿制学校，推进薄弱学校能力提升工程，巩固义务教育基本均衡发展成果，进一步缩小城乡、学校之间的教育差距。

2022 年 4 月 22 日，年都乎完全小学学生阅读《税法宣传知识读本》（市税务局供图）

【高中教育】 积极适应高中课程改革和高考综合改革需要，以教研提升教学改革和教学质量，探索普通教育与职业教育相融合的综合高中发展，逐步发展特色高中和特色班。按照青海省普通高中学科教师实施新课程新教材能力提升四年行动计划，分年分步完成新课程新教材全员培训工作，秋季从高一年级开始，实施《普通高中课程方案和语文等学科课程标准（2017 年版 2020 年修订）》，全面推进新教材使用。2022 年高考，同仁市民族中学参加高考人数 370 人，比上年提高 5.07 个百分点，上线率 100%。其中，本科上线 220 人，上线率 59.5%。

【特殊教育】 采取送教上门、随班就读等有力措施，重视个别教育，提升学生的基本知识素养、道德品质和身心素质，更强调在教育中因材施教，满足不同学生的特殊教育需要。全年实施送教上门 19 人（其中小学 17 人）、随班就读 95 人（其中小学 66 人）。

学校选介

【同仁市第一民族中学】　同仁市第一民族中学创建于1975年，是同仁地区历史最久、规模最大的一所寄宿制民族完全中学。学校占地面积45078平方米，总建筑面积28658.3平方米。拥有1栋综合办公楼、2栋教学楼、3栋学生宿舍楼、1栋教师周转楼、1栋体育馆以及学生食堂、餐厅等设施。配备有物理实验室、化学实验室、生物实验室、音乐室、美术室、书法室、阅览室和微机室。在全校教室内安装多媒体教学设备。2022年，学校有40个教学班，其中初中班16个、高中班24个。在校学生2048人，其中，初中生804人、高中生1244人，学生全部为寄宿生。教职工212人（在编教师128人、编外教师9人、同工同酬及临聘7人、支教12人、“三支一扶”3人、工勤53人）。建校以来，累计培养初中生9611人、高中生7343人，向各大中专院校输送学生5396人。

【同仁市第二民族中学】　同仁市第二民族中学始建于2016年，位于隆务镇加查么村，总投资1.3亿元，是同仁市优化教育布局后新建的一所民族中学，于2021年9月1日正式开课。学校占地面积55333平方米，总建筑面积29333.82平方米。设有23个教学班。全校教职工126人、学生1112人，另久治—同仁异地班学生18人。在编教职工67人，2022年，财政拨款80万元，用于打造党建及校园文化样板学校。

【同仁市逸夫民族中学】　同仁市逸夫民族中学坐落于隆务镇中心地带，是一所九年一贯制学校。学校占地面积26316平方米，建筑面积16546平方米。学校在编教职工86人，其中专任教师83人、员工3人。学校生源多来自偏远农牧区，学校设有中学部和小学部，在校生1737人，设有35个班级。学校建有中学教学楼、小学教学楼、实验楼、男生宿舍楼、女生宿舍楼、学生食堂、教师周转房、学生澡堂等基础设施。设有综合实践实验室、生物实验室、物理力学实验室、物理电磁实验室、化学实验室、地理专用教室、微机室、书法室、音乐室、美术室、舞蹈室、棋类室、手工制造室、科技馆、党员活动室、少先队活动室、图书室、阅览室、心理咨询室、档案室、体能检测室、体育器材室、数学模型室、藏戏道具室、警务室、医务室、会议室等功能室。素质教育方面，开设舞蹈、乐器、手工制作、绘画、书法、乒乓球、篮球、棋类等11项素质教育课程。

【同仁市第三完全小学】　同仁市第三完全小学位于隆务镇夏琼北路25号。始建于1973年，学校占地面积9994.5平方米，建筑面积7077平方米，2022年有26个教学班，在校学生1359名，是全市规模较大的一所全日制普通小学。学校在编教师55人、“三支一扶”2人、公益性岗位6人、同工同酬及地方特岗7人、财政临聘3人。其中，本科学历42人、大专学历22人；高级教师6人、一级教师43人、二级教师16人；党员教师14名，入党积极分子3人，党员人数占教师总人数的25%。2021年秋季学期以来，贯彻落实“五项管理”，全面开展特色课后延时服务，建立音、体、美、手工、阅读等有特色的社团。被同仁市教育局设立为同仁市“双减”政策实施示范学校。

文化

综　述

【概况】　2022年，同仁市组织各乡镇、各部门、各单位开展“我们的节日”主题活动。元旦期间，开展2022年“四下乡”活动，通过文艺演出、便民服务和集中宣传活动，把戏台搭在村头田间，把欢乐送进千家万户，把政策、技术、文化等精神食粮和新春物资送给农牧民群众。春节期间，以弘扬“社会主义核心价值观”为主题，在办公楼、家属楼、村、社区等场所悬挂汉藏两文灯笼、贴主题春联，市直各单位在联点村、社区赠送、悬挂主题灯笼、贴主题春联。在端午节期间，开展包粽子、送温暖、慰问孤寡老人、打扫卫生、诵红诗、唱红歌等活动。在清明节期间，开展祭英烈追思会、网上祭英烈等形式多样的主题活动，倡导广大群众缅怀先祖，做文明祭祀的先行者。全年同仁市文化产业经营收入达57705万元，同比下降46%。

【群众文化活动】　成功举办2022年迎新春藏历新年大型文艺演出，参与人数达30余万人次；年内完成“戏曲进乡村”送戏下乡巡回演出47场次，观看人数达2万余人次。组织“三区”人才文艺会演24场次，观看人数达1.2万余人次。开展“文艺轻骑兵”下乡服务活动20场次，观众人数达到1万余人次；开展首届同仁市“喜迎二十大　唱响金谷地”音乐周系列活动，音乐周活动由民歌周、通俗歌曲周、红歌周、拉伊周等不同比赛项目组成，参赛选手来自黄南一市三县45人次，观众人数达3万余人次。协办“笔墨话清风、喜迎二十大”廉政书法绘画大赛，组织全市各部门、各单位、各校学生参与此次活动，征集作品121幅。

2022年10月14日，同仁市举办“喜迎二十大·礼赞新时代·文明耀同仁”主题文艺比赛（市文体旅游广电局供图）

【文化产业发展】　市文体旅游广电局通过多方渠道，争取省级文化和旅游产业专项资金727万元，实施龙树画院、仁俊热贡艺术有限公司等民间文化企业基础设施改造提升工程；紧盯同仁市8个乡村振兴示范村建设任务，进一步统筹兼顾、整合资源、精准发力，在项目建设和资金投入上双向发力，累计投入资金1276万元，用于8个示范村打造项目。

【文化市场发展与监管】　全年市文化市场综合行政执法大队检查市域各类出版物市场等经营单位576家次，出动执法人员2149

书法比赛（市委宣传部供图）

人次，查出非法出版物364件（含民族商品26件），处罚52994.36元；对全国重点文物保护单位及省级、县级文物保护单位检查80余次、文物点巡查68次、督查43次，出勤人员180人次，限期整改6项，现场整改10项，与各级文物保护单位签订文物安全管理责任书48份。

【图书馆及农家书屋建设】 利用全民阅读、免费开放、世界读书日等节日，开展各类线上线下公益文化活动73场次；为全市72个行政村农家书屋及寺庙书屋配备价值35.42万元的精选图书9512册，为基层读者群众提供高质量的文化服务。实现72个行政村农家书屋全覆盖，图书馆每周免费开放超过56小时，每年接待阅览、外借、咨询的读者超过1.2万人次，借阅图书、期刊和其他文献资料1.3万余册。以8个示范村农家书屋为示范点，在全州范围内首次探索推行“无纸化”阅读模式，推广“数字化”书屋，8个示范村移动图书馆均安装完成。实施总投资为62万元的江龙村农家书屋示范点建设项目，真正让“智慧书屋”在乡村落地生根。开展为期15天的“七彩假期·以爱护航”青少年暑期夏令营活动，开设阅读、书法、红色故事分享、演讲、法律知识普及、户外素质拓展、才艺展示、基础藏文等课程外，同时还开展防溺水主题教育及交通安全、禁毒防艾、防校园欺凌等青少年安全自护教育，帮助青少年提升暑期安全自护和防溺水避险能力。推出《着意听新声》朗读栏目，已制作播出10期。图书馆分馆、农家书屋开展“喜迎二十大 阅读颂辉煌”“阅读新时代 奋进新征程”“助力乡村振兴 打造书香同仁”为主题的全民阅读系列活动；持续开展“我的书屋·我的梦”农村少年儿童阅读实践及中小学生阅读陪伴活动；做好第七次全国市级以上公共图书馆评估定级各项迎检工作，收集、整理、上传2018—2021年评估期数据，推动公共图书馆事业发展。

【文化队伍建设】 探索“文艺演出+理论宣传”演出模式，优化文艺人才团队，强化文艺精品创作，面向全社会招聘24名专业舞蹈演员，顺利完成同仁市庆祝省第十四次党代会成功闭幕、喜迎二十大胜利召开文艺会演、同仁市东西部协作联谊晚会等市级文艺演出任务。承接第十九届西北五省（区）“花儿”演唱会、第二十一届环青海湖国际公路自行车赛等省级大型文艺演出活动。

文物与文化遗产保护

【文物保护】 到各乡镇和行政村（自然村）“拉网式”开展文物资源普查工作，完善文物档案、名录、等级体系。寻访有关专家30余人次，采写口述材料1万多字，拍摄实地图片和视频1700余张，绘制草图15幅，新发现古建筑15处，其中寺庙10处、故居及旧民居5处，古籍32卷，佛经印版1块，古代盔甲服1套，铜塔1个，古树6处。新发现古建筑15处，经文物专家认定，被同仁市人民政府批列为市级文物保护单位。

【“非遗”文化保护】 加大非遗申报力度，对濒临灭绝的保安花

2022年10月20日，市委副书记、市长赵建国（左三）到黄乃亥乡调研文化遗址保护工作（市政府办供图）

儿、热贡牛角雕刻技艺、热贡玉珠梅朵藏医药足浴汤散制作技艺等6项非遗项目进行抢救性保护，其中4项顺利通过专家评审。助推非遗工坊建设工作，让非遗工坊在劳力培训和人口就业方面发挥作用，助力乡村振兴工作。评选出非遗传习中心25所，非遗宣传展示点20个。同仁市文体旅游广电局申报的唐卡画师扎西尖措、当周加喜获“第八届中国工艺美术大师”殊荣。同仁市获得“中国工艺美术大师”荣誉称号的达10人，同仁市成为全省乃至涉藏地区中国工艺美术大师最多的地区。同仁市文体旅游广电局于2022年申报的6项省级非遗项目中，4项顺利通过专家评审，同仁市顺利创建省级非遗项目14项，成为全州乃至全省省级非遗项目最多的地区之一。依托“文化和自然遗产日”，探索“非遗+网销”模式，组织市域8家文化企业20余种产品在线上进行直播销售，观看人数32356人，收获点赞数65869次，单日累计成交金额达21286元。编撰完成非遗丛书之《热贡地区非遗项目解说汇编》《热贡文化艺术传承事迹》（汉藏双语）。

【热贡藏乡“六月会”民俗活动品牌推广】 推出“热贡六月会”民俗体验一日、二日、三日游精品线路；探索推出郭么日古堡、保安古屯田寨堡、吾屯上下庄为主的“古色线路”和扎毛村、双朋西村、吾屯村在内的“绿色线路”等多条特色旅游线路；推介热贡藏乡“六月会”民俗活动品牌，扩大热贡“六月会”品牌效应，对涉及“六月会”的村落落实25万元的展示展演补助资金。在青甘两地专场推介“藏乡六月会”，与青甘两地330余家旅行社达成合作协议。人民日报青海分社、中央电视台青海记者站、甘肃电视台等40余家媒体专题报道“热贡六月会”，累计转载专题信息52篇。同时，精准落实助企纾困政策，落实优惠政策专项资金765695元。

延伸：同仁市成为涉藏地区中国工艺美术大师最多的地区

同仁市聚焦打造国际生态旅游目的地，深入推进国家级热贡文化生态保护区建设，加大非物质文化保护传承力度，积极挖掘民间非物质文化遗产，申报热贡牛角雕刻技艺、热贡靛蓝纸制作技艺等6项省级非遗项目，其中4项顺利通过省级专家评审。截至2022年，同仁市有人类“非遗”代表作名录项目2项、国家级非遗项目5项、省级非遗项目13项，同仁市成为全州省级“非遗”项目最多的地区。不断加强同仁市工艺美术行业人才队伍建设，开展申报推荐各层级工艺美术大师评选命名工作。截至年底，全市有各级工艺美术大师、民间工艺大师等1728名。2022年，同仁市唐卡画师扎西尖措、当周加获“第八届中国工艺美术大师”称号，全市累计获“中国工艺美术大师”称号人数达10人，占全省获奖总人数的73%，居全省第一，同仁市成为全省乃至涉藏地区中国工艺美术大师最多的地区，更是西北地区工艺美术行业人才聚集的核心地区。

融媒体工作

【概况】 2022年，同仁市以宣传思想战线四大专项行动为载体，强化业务建设、能力建设，推进媒体深度融合，做好市融媒体中心平台建设，开展密集性报道，推动宣传媒体服务基层、服务市域经济社会发展。全年市融媒体中心共制作短视频586个，同比增长400%；日均浏览量达2.3万次。年内委托第三方专业人员维护维修全部基站，完善安全播出各项规章制度和应急预案，确保广播村村响长期响、优质响，终端在线率达85%以上，广播电视节目安全播出无事故。做好全市33个基站广播电视节目无线地面数字化覆盖的运行维护工作，保障数字广播电视节目播出效果。招聘2名专业人员，公开招录1名本科专业人才；邀请河湟记者站老师对中心采编播岗位人员进行培训，通过理论授课、采编实践、作品任务等方式进一步提高新闻工作人员业务素质，推动融媒事业健康快速发展。

【中共二十大精神宣讲】 市融媒体中心推出《学习宣传党的十九届六中全会精神》《网络中国节日》《聚焦同仁两会》《瞰同仁·春回大地》《讴歌新时代奋进新征程》《抗疫》《抗汛》《喜迎中共二十大》《一把手·谈作风》《云赏同仁》《视说这十年》《二十大时光》等专题专栏，在服务全市工作中释放融媒作为。

【抗击疫情宣传】 抗疫期间，及时发布疫情动态、宣传抗疫部署、科普防疫知识，推出《主播说防疫》《同心战疫》《城市之光》《同仁之声》等主题专栏。推出《曝光台》，直面抗疫中不规范戴口罩行为。及时客观发布疫情和防控工作信息243条，人民网、新华网等媒体采用19条，发布主题短视频66条，公告短视频18条，"同仁融媒"公众号发布126条，阅览量33.5万人次；"大美同仁"App发布256条，阅览量11.3万人次；短视频浏览量130.4万人次，点赞量2.4万次。举办两场"服务攻坚就业"网络招聘会直播。

【防汛宣传】 打好防汛宣传硬仗，发布《同仁城区暴雨突袭全城紧急排涝》等多篇报道。利用同仁融媒、大美同仁、视频号、抖音、快手媒体平台，宣传党中央和各级党委政府重大决策部署，报道同仁联防联控措施成效，生动讲述一线抗汛感人事迹，广泛普及科学防护知识，凝聚众志成城抗疫抗汛的强大力量。

【对外宣传】 借助省融媒体平台，做好同仁市宣传工作，筛选优秀作品进行推送，并相继参加"西部矿业杯""你好青海""筑梦新征程 一起向未来""我们的新时代"平安青海建设优秀"三微"作品评选活动等。短视频《瞰同仁·春回大地》入选省委宣传部"你好，青海"网络短视频大赛优秀作品、《致敬劳动者》荣获州"喜迎二十大开启新征程"融媒体技能大赛二等奖，《油菜花开、奔你而来》《"云赏青海"扎毛秋韵》《"云赏青海"曲库乎秋韵》等短视频在青海卫视、《青海日报》、光明网等平台发布。

【融媒体机制建设】 建立绩效考核机制，制定出台《同仁市融媒体中心绩效考核办法》，建立以岗位责任与业绩为依据的薪酬分配制度，对"思想政治、考勤、工作业绩"三方面进行全面考核，实行工作任务动态量化考核，对工作表现好、成绩突出的人员，给予表扬和绩效奖励，对不负责任、给工作造成损失的人员，给予相应的经济处罚，进一步激发干部干事创业的活力和激情。构建短视频管理与制作机制，成立3个短视频制作工作组，通过定期灵活考核制度等，充分调动短视频工作制作的积极性。

民族语文工作

【概况】 2022年，同仁市以贯彻党的民族政策为中心，进一步落实《黄南藏族自治州藏语文工作条例》等有关法律法规，通过集中学习和自学不断提高政治理论和翻译能力等业务水平，做好全市藏汉文翻译审核工作、加强市面用文日常管理、抢救搜集少数民族古籍等工作。年内创办《金色热贡》双文（藏文版、汉文版）半年刊。

【藏文翻译】 全年翻译党代会、两会等相关材料42份，字数达50万字；翻译市政府及各部门重大决策性文件以及各部门、各单位通告、通知、横幅、标语、文头、公章、门牌等材料256份18万字；翻译校对各单位各部门代表、委员提出的意见建议材料43份16万字；翻译惠民政策、法律法规、新冠疫情等材料31份20万字；翻译各企业、个体工商户日常各类牌匾289块、公章292枚；负责党代会、两会、换届选举各种会议及培训现场口头翻译18次，并完成全市临时性文件翻译、审核校对58份21万字。

【市面用文检查规范】 联合市监、城管等部门全年开展大型社会市面用文检查3次，查出公文、公

2022 年 10 月 9 日，市民语中心检查乡村公路沿线交通指示牌（市民语中心供图）

章使用藏文出错或不规范的 65 份（枚），其中使用双语有问题的宣传栏和展板 21 块（其中使用藏文出错的 14 块、未使用藏文的 7 块），临街未使用藏文或使用藏文不规范的门牌 73 块，未使用少数民族文字的横幅标语 23 幅；市民语中心不定期检查 5 次，并现场翻译督促整改各类门牌、横幅、广告等 36 次 1.5 万字，对发现的市面用文不正确的单位发出整改通知 12 份。

【藏语文学习与政策法规宣传】 每周三组织全市不懂藏语文的干部职工 260 多人在微信群学习藏语文，开展教学交流，全年授课达 56 次，提高干部职工的藏语水平。通过集中学习和自学不断提高政治理论和翻译能力等业务水平。政策法规宣传方面，通过微信公众平台、集中宣讲、个体工商户“一对一”宣传等方式宣传党的惠民政策、民族政策、《黄南藏族自治州藏语文工作条例》、《黄南州社会市面藏汉两种文字并用管理办法》等法律法规知识。

【经典文献搜集与互译】 做好少数民族经典文献搜集、整理和中华经典文献互译工作，挖掘、整理和传承具有同仁地域特色的文化瑰宝，市民族语文工作中心承办的《金色热贡》藏文版、汉文版刊物即将出版发行，此刊物采用文字、图片相结合的形式，收录同仁本地专家学者的学术研究成果，并通过经典文献藏汉、汉藏互译，传播中华优秀文化，为本地专家学者提供学术交流、资源共享，展现自我才华、研究故乡艺术文化、奉献研究成果的平台。比如运用录音、录像及文字记录等方式，对民间学者、已故唐卡大师的白描技艺、彩绘技艺等进行搜集记录，分类整理，将其中所蕴含的文化价值和时代精神客观、真实地再现出来。

党史研究

【概况】 2022 年，同仁市贯彻落实省、州党史部门各项决策部署，以资政育人为根本任务，推进史志鉴资料征编、宣传和队伍建设工作，为书写新时代同仁高质量发展贡献党史力量。坚持将党史工作纳入市委、市政府重大议事日程，在全社会营造重视党史、关心党史的良好氛围。召开会议研究部署史志鉴编修工作，明确工作重点、完善保障措施，及时解决有关编写、经费、人员配备等问题。市委分管领导亲自谋划、亲自把关、亲自协调推进编纂工作，确保编修工作高位推进。年内新配备 1 名副主任，为推进史志编修工作提供有力支撑。截至年底，《中国共产党同仁历史（1949—1978）》进入终审环节。

【党史理论学习教育】 落实每周一次学习制度，督促党员干部用好“学习强国”“青海党史网上陈列馆”“黄南先锋”“今日同仁”等线上学习平台，结合党史学习教育常态化长效化、“深化作风建设，狠抓工作落实”专项行动、“落实批示精神、做好党史人、兴好党史业”主题研讨活动等，组织开展集中座谈交流、研讨发言、参观教育基地活动，并坚持以考促学、以会代训，参加相关业务知识培训和测试，把学习成果转化为坚定的理想信念和政治信仰，打造理论知识过硬、业务能力精湛、政治素质可靠的党史队伍，形成政治理论和业务工作双促进、双提升良好氛围。

2022年7月28日，《中国共产党同仁历史（1949—1978）》复审评审会召开（市党史研究室供图）

【党史编著】 按照“初审、复审、终审”三审环节，聘请专家、学者、退休干部等人员审查《中国共产党同仁历史（1949—1978）》内容和质量，完成《中国共产党同仁历史（1949—1978）》复审工作，做好修改完善、查核校对等工作后进入终审阶段。

【史料收集与整理】 结合《中国共产党同仁历史（1949—1978）》编写任务和“用好红色资源，我来建言献策”活动，收集整理参加过抗日战争、解放战争、解放青海和抗美援朝老兵王拉柱同志生平简历和“全国三八红旗手”拉龙吉先进事迹材料，用好用活红色资源，不断汲取奋进力量。

档案工作

【概况】 2022年，同仁市宣传贯彻落实《中华人民共和国档案法》，促进档案工作规范化、法治化进程。调研立档单位和兄弟单位，互学互鉴，准确掌握全市档案工作动态，加强对全市立档单位档案的检查、指导和督促，做好档案的收集、保管、利用，增强档案工作的目的性和时效性。年底，完成新馆搬迁工作，新档案馆开始投入使用。

【档案资源建设】 做好档案信息资源的开发利用，年初制定并印发《关于切实做好全市档案归档工作的通知》，完成市委办、宣传部、卫生局、交通局等20家涉改单位的档案整理立档工作，共计整理文书档案6329件，其中永久4145件、30年2184件，婚姻档案1636件，照片档案180张。

【档案接收进馆】 全年档案馆接收6个全宗单位文书档案6624件，其中永久3985件、30年2639件，婚姻档案1636件，照片档案180张。整理接收纪委、交通、卫生等3家涉改单位档案2617件，其中永久1559件、30年1058件。完成“天然林保护二期工程（2011—2020年度）”“疫情防控（2021年度）”“党史学习教育（2021年度）”专项档案整理入库及“两类档案”数字化工作。

【档案服务利用】 持续做好档案服务利用工作，全年开放到期档案410件，其中永久314件、长期96件。提供档案资料47卷、760余件，复制档案资料785张，接待查档利用150人次。

【档案馆库建设】 同仁市档案馆业务用房于2017年7月开工，2018年11月竣工，总投资436万元，建筑面积1553平方米。新馆包括展览区、办公区、库房区三个区域，并添置建成了256立方米的密集架。2022年全面完成新馆搬迁工作并正式投入使用。

【档案执法】 联合市委办、市人大办、法制办，市档案局对市检察院、农牧局、天保办、加吾乡、年都乎乡等多家单位开展执法检查。跟市委、市机要局联合开展执法检查，走访11个乡镇和市人大、市财政局、市人社局、市医保局等30个市直机关单位，主要围绕《中华人民共和国档案法》，国家档案局8号、9号、13号令档案执行情况，档案管理体制情况、档案安全情况、档案业务建设、档案安全保管、档案整理移交情况，查阅资料、实地察看、现场指导、反馈意见、限期整改。在“6·9”国际档案日联合州档案局开展为期3天的以“喜迎二十大，档案颂辉煌”为主题的宣传活动，现场普及讲解有关红色档案知识及档案社会化服务的作用和意义，广场大屏幕同步转播《穿越火线》等“口述”档案红色短片。在“9·5”《中华人民共和国档案法》颁布纪念日，联合州档案局举办档案管理人员专题讲座，开展广场文化宣传活动。在“12·4”法治宣传日，结合《中华人民共和国档案法》开展宣传活动现场参与活动人数达累计1500余人次。

【档案业务培训】 完成政务服务事项清单编制工作任务，完善和规范办事指南，融入省政务服务“一张网”，实现与省政务服务网相互连通。6月22—23日，组织全市各乡镇、市委各部门、市直各机关单位各人民团体分管档案工作领导干部及档案管理人员共110人参加档案安全管理及档案业务知识培训班。8月11日，举办新修订《中华人民共和国档案法》公益专项培训，培训人员40余人。5月18日，邀请青海政安防火中心教官进行关于消防安全知识的培训，普及消防安全知识，增强全体干部档案防火安全意识，提高自防自救能力。

地方志工作

【概况】 2022年，同仁市地方志工作重点围绕推进志书、年鉴资料征编与史志宣传进行。截至年底，《同仁县志（1991—2015）》公开发行出版，《同仁年鉴（2022）》由方志出版社最终审核通过，进入出厂环节。

【年鉴编纂】 围绕省、州关于史志鉴工作要求，研究制定时间表、流程图，确保编纂顺利推进。结合实际科学设置编纂大纲，并在资料收集、稿件撰写过程中不断充实完善，为编纂工作提供章循。按照“初审、复审、终审”三审环节，聘请专家、学者、退休干部审查《同仁年鉴（2022）》内容和质量，做好修改完善、查核校对等工作，做到精益求精。将史志编纂经费纳入财政预算，每年拨付经费20万元用于年鉴编纂出版工作。

【志书编纂】 协调解决20万元，用于《保安志》编纂工作。印发《同仁市开展“名镇志”“名村志”编纂试点工作实施方案》《关于认真做好扶贫志编纂工作的实施方案》等文件，完成《同仁县志（1991—2015）》公开出版发行任务，并先后在全市范围内启动“名镇名村志”“扶贫志”编纂工作，完成学术论文2篇。

【史志宣传】 开展“精品年鉴品读季”活动，利用业余时间，组织全体干部翻阅《长沙年鉴（2020）》《连云港年鉴（2019）》《孝义年鉴（2020）》《北京朝阳年鉴（2020）》等4部“精品年鉴”，动员撰写心得体会，多角度全覆盖积极推进品读活动，并结合《同仁年鉴（2022）》编纂和全州一市三县综合年鉴交叉互评工作，组织开展“学标杆、找差距”活动，分析查找年鉴编纂过程中存在的问题和不足，谋划改进措施和创新方法，做到在对比标杆中找差距，在真抓实干中促提升。

2022年10月13日，同仁市举行《同仁县志（1991—2015）》公开出版发行仪式（市党史研究室供图）

卫生健康 体育

TONGREN YEARBOOK

卫生健康工作

【概况】　2022年，同仁市卫生健康工作以“健康同仁”建设为目标，以常态化疫情防控为重点，开展深化医改、疾病预防、妇幼保健、卫健综合执法及卫生领域民生工程项目等工作，持续提高公共卫生和医疗服务质量水平，全力保障了群众正常生产生活秩序，最大程度保护了人民生命安全和身体健康。截至年底，全市有公立医疗机构17个，医疗机构核定编制210人，有卫生专业技术人员191人。其中，大学学历131人、专科57人、中专3人；副高职称34人、中级职称34人、初级职称74人。医疗机构拥有病床115张，设有村卫生室97所，配备乡村医生100人，均取得乡村医生从业资格证，其中25名村医已取得执业（助理）医师资格。平均每千人拥有执业（助理）医师0.65人，每千人拥有注册护士0.098人。

2022年4月27日，2022年卫生健康工作大会召开（市卫生健康局供图）

【公共卫生】　同仁市卫健局始终把基本公共卫生服务项目及基本药物工作作为重点工作纳入全市卫生目标考核中，制定工作实施方案和绩效考核方案，并与13个乡镇卫生院签订2022年度购买服务项目合同。市级专业公共卫生机构对乡镇卫生院每季度督导1次，乡镇卫生院对村卫生室每月督导1次。

建立健全健康教育工作网络，加大健康教育宣传力度。结合主题卫生宣传日，通过悬挂宣传横幅，发放健康宣传资料，摆放展板、面对面进行健康干预等多种形式开展健康宣教活动。共发放各类宣传资料1.6万余份、宣传物品0.63万余份，布置展板340块、悬挂横幅标语180条、现场咨询1.45万人次，免费测血压7500人次、测血糖3800人次。围绕世界高血压日、世界无烟日、全民健身日、全民健康生活方式日、全国爱牙日、全国高血压日、世界糖尿病日等宣传主题，利用微信平台、公众号等开展线上公众健康咨询宣传、讲座活动10次，在线上发布健康信息100多条，对3个乡镇6个村开展居民健康素养水平调查问卷240人。

规范项目资金管理和使用，全年中央、省级财政拨付基本公卫项目补助资金553万元，市级配套资金30万元，按人均75元进行分配，实际拨付乡村两级经费572.85万元，其中拨付至村级金额占乡村两级总经费的40%。65岁及以上老年人健康体检项目省级财政拨付补助资金80万元，市级配套资金20.28万元，按体检的人数全额下拨。2022年，全市重点人群签约39048人，签约率94.7%，城乡居民规范化电子建档率95%、高血压患者规范管理率77%、糖尿病患者规范管理率81.8%、重症精神病患者规范化管理率98%、65岁及以上老年人免费健康体检率97%。

【社区卫生】　稳妥推进城乡社区卫生服务，构建城乡社区卫生服务体系，优化全市卫生服务结构，方便群众就医，减轻费用负担，建立和谐医患关系。全市共有社区卫生服务站（中心）18家，全年累计监督检查55户次。规范预检分诊，填写同仁市传染病防控监督检查表，下达监督意见书22份，确保落实“口罩必戴、体温必测、健康码必查、行程码必看”，分诊台（点）配备口罩、体温计、消毒产品等，并做好病人实名制登记。强化医疗卫生从业人员监管，被检查社区卫生服务站（中心）资质均符合要求，有相关的管理制度和责任追究制度、应急预案。药品和医疗器械管理符合要求，对存在问题的社区卫生服务站（中心）卫生监督执法人员当场下达监督意见书12份，责令整改，并要求限期提供整改报告。河东路社区卫生服务站预检分诊设置不规范，停业整顿7天并给予警告，同仁更攀大药房未取得医疗机构执业许可证擅自开展诊疗活动，行政处罚1万元，被处罚单位已完成整改。

【农村卫生】 选派4名乡镇卫生院业务骨干到省级医院参加为期4个月的骨干全科医生培训，2名定向生到省医院参加为期3年的规范化培训，1名业务骨干到省级医院进行转岗培训，邀请2名天津援青医疗专家到市人民医院开展为期1年的医疗帮扶工作，选派12名业务骨干到省级单位参加感染预防与控制技术骨干、核酸检测、流行病学调查等业务培训，5名业务骨干到州人民医院参加“青年英才”培训。开展全市疫情防控实战演练和消毒队伍技术实战演练，举办全市新冠疫情防控处置工作人员提升能力培训班，卫生专业技术人员核酸采样培训率达95%以上，“云鹊医”基层卫生人员能力线上培训参与人数161人，参与率70%。通过进修、培养、在线学习、对口帮扶、规范化转岗培训及邀请省内外专家坐诊、授课，带动乡镇卫生院诊疗水平进一步提高。全年13个乡镇卫生院销售基本药物186万元，药品零差率销售直接让利群众27.9万元。全市医疗卫生机构加快“互联网+医疗健康”发展，13个乡镇卫生院与州人民医院搭建远程会诊网络，基层医疗机构实现远程会诊全覆盖。年都乎乡卫生院打造医防融合高血压智慧门诊，隆务镇卫生院打造全省及涉藏地区首个高标准数字化疫苗接种中心。

【计划免疫】 全市常规免疫接种应报告数160次，累积实报告数160次，各接种点报告率为100%。2022年全市常规疫苗接种卡介苗1163人、脊髓灰质炎疫苗第三剂1146人、百白破三联第三剂1058人、麻腮风疫苗2309人、乙肝疫苗第一针731人、首针及时731人、乙肝疫苗第三针1152人、A群疫苗第二剂1154人、A+C群疫苗第二剂1137人、甲肝疫苗1265人、白破疫苗1189人。报告接种率分别为卡介苗99.82%、脊髓灰质炎疫苗第三剂98.62%、百白破三联第三剂99.81%、麻疹风疹疫苗99.91%、麻腮风疫苗99.91%、乙肝第一针99.05%、首针及时率100%、乙肝疫苗第三针99.82%、A群疫苗第二剂99.91%、A+C群疫苗第二剂99.38%、甲肝疫苗99.92%、白破疫苗99.91%，未监测到确诊麻疹病例及AFP患者。同时，全市托幼机构和学校查验覆盖率100%，入托入学儿童查验率为99.75%，补种46针次，补证1人次，补种率≥96.5%。

【爱国卫生】 2022年同仁市爱国卫生运动工作会议召开，专题安排部署爱卫会各成员单位，对划分责任区域城乡环境卫生进行综合整治。利用多种渠道，广泛宣传动员，制定印发《关于开展第34个爱国卫生月活动的通知》，组织各医疗机构在博物馆广场开展以“烟草威胁环境”为主题的第35个世界无烟日宣传活动。其间共制作标语横幅15幅，展板133个，发放宣传资料1万余份、宣传品2000余份。在市主城区实施静态管理和实战演练期间，及时发出爱国卫生运动“动员令”，要求爱卫各成员单位立即组织开

2022年6月17日，同仁市邀请省卫生健康委5名省级专家开展创建国家卫生城市指导培训（市卫生健康局供图）

展爱国卫生运动。制定印发《同仁市创建国家卫生城市工作实施方案》《关于保安镇等7个乡镇创建国家级、省级卫生乡镇的通知》，召开同仁市创建国家卫生城市工作推进会议进行专题安排部署，并与爱卫会各成员单位签订责任书。为进一步全面落实同仁市国家卫生城市创建各项任务，邀请省级专家对同仁市创建国家卫生城市工作进行培训指导，并组织爱卫工作人员到尖扎县进行观摩学习。每月13日、26日为全市环境卫生集中清扫日，市爱卫办加大定期环境巡查、督查力度，抓好环境综合整治行动，使城乡环境卫生得到很大改善。同仁市被省爱国卫生运动委员会授予“省级卫生城市（2022—2024年）”称号。

【卫生基础项目】 落实多哇镇卫生院整体搬迁及周转房建设项目，总投资806万元，已完成基础设施建设。落实兰采乡卫生院周转房建设项目，总投资276万元，已完成基础设施建设。落实瓜什则乡卫生院周转房建设项目，总投资491万元，完成前期各项准备工作。实施市人民医院提标升级及城北区医疗机构二期附属设施工程，总投资3000万元，年内完成总工程量的80%。新建同仁市医疗废物暂存库建设项目，总投资400万元，主体工程竣工验收。

【医疗改革】 年初，调整深化医药卫生体制改革领导小组成员，召开2022年综合医改工作安排部署会议，与各医改责任单位签订2022年度目标责任书，对重点工作进行细化分解，明确各部门工作责任、要求和时限。制定《同仁市紧密型医疗服务共同体建设实施方案》，将市人民医院、市中医院、隆务镇卫生院三所医疗机构的人、财、物进行整合，组建同仁市人民医院。制定《同仁市深入推广福建省三明市医改经验深化医药卫生体制改革的实施方案》《同仁市2022年综合医改重点工作任务》，借鉴推广福建三明医改经验为动力，全力推动全市医改工作取得新成效。全年全市城乡居民医疗保险参保73548人，完成年度参保目标任务73539人，完成率100%。全市医疗机构省级集中平台中标、挂网药品和医用耗材采购率达到100%，执行药品“两票制”医疗机构为100%。13所乡镇卫生院与州人民医院组建以临床医疗为核心的医疗联合体，与州藏医院开展以藏医为核心的专科医联体建设。全市医疗机构门诊就诊11.68万人次，住院1812人次，乡镇卫生院向州级以上医疗机构转诊3799人次，全市转诊率3.2%，业务总收入1172.8万元。

【卫生专项监督】 开展新冠疫情防控监督工作，组织卫生监督执法人员分组重点对医疗机构、集中医学隔离观察场所、核酸检测采样点和企业、公共场所执行疫情防控措施情况进行监督，落实主体责任、储备防疫物资、检查“二码联查”等措施落实情况及公共设施设备清洁消毒、医疗废物规范处置、人员限流、分流等落实情况。以新冠肺炎常态化防控为重点，加强对学校、大型商超、宾馆住宿、美容美发、影剧院等公共场所重点区域、重点环节、人员防护的卫生监督。共停业整顿4家，限期整改8家，下达监督意见书111份。开展蓝盾护航行动和日常监督检查工作，监督检查公共场所74家，办理健康证203人，监督覆盖率达到95%，生活饮用水卫生监督69户次，下发责令整改意见书36份。检查托幼机构及各类中小学165所次，下达监督意见书13份。检查矿山企业等20余家，下达监督意见书9份。监督检查预防接种单位16家，查看相关证明文件均符合规定。对67家医疗机构监督检查传染病疫情、消毒隔离措施落实情况及医疗废物管理工作等，下发监督意见书29份，停业整顿10家，警告限期整改8家。

【医政管理】 加强医德医风建设，落实医疗卫生行风建设“九不准”“十六禁”《医疗机构从业人员行为规范》，执行行风建设目标责任管理，全面实行政务、院务公开，坚持办事程序公开，规章制度公开，接受群众监督，将群众关心的药品、检查及服务收费价格予以公示，重点强化医疗卫生综合监管，开展以打击非法行医、传染病疫情报告、医疗感染管理、处方管理等为主要内容的综合执法检查工作，市卫健局组织卫生健康综合行政执法大队对全市各医疗卫生单位开展以医院管理、医疗服务质量、医疗质量安全及医疗技术服务为内容的综合督导，乱用抗生素、激素及不合理用药的现象得到有效控制，医疗行为明显规范，年内未发生医疗质量和重大安全事故。对市社会福利院、德桑养老服务中心等5家养老机构进行打击整治养老诈骗专项行动督导检查，做到精准把控到位，保障和促进了养老事业健康发展。实行政务、院务公开，坚持办事程序公开，规章制度公开，接受群众监督，将群众关心的药品、检查及服务收费价格予以公示，将职工关心、关注的医院业务开展、财务收支、奖金发放等有关情况按月公示。

【人民医院工作】 同仁市人民医院（隆务镇卫生院）综合内科、中医科高薪聘请主任医师2名作为学科带头人，在专家带动下，带动所有临床及医技科室的快速发展，起到良好的“传、帮、带”作用。在特色科室上强化投入和项目拓展，加快探索“特色科室+人才引进+技术引进”的发展模式。全年市人民医院门诊就诊共75467人次，住院1020人，业务总收入840万元，其中中医门诊4926人次，中医住院310人次，中医医疗收入508万元。

延伸：同仁市荣获“省级卫生城市”称号

同仁市获省级卫生城市称号（市政府办供图）

同仁市着眼大局、统筹兼顾，坚持宣传教育和推进整治并重，大手笔打造硬环境、大气魄提升软环境，推动城市基础设施建设，大力改善环境卫生面貌，不断强化卫生防病基础，组织动员干部群众参与创卫，形成级级带动、层层发动、部门联动、全民行动的良好局面，将同仁打造成整洁、有序、健康、宜居的现代城市，进一步提高人民群众的健康水平，增强文明卫生意识，2021年12月7日，同仁市顺利通过省级卫生城市复审验收，已全面启动国家级卫生城市创建工作。2022年4月，同仁市被青海省爱国卫生运动委员会办公室授予“省级卫生城市”荣誉称号。

妇幼保健

【概况】 2022年，同仁市活产数1378人，孕产妇死亡1人，新生儿死亡8人，死亡率5.80‰，婴儿死亡14人，死亡率10.2‰；5岁以下儿童死亡16人，死亡率11.6‰；孕产妇数1367人，系统管理1303人，管理率95.3%；产后访视1333人，产后访视率97.5%；高危孕产妇96人，管理96人，管理率100%。全年妇幼儿保科门诊接诊6963人次，中医科门诊接诊990人

2022年8月1日，市妇计中心开展儿童开学前体检工作（市卫生健康局供图）

次。落实和执行重大妇幼公共卫生服务项目，全年危重症孕产妇148例，转诊至本地区救治119例，转运至省级救治29例。

【妇幼保健体系建设】 依托省、市共建专科特色建设项目，市妇计中心与省妇幼保健院建立妇科和儿科联盟，年都乎乡卫生院、隆务镇卫生院与省妇幼保健院建立中医联盟，对市妇计中心中医特色门诊进行打造，在全市范围内形成以市妇幼保健计划生育服务中心为龙头，乡镇卫生院为枢纽，村卫生室为基础的妇幼卫生三级网络。

【儿童保健与新生儿疾病筛查】 开展0~6岁儿童眼保健和视力检查9117人，筛查率91%，6岁儿童视力检查1150人，发现视力不良人数40人，视力不良检出率3.4%。全年采集新生儿疾病筛查血片1292人次，其中复筛6人次；新生儿听力筛查200人次。在全市开展三网监测，5岁以下儿童死亡11人，并按时完成网络直报工作。出生缺陷监测848人，监测出生缺陷发生8人。完成新生儿乙肝免疫球蛋白注射87人。

【妇女病防治】 在市妇计中心建立同仁市首个二价宫颈癌疫苗接种点，规范设置科室，并建立宫颈癌疫苗预约、咨询群，保护同仁市女性居民健康，降低宫颈癌发生率，完成注射疫苗330人次。开展预防艾滋病、梅毒、乙肝母婴传播项目工作。孕产妇艾滋病、梅毒、乙肝检测1409人，其中梅毒阳性55人，梅毒干预55人；发现乙肝表面抗原阳性产妇87人，完成农牧区35~64岁妇女宫颈癌检查1500人，乳腺癌筛查检查1500人，待孕夫妇孕前检查626对、免费婚前医学检查502对。

疾病预防控制

【概况】 2022年，同仁市坚持预防为主、防治结合的工作方针，根据《中华人民共和国传染病防治法》《突发公共卫生事件应急条例》等法律法规，进一步完善疾病预防控制体系，严格执行新冠肺炎防控方案第九版及“乙类乙管”各项措施，不断提高疾病预防控制能力和水平。全年全市报告法定传染病882例，无死亡病例，报告发病率862.90/10万。无甲类传染病、传染性“非典”、人禽流感、人感染H7N9禽流感、不明原因肺炎确诊和疑似病例报告。

【新冠疫情防控】 启动应急指挥体系和疫情防控应急预案，召开专题会议进行安排部署，制定印发相关文件，为筑牢疫情防控“安全网”提供组织保障。建立健全常态化疫情防控机制，严防疫情输入和反弹，全力做好新冠疫情防控、应对处置工作。

【手足口病防控】 加强监测，规范报告，提高传染病预警预测能力。强化培训，规范诊疗，提高传染病救治水平。加强部门协调，实行联防联控，形成传染病和职业病防控合力，完善联防联控机制，确保防控工作信息互通、资源共享、措施联动，及时通报疫情信息，协同做好联防联控工作。全年发病8例，发病率7.89/10万，无死亡病例发生。

【包虫病防治】 完成人群B超筛查6117人，新发现包虫病患者2人，手术治疗2人。6~12岁学生B超筛查1513人，发现疑似包虫病1人。监测点成人B超筛查1000人，学生完成310人，家犬粪样采集720份，野犬粪样采集200份，共采集犬粪920份，其中阳性14份，犬粪感染率为1.52%。家畜感染调查羊100只，无阳性标本。截至12月，全市包虫病确诊患者177人，治愈39人、死亡20人，需要管理包虫病患者118例，总患病率0.12%。免费药物治疗12人，发放阿苯达唑片剂1.26万片。

【鼠疫防控】 组织召开市重大传染病和地方病防治各成员单位鼠疫防控专题会议，市疾控中心成立鼠疫流动监测队和固定监测队，实行24小时鼠疫疫情应急值班制度。与尖扎、泽库、贵德、循化四县及市各相关成员单位签订鼠疫联防联控协议书，为有效防止鼠疫疫情的发生奠定基础。瓜什则鼠疫固定监测点完成喜马拉雅旱獭血清检验227份、人血清6份，结果均为阴性，动物细菌培养117份，结果均为阴性。小型鼠类调查，布夹2027盘，捕获高原鼠兔7只，捕获率0.35%。探旱獭洞330个，捕获率为0。张贴《青海省人民政府关于禁止猎捕贩运销售旱獭的通告》90余张，发放汉语、藏语宣传册1.1万余份，保护性灭獭面积约1500余公顷，堵洞约1100个，使用氯化苦542千克，保护性灭獭工作达到省、州相关要求。

【结核病防治】 结核专网报告123例，其中病原学阳性35例、病原学阴性25例、结核胸膜炎13例、肺外结核0例，无病原学结果4例。外地报至本地病例46例。全市总发病数123例，发病率121.16/10万，发病率较上年下降39.98%，学生病例15例，均已休学规范管理，耐药患者0。肺结核患者登记管理率达到62.60%，肺结核病人转诊率达到100%，病人追踪率100%，肺结核患者及疑似肺结核患者总体到位率97.56%，肺结核患者病原学阳性率达到52.24%，结核病患者中艾滋病筛查率达到97.40%。全市开展痰培养工作，所有确诊肺结核患者痰培养率达到80%，新涂阳肺结核患者和耐多药肺结核高危人群耐药筛查率达到95%，耐多药肺结核患者纳入治疗率达到80%，成功治疗率达到50%，公众结核病防治核心知识知晓率达到85%。基层医疗卫生机构肺结核患者规范管理率达到90%；结核病疑似者及患者信息结核病专报网络报告率达到100%，肺结核患者成功治疗率91.91%，疑似肺结核病人就诊率达到全市人口的326/10万。

【慢病及死因监测】 监测辖区内35岁以上首诊患者5870例，测血压5625例，监测率为95.83%，筛查出高血压患者55例，基层医疗机构均做了相应的健康教育、干预指导。收集辖区医疗机构、乡镇卫生院上报死亡病例556例，死亡报告率为5.48‰，同仁市期望寿命为74.37岁。定期分析监测数据，对各种监测原始资料，统计后进行管理与保存。

【病媒生物监测】 对全市所在辖社区的宾馆和超市等开展病媒防治监测工作，沿街店面及周边的绿化带、房屋前后、墙角边和垃圾箱周围开展四害密度调查，年内用粘鼠法进行鼠类监测，布放粘鼠板1055张，粘鼠5只；粘蟑螂板88张；放置诱蚊灯18次，捕获35只；放置捕蝇笼21次，捕获165只。根据全年监测结果表明，城区病媒监测结果达到国家控制水平。

传统医学发展

【概况】 2022年，同仁市贯彻落实《青海省扶持和促进中藏医药发展若干措施》《黄南州促进中藏医药事业发展的实施意见》，持续推进全市汉藏医药高质量发展。截至年底，13个乡镇卫生院及妇计中心汉藏医药门诊总人数14928人次，住院1402人次，医药收入498.7万元，占总收入的49.1%。

【传统医学交流】 成立同仁市创建全国基层中医药示范县工作领导小组，制定《同仁市创建全国基层中医药工作示范县实施方案》，组织医疗机构负责人及业务骨干到贵德、湟中、湟源、贵南等医疗机构就全国基层中医药工作示范县创建工作及汉藏医新技术新业务进行观摩学习。召开同仁市创建全国基层中医药工作示范县推进会，印发各成员单位责任清单和评审细则，并组织人员对13个乡镇卫生院及妇计中心进行督查。

【传统医学培训】 组织30余名乡镇卫生院专业人员参与野外汉藏药材辨认活动，并参加为期5天的黄南州藏医学会胃肠病专业委员会第四届汉藏草药辨认会。派遣汉藏医药业务骨干及乡村医生在黄南州藏医院进行汉藏医药理论和实践培训2期；派遣19名藏医骨干人员到刚察县参加全省藏医馆骨干人才培训班。

【中医义诊与宣传】 市卫健局投入10万余元，在市中医院街道重点打造同仁汉藏医药宣传一条街。年内组织天津中医专家及州、市汉藏医医师在移动广场集中开展免费义诊及宣传服务活动，共免费义诊7800人次，咨询服务2

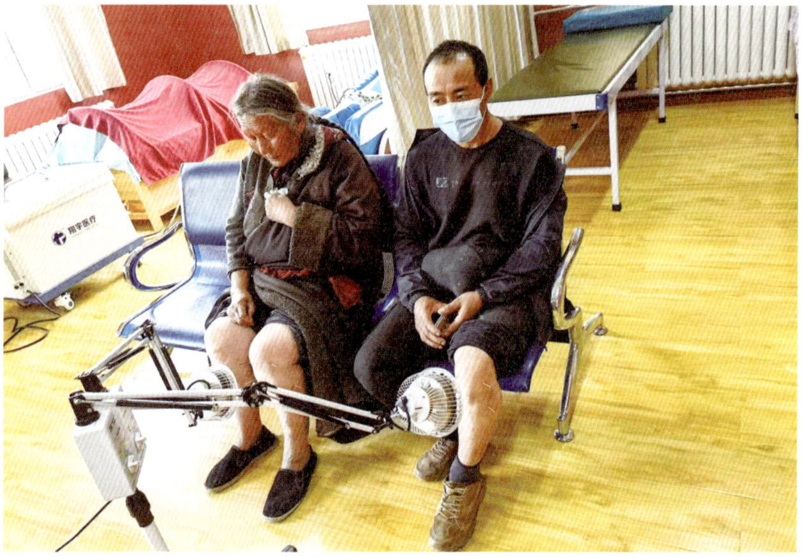

2022 年 4 月 19 日，双朋西乡卫生院藏医馆治疗现场（市卫生健康局供图）

万余人，制作标语横幅 20 幅，展板 30 个，发放宣传资料 1 万余份、宣传品 3000 余份。

【传统医学特色专科建设】 市中医院制作藏香、热贡特色防疫香囊等藏医药文化产品，双朋西乡卫生院自制“抗疫藏药香”。各医疗单位开展汉藏医特色专科建设。在隆务镇卫生院开设中医皮肤科，发挥中医科特色专科优势。在兰采乡、双朋西乡、瓜什则乡卫生院持续与西藏奇正、彰颂藏医药医院实施特色诊疗合作项目。每个乡镇汉藏医馆至少能提供针刺、艾灸、推拿、药浴、足浴、全身药浴、青鹏涂剂等 6 类汉藏医药特色疗法。

【人民医院中医发展】 市人民医院推广中医药适宜技术，形成以中医特色科室为重点、依托天津对口帮扶技术人才和中医药技术优势为支撑，加快培育本地技术人才发展的新路子。中药饮片由以前的 20 余种增加到 300 余味，中药颗粒剂近 400 味。开展的光子嫩肤、梅花针疗法、拔罐疗法、中药面膜疗法、火针疗法、皮肤滚针等疗法深受患者青睐，取得良好的社会效益。

【首届玛洛汉藏药大讲堂在同仁市举办】 省汉藏医药管理局、州卫健委、省藏医院信息研究所、泽库县藏医院、尖扎县藏医院、河南县蒙藏医院、海南州贵德县常牧镇中心卫生院负责人及黄南州一市三县的卫健局部门、医院、乡镇卫生院等来自全省各地从事藏药学专业及相关领域的领导、专家代表共计 100 余人参加。

体育工作

【概况】 2022 年，同仁市有体育馆 2 个，分别是同仁市全民健身中心、同仁市群众文化体育馆；有足球场 21 个，其中 11 人 2 个、11 人制笼式足球场 3 个、5 人制笼式足球场项目 16 个。全面健身方面，有 12 个乡镇全民健身广场、72 个行政村全民健身站、8 个社区全民健身点、4 个寺庙健身点，覆盖率达到 99%，学校体育场地设施与器材配置达标率达

2022 年 1 月 8 日，由市文体旅游广电局主办，市群众体育指导中心、黄南州足球协会、市篮球协会、市热贡晨旭全民健身志愿者服务队承办的公益性体育冬令营、中考体育训练营在州体育场开营（市文体旅游广电局供图）

到100%，人均体育场地面积3.94平方米；有国民体质监测点1个、健身广场5处（热贡文化广场、雪莲路广场、三角花园广场、五岔路口健身广场、街心广场）；有青少年体育组织1个、体育协会8个，协会长期会员400余人。

【群众体育】 对全市体育培训工作进行远程教育指导，群众体育工作逐步趋于专业化、规范化；年内，成功争取省级全民健身中心免费开放资金46万元，邀请体育专业人员对市域各级各类学校及群众体育事业进行专业化指导，不断改善和提升体育场所服务能力。是年，市群众体育指导服务中心获2022年度全省群众体育工作先进集体。

【体育赛事与活动】 7月，代表黄南州参加全省第十八届运动会，斩获青年男子组篮球赛二等奖。举办黄南地区第二届青少年篮球夏令营和同仁市2022年青少年篮球夏令营等体育活动，参训人数再创新高。

【体育设施建设】 顺利实施投资21.6万元公共体育场馆信息化平台建设项目。实施新建项目2个，总投资1100万元，分别是黄南州东山登山步道建设项目，总投资为1000万元，通过加快项目进度，该项目提前3个月交付使用；笼式足球场建设项目2处，总投资为100万元，分别为双朋西乡宁塔村、黄乃亥乡日秀玛村，已竣工并交付使用。

社会民生

TONGREN YEARBOOK

劳动就业

【概况】 2022年，同仁市劳动就业工作始终坚持以人民为中心的服务理念，不断提升服务质量，打造人民满意的民生服务保障队伍。全年全市城镇新增就业452人，城镇失业人员再就业277人，就业困难人员就业42人，城镇登记失业率为1.02%，严格控制在规定的3.5%以内。全市离校未就业高校毕业生361人，就业317人，就业率87.8%。全年举办农牧民技能培训班54期，培训总人数2505人次；举办创业能力培训班10期，培训创业人员325人次。组织引导农牧民外出务工9650人次。

【劳务输出】 组织收集适合农牧区劳动力就业需求的用工单位岗位，到易地扶贫安置点开展专场招聘，由同仁市社会保障局、市乡村振兴局、市就业服务局，携手黄南州李才人力资源公司、赛庆人力资源公司到多哇镇、黄乃亥乡开展2022年农牧民外出务工对接会，向农牧民发放宣传册1000余份，展示就业岗位600余个，促进劳动力实现就地就近就业。组织劳务经纪人到海西州参加2022年全省枸杞采摘劳务对接座谈会，进一步拓宽农牧区群众增收渠道，促进劳动力转移就业工作。

【就业援助】 全年安置公益性岗位人员884人，发放公益性岗位补贴1035.06万元；发放三江源生活补贴222万元；发放社保补贴620人407.02万元。在12个乡镇开展城乡劳动力技能培训，提升贫困劳动力的技能。按照中央和天津、青海两省扶贫协作总体部署以及滨海新区对口帮扶的要求，在往年认定的扶贫车间中选出20家吸纳本地脱贫劳动力就近就地就业15人以上的车间，给予3000元补贴，共计6万元。完成创业孵化基地建设，入驻企业11家，带动就业63人。

【就业服务】 组织开展“就业援助月”“春风行动”等“10+N”就业服务系列专项活动，举办“金秋招聘会”“复工复产洽谈会”“天津市滨海新区·黄南州东西部劳务协作现场招聘会”等专场招聘会，活动期间，省内外15家企业为求职者提供近2000多个岗位。活动中，发放宣传资料6000余份，接受政策咨询400多人次，达成意向性协议50余人。全年完成农牧民技能培训64期，培训总人数2830人。突出抓好高校毕业生能力提升培训，在隆务镇举办2期能力提升培训班，培训高校毕业生100人。

【再就业工作】 通过开展再就业信息发布，解决市失业人员就业问题，帮助更多失业人员找到适合自己的工作，利用多种渠道搜集用工信息，为失业人员提供就业机会。全年采集各类招聘信息1500余条，解决失业人员再就业困难，解决用工单位雇工难问题，促使企业更好地发展，带动同仁再就业工作。全年城镇新增就业452人，就业困难人员实现再就业277人。

【劳动保障】 全年受理拖欠农民工工资投诉举报案件91起，涉及农民工477人，清欠金额3418.17万余元；立案2起，为821名农民工追回拖欠工资1942万元，农民工工资清欠率始终保持在98%以上。落实实名制管理和银行代发农民工工资，34个在建工程项目实现实名制管理、维权信息项目现场公示、农民工工资专用账户管理和按月足额支付农民工工资等制度全覆盖，从源头上加大治理欠薪力度；严格按规定执行农民工工资保证金收缴，年内55个新建项目缴存保证金765.55万元。

【劳动执法监察】 成立同仁市根治欠薪工作领导小组，形成合力，集中开展拖欠农民工工资专项治理和根治欠薪冬季攻坚行动。全市被检查企业劳动合同签订率达98%以上。累计检查20家用工单位，涉及劳动者1889人，督促用工企业补签劳动合同436人。

人口与计划生育

【概况】 同仁市辖3镇8乡、72个行政村、8个社区，总人口10.6万人，已婚育龄妇女2.13万人，共出生1058人，其中男孩525人、女孩533人。全面“三孩”政策实施后，认真分析研究人口监测数据，调整完善现有奖励扶助相关政策措施，及时对接人口监测系统中妇幼数据核对工作，利用全员人口基础数据与共享机制监测数据，定期分析同仁市及各乡镇人口与家庭发展变动趋势，为评估生育政策效果、研判人口形势、推进健康同仁建设和完善人口发展战略提供数据支撑。全市全员人口数据库常住人口覆盖率和主要数据准确率均达95%以上，营造生育友好的社会环境，在“幼有所育”上取得新进展。

【生育登记服务】 贯彻落实国家卫健委《关于方便群众办证的通知》精神，进一步简化办证手续和流程，提高办事效率，提高群众对计划生育的满意程度。加强数据质量控制，提高信息采集、信息变动维护及业务办理的及时性、完整性和准确性，遵守国家信息安全和保密管理有关规定，提高完成生育服务登记，全年共发放生育登记服务表1039份。

【基层人口计生工作】 成立以党政主要领导为组长，党政分管领导为副组长的计划生育工作领导小组，印发《同仁市2022年人口与生育政策保障目标管理责任制考核方案》《2022年同仁市人口与生育政策保障重点工作任务及分工》，明确各成员单位、乡镇政府和乡镇卫生院、卫计办目标任务考评细则。开展婴幼儿照护服务工作，制定印发《同仁市关于促进3岁以下婴幼儿照护服务发展的实施方案》，初步调研托位数和幼儿场所、教育资格等基础条件，将符合条件的爱德保幼儿园和春苗幼儿园在市民政局备案。推进标准化母婴设施建设，在市妇计中心筹建“温馨小屋”，并安排专人管理“温馨小屋”，为妇女职工、门诊待产和就诊的哺乳期女性母乳喂养提供方便。在市区中心、郊区建设的4座公厕内建设母婴室。落实计划生育家庭发展和奖励扶助政策，全年享受奖励扶助政策对象446人、特别扶助政策对象13人，发放奖扶资金73.66万元。计划生育家庭养老保险补贴对象1137人、医疗保险补贴对象29人，发放补助资金11.37万元。在元旦、春节、端午等节日期间，对11户计划生育特殊家庭送上节日的问候及慰问金1万余元。

【流动人口计生管理】 加强流动人口计划生育信息管理系统建设，强化区域协作，流动人口信息平台县、乡应用率100%。强化部门、异地互通协作和信息通报等综合治理流动人口管理机制，对辖区内的流动人口育龄妇女组织开展“三查”和免费孕前优生健康检查优质服务活动。明确流动人口卫生健康基本公共服务均等化工作目标及职责，建立和完善流动人口服务工作机制。

【人口计生宣传教育】 为提高生育政策法律法规知晓、普及优生优育及生殖健康知识，组织各乡镇卫计办在“5·15”国际家庭日、六一国际儿童节、端午节、中秋节、“关爱女孩日”等时间节点，将健康幸福家庭与康福家行动、新家庭计划有机结合，广泛宣传有关优化生育、生殖保健、奖励扶助等政策方面的知识和维护妇女、儿童权益的理念。各乡镇结合本地家庭需求，在市、乡两级通过集中培训讲解、入户宣传、个别交流等方式开展“家庭保健”“科学育儿”“关怀扶助”“青少年健康发展”等为专题的培训活动。全年开展培训11期、宣传活动30余期，发放《青海省人口与计划生育条例》、奖励扶助政策宣传折页及健康知识宣传册等1万余份，开展生殖健康咨询服务0.3万余人次、免费义诊0.2万人次，广大群众对计划生育法律法规、奖励扶助政策、健康知识等知晓率达95%以上。

【计生协会工作】 健全和调整协会网络组织，推进优质服务活动，开展计生特殊家庭慰问活动、“5·29”协会日及健康·家味道线上活动，宣传健康饮食健康家风。对全市老龄群众开展入户慰问活动，针对老年人的家庭状况、健康状况、照料护理服务状况、家庭成员信息、经济状况、社会参与状况、精神文化生活状况等问题进行问卷调查。

社会保险

【概况】 2022 年，同仁市所属市企业参保人数达到 5665 人，机关事业参保人数 4441 人，城乡居民参保人数 49392 人，失业保险参保人数 3382 人，工伤保险参保人数 14848 人，全面完成年度目标任务 100%。年内落实困难群体社会保险帮扶工作，实施政府代缴养老保险费，对参加城乡居民基本养老保险的人员在认定为低保对象、特困人员、致贫返贫人口的年度，代缴养老保险费，截至年底，完成 9902 人的代缴工作。

【弱势群体工伤保障】 根据基层快递网点“随增随参、随减随停、及时缴费”原则，优先落实快递小哥参加工伤保险，维护快递小哥工伤保险权益，同仁市 6 家快递 66 人参加工伤保险。督促施工企业参加工伤保险，为 10077 名农民工购买工伤保险，实现在建项目全覆盖。

2022 年 4 月 25 日，市人社局召开全市社会保险基金管理提升年行动动员部署会（市人社局供图）

【困难群体社会保险帮扶】 继续执行阶段性降低失业保险、工伤保险费率政策。阶段性缓缴养老、工伤、失业保险费 1 户 7.34 万元；实施失业保险稳岗返还政策，为 11 家企业返还稳岗补贴资金 3.14 万元，惠及职工 79 人。截至 11 月底，累计为 409 人发放失业金 62.58 万元，为 310 人发放补助金 37.94 万元，发放一次性留工补助金 23 户 8.15 万元，惠及职工 163 人，发放一次性扩岗补助 4 户 6 人 0.9 万元，发放临时性价格补贴 0.77 万元。

【社保待遇保障提升】 对参加青海省企业职工、机关事业养老保险退休人员，统一提高基本养老金水平。为 1322 名企业退休人员补发 1—7 月增资 20.47 万元、1418 名机关事业退休人员补发 1—7 月增资 207.52 万元，为 60 岁以上 5776 名城乡居民补发中央基础养老金 8.61 万元；调整工伤保险待遇，对按月领取工亡职工供养亲属抚恤金的人员，每人每月增加 100 元，涉及 10 人补发 7800 元。

民政救助服务

【最低生活保障】 加强城乡困难群体帮扶救助工作，全年全市农村低保标准月人均提高 41 元，最高月保障金额达到 473 元；城镇低保标准月人均提高 28 元，月保障金额 708 元。保障城镇低保对象 1483 户 2127 人，新增 38 户 79 人、核减 184 户 328 人，发放生活补助资金 1976.25 万元；保障农村低保对象 3647 户 13625 人，新增 384 户 1267 人、核减 479 户 1889 人，发放生活补助资金 8006.71 万元；全市城乡低保累计发放保障金、取暖补贴、一次性生活补贴、临时价格补贴等共计 9983 万元。

【特困人员供养】 落实特困对象供养政策，严格申请审核审批程序，强化特困供养对象动态管理工作，核减 22 人，新增 10 人。全市特困供养对象保障水平全面提升，特困集中供养人员供养金月人均提高到 46.2 元，达到 1168.2 元；分散供养人员供养金月人均提高 42 元，达到 1062 元；全市特困供养对象 287 人，其中集中供养对象52人，分散供养对象235人，为287名特困供养人员发放供养金共计550.4万元。

【流浪乞讨人员救助】 做好流浪乞讨人员救助管理工作，落实流浪乞讨人员疫情防控和管控措施，联合公安等有关部门强化市区主要街道巡查工作，救助流浪乞讨人员37人，发放遣送费、食宿费、医疗费等共计4.3万元。在中共二十大期间，在保安镇原铝厂附近排查发现甘肃积石山县籍81岁分散特困供养人员杨成林，无法返回原籍生活，经与甘肃积石山县民政局衔接，于10月16日完成遣送工作；积极与公安部门对接，完成瓜什则乡境内长期生活无名流浪汉落户、身份证、社保卡办理工作，对接平安区社会救助站做好后续生活救助工作。

【临时救助】 加大困难群众临时救助保障力度，为全市9193人因意外事故、重大疾病等突发事件造成生活极度困难的家庭发放临时救助资金1394.8万元；稳步实施稳定经济多项措施。在全州率先创新实施分层分类社会救助“物质+服务”活动，2月为全市1629名城镇低保对象和特困对象开展“迎新春 促消费”活动，7月制定《关于开展受疫情影响困难群众“补贴+物质+服务”模式社会救助工作方案》，对全市5511户16864人在册城乡低保对象和特困供养家庭发放一次性补贴消费券，先后补助资金达266.2万元。开展加大“一老一小”关爱服务力度，在虫草采挖期间，针对农村留守老人和儿童就餐、学习辅导等实际困难和需求，创新救助模式，利用两个月的时间，在扎毛乡等5个乡镇开设“暖心食堂”就餐服务和“守护儿童”社工服务点，全力打通服务群众“最后一米”，投入服务费用11.8万元，为全市1866人次的留守老人和儿童提供暖心服务。

2022年9月26日，市民政局组织社会救助人员参加社会救助政策培训（市民政局供图）

【社会福利和慈善事业】 加强孤儿生活保障工作，孤儿基本生活养育标准月人均提高42元，月保障金额为1050元，全年为154名困境儿童和14名孤儿、6名事实无人抚养儿童发放基本生活费51.2万元；落实老年人福利政策，为全市5222名70岁以上老人发放高龄补贴713.1万元；落实重度残疾人生活和护理补贴制

2022年6月1日，同仁市社会福利中心开业暨同仁德桑藏西医结合康复医院正式运营揭牌仪式现场（市民政局供图）

度，保护重度残疾人合法权益，为2105名符合一级至四级困难残疾人和重度残疾人发放“两项补贴”共计331.5万元；办理收养登记工作，联合公安、卫生等部门做好收养家庭审查、评估等工作，全年办理儿童收养登记6件，合格率为100%。

延伸：坚守“幸福底线”，同仁市走访慰问困难群众暖人心

2022年，面对多轮新冠疫情和防汛抗灾等灾情冲击，给全市主城区部分人民群众生产生活带来较大影响。为有效保障受疫情汛情影响城镇低收入群众基本生活，同仁市将速度、温度、力度贯彻工作始终，筹措资金40万元，在国庆期间，由27名县级领导带队，集中开展主城区受疫情汛情影响低收入群体走访慰问和帮扶救助行动，重点走访慰问和帮扶救助200户城区各社区、城中村和城乡接合部因灾因病、重点优抚对象、贫困残疾人等城乡低收入家庭，有效保障困难群众基本生活，全力做好低收入家庭帮扶救助、关爱服务、扶危济困等工作，让群众真切感受到党和政府的关怀和温暖。

老龄工作

【概况】 2022年，同仁市全面落实积极应对人口老龄化国家战略，以完善老年健康服务体系为重点，不断丰富老年健康服务的内容，提高老年人健康获得感和健康水平。截至12月底，全市辖区内65岁及以上老年人家庭医生签约率达98%以上，接受老年人健康管理6306人，健康管理率84%，免费健康体检6631人，体检率达97%。

【养老保障】 开展全市居家和社区养老服务改革试点，推动适老、爱老、养老服务融合发展，满足多层次、多元化需求。坚持城乡结合，健全社会保障体系。全市特困老年人供养278户293人，其中集中供养54户56人，享受高龄补贴5199人，补贴资金59.46万元。全市参加城乡居民医疗参保老年人7475人，全市享受养老保险补贴老年人6020人，落实养老保险补贴资金140.56万元。

【老年人维权】 开展打击整治养老诈骗工作，召开专题会议传达学习省、州关于推进打击整治养老诈骗专项行动工作的重要批示精神，并对全市卫生健康系统依法打击、规范整治养老诈骗涉医违法工作进行再研究、再部署。6月，在热贡文化广场组织市卫健执法大队、市妇计中心、隆务镇卫生院医务人员开展打击整治养老诈骗专项行动宣传及免费义诊服务活动。全市各医疗单位利用电子屏、横幅、微信公众平台等，开展养老诈骗涉医违法宣传活动，并公布举报电话。在微信公众平台发布4次，在“今日同仁”媒体发布信息4条，点击量1000余次，转发1000余次，悬挂横幅28条，展示展板18块，发放宣传海报50张、宣传品8000余份。市卫健局组织执法人员对全市养老机构开展全面摸排，并进行打击整治养老诈骗专项行动督导检查。重点检查同仁市养老院和同仁市德桑养老服务中心养老机构是否为无资质医疗机构、是否无行医资质相关人员擅自开展诊疗活动、内设医务室医务人员的行医资质是否存在诱导老年人医疗消费等违法行为，保障和促进养老事业健康发展。通过推动扩面排查、打击整治养老诈骗，维护老年人的合法权益。公布同仁市打击整治养老诈骗专项行动涉医违法行为举报电话，鼓励积极提供养老诈骗线索，形成全方位整治态势。

【医养结合】 按照属地化管理原则，以乡镇卫生院为主体，与辖区的各类养老机构建立合作关系，由医疗单位向入住养老机构的老年人提供医疗和公共卫生服务，开展入住老人定期巡诊、康复护理指导、突发疾病转送等服务。隆务镇卫生院与热贡敬老院建立合作关系，养老机构负责老人的生活护理，乡镇卫生院负责老年人健康管理签约服务，提供

健康检查、疾病诊治、大病康复等医疗康复保健服务。同仁市有日间照料中心 1 所，老年互助幸福院 3 所（隆务镇四合吉村、保安镇下庄村、城南小区）；医养结合养老机构 1 所，总设床位数 110 张，其中护理床位数 10 张，现住老人 48 人，其中重度失能老人 9 人、中轻度失能老人 20 人、自理老人 19 人，藏医师 1 名、医疗专业护理人员 1 名、照护人员 19 人。

【基层老龄工作】 全市医疗卫生单位均开通老年人就医绿色通道，为老年人特别是高龄、重病、失能及部分失能老年人提供挂号、就医、取药、住院等便利服务的绿色通道，老年人就医绿色通道标识醒目、易辨识，就医分诊台及服务台主动为老年患者做好导诊，帮助老年人及时就医、享受便捷的服务。各乡镇卫生院（村卫生室）与居家养老的老年人家庭建立服务协议，实行家庭医生签约服务。积极与居家养老的老人建立健康养老服务关系，与基本公共卫生服务紧密结合，与分级诊疗和家庭医生签约服务相结合，为居家养老老人建立健康档案，提供健康教育、定期体检、上门巡诊、家庭病床、社区护理等基本医疗卫生服务，利用各种形式宣传健康知识，宣传健康扶贫政策，倡导健康科学的生活方式。

【居家养老服务】 市民政局加大政府购买养老服务力度，按照项目招投标程序，支持和鼓励社会力量参与全市养老服务工作，择优确定养老服务企业，为全市 11 个乡镇 2156 名居家养老服务对象（其中 60 岁以上老年人 1457 名，80 岁老年人 699 名），提供生活照料等服务，加强养老服务企业检查、督促整改等工作，确保养老服务工作质量。全年拨付居家养老服务资金 75.8 万元。

2022 年 9 月 10 日，同仁市隆务镇敬老院开业运营（市民政局供图）

【老年健康照护服务体系建立】 结合健康同仁建设，强化老年人健康知识宣传教育，加大健康体检工作力度，组织开展“敬老月”主题活动，动员各级党政机关、企事业单位、社会组织以及其他社会力量，通过走访慰问老年人、宣传涉老政策、组织文体活动、提供维权服务等方式，开展敬老爱老助老系列活动。重阳节期间市卫生健康局组织隆务镇卫生院到热贡敬老院开展免费义诊活动，为敬老院老人免费提供健康咨询等服务，就老年人如何做好个人防护、日常身体健康监测、疫苗加强针接种和家庭医生签约服务等与老年朋友和敬老院工作人员进行交流。

医疗保障

【概况】 2022 年，同仁市城乡居民医疗保险参保 73548 人；城乡居民医疗保险累计征缴基金 2368 万元，支出 10690 万元（包括基本医保、大病、医疗救助），其中住院 13153 人次，支付金额 6757.12 万元；普通门诊 73530 人次，支付金额 1402.95 万元；门诊慢特病 27385 人次，支付金额 2529.93 万元。职工应参保 6885 人，已参保 6885 人，参保率 100%。城镇职工医疗保险累计征缴 8449.05 万元，其中统筹基金 2853.16 万元、生育基金 210.76 万元、个人账户基金

4412.84 万元、公务员医疗补助基金 911.88 万元、大额医疗补助金 60.41 万元。累计支出 7338.77 万元，其中统筹基金 1411.24 万元、生育基金支出 12.04 万元、个人账户基金 5791.41 万元、公务员医疗补助基金 115.54 万元、大额医疗补助基金 4 万元、大病医疗补助基金 4.54 万元。

【医保改革】 门诊特殊病慢性病审批 完成门诊特殊病慢性病审批工作，符合条件的 490 名参加城乡居民医疗保险和 52 名参加职工医疗保险人员纳入待遇保障范围，享受门诊特殊病慢性病待遇。

跨省异地就医 全市城镇职工和城乡居民跨省异地直接结算 8407 人次（其中住院 1976 人次、门诊 6431 人次），总费用 1126.92 万元（其中住院费用 610.43 万元、门诊费用 516.49 万元），基金统筹支付 733.13 万元（住院 455.99 万元、门诊 277.14 万元）。

【医疗服务优化】 加快医保电子凭证的业务应用和宣传推广，提高同仁市医保电子凭证应用的范围和层次，将微信、支付宝、中国银联、中国邮政储蓄银行青海分行、中国招商银行青海分行和青海省农村信用社作为医保电子凭证推广合作单位，全市 97 家定点医药机构医保电子凭证结算全覆盖，市区内定点医药机构人脸识别结算全覆盖，方便群众通过多种渠道结算医保费用。与 97 家（其中 2022 年新增 4 家）定点医疗机构签订医保服务协议，实行协议管理，进一步规范医药服务行为，维护参保人员个人权益。9 月 27 日，完成辖区 97 家定点医药机构标识标牌规范管理工作，进一步加强对同仁市医保定点医药机构的规范管理，解决定点医药机构牌匾类型参差不齐的现状问题，有效防范和打击诱骗参保群众就医等欺诈骗保行为。疫情防控期间，对辖区内 19 家定点医药机构（4 家卫生院、8 家医院、7 家药店）急需、短缺药品提供保障，确保疫情防控中药品供应链稳定。累计为定点医药机构保障急需、短缺药品 586 种 1000 余件。

2022 年 10 月 9 日，市医疗保障局干部检查定点医药机构（市医疗保障局供图）

【打击欺诈骗保】 联合市监局、卫健局、社会保险服务局、人寿保险公司等部门对 97 家定点医疗机构开展打击欺诈骗保专项整治行动，检查覆盖率达 100%。处理定点医药机构 11 家、约谈 9 家、暂停医保 6 家、拒付追回资金 9 家，追回违规金额 6.5 万元。为进一步发挥商业保险优势，抓实抓细商保经办医疗保险工作，对商报公司进行 2 次抽查，全力保障医保政策落实执行不偏差。开展打击欺诈骗保宣传月活动，发挥“两定”机构“哨点”作用，通过在各定点医药机构服务场所悬挂宣传横幅、摆放展板、发放宣传册等方式对看病就医群众进行宣传，引导群众了解和掌握医保政策。共悬挂横幅 113 条，摆放展板 277 块，发放宣传册 36000 份，受宣传教育者 4.2 万人次。开展省级飞行检查工作，收缴 6 家违规定点医疗机构违规金 82.45 万元。

【医保宣传培训】 开展“医疗保障宣传月”活动，宣传活动期间义诊群众近 4.2 万人次，免费发放 2 万余元的医药品，发放宣传册（单）3600 份，悬挂横幅 113 条，展出展板 277 块，各定点医疗机构制作悬挂横幅 113 条。为全面加强干部人才队伍建设，整体提升医疗保障系统从业人员政策水平、业务素质、服务意识和履职能力，7 月 12—14 日，举办“政策大学习 岗位大练兵 医保大课堂”专题培训班 3 期，参训 285 人。

安全应急管理

TONGREN YEARBOOK

应急管理

【概况】 2022年，同仁市结合预案督促各相关部门组织开展消防应急、危化事故处置、地震疏散、地质灾害避险、防汛抢险等各类应急演练62场次。8月21日14时起，同仁地区出现短时强降水、冰雹等强对流天气，最大小时降雨强度达到24.5毫米，造成主城区部分路段积水严重。21日15时至22日5时，州境内出现持续降雨，部分地区出现短时强降雨，致使同仁市部分道路交通、水利设施、项目施工及群众房屋不同程度受灾，无人员伤亡。初步估算，造成经济损失约12亿元。整个汛期期间，累计转移受灾群众1050户4130人。8月15日，因疫情防控需要，市主城区实施为期4天的全域静态管理。后延长4次至8月24日24时。

【应急预案编制】 修订完善《同仁市突发公共事件总体应急预案》《同仁市地震灾害专项应急预案》《同仁市自然灾害救助专项应急预案》《同仁市防汛抗旱专项应急预案》《同仁市生产安全事故专项预案》《同仁市非煤矿山生产安全事故应急预案》《同仁市危险化学品安全事故应急预案》《同仁市工贸行业生产安全事故应急预案》7个专项应急预案。

【应急管理体系】 进一步完善应急动员机制，加强应急力量建设，创新工作思路，与人武部对接，探索建立民兵参与防灾减灾救灾工作机制，联合人武部下发《关于民兵应急力量纳入政府应急管理体系的通知》，将民兵力量纳入应急救援体系中，参与防灾减灾救灾工作，有效发挥民兵应急力量在抢险救灾、应急处理中的突击队作用。

【应急值守】 落实应急干部365天24小时值班值守和领导带班制度，应急值守值班人员密切关注并收集汇总值班信息和突发事件信息，与市委、市政府办保持联络畅通，在各重要时间节点（汛期，森林草原防灭火期，节假日，国家、省、州市重大活动）强化值班调度，按时准点接受应急管理部、省应急管理厅、州应急管理局的常规调度和节假日、重点时段的调度工作。

【卫生应急管理】 建立健全全市卫生应急管理体制和机制，修订完善《同仁市突发公共卫生事件应急处置方案》《新冠肺炎防治工作预案和方案》《同仁市鼠疫预防控制应急预案》《同仁市传染病疫情处置应急预案》《同仁市新冠肺炎预警监测工作方案》等，将重点地方病防治和新冠疫情防控工作纳入各部门目标管理考核体系。市委、市政府投入300万元，升级改造建设市人民医院核酸检测实验室；投入338万元，建设改造市疾控中心实验室及设备购置项目；投入资金50万元，购置核酸速测仪2台。加强物资储备体系建设，2022年市级财政给予核酸检测试剂及物资储备资金693.34万元，建立健全应急物资调拨制度，建立应急物资发放台账。健全完善新冠疫情联防联控指挥协调体系，制定印发《同仁市新冠肺炎联防联控工作机制》，组织各单位深入医疗机构、学校、商超、企业等重点场所开展疫情防控督导检查。联合工业商务和信息化局对快递行业进行环境采样，冷链物品、快递行业环境等样本18906份。组织卫健执法大队及各医疗机构对辖区内所有学校进行开学入学疫情防控评估、督导20余次，对辖区内宾馆、商场、企业厂矿等展开员工返同登记及规范消毒培训指导。

【消防大队应急安保】 为确保重大节日、活动节点社会维稳及消防安全稳定，市消防大队出动车辆125辆次、680余人次开展执勤安保活动，完成中共二十大、两会及重要领导调研等各项执勤安保任务。大队按照应急通信保障分队建设要求，配合上级开展通信保障分队拉动40余次，同时开展新技术、新装备、新战法应用，破解复杂环境和极端条件下应急通信保障难题。

安全生产

2022 年 5 月 7 日，同仁市 2022 年安全生产暨防汛工作会议召开（市政府办供图）

【概况】 2022 年，同仁市发生各类事故 29 起，死亡 1 人，伤 4 人。其中，非生产经营性道路交通事故 3 起，死亡 1 人，伤 4 人，共造成财产损失 2.4 万元，与上年相比事故起数减少 5 起，同比下降 62.5%，死亡人数减少 3 人，同比下降 62.5%，受伤人数减少 11 人，同比下降 73%，财产损失 9.25 万元，同比下降 79.4%；消防火灾事故 26 起，无人员伤亡，直接财产损失 16.5 万元，火灾起数同比下降 18.75%，直接财产损失同比下降 63.64%。全市非煤矿山、工矿商贸、危化品、烟花爆竹、特种设备、建筑施工、教育等行业领域无安全生产事故发生。

【安全机制建设】 市应急管理局召开同仁市 2022 年应急管理暨安全生产工作会议、防汛工作会议、上半年安全生产工作会、一至四季度应急管理暨安全生产工作会议和危化、非煤矿山安全生产工作会议等各类安全生产工作会议 45 次，与 11 个乡镇和 29 个单位签订安全生产目标管埋责任书、森林草原防灭火工作目标责任书、防汛责任书、“防风险、保安全、喜迎二十大”安全生产工作责任书，与 16 家危化品经营企业、6 家烟花爆竹经营户和 5 家非煤矿山企业签订安全生产责任书。在中共二十大期间，安委会与 11 个乡镇、16 个部门主要负责人开展“一对一、面对面”的安全生产工作强调提醒；组织安排 5 名副市长及相关部门负责人分别对特种设备、工矿商贸、建筑施工、危化（易燃易爆）、道路交通等领域的企业负责人、业主、管理员、安全员进行安全生产培训约谈，共计约谈 105 人次。组织召开国庆、中共二十大期间非煤矿山、危化、烟花爆竹领域安全生产工作会议，约谈矿山企业、商砼站、加油站负责人，进一步拧紧各乡镇、安委会各成员单位以及企业的安全生产责任链条。全年市应急管理局共起草下发各类涉及安全生产工作的检查方案、督查通知、工作提醒等文件 164 份。

【安全执法检查】 结合全市安全生产专项整治三年行动、安全生产大督查大整治活动，全市各相关部门对非煤矿山、危险化学品、烟花爆竹、人员密集场所、“九小场所”等企业进行持续检查和突击检查，督促企业落实安全主体责任，对发现的违规生产行为进行严厉查处，严格防范事故发生，工作开展情况由行业监管部门每天将检查“两单四表”上报市安委办。全年全市各行业领域开展安全生产专项整治排查一般隐患 797 处，整改率 100%。在中共二十大期间，开展安全生产大督查大整治，排查隐患 380 条，均为一般隐患，完成整改。处罚企业 5 家，下达执法文书 76 份，停产整顿企业 58 家，罚款金额 49.60 万元。全力整改省安委会第八督导组反馈同仁的 115 条安全隐患问题，整改 115 条，整改率 100%。

【安全生产“一月一主题”活动】

开展安全生产“一月一主题”活动，制定印发活动方案，紧密结合每月安全生产特点形势，做到有针对性和可操作性。经安排，1 月为“春节节前安全生产检查整治月”，2 月为“平安春运月”，3 月为“复工复产安全月”，通过安全生产“一月一主题”活动，推动安全生产工作常态化。

防灾减灾

【概况】 2022年，同仁市结合第一次全国自然灾害综合风险普查工作，全面摸排自然灾害风险底数，完成自然灾害资料搜集词条数1804条。其中，承灾体调查数据250条，减灾能力848条，历史灾害数据706条；完成年度历史灾害基本信息采集，搜集灾情信息69件；完成森林可燃物标准地调查38个；完成1676条灾害性天气记录信息搜集工作；完成128处地质灾害隐患点的调查任务，并发放明白卡。更新全市11个乡镇80个村（社区）灾害信息员基本信息，并举办为期1天的救灾工作暨灾害信息员培训，进一步提高各乡镇灾害信息报送的能力和水平以及应对突发自然灾害的处置能力。

【防汛抗旱】 制定印发《同仁市近期强降雨天气应对防范工作方案》，成立现场指挥、应急机械车辆等12个工作组，由13名县级领导靠前指挥，抽调799名干部到一线开展工作。根据气象预警及时召开全市防汛工作安排部署会，进一步加强对接联动、信息共享机制，及时将气象预警信息推送发布到村到户，打通基层防范应对汛情和灾情“最后一公里”。及时组织力量开展河道水库、山洪易发地、地质灾害隐患点、道路隐患等重点部位隐患排查整治工作，开展河道疏浚清淤、地下管网疏通、重点区域监测，以及在建工程、工矿企业、人员聚居区、居住地、宗教活动场所等重点部位的防汛安全工作，及时排除各类隐患，汛期累计转移受灾群众1050户4130人。

2022年8月31日，市委副书记、市长赵建国（中）主持召开灾后重建及防汛抗灾工作会议（市政府办供图）

【地质灾害防治】 紧盯地质灾害隐患点，落实隐患排查、预警防范、值班值守、避险转移等工作措施，年内将40万元地质灾害治理资金用于隆务镇措玉村乡村示范点建设的灾害治理。根据气象预测，督促相关部门组织人员加强对地质灾害点、山洪灾害危险区、山脚低洼地、在建涉水工程及切坡建房、学校、寺庙、旅游景区、工棚营地、高陡边坡、水库电站、交通沿线等重点区域、部位的巡查排险，排查做到逐村庄、沟道，从山脚到山顶，沟头到源头，及时发出安全风险警示、有效落实地质灾害避让防范措施。进一步建立和完善“叫应”、“叫醒”、群测群防、预警联动机制，做到早预警早避灾早避险，迅速果断处置发现的险情，及时转移受威胁地区人员，确保人民群众生命绝对安全。

【自然灾害保险】 根据市委、市政府安排和群众自愿原则，将6991户“四类”（低保户、重度残疾户、特困供养户、优抚对象）人员和3826户一般农户纳入农房保险，政府财政补贴21.63万元（每户20元）。按2021年底全市统计人口数据政府财政支付43.73万元为全市居民群众购买自然灾害公众责任保险。对全年各类自然灾害受灾报灾，市应急部门第一时间组织人员赶赴现场核灾，将灾户897户4541人全部录入省灾情管理系统，并严格按照“工作程序规范、救助对象精准、救助措施及时”的要求，将救助资金及时发放至救助对象手中。

【物资保障】 清点救灾物资储备库物资，主动协调会商、调度指挥，依照大堆放、小分类原则细化归整省级代储（28类）、县级自储（23类）物资（含民政转交）。加强全市应急救灾事件处置救援工作，及时补充39.6万余元应急救灾物资，用于应急物资保障。

【水利防灾】 2022年，同仁市水利局以突出防汛减灾、中小河流治理、水土保持小流域治理、水利骨干工程建设等为重点争取各类水利工程17项，落实项目投资4.87亿元，涉及隆务镇、保安镇、兰采乡、双朋西乡、扎毛乡等地区。其中，建设实施防洪工程4项，总投资2.87亿元。年内完成编制超标准洪水、山洪灾害防治预案工作；对全市43处雨量筒进行修复。通过山洪预警平台向市、乡、村级主体责任人发布预警信息17037条，向社会发布预警信息256条，向社区发放编织袋2万条、调用防汛设备28台次。

【森林草原防灭火】 组织召开秋冬季森林草原防灭火工作安排部署会议，部署安排今冬明春森林草原防灭火工作，及时调整市森林草原防火指挥部成员和林草长分片包干责任制，层层签订责任书，印发森林草原防灭火文件7份，市森草防指办组织开展森林草原防灭火检查3次，并组织森林草原防灭火指挥部成员单位开展林草防火宣传。督促各乡镇、自然资源和林草部门及各林场全面落实森林草原防灭火工作的属地责任，行业部门的监管责任，经营单位的主体责任，按照“预防为主、严控火源”要求，突出重点区域，强化预防措施，抓好野外火源管控，在重点林区道路和卡点入口设立检查站，严格管控进山入林人群，严控各类火源火种，排查消除火灾隐患，加强扑火队伍建设和应急演练，熟练掌握器材使用方法，确保责任实、任务实、措施实、效果实，坚决抓好防风险、保安全、护稳定各项工作，维护全市森林草原资源安全。

消防救援

【概况】 2022年，同仁市聚焦队伍发展，筑根强基、砥砺奋进、攻坚克难，努力实现思想观念新转变，实战能力新提升，防控水平新突破的奋斗目标，完成以防、灭火和应急救援为中心的各项工作任务，实现消防工作和队伍建设稳步发展。被省消防救援总队评为“消防监督管理工作先进单位”，被州人民政府评为“安全生产先进单位”，被团市委评为“我与团旗、团徽合个影”活动一等奖，特勤站被州消防救援支队评为“先进基层党组织”“先进队站”；1人荣立战时三等功，2人分别被省、市两级团委评为优秀共青团干部、优秀共青团员，1人被支队评为优秀干部，2人被支队评为优秀消防员。

2022年2月4日，市消防救援大队在曲库乎乡江什加村火灾现场开展灭火救援（市消防救援大队供图）

【应急救援处置】 全年同仁市消防大队完成地质、山岳、疫情防控、城市排涝及低温雨雪冰冻灾害等10支专业队的建设，选派多名指战员参加全国地震救援专业技术、山岳水域救援培训。全年共接警出动67起，其中火灾26起，抢险救援18起，公务执勤23起，出动指战员830人次，出动车辆128辆次。完成“青海·2022”地震灾害综合实战演练、“3·17”甘肃甘南州5.1级地震、“3·26”青海省海西州德令哈市6.0级地震救援集结拉动演练、“8·18”大通山洪泥石流、“8·22”同仁市城市排涝和峡口水电站抢险救援等重大救援任务。

【防火监督检查】 消防安全工作纳入领导班子考核内容，将生产经营性自建房排查整治工作纳入政府政务督查内容，以消防安全专项整治三年行动为主要抓手，联合各市职能部门部署火灾隐患治理工作，推动11个乡镇全部成立基层消防安全委员会，72个行政村建成村级微型消防站，积极开展打通生命通道行动、村民自建房、宗教寺院等专项行动。全年检查单位3213家，临时查封5次，“三停”单位4家，罚款11.3万元，为同仁市经济社会高质量发展营造良好的消防安全环境。

【消防宣传教育】 打造“线下+线上”“传统+新兴”的多元宣传阵地，充分利用网络新媒体、官方融媒体和群众自媒体，以“119”消防宣传月、安全生产月等时间节点为契机，积极开展消防宣传“进社区、进学校、进企业、进农村、进家庭”活动，全年开展“五进”宣传活动30余次，发放消防宣传资料和消防教育读本2500余份，受教群众达5万余人，切实增强全民消防安全意识。

气象防灾服务

【概况】 2022年，同仁市有副研级高工3人、工程师4人、助理工程师2人。年总降水量347.5毫米，年平均气温为7.8℃，年日照总时数2337.7小时。年内通过青海省市县一体化气象服务业务平台、青海省突发事件预警信息发布系统、微信等平台向市委、市政府、乡镇领导、气象信息员和相关部门负责人发布天气预报及气象服务信息，汛期制作发送各类服务信息10余种，全年发布预警信号73期，制作发送各类气象服务信息140期2240份。

【气象决策】 自入汛以来，制作发送各类服务信息10余种，其中《旬气候趋势旬预测》17期、《月气候趋势旬预测》12期、《重要天气报告》19期、《决策气象服务信息》18期、《高影响天气预报》12期、《气象信息快报》15期、《疫情防控气象服务专报》25期、《中长期天气预报》19期、《未来一周天气展望》26期、雨雪情公报53期，其中《重要天气报告》《高影响天气预报》等8期服务材料获主管副市长批示。

【气象预报预警】 全年发布暴雨蓝色预警信号3期、黄色预警信号10期、橙色预警信号3期、红色预警信号3期，雷电黄色预警信号29期、橙色预警信号2期，冰雹橙色预警信号4期，高温黄色预警信号1期，道路结冰黄色预警信号5期，沙尘蓝色预警信号2期，霜冻蓝色预警信号2期，大风黄色预警信号6期，寒潮黄色预警信号4期。与市自然资源局联合发布地质灾害风险预警18期，与市水利局联合发布山洪灾害气象风险预警13期。

【重大气象灾害应急服务】 汛期内，同仁市多次出现较大降水天气过程，其中8月13—14日及8月21日天气过程最大，8月14日降水量达57.5毫米。过程前期，气象局业务人员提前发布《重要天气报告》《高影响天气预报》，过程期间不定时持续滚动发布雨情信息，及时开展内外部叫应。过程期间，气象局局长及带班领导多次电话、微信叫应市长、主管副市长及市应急局、市自然资源局、市水利局等部门值班领导，并及时向市长、主管副市长汇报雨情及天气展望，2次过程发布雷电黄色预警信号2期、冰雹橙色预警信号1期、暴雨蓝色预警信号2期、暴雨黄色预警信号5期、暴雨橙色预警信号2期、暴雨红色预警信号3期、山洪灾害气象风险预警3期、地质灾害风险预警3期。

【气象防灾减灾】 制定2022年决策气象服务周年方案及各类规定制度、工作流程、应急预案。制定《同仁市气象局开展重大灾害性天气“叫应”服务标准和工作流程》《同仁市气象局面向党委政府主要领导的直通式报告制度》《同仁市气象局重大气象灾害预警预案》等文件，进一步明确汛期气象服务值守班、信息报送、应急处置及内外部叫应工作相关流程。及时在青海省突发事件预警信息发布系统及青海气象决策预警发布系统中更新添加各类预报预警接收人联系方式。与水利、应急、交通等行业部门签订合作协议，实现汛期资料、数据共享。开展本年度气象信息员培训工作，使信息员明确岗位职责。

【气象灾害调查】 3月17—20日，受大风天气影响，致使隆务镇、保安镇、瓜什则乡、年都乎乡、扎毛乡等5个乡镇24户129人受灾，财产损失约10万元。

7月9日20时左右，受强降雨天气影响，致使瓜什则乡4个自然村、加吾乡协治村不同程度受灾。据不完全统计，灾害造成瓜什则乡、加吾乡27户121人受灾，8户房屋一般受损29间，2户严重受损19间，0.92公顷草场和0.08公顷燕麦被冲毁，直接经济损失36.15万元。

7月21日22时左右，受极端天气影响，致使瓜什则乡23户126人不同程度遭受低温冷冻灾害。据不完全统计，灾害造成瓜什则乡大羊冻死57只、小羊冻死37只、小牛冻死1头，造成直接经济损失12.04万元。

8月12日15—17时，受强降雨天气影响，致使兰采乡出现不同程度的灾害和直接经济损失51.7万元，未造成人员伤亡。

8月13日晚22时许，受强降雨天气影响，致使瓜什则乡、兰采乡、隆务镇、保安镇、多哇镇、双朋西乡、扎毛乡、年都乎乡等乡镇94户506人不同程度受灾。据不完全统计，灾害造成全市直接经济损失509.11万元，未造成人员伤亡。

8月18日，受强降雨天气影响，致使隆务镇、保安镇、多哇镇、瓜什则乡、年都乎乡、双朋西乡等6个乡镇遭受不同程度洪涝灾害。据不完全统计，此次灾害共造成79户422人房屋、草场、网围栏、蓄棚、农作物等受灾。其中，3户7间房屋严重受损，6户15间房屋一般受损，6.75公顷草场和0.5公顷农作物（小麦、燕麦）被冲毁，羊死亡3只，道路、灌溉渠、防洪坝等公共基础设施不同程度受损，灾害造成全市经济损失201.76万元，未造成人员伤亡。

8月21—22日，受强降雨天气影响，致使隆务镇、扎毛乡、年都乎乡、双朋西乡、加吾乡、兰采乡、瓜什则乡、曲库乎乡等8个乡镇遭受不同程度洪涝灾害。据不完全统计，此次灾害共造成399户2095人房屋、牛羊、畜棚、农作物、帐篷等受灾。其中，11户34间房屋严重受损，6户25间房屋一般受损，61.67公顷农作物（小麦、青稞、油菜花）和27.53公顷草场被冲毁，牛死亡77头、羊死亡165只，15座畜棚和2顶帐篷被冲毁，道路、灌溉渠、防洪坝等公共基础设施不同程度受损，灾害造成全市经济损失836.54万元，未造成人员伤亡。

【气象为农服务】 组织业务人员开展7次农田调查，在7月6日联合州局分管副局长等调研粮食安全气象保障服务工作，开展大田调查，查看土壤墒情，及时跟进了解农情动态。全年发布农用天气预报8期、保障粮食安全气象服务信息2期、春耕春播服务专报10期、农业气象情报4期、夏收气象服务专报1期、农牧业干旱监测及预测2期、农业气象灾害风险预警1期。开展关键农事季节气象保障服务、特色农业服务、粮食安全气象服务，推进气象防灾减灾“六个一”标准建设，开展农牧业气象适用技术示范推广，编制主要农作物、设施或特色农业精细化农业气候区划图及主要农牧业气象灾害风险区划图和气象灾害防御作战图。

【公共气象服务】 承担公众气象服务产品的制作，发布气象服务信息和气象灾害预警信息、突发公共事件气象服务信息。共制作发送各类气象服务信息140期共2240份，青海省突发事件预警平台发布预警信息73期，气象决策服务信息18期288份，气象信息快报15期240份，节假日天气预报7期112份，春运气象服务5期60份，专题天气预报8期128份，重要天气报告19期304份，雨情信息53期848份。为同仁市民歌大赛提供专题天气预报4期，为2022年高考提供同仁高考气象服务专报8期，为2022年中考提供同仁中考气象服务专报3期。

【人影作业管理】 成立人影工作领导小组，指定专人负责人影安全，并制定责任清单，健全人影安全规章制度，人影作业安全标准化建设符合相关要求，人影弹药运输和储存规范，制定并严格执行人影安全事故应急预案，6月初联合州局对辖区内人工防雹

2022 年 2 月，加吾乡吉仓村人影燃烧炉维护现场（市气象局供图）

点开展作业点安全检查，做到作业点全覆盖。开展人工防雹作业，范围主要涉及川水地区（隆务镇、年都乎乡、保安镇），防雹区域约 78 平方千米，在保安、隆务、年都乎和牙浪等农业乡镇有效防雹耕地面积达 3000 公顷。在牙浪乡卡岗、保安镇浪加设有 2 个高炮作业点。在防雹作业期间，同仁市 2 个炮点作业人员时刻注意天气变化，及时做好随时网络申请作业准备和空域申请作业时间。作业时间严格按照系统批复的时间和范围实施作业，严禁未经批准擅自作业和超时作业。在防雹期内，申请 47 次，实际批复作业 21 次，其中 632321321（保安浪作业点）作业 10 次，耗弹量 260 发；632321315（牙浪依作业点）作业 9 次，耗弹量 220 发。年度炮弹配发数为 600 发，剩余 120 发，实际耗弹量 480 发。年度无安全事故发生。

【气象信息化建设】 制定同仁市气象局气象灾害预警发布质量控制制度和气象灾害预警服务工作流程、气象灾害预警信息发布应急保障措施等。定期组织业务人员进行集中学习和业务交流，汛前开展 4 次业务系统演练和能力提升培训。及时对接市政府机构改革工作进程，完善并更新县级气象预警信息发布数据库，用户达 5097 人。组建同仁气象灾害防御组微信群，及时向决策用户和乡镇气象信息员发布各类服务信息和气象灾害防御科普知识，气象信息员随时反馈天气实况和受灾状况，气象信息双向传递方式已经形成。为市委、市政府、水利、农牧、交通、人影等相关部门和单位提供气象监测信息、预警信息和决策气象服务等各类气象服务信息；通过手机短信和微信群为政府决策者、气象信息员、教育部门、水利部门、国土部门、森林防火、防汛办、人影作业人员及现代农业示范园区等提供直通式服务，每日通过微信及市县一体化服务平台向各部门负责人及气象信息员发送每日天气预报、短临预报和重要天气预报等。

社会事务

TONGREN YEARBOOK

民政事务

【行政区划调整与地名管理】 推进全市行政区划调整工作，完成隆务镇等撤镇设办风险评估、专家评估论证工作，完成瓜什则乡撤乡建镇工作实施方案编制，完成风险评估、专家评估论证。加强和规范地名管理，推进地名命名更名标准化，引导社会各界规范使用地名。对国家地名信息库系统内全市1000多条地名历史、沿革、来历等数据信息问题进行修改和完善。

【社会组织管理】 加强社会组织登记管理工作，全市现有注册登记社会组织107家（其中社会团体67家，民办非企业40家），新注册登记社会组织2家，注销3家。督促行业部门做好社会组织年检工作，依法严格审查社会组织人员变动、经费支出、重大活动、遵纪守法等情况，完成社会组织年检工作83家。加强“僵尸型”社会组织专项整治工作，排查上报连续2年以上未参加年检、未开展活动、无法取得联系的社会组织3家，并依法进行处置。

【基层自治组织建设】 举办村（居）民委员会主任培训班，进一步提高村（居）民委员会成员工作能力。大力保障社区居委会工作经费，为8个社区拨付工作经费78.05万元，执行社区“两委”成员报酬体系，激发社区工作人员工作积极性。推进村规民约（居民公约）修订和完善工作，指导各乡镇、村委会依法将农村红白喜事的随礼和疫情防控、乡村振兴、高价彩礼等内容写入村规民约（居民公约），亮点突出、特色鲜明，促进乡风文明建设。首次完成市、乡（镇）两级社工站建设，在5个乡镇设立社工站，配备2~3名工作人员，依托社会工作服务中心开展社工服务项目。

2022年7月13日，同仁市撤销隆务镇和年都乎乡设立若干街道专家论证会召开（市民政局供图）

【婚姻登记与殡葬服务】 深化“放管服”改革决策部署，加快同仁市集中统一办理婚姻登记服务工作，投资3万元，打造全市规范化婚姻登记中心，更好地为适龄群众提供高效简便的婚姻登记服务工作。全年办理结婚登记807对，离婚登记95对，补发结婚证95对，补发离婚证11对。

落实殡葬救助惠民政策，抓

2022年11月8日，市民政局迎接省级养老机构考核检查工作（市民政局供图）

好殡葬项目推进工作，妥善解决因资金、选址等原因连续多年未能实施的殡仪馆建设项目问题，顺利实施总投资2285万元的黄南州殡仪馆建设项目，及时完成选址、地勘、设计、招标等工作，于5月开工建设，并完成工程主体建设任务。

人力资源管理

【概况】 2022年，同仁市突出稳就业、保就业工作主线，统筹推进社会保险、人才人事、和谐劳动关系构建等工作，推行促改革、惠民生、防风险、保稳定。截至年底，全市有专业技术人才1418人，其中取得副高级职称233人、中级职称708人；技能人才41人，其中技师7人、高级工15人、中级工4人；管理人才234人，其中管理七级5人、管理八级26人、职员八级36人。全年考录招聘各类工作人员71名，其中同仁市户籍69人，占招录人数的97%。

【专业技术人员管理】 开展全市事业单位人员拟聘工作，有27人晋档，7人转岗和69人岗位聘任，并签订聘用合同变更书及青海省事业单位工作人员岗位变更审核表。对卫生、农牧、林草、水利系统开展基层职称“定向评价、定向使用”设岗及评聘工作，其中高级设31个岗位，中级设44个岗位，并完成审核备案工作。聘任21名专业技术人员“双定向”岗位。

【人才登记与安置】 全市累计登记报到大中专毕业生共369人，其中研究生9人、本科学历122人、大专学历238人。截至2022年底，安置326人，占88%；公益性岗位安置就业884人；“三支一扶”60人；灵活就业178人。

【工资福利待遇调整】 全年企业职工退休65人，机关事业单位退休人员36人，发放遗属生活费4人，管理人员职务变动19人，转岗人员28人，专业技术晋档14人，职称晋升60人，取得较高学历4人，调整警衔津贴44人，行政职务变动224人，转正定级58人，重新计算工龄10人，学历浮动调整34人，在青海20年、40年浮动调整31人。

退役军人事务

【概况】 2022年，同仁市以“让退役军人获得感成色更足”为主线，巩固深化“法律法规政策落实年”活动成效，不断加强基层基础建设，提升服务保障质量。年内召开中共同仁市委退役军人事务工作领导小组第四次全体会议，听取市委退役军人事务工作领导小组办公室2021年工作开展情况的汇报，审议印发《中共同仁市委退役军人事务工作领导小组2022年工作要点及任务分工》《同仁市双拥工作领导小组2022年工作要点及任务分工》。7月，举行同仁市退役军人和其他优抚对象优待证首期集中颁发仪式。10月，全面完成退役军人和优抚对象优待证申领工作，走在全省前列。11月10日，举办同仁市2022年度“最美退役军人”表彰大会，12名退役军人被评选为“最美退役军人”，1名现役军人家属被评选为“最美军嫂”，7名市、乡镇、村社区三级退役军人服务中心（站）的工作人员被评选为“最美退役军人事务工作者”。

【优抚工作】 向重点优抚对象发放优待抚恤补助资金，对无军籍退休退职干部发放工资、烤火费、医疗保险补助。对2020年度、2021年度入伍的义务兵家庭发放优待金。对2021年度自主就业退役士兵一次性发放经济补助金。6月15—29日，组织全市重点优抚对象在州医院进行免费体检。11月11日至12月1日，由市退役军人事务局联合黄南州格桑花培训学校举办首期退役军人装饰装修技能培训班，主要以装饰装修课程为主，采取理论+实践短期技能培训方式进行为期20天的培训。

2022年11月7日，市退役军人事务局举办为期5天的退役军人适应性培训班（市退役军人事务局供图）

【双拥工作】 1月18日，开展2022年“两节”退役军人集中慰问活动，慰问100名困难退役军人和优抚对象、现役军人家属，并发放慰问金。8月1日，市“四大班子”到市武装部、武警同仁中队、市消防救援大队等3个驻地军警部队开展“八一”慰问活动，实地察看部队建设、官兵工作生活及装备器材配备情况，发放慰问金。对同仁籍3名现役军人分获三等功喜报。2022年度春季、秋季入伍新兵欢送仪式上，为入伍新战士发放慰问金。

【烈士公祭】 4月2日，市退役军人事务局按照省、州退役军人事务部门避免大规模人员聚集、开展代祭扫活动的工作要求，组织单位工作人员前往市烈士陵园开展2022年“清明祭英烈——我为烈属代祭扫”活动。9月30日，州、市党政主要领导干部、军分区代表、公安代表、退役军人代表、消防队员代表、学生代表190余人在市烈士陵园举行2022年烈士纪念日公祭仪式，深切缅怀革命烈士的丰功伟绩，弘扬先烈的崇高精神。公祭活动由市长赵建国主持，州委常委、市委书记旦增宣读祭文。

【退役军人返乡欢迎仪式暨适应性培训班开班仪式】 11月7日，举办同仁市退役军人返乡欢迎仪式暨适应性培训班开班仪式。副市长张伟参加并代表市委、市政府对光荣退役返乡的退役军人表示热烈欢迎。邀请资深老师向退役军人讲解中共二十大精神、《中华人民共和国民法典》、国家安全和保密工作，邀请退役老兵、创业成功人士畅谈就业创业形势，实地观摩党建引领下的社会综合治理、脱贫攻坚取得的成就以及乡村振兴战略实施情况。

民族宗教事务

【概况】 同仁市属多民族聚居区，境内居住着藏族、汉族、土族、回族、撒拉族、保安族、蒙古族等民族，其中汉族、藏族占总人口数的73%。有寺庙38座，其中，汉传佛教寺庙、清真寺各1座，阿訇1人，藏传佛教寺庙36座，教职人员2139人（其中活佛46人），属多民族聚居、多宗教并存地区，少数民族人口比例高，民族文化底蕴深厚，藏传佛教影响深远。

【支持宗教场所基础建设】 争取各类宗教活动场所建设资金620万元，实施寺庙排洪渠、挡土墙、硬化路等基础设施建设。其中，投资190万元，实施扎毛乡德庆寺配套基础设施建设项目；投资190万元，实施扎毛乡宗科寺配套基础设施建设项目；争取双朋西乡雅玛扎西其寺道路修缮资金180万元；投资30万元，实施曲库乎乡努合乙寺维修加固项目；投资30万元，实施加吾乡满仓德庆寺维修加固项目。

【支持民族经济发展】 争取扶持人口较少民族发展项目资金2452万元，用于人口较少村落基础设施建设、环境综合整治及产业扶持，改善少数民族群众居住地的环境卫生、体育文化等基础设施和公共服务。投资955万元，完成2022年第一批少数民族发展建设项目，其中900万元项目资金用于少数民族村落人饮提升工程，55万元用于购买低氟茶；投资368万元，完成加查么村乡村振兴与环境综合整治项目；投资456万元，完成年都乎乡尕沙日村排洪渠工程；投资673万元，完成保安镇下庄村乡村振兴与环境综合整治项目。

【宗教规范化建设】 建立寺庙管理体制 坚持“谁主管、谁负责”与属地管理，坚持政府依法管理和寺庙自我管理相结合的工作原则，落实共管寺庙、协管寺庙及自主管理寺庙实施分级管理措施。

落实寺庙管理工作职责 贯彻落实《宗教事务条例》《省委涉藏工作领导小组关于推进涉藏基层宗教治理》《黄南州推进涉藏治理17条措施》，结合文件要求和同仁实际，制定《关于建立村社区“两委”班子成员兼（专）职统战委员和宗教事务联络员制度》《同仁市传统民俗宗教活动管理失职失责追究办法》，加强过程管理和目标管理相统一，综合运用行政手段，全面推进常态化扫黑除恶专项成果，解决宗族势力干预基层行政、司法、婚姻、教育和群众生产生活等问题；加强基层统战委员、村级宗教事务联络员、驻寺干部、寺庙民管会等相关宗教工作人员的教育培训。

完善寺庙管理工作机制 制定《同仁市县级领导干部联乡进寺上讲台工作的实施意见》，根据行业性质，各行业部门依法履行寺庙社会管理工作职责，推进市级领导干部“联乡进寺上讲台”工作制度。持续发挥“活佛讲宪法”“格西讲法律”主题活动的作用，建立专项工作方案6套，党政领导干部联乡进寺152场次；统战部门协调相关行业部门解决水电路等基础设施15处；市委红旗宣讲、退休老干部宣讲团进寺开展专题宣讲38场次。

常效化运用述职评议成果 制定《同仁市藏传佛教寺庙“两补两奖”考核评比工作方案》《同仁市寺庙民管会述职评议考核工作方案》《同仁市寺庙民主管理评议委员会工作方案》，将寺庙社会管理纳入创建“平安寺庙”“和谐寺庙”“优秀僧尼”的前置条件和目标考核标准，全面推进寺庙财税监管“八覆盖”工作，2022年底前完成全覆盖；落实曲库乎乡达江寺、旺加寺民主管理委员会换届选举工作，实现成果长效运行机制。

【宗教团体工作】 研究制定《寺庙财务监督管理制度》《寺院费用报销流程》《民管会财务管理制度》等一系列规章制度并张贴上墙。进一步建立健全财务工作规章制度，改变过去“谁当家谁说了算”、无章可循的粗放管理模式。开展“绿色寺庙”创建活动，动员广大宗教界人士积极开展义务植树活动，共建生态宜居新寺庙。2022年春季植树造林面积86.87公顷，种植树苗4万余株。参与佛教论坛，在第八届佛教论坛和第四届“铸牢中华民族共同体意识杯”书法作品展览会议上，选送论文7篇，获二等奖3篇；书法作品获一等奖1篇、二等奖3篇、优秀奖8篇；获优秀组织单位奖及书法优秀组织奖1名。对伊斯兰教领域清真食品餐饮企业进行食品安全专项检查。

精神文明建设

【概况】 2022年，同仁市精神文明建设工作以创建“文明同仁”为目标，推进新时代文明实践，引导全市广大干部群众树立文明观念、提高文明程度、形成文明风尚。推荐同仁市申报省级文明城市，推荐8个镇、15家单位、1所校园为省级文明村镇、单位、校园，年内通过省级验收。同仁市五星级文明户有15113户，创建率达60%以上。完善“一约四会”，修订完善《村规民约》《寺规僧约》，倡导喜事新办、丧事俭办，推动形成文明乡风、良好家风、淳朴民风。申报第二届黄南州道德模范，培育和锻造群众喜欢的“草根”明星，推荐选树8名可亲可敬、可信可学的先进典型。

【社会主义核心价值观普及】

运用“今日同仁”“同仁融媒”微信公众号等深入宣传阐释

社会主义核心价值观的丰富内涵和实践要求，在热贡文化广场及各大超市、宾馆、出租车、公交车显示屏滚动播放社会主义核心价值观，加大公益广告宣传力度；依托广场、主要街道、社区小区等场所，设立公益广告牌，在公交车站、灯箱广告牌、建筑墙体、楼道院内张贴文明礼仪广告；强化对精神文明创建的引领，突出思想内涵，鲜明价值导向，把培育践行社会主义核心价值观作为创建文明城市、文明村镇、文明单位、文明家庭、文明校园的核心内容，聚焦创建难点重点，攻坚克难，真抓实干，全面提升文明创建水平。

学校精神文明建设。图为小学生正在练习书法（市委宣传部供图）

【文明创建】 文明城市创建 推进“倡导文明餐桌、制止餐饮浪费”行动，协调市监等部门组织餐饮行业设置文明餐桌提示牌，巩固“光盘行动”成果，推动“餐桌革命”。深化文明交通行动，组织志愿者开展文明交通志愿服务行动，开展文明交通宣传教育活动，劝阻闯红灯、机动车不礼让行人、不文明驾驶等行为。开展违章车辆曝光行动，及时消除道路交通安全隐患，营造安全畅通交通环境。在各景点张贴文明旅游标识，引导干部群众增强文明意识、践行文明理念，做好正反面宣传，打造彰显地域文化特色城市。

文明村镇创建 突出抓好农村牧区移风易俗、乡风民风、人居环境和文化生活建设，把修订村规民约（居民公约）作为抓好村民、居民自治的重要抓手，发挥红白理事会、村民议事会、道德评议会、禁毒禁赌会等自治组织作用，常态化开展监督检查、相互评议评价、给予激励惩戒等，有效治理高价彩礼、薄养厚葬、封建迷信等陈规陋习，开展移风易俗、弘扬时代新风行动。联合司法、乡村振兴等部门开展全市优秀村规民约（居民公约）评比活动，从80个村社的村规民约中评选出10个符合地方实际、操作性强、执行率高的村规民约。

文明单位创建 加强社会公德、职业道德、家庭美德、个人品德教育，引导广大干部树立正确的世界观、人生观和价值观。加大文明单位创建工作宣传力度，完善单位内部管理制度，优化评选细则流程，加强日常考核；持续指导开展“岗位学雷锋”“最美职工”“文明科室”等评选实践活动，引导职工增强文明服务意识，提升干部职工思想道德素质，加强文明单位动态管理，提升文明单位社会公信力。

文明校园创建 加强未成年人思想道德建设，发挥思政课在课程体系中的政治引领和价值引领作用，推进“扣好人生第一粒扣子”主题教育，打造校园文化特色品牌。组织开展清明“网上祭英烈”“童心向党·护苗红色阅读”“知书明理 阅读筑梦”“新时代好少年·红心向党”等主题活动和主题班会；发挥乡村少年宫优势，加强思想道德教育，各学校少年宫先后组织开展中华经典诗文诵读、舞蹈、体育和美术等文化活动，引导未成年人在参与中深化理解，自觉践行。制定《同仁市新时代校园文化建设工作指南》，加强和改进师生思想政治教育，实施新时代立德树人工程，深化“四爱三有”教育，优化育人环境，全面提高育人质量和青少年学生综合素质。在春秋校园开学季、重要时段，由市“扫黄打非”办牵头，联合多部门及时开展专项检查，确保校园周边文化市场环境安定有序、文明健康。

文明家庭创建 开展“五星级文明户”创建工作，制定印发《关于做好同仁市2022年“五星级文明户”创建工作的通知》，要求各乡镇把此项工作作为重中之重，把好程序关、审核关、汇总关。根据全市“五星级文明户”占全市总户数的57%的要求，各乡镇开展评选工作，截至年底，同仁市五星级文明户有15113户，创建率达60%以上。突出创建标准，丰富载体活动，强化动态管理，组织开展好家风好家训巡讲等丰富多彩的家风文化活动，引导广大干部群众带头遵守公序良俗，做家庭美德的践行者。

延伸：青海同仁：凝聚精神力量 打造文明高地

同仁市文明城市创建工作坚持广泛开展理想信念教育和新时代爱国主义教育，深入实施新时代公民思想道德建设工程，深化拓展群众性精神文明创建活动，着力构筑全市各族人民精神家园。

文明创建顶层设计。成立同仁市创建省级文明城市工作领导小组，召开专题会、推进会12次，集思广益，破解难题。按照“保持本色、做出起色、创出特色”总要求，制定《同仁市创建文明城市实施方案》，形成“党政领导，宣传主抓，部门协作”的工作格局。建立健全管理机制，加大文明创建经费投入力度，推进文明创建工作。

培育文明创建主流价值。各级各类志愿服务队践行“奉献、友爱、互助、进步”精神，结合实际，开展内容丰富、形式多样的志愿服务活动。截至2022年7月，开展各类志愿服务活动2600场次。推进“街长制”“门前三包”责任制，开展违章建筑整治行动，实施高原美丽乡村建设和城区老旧小区改造项目，推进国土绿化巩固提升三年行动，推行“林草长制”“河湖长制”，天空蓝、河湖青、山川绿成为同仁最靓的底色。组织餐饮行业设置文明餐桌提示牌；在车站、街道路口等交通枢纽开展文明交通劝导活动；在各景点张贴文明旅游标识。

激发全民文明创建热情。设立公益广告牌210块，创作刊播短视频110个，开展各类宣讲2100余场次，受众达42万人次，覆盖率达100%。邀请中央和省级媒体到同仁市采访报道工作机制，中央及省级20家媒体刊播同仁市精神文明创建新闻稿件210篇。持续推动“五大创建”体系建设，命名县级文明村镇54个、文明单位35家、文明校园5所，创建评选五星级文明户13486户，健全完善80个村（社区）“一约四会”；12个村镇、20家单位、4所学校被评为2019—2021年度州级文明单位；市税务局和扎毛乡扎毛村、保安镇新城村分别被评为第六届全国文明单位、村镇。开展道德模范评选推荐工作，举办首届同仁市道德模范启动仪式，评选道德模范10人、提名10人，开展“好公婆”“好儿媳”等评选表彰活动。高标准推进新时代文明实践中心（所、站）建设，11个乡镇实践所、80个村（社区）实践站全部挂牌运行。组建理论宣讲、乡村振兴等10支市级志愿服务队，吸纳志愿服务者5000余名。打造“戏剧、歌剧、音乐、影视、会议、培训、观光、旅游”为一体的市影剧院，完善城市功能配套。加强资源规划与利用，建成72个行政村农牧家书屋，设立36个寺庙书屋，安排专人管理，常态化开展多种形式基层读书活动。

【新风倡导与树立】 在各类媒体大力宣传典型事迹，弘扬凡人善举，用身边人、身边事引导教育广大群众。推动全市各村（社区）完善“一约四会”（村规民约，红白理事会、村民议事会、道德评议会、禁毒禁赌会），修订完善《村规民约》《寺规僧约》，倡导喜事新办、丧事俭办，推动形成文明乡风、良好家风、淳朴民风。

【新时代文明实践】 围绕建设新时代文明实践中心的工作总要求，探索阵地、机制、活动融合模式，打造教育引导“主阵地”、服务群众“主平台”、提升文明“主引擎”，逐步打通宣传群众、教育群众、关心群众、服务群众的“最后一公里”。推进新时代文明实践中心建设，建立横向到边、纵向到底的文明实践矩阵，新时代文明实践中心和11个乡镇实践所、80个村（社区）实践站全部挂牌运行，形成“中心统领、五级联动（所+站+基地+岗+点）、多点提升”的阵地版图。投入 80 余万元，打造新时代文明实践示范站，订做志愿服务马甲，打造志愿服务品牌。组建理论宣讲、乡村振兴、生态保护等 10 支市级志愿服务队，招募志愿服务者 5000 余人，常态化开展志愿服务活动。

2022 年 1 月，同仁市新时代文明实践中心一角（市委宣传部供图）

同仁市“第二届全州道德模范”推荐名单一览表

表 9

类型	推荐人	职务	类型	推荐人	职务
见义勇为类	张志毅	市公安局辅警	敬业奉献类	万代本	市城市管理局局长
	旦正才旦	隆务镇铁吾村村民		马玉梅	青年路社区党支部书记、社区居委会主任
诚实守信类	格桑嘉措	青海格桑热贡艺术传播中心法人	孝老爱亲类	刘　德	隆务镇向朝阳村村民
	多杰扎西	同仁市晨峰汽车运输有限责任公司驾驶员		完玛措	加吾乡协治村村民
助人为乐类	完德尖措	同仁市热贡龙树花苑经理			
	夏吾角	青海仁俊热贡艺术有限责任公司董事长			

乡镇

TONGREN YEARBOOK

隆务镇

【概况】 隆务镇地处市境中部隆务河畔，距市政府驻地3千米。最高海拔4767米，最低海拔2100米，平均海拔2440米。总面积221.6平方千米，其中耕地1010.93公顷，人均占有耕地面积0.02公顷；草场面积9380公顷，人均占有草场面积0.2公顷。辖措玉村、加查么村、吾屯上庄村、向朝阳村、牙浪村、依里村、隆务村、加毛村、娘洛村、阿宁村、吾屯下庄村11个行政村，20个自然村，18个村（居）民委员会；有19053户46204人。

2022年，隆务镇实现经济总收入4137.77万元；完成地方一般公共预算收入3111.18万元，同比增长11.94%，实现政府性质固定投资1000万元。持续调整优化农业生产结构，扩大玉米、马铃薯、大田蔬菜等经济效益好的农作物种植规模，结合撂荒地整治，在吾屯上庄村连片种植57.47公顷油菜，初步估算人均收入达到3万元/公顷。有效利用草山资源，壮大牛羊畜牧养殖生产合作社规模，存栏各类牲畜25033头（只），出栏牲畜7886头（只），出栏率31.5%，畜牧业生产呈现出良好发展势头。农村用电量198万千瓦时。农民人均纯收入13760元，同比增加961元。有小学5所，在校学生1083人，适龄儿童入学率100%。有医院4所。吾屯村入选“第四批全国乡村旅游重点村”，吾屯下庄村龙树画苑完德尖措被党中央、国务院评为“全国劳动模范”。

【农牧业发展】 组建11个宣讲工作组，召开村民大会21次、党员大会14次，开展强农惠农富农政策宣讲54次316户，组织开展“我为群众办实事”实践活动26次，为群众办实事、解难事41件。继续抓好产业结构调整工作，以农业的稳步发展为主线，抓好“三农”工作。稳定粮食生产，开展春耕工作，种植粮食582.03公顷、油料182.27公顷、马铃薯8公顷、蔬菜9.79公顷。为减少耕地撂荒，隆务镇在保障粮食安全的前提下，调优结构，根据各村特点，申报“粮改饲”“高产优质苜蓿示范”项目，申报“粮改饲”项目122.13公顷，其中玉米种植22.8公顷、青贮燕麦99.33公顷；申报“高产优质苜蓿示范”项目18.67公顷。复垦复种撂荒地26.06公顷，整治“非粮化”耕地52.35公顷。全年发放耕地地力保护补贴资金1584户，734.13公顷，110.12万元；一次性种粮补贴1418户，472.13公顷，121597.94元；草原生态保护补助奖励政策资金2315户，涉及草场9379.58公顷，资金893004.26元。开展化肥农药减量增效行动，发放价值268777元的有机叶面肥及绿色防控生物农药780.07公顷；有机肥780.07公顷，1830.12吨。开展村级合作社突出问题专项整治工作，共有农牧民合作社36个，其中同仁县卡岗夏琼牲畜养殖专业合作社等20家合作社正常运营，未发现违规问题；同仁县铁吾奶牛养殖专业合作社等16家合作社存在不同程度的问题。开展农村户厕问题摸排“回头看”工作，共计摸排1413座厕所，涉及11个村、4个社区，排查问题厕所689座。

【乡村振兴】 加大乡村振兴工作力度，建立乡村振兴“市布局、镇推进、村发力”的三级作战体系，整合资源和多方力量，统筹推进乡村振兴战略有效落地。针对乡村振兴面临的困难和挑战，研究制定相应的应对措施，因地制宜开展乡村规划工作，加快产业规划编制，完善乡村水、电、路、通信等基础设施，改善农牧区人居环境，保护传统村落，推进乡村旅游、畜禽养殖、农牧业、民族手工业等乡村产业，建设一批农牧业产业强镇，探索实现乡村振兴的“隆务途径”。实施“藏粮于地、藏粮于技”战略，从严治理“撂荒地”“非粮化”，严守耕地红线，收获更多“生态福利”，实现百姓富、生态美的统一。

【生态文明】 因村施策，对照整治难点，实地察看分析研判，制定工作方案，由党委书记包联吾屯上庄村，镇长包联吾屯下庄村，整合力量开展人居环境综合治理行动，共计清扫生活垃圾70余吨，全镇上下累计出动垃圾清扫人员3000余人次。召开专题党委会议研究购置环卫车辆及清洁工具事宜，投入资金17万元购买28辆电动车及1112件清洁工具。抢抓植树增绿有利时机，以环境卫生综合整治为契机，以绿化美

2022年12月30日，隆务镇举行农村社区环境卫生整治垃圾收集车辆发放仪式（隆务镇供图）

化为突破口，因地制宜，持续开展种花植绿活动，先后组织1000余名辖区群众、机关干部在加毛村、隆务村、牙浪村、依里村、措玉村开展全民义务植树活动。

【项目建设】 以高标准严要求实施项目7项，其中乡村振兴项目3项，项目总投资935万元，完成隆务庄黄果产业建设项目和阿宁村犏牛养殖基地及饲草料加工厂项目建设；其他项目4项，已实施完成隆务镇平安与振兴工程建设项目，对隆务镇办公场所进行提标升级，隆务镇民族团结主题展示馆项目等正在有序推进；全年住建局下达资金实施农户提升项目350户，下达资金525万元，全部实施完成并验收。

【文化旅游】 隆务老街申报第二批夜间文化集聚区，措玉村申报全省乡村旅游重点村，吾屯村申报第三批国家级乡村旅游重点村名录。旅游资源有隆务寺、清真寺、圆通寺、二郎庙、吾屯上下寺等，热贡龙树画苑、热贡画苑、仁俊画苑等，省级非物质文化遗产项目“老八盘”、本土特色烧烤、传统藏餐、土烧馍等。逐步健全完善停车场、服务区、标识牌等交通基础设施，加快旅游行业配套设施建设；加强对全镇范围内不可移动文物及非物质文化遗产（如热贡“六月会”、唐卡、堆绣等）的保护力度，定期组织开展文物遗址巡视工作。

【民生保障】 受理低保205户714人，其中审核通过农村低保68户122人、城镇低保43户68人；取消城镇低保34户57人，其中去世25户40人、自愿退出3户7人、考上工作及退休6户8人、出嫁迁出1人。排查低保疑点人员210户381人，其中保留162户304人、取消45户47人、重新核查1户、6个月渐退期1户。受理临时救助314户753人，通过238户492人（镇级临时救助+上报市民政局+疫情+学生总数），发放资金124.4万元。其中，镇级临时救助136户370人，发放资金49.34万元；上报市民政局16户36人，发放资金43.61万元；疫情期间，审批通过专项救助户33户33人，发放资金6.6万元；受理新考录大学生临时救助98户98人，审核通过53户53人，发放救助资金24.85万元。为649名残疾人发放补贴114.72万元，其中发放生活补贴342人41.04万元、护理补贴307人73.68万元。为1997名高龄老人发放高龄补贴265.15万元，其中发放70~79岁1341人177.01万元、80~89岁592人78.14万元、90~99岁62人96720元、100岁及以上2人3420元。

【精神文明建设】 成立组织领导小组，制定《隆务镇2022年精神文明建设工作要点》，建立长效机制。完善周一例会学习制度，做好习近平总书记重要活动、重要会议宣传报道。加强学习贯彻习近平新时代中国特色社会主义思想主题教育，结合每月主题党日活动学习《习近平谈治国理政》第四卷、《习近平新时代中国特色社会主义思想概论》、《习近平关于社会主义精神文明建设论述摘编》、“新青海精神”等。发挥19个新时代文明实践所（站）作用，精准对接群众需求，制定理论宣讲菜单，培育和储备理论宣讲项目，采取报告会、村巷（小区）座谈、互动交流等群众乐于参与、便于参与的方式，到田间地头、农家院落、城镇社区，依托农家书屋、党员活动室等阵地，推动中共二十大和省第十四次党代会精神在基层落地生根。全年开展宣讲活动150余次，参与5000余人次。

【党建工作】 推行党建引领乡村治理试点工作，将党员带头示范作为开展村级治理的工作核心，在虫草采挖现场、二十大维稳安保工作中，建立党员为主体的人民联防队伍。按照州委《黄南州党建引领基层社会治理专项工作组的实施意见》要求，建立党建引领下的生产发展等11个村级专项工作组，将党员纳入各工作组担任组织员和宣传员，激发党员的带动作用，构建起“党委搭台、两委唱戏、党员协同、群众参与”的社会治理新模式。落实“社区吹哨、党员报到”工作机制，建立“爱心厨房”“爱心洗衣坊”“两新”红色驿站等服务平台，探索“社区+村”服务模式，完善一对一“订单式”帮助机制。在疫情防控及防汛救灾工作中，726名在职党员、青年志愿者主动进入社区109个基础网格担任网格员、网格助理员、志愿者，承担人员摸排、爱心服务、隐患排查等工作。探索建立“支部建在产业链、党员聚在产业链、群众富在产业链”模式，打造出隆青黄果饮料厂、措玉山泉、吾屯上庄村“千亩油菜花海”旅游民宿村等一批实体产业。从集体经济收益来看，年收益超10万元的村同比增长72%，300万元以上占9%，50万元以上占45%。将措玉村列入乡村建设示范村建设范围，按照“各炒一盘菜，同办一桌席”建设思路，累计投入1839万元资金落实传统村落等10余个项目。

2022年8月8日，隆务镇党建引领构建社会治理新格局工作推进会召开（隆务镇供图）

保安镇

【概况】 保安镇位于市境北部，距市政府驻地15千米。最高海拔3778米，最低海拔2100米，平均海拔2939米。总面积324.9平方千米，其中耕地1528.35公顷，人均占有耕地面积0.13公顷；草场面积3.05万公顷，可利用草场面积2.93万公顷，人均占有草场面积2.5公顷。辖新城村、城内村、群吾村、石哈龙村、城外村、双处村、全都村、赛加村、卡加村、浪加村、东干木村、银扎木村、下庄村、尕队村等14个行政村，保安社区1个社区，38个自然村，15个村（居）民委员会；有3274户11621人。其中，藏族10366人、蒙古族12人、回族28人、撒拉族30人、土族627人、黎族1人，非农业人口2720人，人口自然增长率0.46%。

2022年，全镇实现生产总值12853万元，全年粮食作物播种面积628.93公顷，总产量3708吨。年末牲畜存栏40047头（只、匹），其中羊33566只、牛5903头、猪464头、驴93头、骡21头，有水库5座，总蓄水能力1000万立方米。农业机械总动力5600千瓦。农村用电量818.33万千瓦时。农民人均纯收入12133元，同比增加89元。有小学4所、幼儿园8所，在校学生918人，适龄儿童入学率100%。小康水平值89%，有14个村达到小康水平。被评为同仁市文明乡镇、同仁市征兵工作先进单位。

【农牧业发展】 推进耕地“非农化”“非粮化”，成功试种小米、荷兰豆等特色农作物12公顷。开展撂荒地清零，复种率达

80%以上。完成有机叶面肥面积977.73公顷，其中粮食作物628.93公顷，油料作物282.13公顷，蔬菜66.67公顷。农歇地173.48公顷，占补平衡地40.91公顷，撂荒地67021公顷，“非粮化”163.25公顷。发放第三轮草补29333.33公顷110.1万元；林补1400公顷26万元；退耕还林93.24公顷1.7万元；第一批粮补628.93公顷8.4万元，第二批粮补628.93公顷3.8万元，第三批粮补1266.67公顷187.7万元；确保资金发放零误差，均符合政策。全镇牲畜存栏率牛5903头、羊33566只、猪464头、驴93头、骡21头，共计40047头（只）。严格执行《中华人民共和国动物防疫法》及上级相关部门制定的有关畜禽防疫卫生条例，完成春秋两季防疫工作及重大动物疫情防控，牲畜免疫密度达到100%，免疫抗体合格率全年保持在70%以上。

【乡村振兴】 保安镇有18名乡村振兴（驻村）工作队成员，选派至城内村、东干木村、下庄村、全都村、双处村、赛加村，其中6名驻村第一书记（2名省选派、1名州选派、2名市选派）和12名驻村工作队员（2名省选派、1名州选派、9名市选派），6支乡村振兴驻村工作队围绕“产业兴旺、生态宜居、乡风文明、治理有效、生活富裕”总体目标，以组织振兴为核心，促进产业振兴、人才振兴、文化振兴、生态振兴。驻村工作队通过党员大会、村民代表会、入户走访等形式，深入开展调查研究，配合镇党委、政府，联合村“两委”，帮助重点村找准发展方向和发展项目，落实好帮扶措施。双处村乡村振兴驻村工作队到联点村了解乡村振兴进展情况，立足实际找问题、理思路，引项目、筹资金，助推保安镇双处村发展壮大村集体经济，通过利用中央财政扶助资金，发展种养畜结合产业项目，夯实双处村乡村振兴基础。

【生态文明】 常态化开展“洁净美”“村庄清洁行动”等行动，开展“厕所革命”、污水处理和村容村貌提升行动，持续集中整治占道经营、乱搭乱建、乱停乱放等现象，完成村道沿线的绿化建设，常态化开展全民生态环境保护宣传教育，广泛动员人人参与环境保护整治，不定期、常态化进行镇域内环境卫生巡查整治。深化“河长制”“路长制”常态化工作机制，发动27名河长和71名路长，开展“守护母亲河、推进大治理”专项行动，推进分片包干、网格管理、挂图作战的黄河体检机制。全年开展巡河101次，巡路221次。深化“林草长制”巡林（草）长效工作机制和国土绿化，实施国土绿化及人工造林目标任务，种植油松、花灌木等79.6公顷。由32名林草长管理联系草管员、林管员，确保每个林区、草原有人护、有人守，改善林区和草原生态环境，促进林农、牧民增收。

【项目建设】 确定“一特二区三地四游”发展思路，谋划15个项目，兴建全都村戴龙羊养殖合作社和新城村藏羊养殖合作社、蛋鸡自动化养殖基地，打造特色农牧产业链。以城内村和城外村为乡村建设示范村。全年落实项目有传统村落、农牧民居住条件改善工程、“厕所革命”、污水管网铺设和污水处理站项目、美丽乡村、农牧局乡村振兴示范村项目共6项内容，总投资2931万元。除污水处理站未建设外，其他5个项目均已完工。

2022年4月7日，黄南州全民义务植树活动在同仁市保安镇维家沟启动（保安镇供图）

2022 年 2 月 13 日，保安镇城内村保安社火表演活动现场（保安镇供图）

【文化旅游】　发掘保安古城、都司衙门、明清兵营、花儿王朱仲禄故居等人文旅游资源潜质，让旅游业与乡村、文化融合，依托民俗活动和民间饮食发展“农家乐”和农家旅馆，打造特色文化旅游产业。在发展文化旅游的基础上，探索以对外出售剪纸、刺绣、手工艺品为主的文化旅游销售产业链。通过整合乡村振兴、美丽乡村建设等项目，串联城内村、城外村历史文化资源，成立古城旅游合作社，打造保安古城非遗展示中心，对古文物、遗址等进行重点修复和利用，把乡村建设标准融入乡村原始风貌中，以文旅融合为抓手，打造古城文化旅游品牌。

【社会事业】　做好 324 户 1316 人脱贫户巩固保障，做好动态监测，全年新识别 4 户 11 人监测户，制定帮扶措施消除隐患。推进养老、医疗保险缴费宣传，建立健全老年人、留守儿童、残疾人等弱势群体关爱服务体系，全年医保完成率 100.51%，60 岁以上人群养老资格 100%认证。城乡最低生活保障、居民基础养老金、高龄老人生活补贴、孤儿基本生活费标准继续调高，累计落实特困人员 23 人，发放资金 28.89 万元，落实农村低保 61 户 141 人，兑现农村低保金 620.71 万元；落实临时救助 401 户 1233 人，发放临时救助资金 161.26 万元；落实残疾人补助 309 人，发放补助资金 43.96 万元。排查应往届待业毕业生 466 人，排查有外出务工意愿 1865 人，建立意愿就业库。衔接就业部门开展技能培训 4 批 200 人次，累计发放培训补助 5 万余元。持续促进脱贫人口稳岗就业。教育事业方面，注重加强学校管理，落实农村义务教育经费保障政策，落实“两免一补”工作；开展“控辍保学”，辖区中小学适龄人口入学率达 100%。

【民生改善】　推进养老、医疗保险缴费宣传。截至 2022 年底，保安镇贫困户养老保险和医疗保险全覆盖，对已脱贫户和边缘户发生暂时性困难的及时纳入临时救助范围，做到全覆盖。为保证新型农村合作医疗健康运转，组织驻村干部等，入村入户对群众讲明医保必要性，宣传参保重要性，14 个行政村养老保险参保工作有序开展。拓展劳务渠道，劳务输出 2612 人，其中采挖虫草 1368 人。分配公益性岗位 287 名，促进脱贫人口稳岗就业。

【精神文明建设】　组织全体干部认真学习中共十九大、二十大精神等，提高干部理论素养。在全镇范围内学习宣传贯彻《公民道德建设实施纲要》，围绕基本道德规范和社会公德、开展“好公婆、好儿媳”等评选活动，在全镇开展“平安家庭”创建活动，以家庭和谐促进保安镇和谐。加强青少年法治宣传教育和爱国主义教育，确定由保安镇政府、各党支部抽调理论水平高、业务素质强的党员干部组成的法律知识宣讲团，到各村、学校、寺庙，采用以案说法的形式，为青少年讲法律、传美德 15 场次，授课人数达到 600 余人次。开展党的群众路线教育实践活动，抓好文明行风建设和机关环境建设。组建镇环卫站，招聘环境卫生保洁员，配备保洁服装和清扫工具，配置垃圾车 2 辆，洒水车 1 辆，每天清运镇区内垃圾。开展干部驻村活动，组织干部职工包村联户，嘘寒问暖，解决困难，增强干群感情。开展丰富多彩的文体活动，提升群众的生活品位。全镇 15 个村（社区）的村级活动场所，配套建有文体广场和乒乓球场、篮球场等健身场所，已投入使用。

全年新申报7个文明村。全镇建立15个农家书屋免费面向全村农民开放。镇党委、政府组建的机关篮球队经常与村、单位的球队开展联谊比赛。开展“五星级文明户”评比活动，对被评比上的“五星级文明户”给予精神鼓励，对“五好”家庭户、好媳妇、好婆婆进行表彰。在镇属机关单位中，开展以优质服务为重点，以“为民务实”“树行业新风”为主题的“文明行业”“文明单位”创建活动。加强未成年人思想道德建设，以《全国未成年人思想道德建设工作测评体系》为导向，贯彻落实市委加强和改进未成年人思想道德建设的实施意见，加大宣传实施力度。

【党建工作】 坚持中心组学习制度和“第一议题”制度，制订理论学习计划，组织全镇干部学习习近平总书记系列重要讲话精神、中共二十大精神、省十四次党代会精神以及党内法律法规等理论，通过“周一例会+理论学习”模式，将集中学习和业务工作交流相结合。全年集中学习达45次，召开研讨会6次，开展集中培训4次，各党组织集中学习154次，党员参与度达100%。中共二十大召开后，线上设置《中共二十大 学习正当时》《学报告 谈感悟 践行动》《每日一测》等专栏，线下采取专题集中学、研讨交流学习形式，制定印发《保安镇中共二十大精神应知应会口袋书》，灵活利用主题党日、书记讲党课、文艺下乡等形式“送学上门”，以“乡音”传“党音”，迅速掀起学习会议精神热潮，凝聚干事创业磅礴动力。镇党委坚持学用结合，围绕喜迎中共二十大“十个一”联谊共建活动、“阵地飘党旗，党员亮身份”活动，先锋指数、堡垒指数评选等系列主题活动，动员全体党员干部发扬实干精神，不断提升服务意识，开展服务行动，为人民群众解决实际问题和困难。年内开展“清河行动我践行”、全民植树等为民办实事活动6次、解难事46件。

以“组织体系建设三年行动”为抓手，从严抓好“三会一课”、民主生活会、组织生活会等党内基本制度落实，用好“一表一册一规范”、《每月党员活动指南》，落实党组织“六个一”活动任务清单，落实村干部坐班、党建述职评议等工作，支部基础工作更加标准化、规范化、制度化。用党建夯实乡村建设“组织牌”，将基层党组织作为乡村建设的指挥部，推行发挥“第一书记”和村“两委”班子“领头羊”作用，为乡村建设提供组织保障。成立11个专项工作组，找准“党建+11个专项工作组”与加强基层社会治理创新结合点。开展“身边好人”“最美家庭”文明创建评比活动，将群众的道德行为转化为可量化、可评价的数据指标。推动党的领导、民主管理、依法办事有机融合，组织党员主动调解矛盾纠纷9起，推行“党建引领乡村治理”新模式。落实精准考评机制。探索建立保安镇“周报月晒季评年考”机制，以行政村为单位，落实一周一报、一月一晒、一季一评、一年一考，有效推动干部管理动态化、日常监督常态化、工作事项透明化、干部考评精准化，营造“比学赶超”良好氛围，推动全镇各项工作提质增效。

落实《党员教育管理条例》《2019—2023全国党员教育培训工作规划》，组织村党组织书记参加各类能力提升培训；以“主题党日”为载体，将党员志愿服务与中国共产党成立101周年、安全生产、环境保护、植树造林等阶段重点工作相结合，有效推进全镇各项重点工作。以“程序标准”为关键，严把发展党员入口关，发展预备党员11人、转正13人，全镇党员培训人数513人，培训率达到90%；进一步建好建强农村基层组织，储备村“两委”后备干部194人；增大乡土人才存量、提升素质，年内挖掘乡土人才14人，做到以人才引进培养推动经济发展；走访慰问11名老干部，通过以老带新，以经验促动能力，面对面、手把手，将温暖带过去，将经验学回来。深化党建带群建工作，保障工青妇各项事业稳妥有序推进。拓宽党建渠道，落实《同仁市村（社区）“两委”成员考核细则（试行）》，将各支部党建工作水平作为年底评优选先的重要依据，对村干部履职行为正负面考核量化，确保基层党组织全面提升、全面过硬，建立党委主抓、支部主建、层层抓落实的党建工作责任机制。

州委河南县交叉专项巡察组于2021年11月22日至2022年3

月8日对保安镇进行为期近4个月的巡察，对于巡察组指出的问题，保安镇党委照单全收，为履行镇党委整改主体责任，镇领导班子认真对照州委河南县交叉巡察组反馈的问题，坚持当下改和长久立相结合，抓好整改落实。抓实“深化作风建设、狠抓工作落实”专项行动。为进一步激励广大干部勇于担当尽责，积极主动作为，保安镇从4月底开始在全镇范围内开展作风突出问题集中整治专项行动，对查摆的问题，制定“三张清单”，明确整改措施、责任单位、责任人及整改时限，建立整改工作台账，动真碰硬解决问题，做到全面整治、系统整治。抓管理，促稳定，进一步提升乡村振兴基础。一是选优配强工作队。为全面落实引导和激励保障机制，镇党委定期与工作队成员开展谈心谈话，了解思想动向和工作动态，结合各村实际有针对性地对6个驻村工作队开展4次集中培训，常态化做好驻村工作队管理工作。认真履职带动村集体发展。驻村工作队以脱贫攻坚和乡村振兴工作有效衔接为重心，注重将基层党建与乡村振兴紧密结合，细化落实各项帮扶机制要求，结合各村实际，制定符合各村振兴的产业发展思路，全力发展壮大村级集体经济项目，持续带动群众增收。工作队到岗以来，能做到村级重大事情全程参与，能够主动作为抓好村内党员干部学习，并逐户走访了解村情民意、按季汇报工作，认真履行各项职责，参与到村集体经济发展中。

【乡村换届】 9月25日，保安镇第二届人民代表大会第四次会议召开，新任人民政府镇长当增仁青全票当选。保安镇领导班子成员平均年龄37.9岁，其中镇党委委员平均年龄38岁；改善性别比例，换届后，镇领导班子中女性干部4人；优化知识结构，换届后，镇领导班子成员中，本科及以上学历10人，占91%，大专学历1人，占1%；新进班子成员2人，占50%；优化民族比例，换届后，镇党委班子中少数民族10人，占91%。

多哇镇

【概况】 多哇镇位于同仁市东南部，离城区91千米，镇政府驻地塔哇地区，地理坐标为北纬35°18′、东经102°27′，东部与甘肃省夏河县桑科镇为邻，南与泽库县麦秀镇为邻，西北两面分别与曲库乎乡、瓜什则乡为邻。县道602线贯穿全境。是一个以藏族为主的纯牧业乡镇。地处青藏高原与黄土高原的过渡地带，大南曼河纵贯全境南北，形成东西部山区和中部河谷地区。地势南高北低，最高海拔4767米，最低海拔2160米。属冷温干旱气候，冬季寒冷漫长，夏季温暖适宜，秋季雨水多而集中，四季不甚分明，年平均气温5.2℃，年均降水量425.7毫米，无霜期61~150天，年均日照2413.1~2634.9小时。草地植被覆盖面积达90%以上。全镇总面积935平方千米，占全市土地面积的1/3。草场总面积9.6万公顷，可利用草场面积88666.67公顷，各类牲畜存栏数93877头（只、匹）。多哇镇辖直跃、东维、尖德、曲日那、交隆务、卡什加6个行政村，全镇常住人口1547户6943人。

2022年，全镇农村经济总收入8727.02万元，比上年增长8%，其中一、二、三产业生产值分别为8537.12万元、33.55万元和159.34万元，人均可支配收入13555.08元，比上年增加1009元。

【劳务经济】 把劳务输出工作列为重要惠民工程，拓宽牧民增收渠道。加强宣传教育，结合“雨露计划”，协调就业等部门有针对性地开展牧民技能培训。截至2022年底，多哇镇劳动力人口3451人，共举办培训班8期，参加400人，向附近餐饮等相关行业输送大量的劳动力，年内转移劳动力504人次，其中市内乡外252人、省内市外148人。

【教科文卫】 推进全镇“控辍保学”工作，学区有小学幼儿园各1所，在校学生988人，教师72人，对7~15周岁辍学生开展核查劝返工作。截至年底，全镇7~15周岁学生入学率达100%。为丰富全镇牧民群众文化生活，满足群众精神需求，镇党委、政府组织各村牧民举办篮球、藏棋、民歌、种公羊称重选种、小品等各种文体活动。完善公共卫生服务体系，全年开展健康教育活动10场，以“三八”妇女节为契机，组织妇女接受妇科疾病预防知识学习，全面实施扩大国家免疫规划，适龄儿童扩大免疫疫苗接种率达98%。狠抓食品药品安全工作，检查塔哇地区的40多家商铺，查处无证生产经营和无证上岗、制售假冒伪劣食品、隐瞒和涂改生产日期、销售过期变质、“三无”食品、麻辣食品和“三精水”饮料等危害中小学生身体健康和生命安全的违法行为；检查餐馆的整体卫生水平、餐具清洗消毒保洁及餐饮服务人员健康证持证情况及个人卫生等多项工作。贯彻落实每月25日环境卫生集中整治日工作，镇党委政府统一部署，召集全镇各村党员、草原管护员、人民联防及全体干部职工200余人，对塔哇地区附近公路沿线、40多千米的大南曼河流域（尖德村至夏河县桑科乡）的垃圾进行集中清扫、打捞工作35次，清理生活垃圾、河道垃圾30余吨。全年共开展宣讲活动12场次，6900人次参加，悬挂横幅40条，发放宣传单页2000张。

【民生事业】 严格规范申请审查程序，坚持依法办事，实行长期公示制度，接受群众监督，真正把困难和符合标准的人员纳入救助和发放补贴的范围，2022年全镇共有低保户424户1749人，全年发放低保金932.57万元。临时救助307户1710人，发放救助金98.99万元。特困供养10户10人，发放供养金14.49万元。高龄老人220人，发放金额30.42万元。残疾人181人，发放补贴20.22万元。

【脱贫攻坚】 2016年精准扶贫工作开展以来，按照精准识别、建档立卡的相关要求，全镇识别建档立卡贫困村2个（直跃村、东维村），识别建档立卡贫困人口共计377户1622人。通过五年（2015—2020）脱贫攻坚工作全面推进，截至2019年实现了贫困村、贫困人口绝对“清零”，2020年巩固脱贫成效。到户产业发展357户1565人，投资金额为1001.6万元（每人6400元）。其中，养殖业317户1395人，商铺经营38户162人，运输业2户8人，项目实施实现年人均收益4000元以上。六个行政村均发展村集体产业，其中贫困村集体产业分别是直跃村（畜产品冷藏配送中心、“十三五”光伏扶贫项目和乡村旅游项目），东维村是畜产品冷藏配送中心、“十三五”光伏扶贫项目。非贫困村（卡什加村、曲日那村、交隆务村、尖德村）集体产业为屋顶光伏项目和同仁市轻工业园区悦牧人家牛羊肉屠宰加工项目。其中，年收益5万元以上2个村，年收益2万元以上4个村。全年多哇镇党委、政府进一步做好健全防止返贫监测和帮扶机制、持续巩固提升“三保障”和饮用水安全成果，继续创新农牧业生产经营方式，推动乡村产业发展提质增效和易地扶贫搬迁后续扶持，为多哇镇巩固拓展脱贫攻坚成果同乡村振兴有效衔接工作提供坚实的保障。全镇已实现九年义务教育全覆盖，全面落实贫困学生“雨露计划”助学贷款教育扶贫政策，18名贫困学生获得“雨露计划大学生补助”。控辍保学工作方面，每季度召开控辍保学工作推进会、控辍保学工作再安排再部署会及有辍学隐患学生家长集体约谈会，并由各村联点领导多次前往有辍学隐患学生家中开展劝返工作。截至2022年底，全镇贫困户适龄子女无因贫辍学现象。

【乡村振兴】 投资800万元，实施产业园区建设，安排15名大学生、20名公益性岗位人员到产业园就业。实施直跃村试点村（综合市场改新建）建设项目等基建项目7项，总投资3275.56万元。举办技能培训8期400人。对接外地劳务市场，输出劳力789人，实施“以工代赈”，413人就近就业。持续推进党建引领基层社会治理新举措，各村成立以党建为引领的生产发展、生态环保等11个专项工作小组。完成609户厕所革命“回头看”摸排工作，完成1242户牧户自建房排查工作。截至年底，识别边缘易致贫户19户76人（2019年识别8户30人已消除风险；2022年识别3户9人，2023年底完成风险消除工作，2023年识别8户37人）。

【民族团结创建】 开展宣传教育引导工作，成立以各村联点领导为成员的镇级宣讲组，到行政村、学校、寺庙、社区开展法治宣传活动；以“九进”活动为载体，在各村、学校、寺庙以《自治州民族团结进步条例》《自治区宗教事务条例》以及民族团结进步典型人物事迹、少数民族风俗习惯等为主要内容，邀请隆务寺寺管会人员到多哇镇进行党的民族宗教政策理论的专题辅导，讲透党和政府的关心关怀和带来的巨大变化；多哇镇将全镇行政区域划分为稳定区、可控区、隐患区三大区，针对不同的区域靶向施策，三区稳控措施初见成效，并结合“三区稳控”，强化矛盾调处。多哇镇党委、政府同夏河县甘加镇、桑科镇等邻镇签订民族团结友好镇协议书，并召开以“加强睦邻友好关系共同创建民族团结进步”为主题的联席会议，围绕“团结、进步、发展、繁荣”主题达成协议。

【社会治理】 以“十一个”专项工作组为抓手，深化“基层党建+”工作模式，持续巩固“一核三治”党建项目，坚决把政府工作全面纳入法治轨道，完善依法行政工作，推进政务公开和“一网通办”工作，探索基层社会治理新路径，推进社会治理体系和治理能力现代化，坚持统筹发展和安全，树牢底线思维、风险意识，以系统思维构建大安全格局，确保人民安居乐业、社会安定有序，为经济社会发展创造良好的社会环境。

【精神文明建设】 成立以各村联点领导为成员的镇级宣讲组，以包村干部、扶贫工作队、村“两委”班子为成员的村级宣讲小分队，在全镇6个行政村、学校、吐辉寺开展“两讲四促”活动。全年全镇共开展各类宣讲24场次，参加人数超过6000余人次，发放各类宣讲资料1000余册。开展寺庙法治宣传活动，通过法律咨询活动和举办政策法规专题讲座及宣讲大会，针对僧俗群众关心的热点难点问题，现场答疑解惑，印制发放普法宣传资料，举办法治宣讲大会30场，参加人数4000余人次，发放宣传单页4000余份，宣传教育覆盖面达90%以上；设立大型户外宣传牌、宣传橱窗进行民族团结进步知识宣传。在重要路口和各村基本设立大型宣传牌，镇政府楼道立新增民族团结宣传牌20多个，制作民族团结进步展板10块，并利用LED屏重复播放民族团结进步创建知识。

【社会管理】 加强党委自身和机关效能建设，进一步规范基础工作程序，为新农合、新农保、婚姻登记、计生、就业、信访接待、民政等部门配备工作干事，并设置AB岗，实现无缺位服务，确保为民办事服务的连续性和及时性。至少配备一名藏族干部，实现办事过程零障碍、零距离。政府大厅设立干部形象栏，公开工作人员职责、联系方式及出勤情况，快速推动政府职能由管理型向服务型的转变。根据《黄南州重点人员帮教管理工作实施方案》的要求，多哇镇及时制定相关实施方案和制度并进行帮教。全镇社会治安稳定，未出现重大治安、刑事案件，未发生群体性事件。全年共排查调处矛盾38件，矛盾化解率达100%。

【普法工作】 全年举办各类法律讲座40多次、法律咨询33场，发放各类法律宣传册4000余份，悬挂张贴各类普法横幅、标语、彩旗50余幅。结合各种主题日，举办各种活动，加深牧民群众的法治印象；在6个行政村、吐辉寺、多哇寄校举办法治教育讲座76场，受教育群众6000余人次，覆盖面达100%。建立健全法律顾问制度，协调联系市司法局在镇、村聘请专业的法律顾问，并向群众公开法律顾问联系方式，方便干部群众进行法律咨询，必要时引导群众通过司法途径解决问题。

【生态环境建设】 聚焦“山水黄南”建设，实施增减挂钩拆旧复垦33户，累计补偿93万元。完成286.67公顷畜草种植和466.67公顷封山育林任务，实施退化草原改良（施肥）项目2293.33公顷。投资1630万元实施多哇镇大南曼河治理工程（二期），完成河道清理36次。黄河流域生态环境全方位“体检”反馈问题整改涉及3个问题全部整改完成。持续推进“4+3+1”垃圾分类工作，打造全域无垃圾示范镇，已开展环境卫生整治270次，参与人数达5.4万余人。

【武装工作】 多哇镇人武部根据上级部署，以“强素质、求发展、上台阶”工作思路，开展武装工作。配齐配强基干民兵、普通民兵。全镇2022年召开专题武装工作会议 5 次，集中宣传征兵工作 4 次。组织民兵出色完成抢险救灾训练 1 次。

【安全生产】 抓紧抓实抓好安全生产工作，观看道路和消防安全警示教育片 4 次，用电用火安全培训 2 次，宣传教育活动 14 次，受众群众达 4000 人。镇、村两级组建由 400 名成员组成的应急抢险队和由 150 名成员组成的防汛“哨兵”队，开展应急演练 5 次。对重点领域、重点行业消防安全检查 15 次，排查洪涝及地质灾害隐患点 13 处，设立警示牌 9 个，治理隐患点 4 处，镇区临时避险转移 6 户 25 人，牧业点帐篷房转移 150 户 600 人。

年都乎乡

【概况】 年都乎乡位于市境北部，距市政府驻地 1.5 千米，东邻隆务镇，南接牙浪地区，西与兰采乡接壤，北与黄乃亥乡、保安镇相邻，境内最高海拔 4100 米（录合相村），最低海拔 2540 米（年都乎村），平均海拔 3320 米，总面积 120.8 平方千米。全乡可利用草场面积 1.09 万公顷，总耕地面积 1276.07 公顷，主要农作物为小麦、青稞、豌豆、马铃薯、油菜等。全乡辖年都乎村、夏卜浪村、尕沙日村、曲么村、郭么日村和录合相村等 6 个行政村，15 个自然村，6 个村民委员会。全乡农牧民总人口 2377 户 10811 人，以藏族和土族为主。乡党委下设 8 个党支部，党员 367 人，其中农牧民党员 261 人，妇女党员 87 人，少数民族党员 364 人。藏传佛教寺庙 5 座，僧人 257 人。

2022 年，全乡实现生产总值 1.22 亿元，同比增长 6%，其中一、二、三产业增加值分别为 282.9 万元、171.51 万元和 86.45 万元，同比分别增长 7%、7% 和 5%。全年粮食作物播种面积 691.87 公顷，总产 0.3 万吨，林果总产 15.9 万吨，林业产值 6.3 万元。年末牲畜存栏 24092 头，其中羊 16888 只、牛 7204 头，出栏牲畜 1422 头，出栏率 6%。农村用电量 230 万千瓦时。农牧民人均纯收入 13030 元，同比增加 966.52 元。辖区学校 13 所，适龄儿童入学率 100%。医疗机构 1 处。小康水平值 100%，有 6 个村达到小康水平。

年都乎乡热贡艺术文化积淀深厚，是热贡艺术发祥地之一，也是远近闻名的堆绣之乡。独一无二的土族“於菟”文化发源于年都乎村。2016 年，土族“於菟”被列入国家非物质文化遗产名录。郭么日村古堡位于郭么日新村，已有 900 多年历史，是同仁地区年代最久且在国内保留最为完整的古堡之一。此外，全乡还有以年都乎寺、郭么日寺为标志的藏传佛教寺庙建筑，有民间民俗活动“热贡六月会”、热贡文化艺术等，有多处马家窑、齐家、卡约文化遗址及明代石碑、年都乎古堡、“二郎神”庙等旅游文化资源。全乡现有从事堆绣、唐卡、雕刻、泥塑等为主的热贡艺术人才 1574 人，热贡艺术收入占全乡总收入的 45%左右。

【农牧业发展】 狠抓撂荒地复种，完成复耕复种 42.89 公顷。抓好粮食生产和重要农产品供给，完成农作物播种面积 926.2 公顷。保障农民种粮效益，年内累计发放种粮补贴 136.8 万元。推进化肥农药减量增效行动，落实良种 23000 千克，有机肥 506 吨。结合撂荒地整治，流转录合相村 66.67 公顷土地，探索“公司+合作社+农户”的生产经营模式，打造千亩荷兰豆种植示范田。以加大牲畜出栏和畜种改良为突破口，抓好畜牧业生产，牛、羊等各类牲畜存栏 24092 头（只），出栏率 1422 头（只）。统筹抓好动物疫病防控工作，无死角、全覆盖开展春秋季牲畜免疫和消杀等工作。

【乡村振兴】 健全完善 2023 年乡村振兴产业项目库，做好产业谋划、前期调研、民意征求和选址等工作。深度挖掘曲么村资源优势，在国家补助 464 万元的基础上，动员全村 310 户 1665 人自筹 47 万元，流转土地 2.67 公顷，打造集民俗体验、农家餐饮等于一体的“贡嘎林”农家院。广泛吸纳 13 名本地待业生就业，发放 310 本股民证和 4.96 万元分红资金。发挥夏卜浪村地域特色、草

2022 年 10 月 23 日，年都乎乡党政主要负责人实地查看夏卜浪村合作社项目推进情况（年都乎乡供图）

场资源优势，国家投资 600 万元，群众自筹 147 万元，打造犏牛养殖繁育基地，不断拓宽牧民增收渠道。

【生态文明】 开展“洁净美”“春夏季战疫”“爱国卫生运动”等专项行动，为各村、寺庙发放卫生工具 1445 个，打好大气污染防治攻坚战，加强秸秆禁烧和综合利用宣传。全力抓好黄河“体检”、省第二生态环保督察等巡察反馈问题整改和“回头看”工作，紧盯问题不放松。年内整改完成 12 条反馈问题。常态化推进“清河行动”，落实巡河机制，定期组织公岗人员清理整治河岸的垃圾。年内清理整治河道 150 余次，各级河长累计巡河 200 人次。

【项目建设】 推进录合相村乡村建设，统筹整合各类资金 2500 余万元，完成村级道路硬化，修建污水、雨水管网和农户储藏室等基础设施建设，实施农房提升和农牧区“厕所革命”、生活垃圾和污水处理等项目，完成 1 座农村公厕及 76 座的户厕改造，更换完成 150 户大门。6 个项目资金支付率达 95%。

【文化旅游】 利用热贡文化资源，引导群众开展“六月会”等民俗节庆活动，投入资金 3 万元，协调解决“六月会”期间的停车、厕所问题，全力提升文化旅游服务质量。壮大文化旅游产业从业人员队伍，全乡堆绣、唐卡、泥塑等各类文化旅游从业人员达 626 人。

【基层治理】 把维护社会稳定工作纳入重要议事日程，坚持日研判、周报告、月分析，定期召开专题会议安排部署。年内累计召开维稳工作专题会议 30 余次。完善突发性应急预案 12 个、“一寺一策”应急预案 5 个，组织模拟各类应急处突演练 8 次。与毗邻乡镇签订睦邻友好协议书。创新党建引领基层社会治理新做法，探索“1+11+N”工作思路，成立 11 个村级专项工作组，在交通要道、重要部位和社会治安复杂区域、人口密集区域开展日常巡逻。落实各联点领导和驻寺干部联系寺庙、活佛等各项制度。落实寺庙网格化管理，加强僧舍安全隐患排查，健全寺庙财务管理制度。年内共将 10 名困难僧侣纳入低保范畴，申请 10 万元经费完善当格乙麻寺基础设施建设。开展矛盾纠纷摸排调研，妥善处理群众信访工作。全年摸排各类矛盾纠纷 47 起，解决 46 起；受理信访案件 26 件，协调解决 25 件；网上交办信访案件 4 件，办结 1 件。虫草采挖期间，签订目标责任书 386 份，将采挖点细化为 5 个区域，实行“挂图作战”，开展巡逻计划、出勤汇报、矛盾调解等日常服务工作。深入推进“八五”普法，开展农牧区法治宣传教育，举办各类法治培训班，推进“民主法治示范村、社区、学校、寺庙”等创建活动，申报尕沙日村为省级法治示范村，开展法治教育 8 场次，参训达 1000 余人。常态化开展扫黑除恶斗争，年内开展专项行动宣传教育 5 次，张贴海报 200 余份，发放宣传单 100 份、手提袋 100 个。做好自建房隐患排查和信息录入工作，完成信息录入 2679 户。抓好未成年人防溺水安全教育，签订目标责任书，在蓄水池设立警示牌 1 个。全面落实防汛责任，严格执行领导带班和 24 小时值班制度，做好险地群众转移安置和应急物资储备。整改新增 3 个隐患点，实时监测原有的 9 个隐患点。自防汛以来，组建乡、村两级应急救援队伍7支100余人，各村备用工程机械2台；房屋受损23户，转移群众39户154人，疏通排水沟3处；清理道路淤泥5处；新建滑坡隐患点排水沟8处。

【武装工作】 落实党管武装各项制度，规范基层武装部“三室一库”和民兵连“部、室、家”建设，配齐配全各类装备。坚持把管兵、练兵与用兵结合起来，发挥好民兵在疫情防控、抢险救灾、维护稳定等工作中的生力军和突击队作用，先后组织民兵到直格江虫草采挖点实地训练、敏感期间开展安保巡逻、“六月会”期间进行人员分流和车辆疏导等工作。开展民兵整组工作。持续做好征兵宣传、民兵集训和征兵登记等工作。年内乡人武部获得“军事训练先进单位”表彰，评选全州优秀民兵4人。

【党风廉政建设】 组织全乡各级党组织和党员传达学习省、州、市纪委全会精神及党风廉政建设相关文件精神，年内组织干部学习党纪法规知识30余次，开展知识测试1次、廉政党课2次。开展党员干部拒绝酒驾醉驾、拒绝赌博等宣传教育活动，通报省、州、市委有关违法违纪典型事例，使广大党员干部从正反两面教材中吸取教训。全年共组织召开警示教育会4次，签订拒绝酒驾、醉驾、赌博承诺书40余份。开展“日常+节前”谈话，对发现的苗头性问题，及时指出，督促改正。全年开展节前廉政谈话6次、集中约谈4次、通报批评干部4人。将省委“转作风 树新风 建设新青海 迎接‘二十大’”专项行动同市委“深化作风建设、狠抓工作落实”、市政府系统“转作风、勇争先”等专项行动有机结合，签订各类责任书，强化廉政警示教育、谈心谈话，建立问题清单，制定整改措施、明确整改时限，逐人逐事对账销号。紧盯工程项目建设的关键环节、重要岗位、重点人员，推进工程建设领域专项治理深化一体推进“三不腐”工作。对全乡2022年涉农资金“一卡通”管理情况、村集体经济（扶贫资金）分红、农村低保动态（应纳尽纳）落实、临时救助审批发放以及重大项目实施、征地拆迁等进行全面监督检查；对民生领域和不正之风突出问题和村级合作社运行、巩固脱贫攻坚成果同乡村振兴有效衔接工作等开展专项监督检查，确保党的各项惠农政策落实到位。不定期对村“两委”开展约谈提醒，对村级组织“一肩挑”工作开展情况进行监督检查，增强村干部履职尽责、为民服务的意识。

【民生改善】 持续巩固“控辍保学”成果，劝返辍学儿童12人。开展重大疾病健康教育活动，为608名65岁以上老年人进行免费健康体检服务。落实低保救助、大病救助等政策，新纳入临时救助147户588人、低保31户109人，发放临时救助资金58.2万元、低保资金24.38万元、高龄补贴70万元，动态取消低保65户292人，完成合作医疗参保任务8990人。紧抓年都乎村、郭么日村、尕沙日村传统文化村落的优势，以手工艺品展销和观光旅游产业发展为导向，引导群众通过举办传统“六月会”来增收，全乡堆绣、唐卡、泥塑等文化旅游从业人员达626人。进一步加大劳务输出力度，促进农牧民劳动力多渠道转移就业，组织引导农牧民转移就业1675人次。

【基层党建】 开展清查整治突出问题规范党务工作专项行动，针对2名非党员从事党建干事的问题，支部加强培养；制定出台《年都乎乡村（社区）“两委”成员考核细则（试行）》，对村干部履职行为进行正负面考核量化，本年度评定优秀等次6人、称职24人。加强驻村工作队干部考勤考核，不定期督查到岗履职情况、查阅工作日志，听取工作汇报。结合“三会一课”、主题党日等活动，依托“学习强国”“黄南先锋”等学习平台，开展2021年至2022年度农牧民党员冬春训工作。常态化推进书记讲党课工作，年内各党支部累计开展讲党课活动32次；开展“寻找榜样”活动、庆祝中国共产党成立101周年等活动。在虫草采挖、疫情防控等重大任务中，组建党员志愿服务队20支、成立临时党支部2个，为基层社会治理提供坚实组织保障。坚持“优中选优”原则，年内发展党员11人、培养入党积极分子13人。高站位推进农牧区违规违纪发展党员排查整顿工作，对2名违规违纪发展党员逐一归类，做出处理，并重新认定40名农牧民党员身份，补办入党档案。

2022 年 6 月 21 日，年都乎乡开展"老少同声颂党恩　携手喜迎二十大"庆祝中国共产党成立 101 周年暨 7 月主题党日活动（年都乎乡供图）

落实"一表一策一规范"，抓实"三会一课"等制度；组织开展主题党日、承诺践诺、志愿服务和"我们的十年"主题座谈会、专题组织生活会等"十个一"活动，推进支部"堡垒"指数考评和"先锋"指数考评，推动各级支部工作全面进步全面过硬。全年全乡开展主题党日活动 96 次，召开党员大会 32 次，支委会 96 次，专题组织生活会 1 次，支部、党员承诺践诺 100 余件。

【精神文明建设】　深化"我们的节日"，全年组织开展各类文体娱乐活动 20 余场次。开展"好公婆""好儿媳""健康家庭、模范夫妻"等评选活动，在村级综合党群服务中心公示栏设立"荣辱榜"，激发人们的思想认同和情感共鸣；以"五星级文明户"创建为重要抓手，开展优良家风培育行动，营造崇德向善、邻里相望、和谐互助的社会文化氛围。全年表彰"五星级文明户"362 户、"五星级文明户标兵"20 户。健全"一约四会"，完善村规民约和寺规僧约，不断促进乡风文明。成立乡、村两级党员志愿服务队伍 7 支，组织开展义务植树、义务巡逻、义务清扫等志愿活动 50 余次。

【意识形态建设】　完善重大舆情事件应急处置工作机制和应急处置预案，提高风险防范能力和研判处置能力，年内分析意识形态领域情况 4 次。利用"年都乎微党政"微信公众号、视频号发布年都乎政务要闻，引导广大群众积极关注、主动参与全乡各项工作。加强疫情科普知识的宣传，及时推送先进事迹、经验做法，其中《年都乎乡制作烧馍驰援泽库"疫"线》的视频播放量达到 3.8 万人次，转发量 820 人次。加强微信群自查自纠和清理整顿，做好对外信息发布前的审核审签、内容校对、文字把关和保密审查等工作。开展"扫黄打非""清风行动""净网"等网络生态治理专项行动，做好辖区复制印刷企业、快递企业摸底排查和宣传教育工作。全年在微信公众号发布信息 200 余条、视频号发布视频 20 条。

曲库乎乡

【概况】　曲库乎乡位于市境南部，距同仁市 14 千米。地处同仁市以南、国家级麦秀森林公园以北的中山山地向高山山地过渡地带，平均海拔 2748 米，最高海拔 3600 米，地属温凉半干旱气候区，年日照时数 2400 小时，年均降水量 450 毫米，年均气温 -2℃，无霜期 79~150 天。乡域整体地势东高西低，属半农半牧的浅脑山区。辖区内风景秀丽，民族文化风味浓厚，古老的藏传民族宗教文化源远流长。曲库乎乡学区管辖曲库乎中心寄校、江什加完小、古德完小、江龙完小、关秀小学、瓜什则小学、木合沙小学、索乃亥小学、西卜沙小学、四村小学、多哇小学、完落乎小学 12 所学校，其中完全寄宿制小学 1 所、初级小学 7 所、教学点 4 所。辖区有中心卫生院 1 个、村级医务室 8 个，文化广场 8 处，社会事业各项功能较为齐全。全乡总面积达 233.1 平方千米。辖古德、江什加、木合沙、索乃亥、多哇、瓜什则、江龙农业村、江龙牧业村等 8 个行政村、13 个自然村，农牧户 1525 户 7166 人，民族结构以藏族为主，有 9 座寺庙，僧人 240 人。2022 年曲库乎乡人均纯收入 11725 元。

【农牧业生产】 采用“合作社+基地+农户+科技”模式，对多哇村、索乃亥村集中连片撂荒地通过土地流转的形式，统一由古德赛岗合作社复垦复种，全面完成撂荒地复垦复种 66.67 公顷；聚焦打造绿色有机农畜产品输出地，完成黑青稞种植 500 公顷，木合沙种草养畜、古德诺尔佳、古德多巴合作社按照“3545”工程引进良种。

【乡村振兴】 打造绿色有机农畜产品输出地，在隆务河河谷两岸浅脑山地带，引导群众集约化、规模化发展以黑青稞为主的特色种植业，致力打造农业版“拉格日”模式；在以江龙牧业村和古德、木合沙为主的东西两翼高山牧业区，发展犏牛、藏羊原种培育基地，致力打造全市生态有机畜牧业样板区；聚焦打造生态旅游目的地，重点打造曲库乎乡最南端西卜沙（星空峡谷旅游度假村）、中部多哇村（温泉提标升级工程）、北头江龙农业村，通过打造省级“森林乡村”三个支撑点带动全乡各项产业全面发展。推进江龙农业村和瓜什则行政村示范村项目建设，其中江龙农业村总投资 2863.4 万元，瓜什则行政村总投资 1742.03 万元。整合落实村道建设、人饮、污水处理、农房提升、“厕所革命”、传统村落保护等项目，所有项目均已完工，得到国家乡村振兴局及省州市委、市政府肯定。

【生态文明】 以集中整治农牧区人居环境为重点，结合乡村建设项目，开展“三清一拆”行动，推进农牧区公共区域整治，全年发动全乡党员和干部群众 1000 余人次开展乡、村区域及公路沿线环境卫生整治，清除各类垃圾 80 余吨，清理渠道 20 千米、道路 60 千米。发挥乡村两级河长作用，对重点区域进行常态化巡查 350 余次，开展河湖“清四乱”专项整治行动 70 余次，人居环境明显改善。

【项目建设】 全年曲库乎乡实施 4 个项目，项目总投资 1596 万元。木合沙村种草养畜二期项目，总投资 346 万元，新建牛棚、饲料加工车间、消毒室等配套设施；古德村乡村振兴示范村项目，总投资 500 万元农村饮水提质增效及村内基础设施建设完善；古德赛岗农产品种销专业合作社改扩建项目，总投资 250 万元，新建粮食储藏库及生产加工车间、消防水池及相关配套设施；西卜沙村“星空峡谷”生态旅游度假区项目，总投资 500 万元，前期准备工作全面完成。

【文化旅游】 多哇村结合实际情况，利用交通便利、周边风景秀美、林木环抱、空气清新的天然优势，发展村集体经济产业，结合中央财政扶持壮大村集体经济项目，对多哇温泉进行提标升级打造，进一步完善相关配套设施，全年实现收益 71.6 万元。

【社会事业发展】 坚持教育优先战略，加大控辍保学力度，年初与各村签订“控辍保学”责任书，防止辍学现象发生，全乡九年义务教育巩固率达 100%。强化就业保障，紧扣“六稳”“六保”任务不放松，在各村项目实施过程中，与施工方协调对接，雇用当地务工人员，增加当地农牧民群众就业机会。加大技能培训力度，在各村分别开展中式烹饪、歌舞演艺等技能培训 2 期，培训人次达到 200 余人，开展妇女专项就业技能培训一期，培训 150 人次，进一步提高妇女就业能力。利用“三八”妇女节，开展慰问、救助贫困母亲和为贫困妇女献爱心活动，帮扶全乡 44 户单亲家庭，申请“两癌”救助 3 人次。

【民生保障】 落实农村低保、残疾人补贴、高龄补贴、困境儿童等各项社会救助工作，让群众享受党的各项惠民政策。全年完成临时救助 175 户 544 人，发放资金 564559 元；低保 442 户 1516 人，发放资金 6359941 元；特困供养人员 21 户 25 人，发放资金 321640 元；残疾人发放“两项补贴”192 人，补助资金 271650 元，慰问困难残疾人 13 人。

【精神文明建设】 实行意识形态工作“四个纳入”机制，将意识形态工作纳入重要议事日程和村“两委”班子考核范围及民主生活会对照检查内容，建立舆情定期研判机制。科学研判应对舆情，实现意识形态工作有专人负责、定期研究、确保落实到位。召开专题安排部署会 2 次、分析

曲库乎乡举办民族活动（曲库乎乡供图）

研判会10次，开展检查督导4次，网络平台摸排3次。以新时代文明实践站为依托，打造精品活动场所，成立志愿队伍，以贴近实际、贴近农村、贴近群众、贴近生活的实践内容，发挥志愿者队伍职责，不断加快建设进度，精心策划活动内容，用群众喜闻乐见的新方式组织开展实践活动。围绕“一号文件宣讲”“国家安全”“扶贫助困”“农技推广”“生态环保”等志愿服务项目，全乡开展各类活动40余场次，参与活动的志愿者240余人次。

【党建工作】 落实党建工作目标管理责任制，年初召开党建工作专题会议，制定下发《曲库乎乡党建工作要点》，签订党建工作责任书，动员部署全年党建工作目标任务，进一步明确工作职责，压实工作责任，细化目标任务。建立党建指导员制度，指导各支部严格按照规定程序落实“三会一课”、组织生活会、民主评议党员、谈心谈话等制度。全年召开党建工作专题安排部署会4次，专题听取各村党支部书记抓党建工作2次，召开党员大会36场次，支委会108场次，支部书记讲党课40场次，主题党日活动110余次，党建督查4次，党政班子集体学习18次。落实党建工作目标管理责任制，在全乡范围内开展党支部“大学习、大检查、大规范、大提升”活动，坚持抓两头带中间，选树先进党支部典型，同时按照一定比例排查整顿后进党支部，真正把每个党支部都建好建强。在虫草采挖季节成立临时党支部，发挥先锋堡垒和战斗堡垒作用，实现虫草采挖点连续8年“零事件”。严把党员入口关，全年培养入党积极分子9人，发展预备党员12人，转正9人。指导各村建立后备干部人才库，储备后备干部36人。在2021年分门别类建立党员信息库的基础上，2022年推出对在职党员实行“星级化”管理、对老党员实行“关怀式”管理、对贫困党员实行“帮扶式”管理、对流动党员实行“跟踪式”管理四种模式，不断强化党员管理工作。

【社会治理】 推进“支部进网、党员联户”模式，推进党建网格与综治网格“两网合一”，在虫草采挖点成立临时党支部，将服务群众活动延伸拓展到蹲点一线。抓好“两个基础”工作。抓好法治宣传教育引导，进一步增强群众守法意识，使党的惠民利民政策不断深入人心。抓好矛盾纠纷排查化解，利用村级人民调解员中坚力量，开展影响社会稳定矛

2022年5月5日，曲库乎乡在虫草采挖点成立临时党支部（曲库乎乡供图）

盾问题的摸排、研判、化解工作，坚持矛盾不上交，就地解决。突出抓好“三项治理”。坚持把德治作为基础工程，建立村民议事会、道德评议会等群众性组织，在村内发挥带头示范作用，开展“道德模范”“好媳妇”“好公婆”等评选活动，引导人们讲道德、守道德，营造良好的向上向善氛围。突出村民自治的主体地位，探索推行“1+10+N”基层党建模式，探索推进党建引领基层社会治理新思路，使党建成为解决基层社会治理问题的“万能钥匙”。不断深化基层法治建设，全面落实平安同仁建设行动，开展重点联系对象帮教、矛盾纠纷排查化解和法律“十一进”等活动。

【党风廉政】 年初，组织召开党风廉政建设工作安排部署会，对乡党委、纪委“两个责任”落实情况进行民主测评，开展集体廉政谈话70人次，签订廉政承诺书35份；结合中心组学习等，组织领导干部职工深入学习《中国共产党党员领导干部廉洁从政若干准则》、中共二十大和省十四次党代会及中央、省、州、市纪委全会精神等，开展节前谈话，通报典型案例，提醒全乡广大党员干部始终守纪律、明底线、知敬畏，坚决杜绝节日不正之风。坚持问题导向，加大日常监督，全年开展专项督查33次。

兰采乡

【概况】 兰采乡位于市境西部，距市政府驻地68千米，最高海拔4767米，最低海拔2200米，平均海拔3483米。总面积452.52平方千米，其中耕地110.2公顷，人均占有耕地面积0.12公顷；草场面积3.8万公顷，可利用草场面积3.8万公顷，人均占有草场面积6.53公顷。辖兰采村、环却乎村、土房村3个行政村，8个自然村，3个村民委员会；有1265户5805人。其中女性2906人，藏族5805人，为纯藏族村落。全年粮食作物播种面积53.27公顷（其中青稞18.73公顷、小麦29.47公顷、马铃薯5.07公顷），油料作物播种面积56.93公顷，全为油菜；青稞产量4.5吨、马铃薯6.7吨、小麦150吨、油菜42吨，总产203.2吨。开展化肥农药减量增效行动，发放有机化肥220吨。全年造林800公顷，森林覆盖率36.17%。年末牲畜存栏65416头（只），其中羊43565只、牛21851头，出栏牲畜19603头（只），出栏率29.97%，畜牧业总产值4329.3万元。农牧民人均收入12162.9元，同比增加916.3元。有小学4所，在校学生638人，适龄儿童入学率99%；寺庙1座；有医疗机构7处；合作社11个，其中苗木合作社3个、牛羊养殖合作社7个、加工合作社1个。推行发展畜牧业，利用有利条件和资源发展牛乳、酥油、曲拉、蕨玛等土特产品加工业，构建畜暖棚、规模养殖场。2022年兰采乡被评为文明乡镇。兰采乡土房村藏戏是黄南藏戏的一种，是以歌舞形式表现文学内容的综合性艺术，主要有《文成公主》《诺桑王子》《卓娃桑姆》《智美更登》等剧目。

【乡村振兴】 贫困帮扶 落实“2411”防返贫监测和帮扶机制，年内开展2次集中大排查工作，及时将存在致贫返贫风险的脱贫不稳定户和边缘易致贫户4户16人纳入监测范围。持续增进民生福祉，全年纳入低保26户56人，落实临时救助146户553人，发放资金768497元。申领“雨露计划”34人，发放资金30万元。做好转移就业和劳务输出工作，引导群众外出务工，带动群众增收，全乡外出务工人数为586人，人均收入为2500元，实现脱贫户公益性岗位人均一户全覆盖的目标，兰采乡公益性岗位共计250人，其中林业管护岗26人，草原管护岗96人，光伏公益性岗位128人。

产业振兴 争取乡村振兴衔接资金500万元，续建兰采天然温泉产业项目。群众自筹210万元，实施兰采乡温泉民宿建设项目，拓宽群众增收渠道。加强天津对口支援工作，争取项目资金100万元，用于卫生、教育、人才等方面的建设和培养。争取财政预算资金53.76万余元，实施卫生院、司法所空气源供热项目。

打造特色产业建设，加强村集体产业“造血”功能 落实中央扶持资金50万元，打造环却乎村生态畜牧业合作社建设，提标升级合作社基础设施建设，引进优种牦牛，形成集“养殖+生产+加工+销售”于一体的规模化产业链，进一步推进合作社产业化、规范化、现代化发展。落实中央扶持资金50万元，实施土房村农业种植项目，引进现代化农机设备，推动产业结构优化调整，农业技术现代化发展。

人才振兴　全乡举办烹饪、民族舞蹈、乡村振兴人才培训等技能培训班，参加技能培训315人次；让农牧民群众练就一技之长，通过自身本领提高经济收入。公益性岗位250户全覆盖，其中兰采村149户（草管员48人、林管员13人、光伏公益性岗位88人）、环却乎村45户（草管员19人、林管员5人、光伏公益性岗位21人）、土房村56户（其中草管员29人、林管员8人、光伏公益性岗位19人）。草管员、林管员月工资1800元，光伏公益性岗位月工资1000元。

群众收益　全乡户产业353户1653人。其中，养殖户271户1255人，总收益220.90万元；经商户78户380人，总收益88.58万元；资产收益4户18人。各村驻村工作队、村“两委”定期对户产业经营情况进行跟踪督查，确保户产业有效运行，防止流失。

互助资金运行　投资100万元，在兰采村、土房村成立互助资金协会。互助协会总会员759户，其中贫困户199户、非贫困户560户。扶贫互助资金总额达到159.52元，其中财政资金135万元、会员入会费5.08万元、占用费19.44万元。截至2022年，累计发放借款1135.92万元，还款率达到100%，其中兰采村、土房村扶贫互助资金总额159.52万元，发放贷款138.68万元。互助协会理事会严格按照章程以及管理办法，根据会员家庭实际情况以及具体需求，向会员借款，资金均用于发展生产，互助资金运行情况良好。

【文化旅游】　乡党委政府组织开展端午、中秋、“七一”、国庆等节日活动，春节期间走访慰问生活困难党员和老党员、残疾人、困难群众，元宵节开展“促进美好乡村建设、丰富群众文化生活”文体活动，“六一”慰问儿童、“七一”开展“为党庆生喜迎二十大”系列活动，充实农牧民群众文化生活。兰采天然温泉产业项目，争取乡村振兴产业资金1000万元，投入兰采天然温泉产业项目，项目总规划面积为4558平方米，总建筑面积2116.5平方米，建筑主体为地下一层，地上三层。兰采乡坚持保护和利用好“活文化”，把兰采文化艺术团与天然温泉产业“一体化”发展，促进旅游“+文化、+康养”新业态发展，以“+旅游”思维推动兰采文化艺术团拓展与升级、重塑与再造，打造宜居宜业宜游魅力兰采。

【招商引资】　坚持“打基础、谋长远、出实招、树品牌”理念，致力于开发兰采天然温泉。落实乡村振兴项目资金500万元，续建兰采天然温泉产业项目，截至2022年底完成基础设施建设，该项目运行后预计每年收益在50万元~100万元。天津市滨海新区新港街道办事处投资100万元，用于改善学校基础设施建设、购置卫生院医疗设施设备和人才队伍建设。其中50万元用于购买兰采乡卫生院医疗设备、30万元用于建设兰采乡寄宿制学校录播教室、20万元用于开展乡村振兴人才培训。争取中央扶持资金100万元，其中50万元投入土房村农业种植项目，购置农用

2022年3月，同仁市2022年文化科技卫生法律“四下乡”活动走进兰采乡（兰采乡供图）

机械设备，发展农机租赁业务；50万元用于提升环却乎村生态畜牧业合作社综合生产能力和运营水平。为进一步推进兰采乡全域无垃圾示范乡建设，逐步实现垃圾无害化、减量化，经市政府协调，下拨资金89万元采购1台生活垃圾焚烧炉。落实市财政预算资金53.76万元建设兰采乡卫生院综合楼（307.78平方米）、兰采司法所（135平方米），实施清洁能源供热项目。全年共计投资842.76万元，做好为民办实事、办好事。

【生态文明】 开展生态环境保护专项整治行动，落实“门前三包”责任制，持续深化网格化管理，落实“河湖长制”“路长制”“林草长制”，应用两网合一，巡查整治全乡河流、道路、草场，做到及时发现及时处理。推进黄河流域生态环境全方位“体检”问题整改，全面改善水生态环境。建立“政府推动、各村协作、群众主体、分级管理、社会参与”模式，推进生态环境领域执法大检查反馈各类问题整改工作，完成问题整改5个，正在整改3个。开展“洁净美”专项行动，投资89万元，实施垃圾焚烧炉项目，完成基本框架。完成1.3万公顷草原鼠虫害治理工作。开展国土绿化工作，推进“绿色长廊”，以实际行动厚植兰采生态底色。

【社会事业发展】 劳务经济 争取天津援建项目资金20万元，开展乡村振兴人才培训，以乡村振兴政策、信息技术知识、各类实用技术、富导产业等新知识为内容，采取专题培训、经验交流、实地观摩、案例分析、讨论交流等方式，分批次培训乡政府驻村干部、卫生院技术人才、村医、本土大中专院校毕业生、脱贫致富带头人，参加技能培训315人次。

教育发展 力推“控辍保学”清零工作，全乡在校学生638人，无因贫辍学人员，各学校“三科教材”工作推进有序有效。获得300元的三江源补助资金、“雨露计划”大学生补助的学生共计34人次，发放资金30万元。落实市教育局100万元，完成兰采乡唐拉卡寄校塑胶操场修建，争取天津援建项目30万元，用于建设兰采乡寄宿制学校录播教室（建设面积58.62平方米，完成录播教室内部装潢和设备采购，已竣工验收）。注重平安校园建设，开展法治教育活动，增强师生法治观念。制定卫生安全，食品安全、交通安全、学校维稳等一系列安全制度和实施方案及计划，加强对校舍、学校财产的管理。

卫生计生 兰采乡卫生院可进行乙肝、艾滋病、梅毒、血常规、尿常规等常规检查。全年兰采卫生院住院300余人次，门诊3700余人次，医疗总收入138万元。完成孕产妇建档管理102人，住院分娩102人，住院分娩率达100%，其中高危孕产妇2人，高危管理率100%，完成居民健康档案5200余份。卫生院工作人员到各村对35岁以上人群逐一进行健康筛查，经筛查，全乡高血压患者47人、精神病人17例、糖尿病患者12人。完成免疫规划运转12次，全乡计划免疫接种率达90%以上，新生儿应建卡102人，实建卡102人，建卡率100%。管理结核病人4人，管理率100%。

【民生改善】 争取天津援建资金30万元，建设小学录播室，援助10万元，维修学校基础设施，推动全乡教育工作更高质量发展。规范低保、临时救助、残疾人补贴等审批发放程序，及时公开救助动态。核查农牧户35户，全乡纳入低保范围26户56人；审批

2022年8月21日，兰采乡组织干部抢修公路疏通交通（兰采乡供图）

发放临时救助146户553人，76.85万元；市民政局发放救助17户108人，26.32万元。开展交通、食品、校园安全等专项行动，在汛期转移群众43户185人，清理塌方18处，抢修损毁道路10千米。对汛期受灾144人发放受灾补助15.51万元，向州政府争取灾后重建资金200万元用于修建乡派出所。推动目标人群疫苗接种，超额完成全乡60岁及以上老年人群新冠疫苗接种任务。州政府拨付20万元，用于修缮乡政府基础设施、虫草采挖维稳、购买疫情防控及防汛物资。促进牛羊出栏，增加畜牧业经济的发展，全年出栏率达到29.97%。加大农牧民群众及本土大中专院校毕业生、脱贫致富带头人的人才技能培训力度，在各村分别开展中式烹饪、歌舞演艺等技能培训，争取天津援建项目资金20万元，组织各村大中专院校毕业生、脱贫致富带头人等开展乡村振兴人才培训，培训人次共达315人。完成全乡房屋保险全员参保，医疗保险参保率达96%，牛羊参保率达58%。全面完成免疫规划、家庭医生签约、老年人免费体检等公共卫生健康工作。在全乡开展自建房安全隐患大排查大整治行动中，排查278户，其中经营性自建房24户，自建房254户，手机App累计摸排上报278户，未发现存在安全隐患自建房。高效完成撂荒地整治工作，复耕复种面积5.69公顷，完成率达100%。

【精神文明建设】 健全完善“一约四会”社会治理体系，拓宽群众参与乡村治理的渠道，让农牧民群众真正成为乡村治理的主体、乡村振兴的受益者。完善乡规民约，健全红白理事会、道德评议会、禁赌禁毒协会等群众组织。开展网络文明建设，开展网络安全警示教育，增强网络安全意识，明确网络安全职责，开展集中培训，增强网络安全技能。开展最美庭院、文明家庭创建评选活动，评选出17户“好媳妇、好婆婆”“教育模范家庭”等示范典型。积极推荐全州道德模范人选、榜样人物，发挥模范积极带动作用。表彰2021年度五星级文明户100户、标兵户4户，推荐申报2022年度“五星级文明户”92户、标兵户5户。抓好日常宣传，组织各支部以主题党日、专题研讨、党员大会等多种形式，围绕安全生产、乡村振兴、民族团结、社会维稳、疫情防控等中心工作，开展专题学习、讨论交流，号召全体党员带头在新任务、新考验、新挑战面前坚守共产党人初心，发挥党员带头模范作用。

【社会治理】 召开综治维稳专题会议14次，治安形势分析研判会7次。落实基层社会治理。为加大矛盾纠纷排查力度，进一步健全矛盾纠纷排查调处机制，召开矛盾纠纷排查分析会4次。到各村、寺庙等重点区域开展矛盾纠纷排查化解工作，巡逻覆盖做到全覆盖，全年排查矛盾纠纷5起，均为一般性矛盾纠纷，已全部调解。乡党委结合冬春维稳及扫黑除恶专项整治常态化，设立维稳总指挥中心，落实24小时巡逻值守及“零报告”制度，确保虫草采挖、放牧转场、敏感期“零事故”。发挥网格员职责，设立网格员415人，其中党员168人，实行“两网合一”。为巩固民族团结进步创建成果，共建睦邻友好乡镇，维护好边界地区社会稳定，年初与贵德县常牧镇、泽库县麦秀镇、尖扎县尖扎滩乡、本市年都乎乡等相邻乡镇签订睦邻友好协议书，层层约谈各级责任人，逐级落实责任。采取分片包干的方式入户宣讲，宣讲法律法规、民族团结政策等，全面完成“八五”普法工作，引导各族干部群众牢固树立“三个离不开”思想、增强“五个认同”意识。开展民族团结工作“十一进”活动，进一步增强干部群众的政治鉴别力和政治敏锐性。落实法律援助和“一村一法律顾问”制度，成立矛盾纠纷调处专班，划定“团结线”，成功调处困扰全乡22年的兼多草山纠纷。

【武装工作】 加强民兵训练工作，组织军事训练及政治理论培训3次。在8月强降雨防汛抢险工作中，民兵应急分队第一时间排查地质灾害频发区等防汛重点区域、重点路段，逐户摸排受灾情况，紧急转移隐患点群众，保障人民群众人身和财产安全。在节庆安保、中共二十大期间、疫情防控期等重要节点组织民兵开展维稳安保、防疫巡逻、公共场所消毒等工作，保证全乡社会大局和谐稳定。

【基层党建】 利用理论学习中

心组学习、“三会一课”和党员固定学习日等时机，开展集中学、自主学、研讨学、实践学，建立党史学习教育长效机制，巩固拓展党史学习教育成果。全年开展党委理论学习中心组学习 70 次，省州市委重要会议精神、法律法规等 32 次，学习研讨 3 次，撰写学习心得体会 122 篇。落实村“两委”成员绩效考评制度，发挥村党支部书记作用，实施“213”后备人才培养计划，充实村级后备干部库；按照《青海省驻村第一书记和工作队选派管理办法》要求，加强驻村干部日常管理、考核评议、专题培训，落实关爱激励保障措施，推动第一书记和工作队员履职尽责、干事创业。严把发展党员“入口关”“程序关”，年内发展党员 3 人，转正党员 4 人。以产业振兴作为乡村振兴的主要抓手，争取乡村振兴项目资金 1000 万元，打造兰采天然温泉项目。争取东西部协作援建资金 20 万元，开展乡村振兴人才培养项目。虫草采挖期间成立 3 个临时党支部、1 个联合临时党支部，发挥基层党组织战斗堡垒作用。以党员联户、委员联户为依托，全体党员干部发挥先锋模范作用，带头投入一线抗洪防疫工作中。

【作风突出问题集中整治专项行动】 开展党风廉政建设专题学习 11 次，参加人员 500 余人次，督促检查 3 次；组织全体干部观看黄河流域警示片，召开党员干部酒（醉）驾、赌博等问题警示教育大会，签订承诺书 42 份；其中，对 1 名农牧民党员因参与赌博违纪违法问题给予党内警告处分决定；对服务窗口、村集体经济运转、干部出勤等工作落实情况开展督查，召开专题会议 2 次，对发现的问题及时通报并督促整改。向乡党委汇报工作 3 次，督查重点工作开展情况 24 次；开展集中谈话 3 次，与项目受灾评估负责人进行谈话 1 次，开展警示教育 2 次。全乡调处化解信访件 2 起，接待群众来电来访 4 件，结案率均为 100%，受理率、按期答复率、群众满意率均达到 100%。

【安全生产】 召开安全生产工作部署会议，成立安全生产工作领导小组，层层压实责任，落实“一岗双责”，与各村、各站所签订安全生产目标责任书。组织干部、群众、工地施工人员、寺管会人员等参加安全生产教育、培训 2 场次，参加人数达 500 人次，发放安全知识手册 500 余。按照安全生产“五个不放过”工作要求，结合辖区安全生产情况和季节性特点，组织干部、派出所民警定期开展“安全生产月”活动及安全生产大检查工作，重点围绕项目工地、加油站、饭馆、商店、寺庙、校园安全等进行地毯式隐患排查 30 次，发现各类隐患 5 处，现场整改 5 处，下达整改指令 5 份。杜绝过期、垃圾食品的销售和零散汽油售卖以及道路交通违法违规行为；对存在的隐患问题进行分类梳理，制定防范措施，在汛期损毁道路、塌方隐患处设立警示牌；确保隐患及时消除。隐患整改率达 100%，有效杜绝各类安全事故的发生。组建以领导干部、党员、人民联防为主的 128 人应急处突队，逐户排查危险地段的群众和特殊人群，根据天气预警信息，对照划区作战图，以最快的速度转移隐患区域群众 43 户 185 人，做到应转尽转，出动大型机械 6 台，清理塌方 18 处，抢修损毁道路 10 千米，帮助受困群众车辆脱险，确保道路交通安全，保障隐患区域群众安全度汛。宣讲防灾减灾知识，提高群众防灾避灾安全常识。坚持贯彻预防为主、有备无患、结合实际的原则，提前做好物资储备工作。组织开展防汛抢险应急实战演练，11 个应急小组完成抢险救援、紧急疏散、安全转移、人员救治等环节演练，提高防汛应急响应和处突能力。

【天津援建】 2022 年，天津市滨海新区新港街道办事处提供援建资金 100 万元，实施“教育提升、培育人才、基础夯实”援建项目，其中 50 万元用于购买兰采乡卫生院医疗设备、30 万元用于建设兰采乡寄宿制学校录播教室、20 万元用于开展乡村振兴人才培训。援建项目实施后，进一步优化乡镇卫生院基础设备建设齐全、布局合理、功能完善、运转协调的新型乡镇卫生服务体系；减轻老百姓的看病就医负担。提高学校教育信息化水平，改善学校基础设施建设。提升干部队伍带富能力、协调能力、服务能力和治理能力，带动当地就业全年促进兰采经济社会发展。应基层治理和乡村振兴建设需要，培养一支思想政治素质好、道德品行好的基层党员干部队伍及医疗服务队伍。

扎毛乡

【概况】　扎毛乡位于同仁市西南部，距市府驻地32千米。平均海拔2800米。总面积53656公顷，其中耕地186.67公顷；草场面积1.45万公顷，人均占有草场面积2.77公顷。辖扎毛村、和日村、立仓村、卡苏乎村4个行政村，9个自然村，4个村（居）民委员会；有1091户5235人。

2022年，粮食作物播种面积159公顷。年末牲畜存栏35137头（只、匹），其中羊23601只、牛11525头、马11匹，出栏牲畜2800头（只），出栏率25%。有水库1座。农村用电量78.6万千瓦时。农牧民人均收入12080元。有小学4所，在校学生420人，适龄儿童入学率100%。有医疗机构5处。

【农牧业发展】　坚持高效农业、加工畜牧业两个重点培育，把握产业转移承接、资本转行衔接、产业链延伸对接三个重点，使农业生产稳中有进，顺利完成农作物种植147.07公顷，实现化肥农药减量增效行动全覆盖。全面完成耕地“非农化、非粮化”及撂荒地整治工作；特色畜牧奋起直追，结合同仁市农牧业高质量发展“12345”战略，全乡牛羊存栏数量已达3万余头，形成了和日村、立仓村牦犏牛养殖基地，卡苏乎村“夏伊姆”马鹿养殖基地和牙什当村农田集约化整合发展的农牧产业板块。

【乡村振兴】　为抓好脱贫攻坚巩固提升，完成后续产业的发展，逐步实现《扎毛乡乡村旅游助推乡村振兴（2021—2035）》总体规划宏伟蓝图，拟定“五彩扎毛”巩固脱贫攻坚成果同乡村振兴的有效衔接工作路径。建立防贫帮困新机制。对易返贫人口早发现、早干预、早帮扶。紧扣“2411”动态监测机制，通过集中开展排查和动态监测1091户5150人，已认定监测户3户10人。落实各项帮扶政策。夯实“两不愁三保障”成果，全面落实好教育、医疗、住房、饮水、交通、电力等民生保障普惠性政策，实现脱贫户基本医疗和基本养老全覆盖，全年共计30名贫困生获得“雨露计划”教育补贴。

【生态文明】　启动“环境综合整治暨卫生乡村擂台赛”，推行包干比拼。专门组建乡巡察办，实行一周三巡，组建村级保洁员、河道协管员、清洁乡村工作监督员、路街长四支专业队伍，实行常态管理。探索推出垃圾焚烧长效机制，不断深化垃圾分类“论斤卖”“分类烧”等特色做法，推进农村生活垃圾分类和资源化利用，建立收运处置长效运行机制，累计处理垃圾800余吨。以扎毛乡为例，2021年引进垃圾SD-50系列环保焚烧炉，投资37.8多万元，自9月建成占地550平方米的黄南州首个垃圾焚烧场以来，填埋产能同期环比下降37%。

【项目建设】　完成重点项目4项，有扎毛乡扎毛村农业休闲观光园建设项目、卡苏乎易地搬迁提标升级工程等，为扎毛乡农牧文旅产业发展抢占经济发展先机带来积极作用。积极筑巢引凤，引进市场主体，定期召开项目建设工作，结合项目建设领域“三不腐”专项行动，以市场主体需求为导向，力行简政之道，公平公正监管，持续优化服务，召开乡内营商环境，了解企业

2022年1月8日，扎毛乡扎毛村进行2022年村集体经济分红（扎毛乡供图）

在项目进程中存在的疑难问题，及时化解矛盾纠纷，促推项目加速运行。

【文化旅游】 开展AAA级旅游景区申报工作，按照盘活存量、优化增量、控制总量三步走方针及“一村一品、一村一韵”要求，打造、谋划斗合言村“悬崖酒店”、玛什当村“精灵地堡”等一大批产业项目。推行“政府主导+企业投资+村集体经济+合作社+农牧户”的管理运营模式，提升乡村旅游管理发展能力。原有乡村旅游产业项目已全部运营产生收益。引资项目“云端热贡”野奢营地，推出扎毛村“芊桑别院”农田休闲观光园产品项目，“小特精”高端旅游品牌构架初步显现。4个行政村村集体收入均超过10万元。

【社会事业发展】 有序推进村庄规划编制，优化城乡空间布局。通过加强领导，制定完善任务分工方案，市级领导带队压紧压实责任，并根据施工情况，研究推进措施，推动试点开展；通过精心组织，围绕乡村建设评价工作，全面采集农村建设、乡村风貌、农业生产等数据，真正实现“借智借力”“借梯登高”；通过细致汇总，结合前期调研，对乡村建设情况、农村面貌、农业产业等领域进行分类汇总，实行上下联动。创新推广“公司+合作社+农户”土地流转模式，引导鼓励社会资本通过转包、租赁、转让、入股等多种形式流转土地承包经营权，全乡有序流转土地3.33公顷。实施扎毛村内道路改造提升，形成“一横十二纵”交通网络，推行畅通乡村“微循环”。全面开展“厕所革命”、垃圾处理、污水治理、绿化、美化五大攻坚行动，实现农村人居环境整治效能最大化。截至2022年底，完成相关人饮、污水、道路、防洪、“厕所革命”等20个项目，累计完成投资3800万元。10月29日，省委副书记、省长吴晓军到扎毛乡调研，表扬同仁市整合力量办人事，各炒一盘菜，共办一桌席做法，并敲定将在同仁市举办全省乡村建设现场观摩会。

【社会治理】 划分全乡4个村3座寺庙为15个基础网格，细化微网格71个，参与联户的村“两委”、党员、村民代表、社会贤达86人。截至2022年底，走访群众1000余户，实地走访覆盖率100%，走访和电话沟通覆盖率100%。成立党建引领基层社会治理乡村两级各11支村级自治队伍，在“一约四会+”“四议两公开”《移风易俗指导意见》等措施和制度保障下，进一步明确工作考核内容、方式，强化结果运用。通过抓牢基层党建、生态文明、经济发展和维稳安保“四个融合”，加强柔性治理和科技力量提升技术治理“两个引入”。创新“共商共榷”决策实践机制，发挥群众主动性，变低效治理为高分成绩。巩固落实安全生产责任制，召开17次专题会议，研究部署安全生产工作，坚持以“除隐患、保平安、喜迎二十大”百日专项行动、“十查十治”活动和新一轮安全生产隐患大排查大整治活动为抓手，重点加强房屋、建筑工地、人员密集场所、危化品行业、道路交通等方面的安全管理。开展安全生产“打非治违”和隐患排查整治，全年摸排并整改安全隐患30余处，一般火灾事故同比下降100%，一般交通事故同比下降32.14%，未发生重特大安全生产事故，安全生产形势总体稳定。

开展风险隐患排查化解“十必报”机制。创新“3+X”三区矛盾纠纷调处化解机制，实行矛盾纠纷排查调处“日排查、周汇总、月上报、季研判”的制度。“调解100%满意度”连续11个月达标，截至2022年底，调处可能影响社会稳定的矛盾纠纷7起，各类小型矛盾纠纷48起。在全乡3所寺庙内全面铺开宗教中国化工作，依法管理宗教、民间信仰活动场所，依法管理教职人员，依法管理网络，进一步铸牢中华民族共同体意识。持续开展民族团结教育“十二进”活动，坚持“滴灌式”教育方式，常态化开展法治、维稳宣讲。结合创建工作成果，打造民族团结进步“文化街景”，全方位系统展示民族团结历史、创建历程、成果成效。完善“党建+民族团结+社会治理”工作体系，以社会稳定团结进步助推经济大局稳步向前。全面备战守牢防线。全乡整合人民联防、应急处突及基层网格员150余人力量，常态化开展应急处突演练5次。结合各重大会议、重要节点，全面实行24小时巡查工作，到寺庙、项目部、街面商铺等重点场所，排查处置风险隐患39处。全年针对易肇事肇祸精神疾病患者、流动人口、滞留人口、境外人员家属及重点联系对象等分类施策，加大管理力度。

【民生改善】 有效落实低保评审工作，纳入低保7户21人，临时救助157户701人、金额59.10万元。持续开展医保、社保政策宣传工作，全乡合作医疗保险率达到100%、养老保险率达到90%左右。关爱弱势及特殊群体，救济百余名困难群众，累计捐赠物资折合人民币达5万元。开展残疾人帮扶救助工作，申请护理补贴、生活困难补贴20余人次。开展防范养老诈骗系列活动，发放高龄补贴221人15万余元，为失能和半失能老人提供志愿服务保障。

进一步明确防汛抗旱工作责任，完善各项工作制度，加大救生衣、沙袋木桩等物资储备，建强乡村应急队伍5支97人。完成辖区沟渠9千米的清理工作。对重点区域进行责任承包，做好防大汛、抗大灾的一切准备，全力保障人民群众生命财产安全。

【精神文明建设】 开展“五星级文明户、标兵户”“五好家庭”评选活动，“我们的节日”主题活动，“学雷锋月”志愿服务活动，移风易俗教育引导活动，并把全乡重点工作同文明创建工作相结合，发挥扎毛乡在精神文明建设中的示范带头作用。日常以“黄南先锋”、“学习强国”学习平台、“三会一课”、主题党日活动为载体，把社会主义核心价值体系建设融入精神文明创建全过程，坚持用社会主义核心价值体系教育全体党员干部，引导树立正确的世界观、人生观和价值观。加强农村牧区思想道德建设工作，以全国“公民道德宣传日”为契机，组织开展“听村级道德模范‘读经典、诵经典、传经典’”的主题道德讲堂活动。教育引导广大党员干部及农牧群众学习《新时代公民道德建设实施纲要》。坚持科教兴乡，定期开展农牧业实用技术培训活动，向农牧民群众传授种植、手工等技术。举办各类培训班20余期，培训1500余人次，发放资料3000余份，播放科技录像20余场次。不断丰富图书室藏书量，现各村各类书籍累计达5000余册。

【党建工作】 采用“四个全覆盖”党建工作法，发挥党支部七大功能，实现“建强战斗堡垒，引领乡村振兴，引领生态宜居，引领产业富民，引领乡风文明，引领社会治理”的“一强五引领”工作新格局。加强对习近平新时代中国特色社会主义思想的学习，结合中共二十大召开，围绕省第十四次党代会精神，以贯彻落实上级各项指示精神的为首要任务，组织党委理论学习中心组集中学习31次，开展理论宣讲活动50余次；强化宣传扩大学习成果，将精神文明建设落到实处，发动200余人次完成20余次志愿者服务活动，开展20余次层次多样、形式丰富的理想信念、文明实践活动。挖掘党建特色品牌，重点围绕党建日历、红色网格治理、地企联建、365爱心服务机制等，强调重塑党的政治色彩，突出强化“红色引领”、培育“红色头雁”、激活“红色细胞”、建设“红色阵地”、繁荣“红色文化”、掀起“红色旋风”的“六个红色”工作重点，打造红色“党建品牌”，绘制红色“党建地图”。发展党员4人，开展各类党员培训班3期，培训党员160人。推进“村霸”“微腐败”整治，软弱涣散基层党组织排查整

2022年3月13日，扎毛乡2022年“抓党建促乡村振兴”政策宣讲会召开（扎毛乡供图）

治、农牧区发展党员违规违纪问题排查整顿工作。开展班子成员集体谈话4次，利用微信群宣传警示文章12篇；筑牢基层党支部“防腐墙”，开展综合检查5次，下发督查通报1篇，调查处理信访件1件，完成信访调查回复1件。守好意识形态阵地，召开1次专题会议研究研判形势，狠抓政治建设、学习教育和舆情管控。挖掘各领域各行业的好经验、好做法，利用“山水扎毛”宣传阵地，巩固壮大各领域主流思想舆论，开展微信群主培训、网红约谈等专项工作，筑牢网络舆情防控体系。

瓜什则乡

【概况】　瓜什则乡位于市境东部，距市政府驻地48千米，最高海拔4298米，最低海拔3240米，平均海拔3500米。总面积401.28平方千米，草场面积40041.33公顷，可利用草场面积38466.67公顷。辖阿旦村、郭进村、尕什加村、西合来村、力吉村、赛庆村等6个行政村（42个自然村）、6个村（居）民委员会；有1134户5132人。其中藏族5043人，人口自然增长率0.23%。全乡以牧为主，牧业产品有牛羊肉、牛羊皮、牛羊毛、酥油、曲拉、风干肉等，著名特产瓜什则牦牛酸奶享誉甘青两地。珍贵野生动物有鹿、香獐、黄羊、青羊、猞猁、狐狸、旱獭、獾猪等10余种。珍稀禽类有白松鸡和火鸡等。此外，本地还盛产冬虫夏草、雪莲花、大黄、柴胡、党参、秦艽、当归等珍贵药材。

2022年，全乡实现生产总值12885万元，其中第一产业增加值为402万元，同比增长8.5%；第三产业增加值为22万元，同比增长9%。年末全乡牛存栏17156头，出栏4575头；羊存栏65466只，出栏27691只。畜牧业总产值10840万元。农村用电量232.97千瓦时。农牧民人均纯收入13845元，同比增加1089元。有小学2所，在校学生389人，适龄儿童入学率100%。有医疗机构7处。全乡牧民人均收入13845元，同比增长1089元。

【招商引资】　按照“一乡一业、一村一品”要求，建设1000万元的高原牦牛扩繁场及附属设施、680万元的牦牛酸奶产业园、141.6万元的“佳加哇娄”纯种藏系羊保种场、1000万元的尕什加羊养殖基地等项目；高度重视重大项目服务保障工作，全力保障西成高铁、400兆瓦“牧光储”一体化项目和国能200兆瓦项目等重大项目落地实施。投入1590万元、290万元，分别实施瓜什则乡四村雨污水管网项目和供水管道项目；投入1300万元，举办实施整治巷道3.2万平方米及配套附属设施工程；投入200万元，对瓜多公路延伸段实施道路提升工程。全年6个行政村村集体经济收入均突破10万元。继续推进“撤乡建镇”。自瓜什则乡“撤乡建镇”工作启动以来，各项准备工作紧锣密鼓地开展，前期意见建议征求、总体规划设计、实地调研论证等工作已完成。

【乡村振兴】　投入1300万元，实施整治巷道3.2万平方米及配套附属设施；投入200万元，对瓜多公路延伸段实施道路提升工程。为加快美丽乡村建设，投入资金368万元实施尕什加、力吉两村的高原美丽乡村工程和西合来村“一事一议”项目，修建休闲广场两处，实施西合来村高原美丽乡村建设项

2022年2月14日，瓜什则乡举办良种羊展兴比赛（瓜什则乡供图）

目，修建白塔广场；投入资金 875 万元建设总长 41.7 千米的尕什加和西合来村牧业点砂石路，力吉滩 8.8 千米的村内道路硬化已完成；投入资金安装 510 盏路灯，实施村级综合办公服务中心、定居点主干道及广场亮化工程。

【科教文卫】 落实 15 年免费义务教育，学前教育入园率达到 90%，适龄儿童入学率达到 100%。实施小学校舍安全、薄弱学校改造等工程，教育教学条件明显改善；以春节、“五一”、“七一”、“十一”等重要节日为契机，相继举办拔河比赛、篮球比赛，春节期间开展各类文化活动丰富广大群众精神文化生活。

【民生事业】 落实“民生福祉”行动，以“健全制度、规范管理、提高素质、改善条件、促进公开”为目标，进一步深化基层低保规范化建设活动。全乡有低保 286 户 1096 人，发放低保金 236.35 万元。落实农村特困政策和关爱老年人工作，贯彻《特困供养条例》，做好特困对象核定、管理工作，全乡 53 名分散供养对象做到应保尽保，高龄补贴 357 人，发放资金 30.24 万元。落实临时救助制度，严格监管和发挥作用并重，保障困难群众生活，截至 2022 年底，临时救助 37 户 174 人。全乡 20 户 77 人监测对象建立防返贫动态监测和帮扶机制，并已全面消除风险。

【民族团结进步创建】 以入户宣讲、集中宣讲、开办培训班等方式，利用展板、宣传栏、悬挂横幅等大力宣传党的民族理论和民族政策，制作大型展板 6 个、悬挂横幅 14 条、开展宣讲活动 12 场次、发放材料 600 余份，宣讲覆盖面达 100%；瓜什则乡党委发挥主导作用，联系保安、多哇、双朋西、加吾、曲库乎、循化县岗察乡、甘肃省甘加乡等乡镇党委，签订睦邻友好协议。

【精神文明建设】 加强党对乡村治理工作的全面领导，健全和完善村党组织工作机制，成立以党建为引领的 11 个基层社会治理专项工作小组，引导群众积极参与到乡村治理工作中。制定村规民约，充实党员管理、婚丧嫁娶、人居环境等新内容，成立红白喜事理事会、道德评议委员会、村民议事会、禁毒禁赌会，杜绝社会不良习气，引导村民通过村民会议、村民代表会议等形式协商解决问题。加强以德治村，培育文明乡风，结合时代要求进行创新，持续开展文明评选，积极培育道德典型，开展身边好人评选表彰和宣传活动，评选出本年度五星级文明户 78 户、文明户标兵 6 户、好媳妇 6 人、好公婆 6 人。宣传《公民道德建设实施纲要》、社会主义核心价值观、同仁市道德模范先进事迹等内容，开展群众集中宣传活动 10 余场次，开展法律援助 2 次。推广新时代“枫桥经验”，完善多元化、宽领域、多层次的化解纠纷机制。

【普法工作】 制定和完善普法工作制度，制订年初计划，及时参加法制培训，按要求征订普法教材，全乡干部按要求学习法宣在线，并按时间点参加网上普法考试，及格率达 100%。举办各类安全生产线宣讲会 10 余场次，开展各类安全生产大检查 12 场次，开展安全生产应急演练共 4 场次，张贴通告 35 份，设置横幅 6 条，发现隐患并完成整改 20 多处，安全生产知识宣讲覆盖面 100%。

【综治维稳】 利用民族团结创

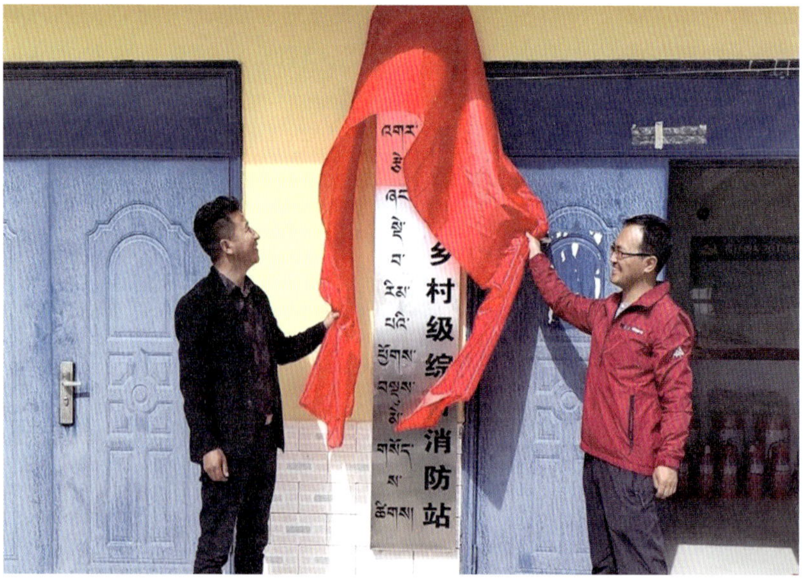

2022 年 6 月 7 日，瓜什则乡村级综合消防站挂牌成立（瓜什则乡供图）

建、“平安年”建设、寺庙法治宣传月等活动，广泛宣讲涉藏维稳有关文件精神，加强思想教育引导。各村悬挂横幅共 6 条，村务公开栏张贴宣讲内容 12 次，发放宣传资料 600 余份。入户宣讲率达到 100%；按照“抓早、抓小、抓苗头”的要求，定期开展矛盾纠纷集中排查活动，年内摸排各类矛盾纠纷 12 起，成功化解 12 起，化解率达 100%；开展社会治安综合整治工作，严厉打击赌博、打架斗殴、酗酒闹事者，连同派出所做好治安巡逻；重要时期启动人民联防队伍，制定维稳巡逻表，乡干部及各村“两委”负责人率先垂范，组织并监督联防队员佩戴红袖标，负责周边巡逻。开展民调走访行动，在乡域实行网格化管理模式，将社会治理工作纳入常态化，最大限度地将矛盾纠纷化解在乡内、消除在萌芽状态。

【生态文明建设】 与牧户签订环境卫生“门前三包”责任书，每周一、周四、周日组织村民开展环境卫生大扫除，组成环卫工作队，上门拉运牧户生活垃圾，做到生活垃圾定时定点拉运。健全完善“河长制”管理机制，继续加大宣传力度，加大行政监管力度，推进“河长制”工作，开展水生态的宣传教育和综合整治。年内累计投入劳动力 5000 余人次，出动各类垃圾清运车辆 210 台次，清理垃圾杂物 600 余处、各类生活垃圾 25.5 吨，确保村容村貌、房前屋后的环境卫生干净整洁。修建 2 处垃圾回收站和 2 座垃圾焚烧炉，推进无垃圾示范乡镇、垃圾分类示范乡镇打造工程。

【武装工作】 将民兵工作纳入党委、政府议事日程，年初与党委、政府中心工作一起部署安排一并考核，狠抓民兵基层建设，加大投入力度，确保各种硬件到位。要求民兵连建立健全民兵花名册，做到台账明晰，数据准确。完成民兵整组，退伍军人、预备役登记核对等各项工作。

加吾乡

【概况】 加吾乡位于市境东南部，东接瓜什则乡，南连曲库乎乡，西接隆务镇，北连保安镇，属半农半牧区，距市城 9 千米，属于浅脑山地区。全乡总面积 175 平方千米，辖吉仓村、协治村、俄毛村、江日村、加吾岗村、东维村 6 个行政村，23 个自然村，总户数 960 户 5001 人，均系藏族。其中建档立卡贫困户 289 户 1320 人，2020 年顺利实现脱贫摘帽。辖区寺庙有藏传佛教格鲁派寺庙察加寺。全乡耕地面积 982.93 公顷，退耕地 346.87 公顷，其中浅山 599.13 公顷，脑山 383.8 公顷，人均耕地 0.21 公顷，均为旱地，且 44%的耕地为 25 度以上的坡耕地。气候干燥、昼夜温差较大。草场面积 12200 公顷，是一个以农业为主、农牧结合的农业乡。2022 年，全乡农牧民人均纯收入 1.12 万元，同比增长 9%。固定资产投资达 2475.5 万元，其中民间投资 500.5 万元。

【农牧业生产】 加大农牧业结构调整，种植农作物 579.73 公顷，继续推进化肥农药减量增效行动，筹备有机肥 139.14 万千克。落实粮食安全责任，加大撂荒地、轮歇地整治力度，共召开整治推进会 4 次，及时与各村村“两委”签订撂荒地、轮歇地清零责任书，调配农机设备 6 台，动员群众履行耕种责任，完成撂荒地整治 142.59 公顷。

【项目建设】 以乡村振兴为依托，构建党建+农业、牧业、旅游业“1+3+N”发展格局。以加吾乡马铃薯种植加工合作社、协治村油菜加工合作社为基础，形成油菜、马铃薯等特色农产品种植、加工、销售一体的产业链，打造特色农产品带动示范乡。抢抓畜牧发展势头，利用 1.38 万公顷天然有机草场资源优势，建设吉仓、俄毛 2 个村级“百头犏牛”培育扩繁基地犏牛养殖基地，实施 1 个乡级“千头犏牛”养殖繁育基地项目，产生收益 40 万余元。依托环隆务城区半小时经济圈和俯瞰同仁城区地理优势，以打造城市近郊乡村旅游休闲功能区为目标，加吾“在那东山顶上”乡村振兴示范村项目正式开业，全面辐射带动吉仓、东维、俄毛、沙科 4 个乡村旅游接待点项目，产生收益 54 万余元。

【民生事业】 落实疫情防控“四方”责任，做好第九版疫情防控方案宣讲、外来人员摸排、疫苗接种等工作。建立省内外人员排查表、省外暂住人员排查表、车辆排查工作登记表等台账资料，入户宣讲60余次，发放防疫宣传手册200份。紧盯困难群众面临的突发性、紧急性、临时性生活困难，做好困难群众基本生活保障工作。对于符合条件的，及时过会审核。全年申请临时救助82户382人，发放31.34万元，过会审批低保户9户35人。为残疾人发放辅助器具共15件，无障碍改造6户。围绕全市教育高质量发展“八大工程”，召开教育工作会议，开展控辍保学、金秋助学、“雨露计划”等工作。

【乡村振兴】 制定《加吾乡防止返贫监测和帮扶机制的实施方案》，跟踪记录“两类人群”政策落实、帮扶举措、“两不愁三保障”、饮水安全、收支等情况，做到早发现、早干预、早帮扶。对因大病、自然灾害有致贫风险的开展临时救助和民政救助工作。搬迁户均实施产业帮扶，每户保障一名公益性岗位。289户脱贫户“双签约”实现全覆盖。脱贫人口医疗保险参保率100%。为42名重残人员、15名特困供养人员、10名困境儿童、74名低保人员缴纳基本医疗保险。脱贫户、边缘户、监测户适龄儿童入学率100%。年内新开发公益性岗位111人，289户脱贫户实现稳定就业全覆盖。

【民族团结创建】 探索“党建+民族团结”工作模式，成立民族团结工作领导小组，制定完善民族工作例会、学习、宣传、定期走访慰问等制度，签订目标责任书，形成“党政”班子统一领导、党委书记牵头协调、干部各负其责的工作格局。依托“民族团结宣传月”“法治宣传月”等活动，引领群众转变思想观念。年内发放民族团结宣传手册资料1000余份，各村党员活动室制作并设立民族团结宣传栏6块，悬挂横幅23条，张贴宣传标语10条。

【综治维稳】 乡党委先后3次举办党建引领基层社会治理专项工作培训。以村党支部为领导核心，不断完善村民委员会、村务监督委员会和其他群团组织参与民主议事的村民自治模式，完善村规民约，吸纳村里能发挥带头模范作用的党员和群众成立村民议事会、道德评议会、禁毒禁赌会、红白理事会，促进乡村精神文明建设。共开展宣传教育活动20余次，发放各类宣传材料2000余份，受教育群众达3000余人。开展扫黑除恶斗争，打击整治养老诈骗专项行动。开展“我们的节日”系列活动，元旦、春节期间，在村内组织丰富多彩的传统性民俗活动，发挥乡村新时代文明实践所（站）阵地作用，深化文明创建，不断提升乡风文明，组建志愿者服务队7支，年内开展各类志愿服务65次。将民族团结进步创建工作纳入乡党委议事日程，组织干部集中学习《青海省促进民族团结进步条例》《宗教事务条例》等各项民族团结政策。

【意识形态工作】 结合“清风行动”，通过自查摸底，宣传工作动态，科学普及疫情知识，发布微信文章70余条，教育引导干部群众做到不信谣、不传谣、不妄议。把意识形态工作纳入“一岗双责”范畴，与其他重点工作同部署，签订工作责任书，落实各级党组织书记第一责任，明确意识形态工作“两个责任”。开展理论政策转发等工作，正向引导全乡网络舆论，进一步强化阵地建设。认真履行意识形态工作第一责任，严格执行“四个纳入”，共召开4次意识形态领域分析研判会，排查意识形态风险点4次，进一步完善《网络综合治理网长负责制》《互联网管理制度》。

【精神文明创建】 健全完善村规民约，加强村域社会治理，结合“一村一法律顾问”法治举措，修订形成双文《加吾乡村规民约惩处手册》《村规民约》。推进新时代文明实践站（所）建设，组建志愿者服务队7支，加快社会主义核心价值观融入法治建设，教育引导人民群众认同、遵守和践行社会主义核心价值观，年内开展各类志愿服务65次。开展“我们的节日”系列活动，元旦、春节期间，在村内组织丰富多彩的传统性民俗活动。清明期间，组织开展党员干部诵读诗词、缅怀革命烈士等活动。三八国际妇女节期间，组织乡全体妇女干部、妇女代表开展庆祝三八国际妇女节系列活动。端午期间，组织广大干部群众开展包粽子、话家风、诗朗诵等具有浓郁地方特色的民俗文化活动。开展全民阅读、重阳节敬老慰问等活动，结合国庆节、三八国际妇女节、重阳节，开展“五星级文明户”“好媳妇”“好婆婆”“好女婿”“道德榜样”等评选表彰工作，年内评选五星级文明户44户。

【生态环境】 开展环境卫生整治活动，组织发动村内公益性岗位人员、党员、志愿服务队，划分责任区，清理公路沿线、村内巷道卫生死角。推进河长制，制定《加吾乡河长制工作考核办法》《加吾乡河长制督办制度》，开展河道“清四乱”专项行动，水生态环境全面改善。制定《加吾乡环境卫生工作职责及考核奖惩办法》，按照每月一评、每季度一奖励、每年一表彰，评选最美农户、最美环保卫士、最美村庄，实现全域无垃圾目标。开展公路沿线、国土、庭院、村庄、寺庙绿化工作，做到“面上干净、线上美丽、点上出彩”，种植树木7200株，公路沿线绿化栽植河北杨、旱柳等苗木30486株，全长30.5千米。

【武装工作】 抓好民兵登记整组建设，按照“拉得出、用得上、起作用”建设标准，以村为单位，组建民兵分队，开展兵役登记，完成适龄青年的兵役登记、基干民兵编组任务，提升民兵整体战斗力和凝聚力。做好征兵工作，加强组织领导和检查监督，强化廉洁征兵，严格把好体检、政审关，落实好家庭走访调查制度，把文化素质高、现实表现好的适龄青年输送到部队，确保征兵工作无事故和无责任退兵。以各村工作队为主力，宣传《中华人民共和国兵役法》和有关征兵政策。培养一批素质过硬、能力过硬、具备潜质，在关键时候能派上用场的民兵队伍，组成民兵应急排。在疫情防控、安全生产、防汛减灾等期间，组织全乡民兵、退役军人参与村内公共场所消毒等工作。对地质灾害隐患点排查12次，村内公共场所消毒16次。

【党建工作】 建立党组织书记抓党建工作责任清单，签订目标责任书，压实工作责任。落实“三会一课”、主题党日、组织生活会、“四议两公开”等制度，推行“一表一册一规范”，每月制定并印发各支部组织生活活动方案，指导各党支部开展活动，确保每月有主题，在真学实做上深化拓展。抓实“六个一”举措，推行夯实基层党建基础，为各项工作推进提供坚实保障。开展我们的节日、“聚力稳‘三农’·宣讲进万家·喜迎二十大”“一起垃圾分类·共建美丽家园”等主题党日+活动，有效促进支部“党建+业务+服务”融合。全年组建党员志愿服务队7支，开展党员志愿服务活动30余次，参与人数110余人次，服务群众200余人次。严把发展党员“入口关”，新发展党员8人，培养入党积极分子12人。完成党费收缴工作，开展党内关怀慰问，全年慰问先进、困难党员11人。抓好党员培训教育，举办各类培训班20余次，党支部书记专题培训5次，共培训党员干部200余人次。落实村级组织“223”后备人才培养计划，储备村级后备干部78人。

【作风突出问题集中整治专项行动】 成立以乡党委书记为组长党风廉政建设和反腐败工作领导小组，研究制定《加吾乡2022年度党风廉政建设和反腐败工作计划》，乡党委政府主要领导与班子成员、各村“两委”签订党风廉政建设目标责任书，形成横向到边、纵向到底、覆盖全面、责任落地的责任体系。组织全乡领导干部签订拒收送礼金承诺书共10份，查摆出整治群众身边腐败和不正之风突出问题1个。严格执行民主集中制，全年专题研究部署党风廉政建设工作4次，经常性开会集体研究重大事项。落实廉政谈心谈话制度，做好日常谈心谈话工作。认真贯彻落实上级相关会议精神，结合3月作风整治专项行动，组织全乡干部认真学习《中国共产党问责条例》《中国共产党党内监督条例》《中国共产党纪律处分条例》等相关内容。全年共提醒约谈18人次，廉政谈话8人次。严格执行考勤制度，不定时进行督促检查通报，共下发通报12次。围绕“庸、懒、散、拖、奢”等五个方面问题查摆问题，针对查摆问题，列出三张清单。截至2022年底，整改26条问题。

黄乃亥乡

【概况】 黄乃亥乡位于市境西北部，距市政府驻地24千米。平均海拔2970米，总面积85平方千米，其中耕地1001.58公顷，人均占有耕地面积0.32公顷；草场面积1.4万公顷，可利用草场面积1.4万公顷，人均占有草场面积4.43公顷。辖日秀玛、阿吾乎、群吾村、羊直沟村等4个行政村，9个自然村，4个村（居）民委员会；有737户3159人，藏族（土族等）3159人。全年粮食作物播种面积996.6公顷，年末牲畜存栏6633头（只、匹），其中羊4392只、牛1321头，出栏牲畜3847头（只），出栏率53%，畜牧业总产值486.9万元。农村用电量53.2万千瓦时。农牧民人均纯收入12041元，同比增长943元。有小学1所，在校学生164人，适龄儿童入学率100%。有医疗机构1所。小康水平值100%，有4个村达到小康水平。2021年度被评为州级文明乡镇。

【农牧业发展】 黄乃亥乡主抓饲草种植及加工产业发展，通过促使其上规模、创品牌，全乡直接从事饲草种植、饲草加工人员40余人，全年青干饲草产量达2300余吨，年产值实现500余万元，吸纳350余名农民就近就业，年收入达75万余元。饲草产业规模不断扩大，成为全市最大的饲草生产加工地之一。坚持生态立乡、产业富民的发展战略，群吾村发展牦犏牛养殖业，全年共购置157头，其中犏牛43头、牦牛111头、娟姗牛3头。

2022年10月9日，黄乃亥乡饲草收割现场（黄乃亥乡供图）

【乡村振兴】 建立防返贫监测机制，经两轮集中大排查将符合条件的6户21人纳入监测户中，现有监测户16户56人，并将持续进行监测。投资141万元，实施日秀玛村饲草料生产加工建设项目，完成土建工程。投资120万元，实施黄乃亥乡振兴广场建设项目，完成80%；投资30万元，实施日秀玛环境卫生整治项目，已完工验收；投资230万元，实施日秀玛村传统村落保护建设项目，已完工；每户投资1.5万元，实施农牧民居住条件改善工程项目100户，已全部完工验收；投资41万元，实施日秀玛村农产品加工合作社提标升级项目，完成85%；投资26万元，完成群吾村人饮工程建设项目；投资600万元，实施群吾村牦犏牛养殖基地项目，完成一期工程；完成乡、村公路沿线45千米绿化项目；投资40万元，实施黄乃亥特色农产品体验店项目，已完工。完成2022年度防止返贫监测第二轮大排查和信息采集录入工作。市乡村振兴局会同相关部门建立黄乃亥乡扶贫项目36项，资产总值1505.75万元，完成扶贫项目资产移交工作。

【生态文明】 推进环保问题整改工作，涉及问题与相关部门对接，落实整改，已按要求完成整改工作。加强河湖长、林长制工作，加大日常巡山和巡河力度，组织林草管员等力量开展巡山巡河和垃圾清理工作，全年开展巡河101次，清理河道垃圾1吨。推进全域无垃圾及垃圾分类工作方案，层层压实责任，加强督查检查。全年发放各类宣传资料260余份，开展卫生整治50余次，清理各类垃圾8吨。推进义务植树活动，选择杨树、云杉、山杏等易生长、抗寒树种，着重在党群服务中心、合作社、宗教场所门前房后，环乡公路沿线、村道两旁、地质灾害区域等闲散零星土地上按规格标准栽植，补齐绿化短板，实施全乡四村乡村绿化建设项目。持续巩固全域无垃圾示范乡镇建设成果，4个村全面打造卫生示范村，打造生态宜居的人居环境。从严执行“户分类、组收集、村转运、乡处理”的农村垃圾分类处理模式，完善督查考评长效机制，发挥表彰奖励的鞭策鼓舞作用，树牢鲜明的奖优罚劣导向，全面形成环境卫生整治工作“党员带头干、群众比着干，党群齐心一起干”的局面。

2022年10月21日，黄乃亥乡残疾人联合会第一届代表大会召开。图为闭幕式现场（黄乃亥乡供图）

【民生改善】 完成向黄公路全程铺油工程，配合市水利局完成努合萨人畜饮水维修工程。投资60万元，日秀玛村、羊直沟村垃圾焚烧炉项目已完工，全乡基础设施发生质的改变。推动学前教育和义务教育均衡发展，持续巩固控辍保学成果。提高农村医疗保障水平，提高医保参合率。对符合条件的困难家庭落实“应保尽保”“应救尽救”政策，全年新增低保26户53人，取消30户。截至2022年底，为159户683人发放临时救助资金77.18万元，为83名残疾人发放“两项补贴”12.7万元，加强“两险”工作宣传和缴费工作，落实各项就业创业政策，全年举办各类技能培训班2期156人，实现劳动力转移就业588人。

【精神文明建设】 落实好意识形态工作“一岗双责”，自觉抓好意识形态工作。加强舆论引导、监督，指导社区既要坚守传统阵地、入户宣传，又要拓展网络平台的宣传。充实意识形态工作网格员队伍，全乡综治网格员全部兼任意识形态网格员，明确工作内容。及时关注社会舆情，从意识形态安全角度进行分析研判，做到发现情况及时汇报。将意识形态工作纳入党委中心组学习计划，持续抓好“周一例会”制度，累计开展学习40次、开展主题教育3次、观摩学习2次、贯彻落实保密工作责任制，建立健全保密工作制度，采取多渠道、多形式加强对《中华人民共和国保密法》的宣传教育，增强做好保密工作的责任感。

【党建工作】 全年开展学习宣传78次，带头讲专题党课4次。采取党组织书记年初签状、年底述评、跟踪考核、动态管理等措施，强化责任意识和增强工作本领。落实党委书记抓党建述职评议工作，督促各村党支部书记更好地履职尽责。抓好村级党组织和党员的学习教育，利用“三会一课”等活动和“周一例会”制度，多措并举武装基层党支部和广大党员。全年发展入党积极分子9人，确定发展对象并转为预备党员5人。全乡4个村均已实现书记、主任“一肩挑”，比例达到100%，实现村书记能够挑得起、站得好、稳得住，村“两委”班子换届工作准备就绪。

双朋西乡

【概况】 双朋西乡位于市境东南部，距市政府驻地33千米。最高海拔3945米，最低海拔2660米，平均海拔2850米。总面积250.97平方千米，其中耕地731.03公顷，人均占有耕地面积0.2公顷；草场面积23773公顷。辖双朋西村、宁他村、环主村、协智村4个行政村，9个自然村，4个村民委员会；有720户3674人。其中藏族3674人，非农业户口23人。粮食作物播种面积677公顷。年末牲畜存栏74737头（只、匹），其中羊70337只、牛

4236头、马16匹、驴98头、骡子50头，出栏牲畜4001头（只），出栏率5.35%。有水库1座。全年农牧民人均收入11324.93元，同比增加838.93元。有1所寄宿制学校及4所幼儿园（分别为宁他村幼儿园、环主村幼儿园、尕秀村幼儿园、双朋西村中心幼儿园），在校学生318人，适龄儿童入学率100%。有医疗机构1处，3座寺庙（娄然寺、西关寺、雅玛扎西其寺）。全乡有5个党支部（1个机关党支部和4个村党支部），有党员208人，其中农牧民党员185人、机关党员23人。双朋西乡被评为民兵工作先进单位，双朋西乡协智村2022年被批列入国家级传统村落。

【农牧业发展】　推进产业结构调整，全乡种植业结构调整，调整播种面积731公顷，其中粮食作物490.4公顷，油料作物119.6公顷，粮、经比例趋于合理。完成基本农田828.03公顷，153.49公顷撂荒地全部复耕复种。实施化肥农药减量增效行动，完成粮食作物490.4公顷和油料作物119.6公顷的化肥农药减量增效。完成春秋两季防疫工作及重大动物疫情防控，牲畜免疫密度达到100%。4个农村电商公共服务站点正常运营。发放4次草补36.53万元，发放2次粮补10.63万元。

【乡村振兴】　投资1870万元，完成双朋西村乡村旅游建设项目和环主村犏牛养殖建设项目、宁他村防灾减灾饲草种植基地建设项目和双朋西村道路建设项目。重点建设双朋西村乡村建设项目、传统村落集中连片保护项目，将村内大型垃圾沟进行清理、填埋、覆土、夯实后，建成根顿群培文化广场；将传统简陋晒粮架进行扩建补充，使传统晒粮方式得以传承和保护；对墙面墙体进行造型设计。总投资144.9万元，实施水厕改造项目，将207户农户传统旱厕、院外厕所、露天厕所，全部统一改造为集如厕、洗浴、洗漱于一体的室内水厕。总投资118.5万元，实施农牧民居住条件改善项目，将79户农户院门全部更换为木质门，对红砖、青砖等现代墙体进行草泥上墙，对有需求的房屋新建暖廊。实施污水雨水处理项目，对具备修建条件的巷道，埋设雨污管网，使得雨污水能够高效处理。总投资1061.63万元，实施小流域综合治理项目，总治理面积21.22平方千米，包括人工造林、封禁治理，重点突出对河道及山洪沟等重点区域修建截排水、挡墙、挡水坝、护岸墙、网围栏等工程。

2022年4月6日，州委常委、市委书记旦增（中）一行到双朋西乡调研指导乡村振兴产业项目及乡村建设情况（双朋西乡供图）

【项目建设】　加大住房保障力度，落实农牧民居住条件改善项目，投入450万元，对4个村300户实施修建暖廊、外墙保温、大门更换等项目，该项目已竣工验收。投资1164万元，实施宁他村、协智村、西关寺等2个村、1座寺庙道路加宽项目，道路通畅达标率100%。实施270余户自来水入户、修建供水点20处、修建蓄水池2座及管道维修等项目，群众生活用水得到充分保障。投入183万元对双朋西村乡村配电网进行升级改造，该项目正在实施阶段。

【生态文明】　开展“6·5”环境日等宣传活动，参与人数达到1100人次，发放宣传资料1100余份。建立人居环境整治长效机制，组织公益性岗位人员每周3次开展村内及周边地区、道路、农田、河流、水库等垃圾清理工作，环境卫生得到明显改善。建立环境卫生微信曝光平台，及时曝光破坏生态行为或卫生脏乱差现象，要求限期整改，年内曝光7起环境卫生问题，均已整改。在污染防治攻坚战上，层层签订“军令状”，明确目标任务和责任分工，并完成国土绿化1666.67公顷，道路绿化54.65千米。对省委巡视组反馈的关于垃圾填埋场设备不完善、使用不规范、资料不齐全等问题，全面整改完毕。推进“林草长制”巡林（草）、“河长制”巡河和“路长制”巡路工作常态化。

【文化旅游】 根顿群培大师（1903—1951）精通佛学，为现代思想家、艺术家、诗学家、历史学家、翻译家，其故居位于双朋西乡双朋西村。全年到更敦群培故居的游客近4万名。双朋西村北面山体为丹霞地貌地质，南面山体被翠绿的云杉覆盖，红绿相映、景色宜人，常有国内外游人到此观光旅游、驻足拍照。双朋西乡党委、政府多次衔接市各行业部门，争取保护根顿群培文化故居项目、文化旅游基础设施项目。

【社会事业】 双朋西乡劳务经济发展主要以专业合作社为主，因地制宜，利用畜牧业优势，在娘加村、科才村、环主村、双朋西村四个自然村成立6个牛羊养殖专业合作社，运行状况良好，拟进一步扩建。加大以餐饮、商贸等为主的劳务输出力度，全乡农牧民劳务输出1150人次，同比增长9.6%，开展技能培训3批150人次，累计促进就业434人。实施教育布局优化调整，解决落实学校后勤公益性岗位8人，学前教育“村办公助”“三科”统编教材使用取得扎实成效。推进医疗卫生事业发展，配备乡村医生，配齐村级卫生室基本药品，方便群众就近就医。参与爱国卫生运动和疫情防控宣传工作，引导全乡农牧民群众增强自我防范意识，做好疫情防控宣传和疫苗接种普及工作。

【民生保障】 加强社会保障体系建设，加大民政救助力度，解决一批群众急难愁盼问题，全年共确定特困供养人员9人，每人每月1050元；农村低保204户821人，发放低保资金385.77万元；临时救助81户311人，发放救助资金30余万元。“青海人社通”“青海医保”App已广泛应用，已完成60岁以上老年人养老待遇资格认证。落实高龄补贴275人，发放高龄补贴资金39.6万元；落实残疾人生活补贴119人，发放生活补贴资金11余万元；发放残疾人护理补贴119人，发放护理补贴资金7.5万余元。

【精神文明建设】 成立以党委书记为组长的精神文明建设工作领导小组，务求实效。召开党委会议和学习会议，组织干部群众学习贯彻习近平新时代中国特色社会主义思想、中共二十大等相关内容，以加强干部的思想道德和文化建设，开展群众性精神文明创建活动，提高人们的思想道德、科学文化素质，增强法治意识。制订学习计划、工作方案，对全年新时代文明实践活动进行提前谋划，推动双朋西乡精神文明建设稳步发展。年内进行专题安排部署2次，组织集中学习4次。发挥新时代文明实践所（站）作用。双朋西乡共有4个行政村，乡机关建设1个新时代文明实践所，4个行政村建有4个新时代文明实践站，实现乡村全覆盖，成立5支志愿服务队伍，乡机关志愿服务队员28人，村级志愿服务队员145人。落实宗教人士的供养标准和传统村落保护纳入。修订完善《村规民约》《寺

2022年11月14日，双朋西乡双朋西村公交线路开通（双朋西乡供图）

规僧约》，发挥导向作用。发挥新时代文明实践站所职能，新时代文明实践志愿服务支队和社会治理志愿服务项目被推荐为黄南州2022年度全国学雷锋志愿服务先进典型。评选“五星级文明户”示范户58户、标兵户4户，最美家庭1户、好媳妇2人、好公婆1人，全乡及各村均已申报县级文明乡村、社会主义核心价值观和移风易俗示范点。

【党建工作】 召开党委会议，对班子成员进行明确分工，实行周一例会制度。年初制订党建工作计划，与各党支部签订党建工作目标责任书，明确全年党建工作重点。领导班子成员按规定落实联村工作要求，每年走访不少于12次。落实发展党员制度和近亲属报告制度，重点在优秀青年农牧民、致富能人中发展党员，全年共培养入党积极分子9人，吸收预备党员4人，储备村级后备干部40人、乡土人才95人、宣传思想文化人才142人。进一步健全完善党委议事规则、“三重一大”等规章制度，推行“四议两公开”工作法，健全完善村级制度，落实组织生活、民主评议党员等制度，开展“一表一册一规范”、党支部堡垒指数党员先锋指数、党员承诺践诺、“一名党员一面旗”、无职党员设岗定责等工作。全年组织党支部书记培训2次、村“两委”成员培训3次、观摩活动2次，同时组织农牧民党员开展农牧民党员冬春轮训，覆盖面达99%。乡党委制定村“两委”班子及村干部绩效考评细则，每季度对村“两委”进行考评和满意度测评。结合《驻村第一书记和工作队选派管理办法》，完善驻村工作队月汇报制度，通过月督查、月报告、月考勤、季测评、年承诺，开展日常监督管理。乡村两级分别成立领导小组和工作组，制定工作规划、实施方案、收益分配使用方案。通过借助项目优势、盘活闲置资源、打造合作经济、挖掘本地特色，双朋西乡各村村集体经济收益均在5万元以上。开展“一核三治”，强化自治能力，通过组建11个村级专项工作组投入村级工作，促进各村经济建设、社会稳定、疫情防控、生态环保等重点工作全面开展。

【民族团结创建】 开展民族团结进步“十二进”和宣传月活动，引导干部群众、僧侣铸牢中华民族共同体意识。进站所、进合作社、进家庭、进寺庙、进学校开展宣传讲解11场次，召开宣传培训会4期，发放各类宣传资料、手册2800余份，现场接受群众咨询300余人次，悬挂横幅4条、制作展板4块。毗邻乡镇之间、乡属各毗邻村之间签订睦邻友好协议。制定《寺院民主管理章程》《寺规僧约》等多项制度，开展寺庙“两奖两补”考核评比，推动寺庙管理制度化、规范化，制止私自扩建或新建宗教活动场所。

【普法工作】 组织党政领导班子学习《中华人民共和国宪法》《中华人民共和国民法典》等，撰写学法心得体会和调研报告，对乡党委、政府出台的规范性文件、议事文件，逐一开展合法性审查，维护法律权威。推进法治“十一进”宣传教育，贴近群众，采取多种形式，扩大法律普及面。在各村街道、学校、卫生院醒目位置悬挂横幅47条，发放各类宣传材料2200余册，举行乡、村两级法治宣讲会36场次，受众人数达2000余人次。建立完善法律顾问制度，发挥“一村一法律顾问”和“法律明白人”作用，根据实际调整人民调解委员会，乡法律援助工作站利用驻点法律顾问，开展“零距离”法律服务，年内接待法律咨询82人次，受理法律援助案件2起，成功调处矛盾纠纷9起。

【社会治理】 入村入寺宣讲法律法规、《黄南州20种涉藏违法行为》、民族宗教政策、养老诈骗等知识，增强群众维稳意识。启动人民联防，联合乡派出所开展巡逻，24小时不间断值守。制定完善《突发事件应急预案》，加强突发事件应急演练，定期召开维稳形势分析研判会，共同研究商定维稳工作。加大矛盾纠纷调处力度，人民调解员主动上门服务，妥善处理群众矛盾纠纷工作。持续保持高压态势，开展扫黑除恶斗争，运用新兴媒体，拓展宣传渠道，加大网络监管力度，做好全乡舆论引导工作。加强重点联系人员的帮教管理，排查登记精神障碍和流浪人员，按期分析安全和信访工作。

【武装工作】 加强阵地建设，升级完善“三室一库”建设，配备办公室、资料室、活动室、战备物资库等场所及办公设备，完善党管武装工作各类制度并上墙。抓好民兵整组，坚持规模适当、布局合理、重点突出、结构优化的原则，把政治思想好、身体健康、年龄较轻、有一定文化知识、军事素质和热爱民兵工作的人员选拔到民兵组织中。深化双拥优抚，加强拥军优属工作，对军人家庭落实各项优惠政策，对现役、退役军人家属进行走访慰问。9月，协助辖区所有退役军人登记办理优待证，年内将2户退伍军人家属纳入低保户，慰问2名困难退伍军人，并将其纳入低保户。

人物 荣誉

全国劳动模范、青海省五一劳动奖章获得者

完德尖措，男，土族，大学本科学历。1983年出生在隆务镇吾屯下庄村，精通藏语、汉语，自幼在世界唐卡发源地吾屯下庄学习佛教绘画与雕塑等技艺，其先祖是18世纪著名唐卡艺人巴完，著名唐卡艺人扎西尖措和曲智是完德尖措的启蒙老师，22岁完德尖措大学毕业后正式开始他的艺术学习生涯。完德尖措系统地学习唐卡绘画的所有工序，跟随两位叔叔到山西五台山等地的各大寺院作画，注重基本功的训练，经过数年磨炼，27岁顺利出师并逐渐成长为一名技艺娴熟、风格独特的唐卡艺人，由于做工精湛细腻而不乏创意，他成为热贡青年唐卡艺人中的佼佼者。

2008年，受金融危机冲击，部分艺人的作品滞销，无家庭收入，完德尖措看在眼里，急在心里，他和叔叔拿出50万元用来资助本村较困难家庭，用于购买生活必需品，受到当地群众赞扬。为了帮助村民，他多次跑到北京、上海、深圳、太原等城市联系业务，帮助169名艺人销售唐卡1300余幅，使他们走出困境，完德尖措和叔叔由此结识了许多文化界的朋友，在北京、西安、深圳、太原等地与文化企业签订常年购销合同，在热贡每年签约艺人400余人，带动当地400户从事热贡艺术事业，平均每户每年增加收入5万元~10万元，年生产唐卡、堆绣、刺绣3000余幅。

在发扬和传承热贡唐卡艺术的生涯中，完德尖措亲自培养了358名热贡唐卡艺人，其中已出师260人（女生13人、残疾人6人），正在培养和传承的170人（贫困人口72人），他的学徒遍布全国，中央美院、山东艺术学院、中央民族大学的毕业生都慕名前来拜师学艺。2010—2016年，每年投入140万元，用于培训98名学习热贡艺术的学员。已出师的260人中，年纯收入达100万元以上的徒弟有30余人，在不同程度上解决了200多名贫困户的温饱问题和再就业问题。

2013年12月，被同仁市人民政府授予"县级非物质文化遗产热贡艺术代表性传承人"称号。9月，唐卡作品《四臂观音》在陕西法门寺"热贡唐卡艺术"展览中荣获金奖。2014年9月，被青海省文化和旅游厅、青海省工信厅、青海省人力资源和社会保障厅授予"青海省二级民间工艺师"荣誉称号。2015年10月，完德尖措带领团队在青海省首届创新创业大赛中获成长组一等奖。2016年9月，当选同仁市政协常务委员。2018年2月，唐卡作品《释迦牟尼》经中国美术馆收藏评鉴委员会评议通过收藏。2019年9月，被青海省人民政府授予"青海省劳动模范"称号。10月，被青海省人才工作领导小组评为"拔尖人才"。11月，被文化和旅游部授予2019年度乡村文化和旅游能人。同时当选黄南州政协委员。2020年2月，被中国关心下一代委员会授予全国"双带"农村致富青年先进个人。4月，被州文体旅游广电局授予"州级非物质文化遗产热贡艺术代表性传承人"。9月，被黄南州委、州政府授予脱贫攻坚脱贫致富优秀带头人。11月，被党中央、国务院授予"全国劳动模范"荣誉称号，被州人才工作领导小组授予2016—2018年黄南州十佳优秀人才。12月，被青海省文化和旅游厅、青海省工业和信息化厅、青海省人力资源和社会保障厅授予"青海省一级民间工艺师"。2021年2月，被青海省文化和旅游厅授予"全省文化和旅游行业先进个人"。2021年11月，评为全国道德模范。2022年5月，获第25届"青海青年五四奖章"。

扎西，男，土族，1970年8月生，同仁市人，中共党员，工作于青海吐蕃藏文化有限公司，热贡艺术带头人，省级工艺美术师。1986年起开始学习唐卡，2014年在青海吐蕃藏文化有限公司从事唐卡创作，传承制作技艺。

2010年，唐卡作品《十八罗汉》获第五届广州国际艺术博览会特别奖。2012年，唐卡作品《上师供奉

图》入选第三届青海国际唐卡艺术与文化遗产博览会暨第七届民族文化旅游节并获优秀奖。2014 年 7 月，被州文化体育局评为州级非物质文化遗产项目传统美术（热贡艺术）代表性传承人。9 月，被评为“青海省二级民间工艺师”。10 月，被省政府授予“青海省劳动模范”荣誉称号。2015 年 7 月，参加文化部中国非物质文化遗产日展览活动，唐卡作品《八马财神（黑唐）》被恭王府收藏。2016 年，《西方极乐世界》获第二届海南文化产业博览会金奖。2017 年 6 月，唐卡作品《上师供福田、莲师八变》入选由中华人民共和国文化部、四川省人民政府、联合国教科文组织、中国联合国教科文组织全国委员会主办的“第六届中国成都国际非物质文化遗产节非物质文化遗产大展”并获优秀奖。2017 年 10 月，受浙江云林书院邀请，参加“南宋遗韵 · 禅语匠心——佛教文化与非遗艺术”主题展览，其中唐卡作品《文殊净土》获金奖。2018 年 1 月，当选为青海省政协委员；3 月，参加国家一级博物馆——恭王府博物馆举办的“吉祥圣境——青海热贡扎西朗灯唐卡艺术展”，他的 4 幅精品唐卡被收藏；6 月，受安徽省阜阳市非物质文化遗产保护中心邀请，参加阜阳市非遗艺术精品交流展，唐卡作品《五百罗汉（黑唐）》经评委会评议，荣获展览金奖。7 月，为庆祝中日和平友好条约缔结 40 周年，被邀请到日本福冈举办个人唐卡展览，并获颁金奖。同月，被同仁市文体旅游广电局评为市级非物质文化遗产项目热贡艺术唐卡代表性传承人。12 月，青海吐蕃藏文化有限公司在由中华全国总工会、共青团中央举办的“第三届国际创新创业博览会”上，获得“双创成果优秀组织单位”荣誉称号。2019 年 12 月，经青海省总工会评选，设立扎西（扎西朗灯）青海省劳模创新工作室。2021 年 4 月，中华全国总工会授予扎西“全国五一劳动奖章”。

孔小红，女，回族，同仁清尘环保技术有限公司四区队长。2020 年新春，在新冠肺炎疫情大范围肆虐时，孔小红在完成每天卫生清理工作的同时，主动打起“守卫者”的担子，积极参与到社区疫情防控志愿服务队伍中，和队友们每天与社区工作人员一同开展排查登记，发放口罩和药品。在平时工作期间认真负责，乐于帮助同事，受到一致好评。同仁清尘环保副经理丹春尚表示，孔小红工作能力、组织能力、处事能力强，善于搞好民族团结工作。在其管辖的四区中，多杰吉的丈夫出事故身亡，孔小红得知其家庭困难，第一时间将情况汇报给公司，公司拿出 1000 元慰问金进行慰问，孔小红同四区 41 个姐妹们自发捐助几百元资助多杰吉。50 岁的卓吉丈夫去世已久，生活拮据，孔小红发现她家因无煤导致孩子冷得瑟瑟发抖，回家将自家两袋煤送到卓吉家中。有时单位发放一些慰问品，她宁可自己不留，也要给最需要的人。环卫工马艳华的女儿罹患尿毒症，孔小红前后筹集近 7000 元送到省城医院。环卫工杨壮吉儿子扎西才让双腿残疾，只能跟随在杨壮吉身边，只要有福利，孔小红就想到扎西才让，让他一起参与活动，享受小集体的温暖与快乐。2022 年 4 月，青海省总工会授予其青海省“五一劳动奖状”。

同仁市机构与负责人名录

中共同仁市委

市委书记：旦　增（藏族，州委常委）

市委副书记：赵建国（市长，8 月任一级调研员）

陈　峻（9 月任二级调研员）

夏吾闹日（藏族，9 月任三级调研员）

吴　浩（援青，7 月任，副市长人选）

市委常委：李建强（援青，副市长，7 月止）

王　凯（援青，副市长，7 月止）

韩　俊（市纪律检查委员会书记、监察委员会主任，9 月任三级调研员）

李加东智（藏族，统战部部长）

李秀加（政法委书记）

刘莉丽（宣传部部长、市总工会主席）

王文东（组织部部长、公务员局局长）
赵其虎（8 月止）
陈国著（8 月起）

中共同仁市委办公室（挂机要和保密局、档案局牌子）
主　任：钱　鑫（藏族）
副主任：齐立茹（女，土族）
李嘉才让（藏族）
副主任、市机要保密局局长：王世海
副主任、市档案局局长：柳小军（11 月止）
副主任、市档案局局长：
阿瑛格（女，蒙古族，12 月起）
市档案馆馆长：曹海霞（女）

中共同仁市委组织部（挂公务员局、老干部局、非公经济组织和社会组织工作委员会）
部　长：王文东（市委常委、市公务员局局长）
常务副部长：董　涛
副部长、市直属机关工委副书记：黄万军（藏族）
副部长：才　巴（藏族，12 月止）
副部长、市委编制委员会办公室主任：张庆生
副部长：普化尖措（藏族）
丰　晨（满族，6 月起）

中共同仁市委宣传部（挂政府新闻办公室、精神文明建设指导委员会办公室）
部　长：刘莉丽（女，市委常委、总工会主席）
副部长：马新国（精神文明办公室主任）
傲赛多杰（藏族，市文体旅游广电局局长）
蔡雪玲（女，藏族，10 月起）

同仁市精神文明办公室
主　任：马新国

同仁市融媒体中心（挂市广播电视台）
市融媒体中心主任：常海云
市融媒体中心副主任、电视台台长：
苏国栋（藏族）
市融媒体中心副主任：
德倩桑姆（女，藏族，10 月起）

张雪梅（女，回族，10 月止）
市互联网舆情信息中心主任：
才让拉毛（女，藏族）

中共同仁市委统战部（民宗局）（挂侨务办公室）
部　长：李加东智（藏族）
副部长、市民族宗教事务局局长：
李建本（藏族，6 月止）
李本太（藏族，6 月起）
副部长、市侨务办公室主任：
黄永刚（藏族，6 月止）
副部长：扎西才让（藏族，6 月起）
韩泽强（撒拉族，12 月止）
王晓青（12 月起）
尕玛当周（藏族）

中共同仁市委政法委员会
书　记：李秀加（藏族，市委常委）
副书记：王洪英（保安族）
汤海明（市司法局局长）
任　强（回族）

中共同仁市直属机关工作委员会
副书记：黄万军（藏族，市委组织部副部长）

中共同仁市委党校
校　长：陈　峻（市委副书记）
常务副校长：多　周（藏族，6 月止）
李本尖措（藏族，10 月起）
副校长：扎西东智（藏族）

中共同仁市委教育工作委员会
副书记：官却加（藏族）
专职副书记：王晓青（12 月止）
魏瑜婧（女，12 月起）

同仁市党史研究室（挂市地方志办公室）
主　任：李积燕（女）
副主任：李小英（女，10 月起）

同仁市档案局

局　长：柳小军（11月止）
　　　　阿瑛格（女，蒙古族，12月起）
馆　长：曹海霞（女）

同仁市人民代表大会常务委员会

主　任：蔡有年
副主任：华泽先（藏族，8月任三级调研员）
　　　　马祥成（撒拉族，12月止）
　　　　韩志远（撒拉族，12月任市人常委会副主任人选）
　　　　血日然智（藏族）

办公室

主　任：桑　多（藏族）
副主任：才毛吉（女，藏族，10月止）
　　　　李加才让（藏族，10月起）

民族和监察法治委员会

主任委员：丁益明（回族，7月止）
　　　　　才毛吉（女，藏族，10月起）

社会建设委员会

主任委员：才让卓玛（女，藏族）

财政经济和农牧环境资源委员会

主任委员：更智加（藏族）

同仁市人民政府

市　长：赵建国（市委副书记，8月任一级调研员）
副市长：吴　浩（援青，7月任市委常委、副书记、市政府副市长人选）
　　　　李建强（援青，7月止）
　　　　王　凯（援青，7月止）
　　　　马永孝（回族，挂职，1月任市政府副市长人选，12月止）
　　　　才让东智（藏族，9月任三级调研员）
　　　　仁增多杰（藏族，市公安局局长）
　　　　华　周（藏族，4月止）
　　　　南吉才旺（藏族，4月任市政府副市长人选）
　　　　马忠海（回族，挂职）
　　　　才旦卓玛（女，藏族，天津挂职）
　　　　张　伟（援青，7月任市政府副市长人选）

同仁市人民政府办公室（挂信访局、政务服务监督管理局、市直机关事务管理局、政府行政审批制度改革办公室）

主　任：辛作鲲（藏族）
副主任：王珍文（女，11月止）
　　　　宽他加措（藏族，12月起）
　　　　马晓芸（女，回族）
　　　　才　让（藏族，6月止）
　　　　岗井东智（藏族，6月起）
　　　　完德才让（藏族）
　　　　郝长宁（土族）

同仁市信访局

局　长：完德才让（藏族，兼任市政府办公室副主任）

同仁市机关事务管理局

局　长：才　让（藏族，兼任市政府办公室副主任，6月止）
　　　　岗井东智（藏族，兼任市政府办公室副主任，6月起）

同仁市政务服务监督管理局

局　长：郝长宁（土族，兼任市政府办公室副主任）

同仁市发展和改革局

局　长：史智华（藏族）
副局长：增太加（藏族）
　　　　马依莎（女，撒拉族，7月止）
　　　　文昌旦增（藏族）
　　　　格桑卓玛（女，藏族，10月起）

同仁市财政局（挂金融工作办公室）

局　长：秦丽华（女）
副局长：拉毛才让（女，藏族，7月起）

马洪成（撒拉族，7月止）
扎西加（藏族，6月止）
预算编制审核中心主任：王菊芳（女）
国库支付中心主任：
卢晓荣（女，藏族，兼市财政局信息中心主任）

同仁市金融办公室

主　任：秦丽华（女）

同仁市工业商务和信息化局（挂招商局）

局　长：敏　飞（回族）
副局长：秦红梅（女，土族）
多杰坚赞（藏族，6月起）
杨永鹏（1月止）
招商中心主任：完玛旦增（藏族）

同仁市公安局

局　长：仁增多杰（藏族）
政　委：马宏伟（回族）
副局长：才让东智（藏族）
南拉才让（藏族）
何承森
云尖措（藏族）
齐　凯
副局长、交警大队大队长：庆彭才让（藏族）

同仁市司法局

局　长：汤海明（市委政法委副书记）
副局长：祁兴慧（女，蒙古族）

同仁市审计局

局　长：赵　斌
副局长：王常清（女，12月止）
马　艳（女，撒拉族）
多杰措（女，藏族，12月起）

同仁市统计局

局　长：王　祥
副局长：高祥寅（土族）

同仁市人力资源和社会保障局

局　长：才　巴（藏族，兼市委组织部副部长）
副局长：才　藏（藏族）
刘文丽（女）
市劳动保障监察大队大队长：完么才旦（藏族）
市社会保险服务局局长：申玉清（女）
市就业服务局局长：刘创军

同仁市医疗保障局

局　长：李德林（藏族）
副局长：夏吾措（女，藏族）

同仁市教育局（挂政府教育督导室）

局　长：官却加（藏族）
副局长：王晓青（12月止，教育工委专职副书记）
魏瑜婧（女，12月起，教育工委专职副书记）
李本尖措（藏族，10月止）
张晓萍（女，藏族）

同仁市卫生健康局

局　长：张永华（女，土族，9月止）
才让东智（藏族，9月起）
副局长：夏吾周拉（藏族）
南措吉（女，土族）

同仁市乡村振兴局

局　长：田志国（藏族）
副局长：马　斌（撒拉族）
羊　洛（藏族）
卓玛措（女，藏族，挂职）
赵乐源（挂职）
羊毛卓玛（女，藏族，7月起，挂职）
扶贫开发中心办公室主任：苏　蕊（女，回族）

同仁市住房和城乡建设局

局　长：
副局长：万代本（藏族，6月起，12月止）

林海军
董　军（藏族，12月止）

同仁市城市管理局

局　长：万代本（藏族，12月起）

同仁市交通运输局

局　长：韩志远（撒拉族）
副局长：娘吉才让（藏族）
王　宁（藏族）

同仁市市场监督管理局

局　长：才让东智（藏族，9月止）
副局长：王志秉（藏族）
王世清
周先卡（土族，6月起）

同仁市文体旅游广电局（挂文物局、热贡艺术传承保护管理局）

局　长：傲赛多杰（藏族）
副局长：何创业
夏吾加（土族）
周　璇（女，藏族）

同仁市应急管理局

局　长：兰却加（藏族）
副局长：多　杰（藏族）
桑知措（女，藏族，8月止）
尕　藏（藏族，12月起）

同仁市自然资源局（挂林业和草原局）（11月止）

局　长：夏吾加（藏族，11月止，三江源自然保护地同仁管理局局长）
副局长：曲　太（藏族，11月止）
拉龙才让（藏族，10月起，11月止）
郑　亮（6月止）
才毛太（女，藏族，10月止）
许　勤（女，10月起，11月止）

同仁市自然资源和林业草原局（挂三江源自然保护地同仁管理局、自然资源确权登记局）（11月起）

局　长：夏吾加（藏族，11月起，三江源自然保护地同仁管理局局长）
副局长：曲　太（藏族，11月起）
许　勤（女，11月起）
拉龙才让（藏族，11月起）

同仁市生态环境局

局　长：严　沛（藏族）
副局长：马成英（撒拉族，6月起）
增　太（藏族，10月起）
杨　倩（女，6月起）
索南才让（藏族，6月止）

同仁市农牧和科技局（挂科学技术协会）

局　长：卡本加（藏族）
副局长：马建军（保安族）
卡本加（藏族，6月起）
辛　霞（女）

同仁市水利局（挂河湖长制办公室）

局　长：马承斌（撒拉族）
副局长：韩　斌（撒拉族）
徐新波

同仁市民政局

局　长：才让扎西（藏族）
副局长：李龙保（藏族，10月止）
龙福德（藏族，10月起）
才让措（女，藏族）

同仁市退役军人事务局

局　长：吉合先加（藏族）
副局长：夏吾更藏（藏族，6月止）
夏吾加（藏族，6月起）
市退役军人服务中心主任：
德吉卓玛（女，藏族）

同仁市供销合作社联合社

主　任：王生英（回族）
副主任：娘洛加（藏族）

同仁市民族语文工作中心

主　任：华卡加（藏族）

同仁市旅游服务中心

主　任：卓　玛（女，藏族）

政协第二届同仁市委员会

主　席：尕藏卡（藏族）
副主席：才　巴（藏族，12月任市政协副主席人选）
　　　　崔生林（藏族）
　　　　隆务贡·久美更登尖措（藏族）

办公室

主　任：刘立功
副主任：刘成秀（女，土族）

中共同仁市纪律检查委员会 同仁市监察委员会

书记、主任：韩　俊（土族，市委常委）
副书记、副主任：卡毛措（女，藏族）
　　　　　　　　张建新（1月止）
　　　　　　　　力辛加（藏族，1月起）
纪委常委、监委委员、审查调查二室主任：
　　　　华本加（藏族）
纪委常委、监委委员、审理室主任：
　　　　李春花（女，藏族，1月起任监委委员）
监委委员、审查调查一室主任：洛桑旦增（藏族）

中共同仁市委巡察办公室

主　任：祁延菊（女，土族，1月起任纪委常委）
副主任：却江太（藏族，10月止）
　　　　措　姆（女，土族，10月起）

同仁市人民法院

院　长：郭振海
副院长：桑杰太（藏族，2月止）
　　　　仁青三智（藏族，2月起）
　　　　张桂英（女，藏族）
执行局局长：仁青三智（藏族，2月止）
　　　　　　当增吉（女，藏族，7月起）
政治部主任：高淑琴（女）

同仁市人民检察院

检察长：刘慧泉
副检察长：满　仓（土族，4月止）
　　　　　元旦尖措（藏族，4月起）
　　　　　辛雨林（藏族）
政治部主任：鲍周杰（藏族）
副主任：陈秀花（女，撒拉族）
第一检察部主任：仁增昂毛（女，藏族）
第二检察部主任：韩　蔚（女，回族，1月退休）
　　　　　　　　赵雪松（藏族，4月起）
第三检察部主任：韩　勃（土族）
检察委员会专职委员：卡毛先（女，藏族）
驻所检察室主任：卡着才让（土族）

群众团体

同仁市总工会

主　席：刘莉丽（市委常委、市委宣传部部长）
副主席：才让本（藏族）

共青团同仁市委员会

书　记：何祥宇（女，藏族）

同仁市妇女联合会

主　席：梁晓华（女，9月止）
　　　　张永华（女，土族，11月起）
兼职副主席：秦丽华（女）

同仁市工商业联合会

市委统战部副部长、市工商联党组书记：
　　　　黄永刚（藏族，6月止）
　　　　王晓青（12月起）
市工商联执委：完玛才让（藏族）

同仁市残疾人联合会

理事长：华　盖（藏族）
副理事长：高文山（撒拉族）

同仁市红十字会

会　长：才旦卓玛（女，藏族，市政府副市长）
副会长：张永华（女，土族，市卫健局局长，9月止）

驻市单位　金融机构

中共同仁市委机构编制委员会办公室

主　任：张庆生

同仁市气象局

局　长：许显花（女）
副局长：张增林
　　　　柳志军
气象台台长：陈继全

国家税务总局同仁市税务局

局　长：马正龙（回族）
副局长：郭晓莉（女，9月止）
　　　　熊国江（9月起）
　　　　毛玉辉（9月止）
　　　　马玉录（回族）
　　　　张志锋（4月任）
纪检组组长：冯　波（9月止）
　　　　　　毛玉辉（女，9月任）

国网同仁市供电公司

经　理：尹延麒
副经理：杨正孝
　　　　郭　欣

同仁市自来水有限公司

经　理：公保才让（藏族）

中国电信同仁分公司

总经理：苗　骞
总经理助理：杜宝鑫

中国联通同仁市分公司

总经理：姬学兰
副经理：刘爱玲

中国移动同仁分公司

经　理：鲁仲元（7月止）
　　　　陶永耀（7月起）

中国农业银行股份有限公司黄南分行同仁市支行

行　长：王　晶（女）
副行长：张宏才
　　　　赵　雷（江苏分行挂职）
　　　　羊毛卓玛（女，藏族，同仁市乡村振兴局挂职）
　　　　旦正吉（女，藏族）
　　　　旦智才让（藏族，4—7月）
　　　　李先加（藏族，4月止）

青海同仁农村商业银行股份有限公司

董事长：李海东
行　长：张宏发
监事长：韩　玲（10月止）
　　　　赵存俊（10月起）
副行长：仁青昂无（藏族，11月止）
　　　　完玛本（藏族，11月起）
董事会秘书：完玛本（土族，11月止）
　　　　　　王淑琼（11月起）

中国邮政储蓄银行股份有限公司黄南藏族自治州支行

行　长：党海峰
副行长：彭玉华
　　　　蒋永琴

中国人寿保险股份有限公司同仁支公司

经　理：熊登平

中国人民财产保险股份有限公司同仁支公司

经　理：杨　斌
副经理：辛雨山
　　　　张宗延（藏族）

乡　镇

中共隆务镇委员会　隆务镇人民政府

书　记：夏吾桑杰（藏族）
副书记、镇长：马　青（撒拉族，9月起）

副书记、人大主席：桑杰才让（藏族）
副书记：宋健良（藏族）
组织委员：马弘劼（女，8月止）
　　　　　拉毛卓玛（女，藏族，12月起）
纪委书记：更周加（藏族）
副镇长：加华多杰（藏族）
　　　　卓玛措（女，藏族，乡村振兴挂职）
　　　　尕藏卓玛（女，藏族，4月止）
　　　　王增堂（土族）
　　　　索南德吉（女，藏族，9月起）
司法所所长：关吉加（女，藏族）

中共保安镇委员会　保安镇人民政府

书　记：赵菊萍（女，藏族）
副书记、镇长：李本太（藏族，6月止）
　　　　　　　当增仁青（藏族，9月起）
副书记、人大主席：项千端智（藏族）
副书记：陈延平
组织委员：增他加（藏族，10月止）
　　　　　拉吉措（女，藏族，10月起）
纪委书记：米振华（女，回族）
副镇长：冷本尖措（藏族）
　　　　杨　艳（女，土族）
　　　　夏吾更藏（藏族）
　　　　冶小龙（回族）
司法所所长：多杰措（女，藏族）

中共多哇镇委员会　多哇镇人民政府

书　记：周加卡（藏族）
副书记、镇长：赵　顺（藏族）
副书记、人大主席：闹日本加（藏族，6月止）
　　　　　　　　　却江太（藏族，10月起）
副书记：陈龙威（土族，8月止）
　　　　才让扎西（藏族，12月起）
纪委书记：措　姆（女，藏族，10月止）
　　　　　魏丽君（女，10月起）
组织委员：张占臻（藏族，12月止）
副镇长：仁青三知（藏族）
　　　　才旦卓玛（女，土族）
　　　　杨本加（藏族）
　　　　王青云（土族）

司法所所长：仓桑态（藏族）

中共年都乎乡委员会　年都乎乡人民政府

书　记：索南扎西（藏族）
副书记、乡长：马　青（撒拉族，6月止）
　　　　　　　旦巴杰（藏族，9月起）
副书记、人大主席：卡本加（藏族，6月止）
　　　　　　　　　尕桑当周（藏族，9月起）
副书记：张　红（女）
纪委书记：更藏吉（女，藏族）
组织委员：马晓明（蒙古族，8月止）
副乡长：杨本尖措（藏族）
　　　　安角扎西（藏族，9月起）
　　　　尕桑当周（藏族，6月止）
　　　　夏吾卓玛（女，藏族，12月止）
司法所所长：罗藏华旦（藏族）

中共曲库乎乡委员会　曲库乎乡人民政府

书　记：李本扎西（藏族）
副书记、乡长：才让扎西（藏族）
副书记、人大主席：扎西才让（藏族，6月止）
　　　　　　　　　索南才让（藏族，9月起）
副书记：王雪梅（女，藏族）
组织委员：秦雅琳（女，藏族）
纪委书记：华　谦（藏族，8月止）
　　　　　朱明轩（12月起）
副乡长：吴忠伟（蒙古族）
　　　　索南央宗（女，藏族）
　　　　赵乐源（乡村振兴挂职）
司法所所长：娘吉合（藏族）

中共兰采乡委员会　兰采乡人民政府

书　记：南太加（藏族）
副书记、乡长：卡本才让（藏族）
副书记、人大主席：当周尖措（藏族）
副书记：丹措卓玛（女，藏族，10月止）
　　　　铁生龙（藏族，12月起）
纪委书记：端智卓玛（女，藏族）
组织委员：朱明轩（12月止）
　　　　　仁青扎西（藏族，12月起）
副乡长：索南东知（藏族，6月止）

卡布加（藏族，7月止）
才让东智（藏族，10月起）
华卡才让（藏族，12月起）
增太吉（女，藏族）
司法所所长：（空缺）

中共扎毛乡委员会　扎毛乡人民政府

书　记：王俊安
副书记、乡长：当增仁青（藏族，6月止）
闹日本加（藏族，9月起）
副书记、人大主席：周先卡（土族，6月止）
才　让（藏族，9月起）
副书记：张菊芳（藏族，10月止）
夏吾吉合太（藏族，10月起）
纪委书记：夏吾吉合太（藏族，10月止）
马秀玲（女，10月起）
组织委员：吴俊楠（10月止）
辛丽瑞（女，藏族，10月起）
副乡长：拉玛才让（藏族）
辛丽瑞（女，藏族，10月止）
朗桑卓么（女，藏族）
司法所所长：拉毛先（女，藏族）

中共瓜什则乡委员会　瓜什则乡人民政府

书　记：祁　亮（土族）
副书记、乡长：先巴旦增（藏族）
副书记、人大主席：旦巴杰（藏族，6月止）
索南东知（藏，9月起）
副书记：丰　晨（满族，6月止）
祁江加（藏族，10月起）
纪委书记：祁江加（藏族，10月止）
组织委员：羊毛吉（女，藏族）
副乡长：娘先才让（藏族）
卓么才让（女，藏族）
张　平
司法所所长：兰措吉（女，藏族）

中共加吾乡委员会　加吾乡人民政府

书　记：刘　虎
副书记、乡长：关却项加（藏族）
副书记、人大主席：魏瑜婧（女，12月止）
副书记：尕　藏（藏族，12月止）
夏吾卓玛（女，藏族，12月起）
纪委书记：韩　阳（回族）
组织委员：格桑卓玛（女，藏族，10月止）
郭文婷（女，12月起）
副乡长：项　杰（藏族）
铁生龙（藏族，12月止）
蒲拉姐（女，藏族）
司法所所长：拉毛措（藏族）

中共黄乃亥乡委员会　黄乃亥乡人民政府

书　记：斗拉太（藏族）
副书记、乡长：多杰措（女，藏族）
副书记、人大主席：何君俊（藏族）
副书记：杨　斌（藏族）
纪委书记：姜　文（女，4月止）
张　珍（女，10月起）
组织委员：才让扎西（藏族，12月止）
索南才让（藏族，12月起）
副乡长：辛雅茹（女，土族）
才让扎西（藏族）
杨本才让（藏族）
司法所所长：旦正才让（藏族，12月起）

中共双朋西乡委员会　双朋西乡人民政府

书　记：拉公加（藏族）
副书记、乡长：吴小青（女，藏族）
副书记、人大主席：夏　江（藏族）
副书记：马成龙（回族，8月止）
增他加（藏族，10月起）
纪委书记：当周才让（藏族）
组织委员：魏丽君（女，10月止）
关角卓玛（女，藏族，12月起）
副乡长：罗藏华旦（藏族，10月止）
羊毛措（女，土族，12月起）
达哇央宗（女，藏族）
盛青云（回族）
司法所所长：索南草（女，藏族）

2022 年同仁市获国家、省级荣誉称号先进个人名单一览表

表 10

序号	姓名	荣誉称号	表彰奖励时间	授予部门	单位职务
1	吉毛先	2022 年度全国“最美家庭”	2022 年 5 月	中华全国妇女联合会	市人民法院立案庭庭长
2	拉加才让	全国优秀城乡社区工作者	2022 年 11 月	民政部	隆务镇四合吉社区书记
3	马建军	全国科技管理系统先进工作者	2022 年 12 月	人力资源社会保障部、科学技术部	市农牧和科技局党组成员、副局长
4	曲　太	2019—2021 年度全国森林草原防火工作先进个人	2023 年 1 月	国家林业和草原局	市自然资源和林业草原局副局长
5	切毛措	全国科研成果评选一等奖	2022 年 7 月	中国教育学会	市第一完全小学教师
6	王鸿峰	全国优秀少先队辅导员	2022 年	共青团中央教育部、全国少工委	市第三完全小学大队辅导员
7	杨　忠	全国优秀论文一等奖	2022 年 12 月	《少年时代报・教学教研》编辑部	市第一完全小学教师
8	徐　炜	全省公安机关 2021 年度专项重点工作个人二等功	2022 年 1 月	省公安厅	黄乃亥派出所指导员兼国保大队大队长、三级警长
9	高祥寅	青海省第七次全国人口普查先进个人	2022 年 2 月	省第七次全国人口普查领导小组	市统计局副局长、二级主任科员
10	李永勤				—
11	万玛加				—
12	完代东珠				—
13	张海鹏				—
14	韩　芳				保安镇综治干事（管理九级）
15	马天真	作业设计一等奖	2022 年 6 月	省教育厅	市第一完全小学教师
16	梁晋敏	省级“优质课”	2022 年 8 月	青海省中小学教学研究与教师发展中心	市第一完全小学教师
17	孙秀	省级“优秀作业设计”	2022 年 8 月	青海省教育厅	市第一完全小学教师
18	多吉加				
19	扬佳应				
20	谭文昕				

续表10

序号	姓名	荣誉称号	表彰奖励时间	授予部门	单位职务
21	切毛措	作业设计一等奖	2022 年 8 月	省教育厅	市第一完全小学教师
22	李太先	全省综治维稳暨平安建设先进个人	2022 年 9 月	省委平安办	市委政法委综治中心主任（管理八级）
23	夏吾措吉	希望工程园丁奖	2022 年 9 月	省希望工程指导服务中心、省青少年发展基金会	市第一完全小学教师
24	韩俊怡	青海省优秀少先队员	2022 年 12 月	团省委、省教育厅、省少工委	市第一完全小学学生
25	杨　忠	全国优秀论文一等奖	2022 年 12 月	《少年时代报·教学教研》编辑部	市第一完全小学教师
26	马学良	省级“课题结题”	2022 年 12 月	青海省中小学教学研究与教师发展中心	市第一完全小学课题主持人、校长
27	马　艳	全省“审计能手”	2022 年 12 月	省审计厅	市审计局副局长
28	王海英	优秀科技特派员	2023 年 2 月	省科学技术厅	市农牧和科技局高级农艺师
29	王　伟	优秀科技特派员	2023 年 2 月	省科学技术厅	市农牧和科技局工程师
30	李本太	青海省文物局 2022 年度文物系统先进个人	2023 年 2 月	省文物局	古城保护研究中心主任

2022 年同仁市获国家、省级荣誉称号先进单位、集体名单一览表

表 11

序号	单位（集体）	荣誉称号	表彰奖励时间	授予部门
1	国家税务总局同仁市税务局	全国五一劳动奖状	2022 年 5 月	中华总工会
2	市委办公室	国家节约型机关	2022 年 10 月	国家机关事务管理局、中共中央直属机关事务管理局、国家发展和改革委员会、财政部
3	市发展和改革局			
4	市住房和城乡建设局			
5	市工业商务和信息化局			
6	市司法局			
7	市水利局	节水型社会建设达标县	2022 年 12 月	水利部
8	市公安局城南派出所	全省公安机关 2021 年度专项重点工作集体三等奖	2022 年 1 月	省公安厅

续表11

序号	单位（集体）	荣誉称号	表彰奖励时间	授予部门
9	市委办公室	2019—2021 年度文明单位	2022 年 2 月	省精神文明建设指导委员会办公室
10	市司法局			
11	市统计局	青海省第七次全国人口普查先进集体	2022 年 2 月	省第七次全国人口普查领导小组
12	隆务镇			
13	市第一完全小学	省级“文明校园”	2022 年 3 月	省文明委
14	市自来水有限公司	青海高原工人先锋号	2022 年 7 月	省总工会
15	市水利局	青海省公共机构节水型单位	2022 年 8 月	省直机关事务管理局、省水利厅
16	市委政法委	全省综治维稳暨平安建设先进集体	2022 年 9 月	省委平安办
17	多哇镇人民政府	全省维稳先进集体	2022 年 9 月	省委政法委委员会
18	市审计局	全省审计项目审计质量评定一等奖	2022 年 10 月	省审计厅
19	市人民法院	省级文明单位标兵	2022 年 10 月	省精神文明建设指导委员会办公室
20	市群众体育指导服务中心	全省群众体育工作先进集体	2023 年 2 月	省体育局
21	保安镇	省级文明乡镇		省文明委

同仁市第二届人民代表大会代表名单

市直机关：林业昭（藏族）、泰丽华（女）、裴强、尕么东智（藏族）

隆务镇：仁青加（土族）、刘莉丽（女）、刘慧泉、完玛才让（藏族）、林海军、李燕玲（女）、更智加（藏族）、梁晓华（女）、史智华（藏族）、李莲（女，土族）、辛作鲲（藏族）、田志国（藏族）、杨玉奎（土族）、周古（女，藏族）、才巴（藏族）、马玉梅（女，回族）、韩志远（撒拉族）、张永华（女，土族）、夏吾加（藏族）、多杰仁青（藏族）、俄毛友（女，藏族）、郭振海、乔旦扎西（藏族）、官却加（藏族）、丁益民（回族）、多杰措（女，藏族）、俄毛措（女，土族）、公保才让（藏族）、扬毛吉（女，藏族）、张宗延、陕真博（回族）、王晓明（回族）、改毛（女，藏族）、夏吾完德（土族）、更登（土族）、马祥成（回族）、看本才让（藏族）、卡永刚（藏族）、兰本加（土族）、更藏措（女，土族）、才让太（藏族）、高雁（女，撒拉族）、普洛（藏族）、仁青昂无（藏族）、加样尖措（藏族）、夏吾完么（藏族）、桑杰才让（藏族）、冷知仁增（藏族）、谭买日则（女，回族）、冷本加（藏族）、娘吉合加（藏族）

保安镇：唐文莲（女，土族）、郝海（藏族）、徐红（女，土族）、李本太（藏族）、更它加（藏族）、桑杰吉（女，藏族）、夏吾多杰（藏族）、公巴才让（藏族）、拉毛措（女，藏族）、斗拉（藏族）、项千端智（藏族）、周先卡（藏族）、卡先木加（藏族）、才洛加（藏族）、李莲桂（女）、完玛扎西（藏族）、多杰太（藏族）、王文东、俞利群

多哇镇：韩俊（土族）、加毛吉（女，藏族）、李秀加（藏族）、吉多（藏族）、斗尕日（藏族）、赵顺（藏族）、久血加（藏族）、拉毛措（女，藏族）、闹日本加（藏族）、吉太加（藏族）

年都乎乡：卡本加（藏族）、冷本才让（土族）、南措吉（女，土族）、才毛吉（女，藏族）、斗尕日

（土族）、李加才让（藏族）、仁青卓玛（女，藏族）、仁青措（女，土族）、才让卓玛（女，藏族）、马青（撒拉族）、夏吾当周（藏族）、华泽先（藏族）、拉本加（藏族）、仁增多杰（藏族）、拉周才让（藏族）

曲库乎乡：血日然智（藏族）、才让扎西（藏族）、夏吾才让（藏族）、扎西才让（藏族）、吉合毛先（女，藏族）、华旦措（女，藏族）、夏吾仁增（藏族）、多杰拉旦（藏族）、当增加（藏族）、拉毛才让（女，藏族）、华泽加（藏族）

双朋西乡：夏江（藏族）、拉龙加布（藏族）、吴小青（女，藏族）、公保才旦（藏族）、卡毛加（女，藏族）、普化多杰（藏族）

加吾乡：仁青卓玛（女，藏族）、关却项加（藏族）、索南仁青（藏族）、卓么本（藏族）、更尕东周（藏族）、魏瑜婧（女）、才让南加（藏族）、才让多杰（藏族）

黄乃亥乡：陈峻、斗拉太（藏族）、何君俊（藏族）、周本才让（藏族）、华公才让（藏族）、南措吉（女，藏族）、多旦措（女，藏族）

瓜什则乡：先巴旦增（藏族）、智果（女，藏族）、才他加（藏族）、旦巴（藏族）、索南才让（藏族）、公保加布（藏族）、旦巴杰（藏族）、尕藏卓玛（女，藏族）

兰采乡：切旦多吉（藏族）、旦增（藏族）、华毛才让（女，藏族）、卓么才旦（藏族）、南太加（藏族）、先巴加（藏族）、当周尖措（藏族）、桑多（藏族）

扎毛乡：夏吾太（藏族）、赵建国、蔡有年、夏吾官却（藏族）、王俊安、周先卡（藏族）、夏吾卓玛（女，藏族）、拉德措（女，藏族）、王文娟（女）

政协第二届同仁市委员会委员名单

经济界：刘德（回族）、马军（保安族）、石沛（藏族）、南太（土族）、任绍雄（回族）、南杰才让（藏族）、曾学录、王世青（藏族）、陈文礼、李宁、马文同（撒拉）、娘吉先（藏族）、秦红梅（女，土族）、多杰卡（藏族）

农业界：韩文海（撒拉族）、辛霞（女，藏族）、更尕（藏族）、桑杰先（藏族）、王辉成、樊咏梅（女，藏族）、吉合松杰（藏族）、马晓军（保安族）、严沛（藏族）、曲太（藏族）、万代本（藏族）、谭剑波、才让他（藏族）、马福花（女，回族）

资源环境界：马晓军（保安族）、严沛（藏族）、曲太（藏族）、万代本（藏族）、谭剑波、才让他（藏族）、马福花（女，回族）

宗教界：完玛东智（藏族）、旦巴达杰（藏族）、香则仓·久美成列尖措（藏族）、冶尔有布（回族）、元旦（藏族）、智干仓·次成尖措（藏族）、更登云旦（土族）、隆务贡·久美更登尖措（藏族）、俄尖才让（藏族）、加羊（藏族）、瓜什则仓·罗藏久美旦巴尖措（藏族）、罗藏成列（藏族）、丁慧民（回族）、加羊罗赛（满仓）（藏族）、西哇措（藏族）、李建本（土族）

少数民族界：完玛东智（藏族）、索南项加（藏族）、索南才让（藏族）、三旦多杰（藏族）、冯东风（藏族）、夏吾更藏（藏族）、韩海英（撒拉族）、罗藏土旦（土族）、李加东智（藏族）、扎西才让（藏族）、龙肉（藏族）、多杰（藏族）

文化艺术界：完德尖措（土族）、尕藏才让（藏族）、旦正项杰（藏族）、南太才让（土族）、完么才让（土族）、马学良（回族）、傲塞多杰（藏族）、仁青吉（女，土族）、夏吾尖措（土族）、桑杰加（土族）、扎西东智（藏族）、德吉措（女，土族）、吉合他本（土族）、李本太（藏族）

教育（体育）界：华卡才让（藏族）、李金娟（女）、才让加（藏族）、娘加先（藏族）、下吾尖措（藏族）、扎西东智（藏族）、完玛南加（藏族）、桑杰卓玛（女，藏族）、马峰莲（女，回族）

医疗卫生界：羊状加（藏族）、久美多杰（藏族）、华卡才让（藏族）、祁全（女）、拜玉秀（女，回族）、辛菊圆（女，藏族）、罗桑旦巴（藏族）

中共党员界：尕藏卡（藏族）、崔生林、才巴（藏族）、普华尖措（藏族）、刘立功、张峰、马忠文（回族）、李小莉（女）、张菊芳（女，藏族）、宋健良（藏族）、马成龙（回族）、陈龙威、旦措卓玛（女，藏族）、张红（女）、丰晨（满族）、王雪梅（女，藏族）、尕藏（藏族）、杨斌（藏族）、陈延平（土族）、庆彭才让（土族）

无党派界：多杰南加（藏族）、刘成秀（女，土族）、华卡加（藏族）

工商联界：马进良（回族）、尼玛次木（女，藏族）、扎西（藏族）、刘祥、褚扎西业玛（藏族）、曹明安、马育林、辛东彦（藏族）、卢结武、格桑嘉措（土族）、南卡才项（藏族）、赵永森、杨延忠、更藏措（女，藏族）、华旦扎西（藏族）、完玛旦增（藏族）、更藏（藏族）、田万德（藏族）、尕藏才让（藏族）、赵春广

社会福利和社会保障界：周玉梅（女，回族）、华盖（藏族）、桑杰尖措（藏族）、申玉清（女）、多杰措（女，藏族）、仁青昂毛（女，藏族）、张贵英（女，藏族）

新闻出版界：马新国、仁青东智（藏族）、千尔日加措（藏族）、索南东智（藏族）、张雪梅（女）

科学技术界：马建军（保安族）、多杰加（藏族）、林海军、王宁（藏族）、徐新波、王海英（女）

附 录

TONGREN YEARBOOK

重要文献

税费支持政策——稳经济大盘中的一道“硬菜”

自2020年同仁撤县设市以来，积极有为的财税政策为青海省同仁市经济高质量发展提供了坚实有力的财源保障。特别是2022年实施的新的组合式税费支持政策，是扎实稳住经济大盘一揽子政策措施中的一道“硬菜”，为同仁经济稳定运行“攒后劲”“赢未来”。

精准发力保“稳” 落实税费支持政策。

2022年，国家部署实施新的组合式税费支持政策以及稳住经济大盘一揽子政策措施，推动中国经济高质量发展。同仁市坚决落实各项政策措施，打出一套有效配合、同向发力的暖企稳商纾困“组合拳”，助力广大市场主体爬坡过坎、增足后劲。大规模增值税留抵退税是新的组合式税费支持政策的“重头戏”。税务部门作为政策落实的主责部门，第一时间构建政府主导、税务主抓、财库协同、多部门联动的“一盘棋”退税政策落实机制，凝聚稳经济落实合力；精准定制“一企一策”服务锦囊，推出政策备忘录和提醒单，助力税费红利直达快享；邀请人大代表、政协委员以“座谈+参观+体验”形式走进税务局体验税费办理流程，开门纳谏改进服务。5月和7月，市委专门听取税务部门落实稳经济大盘情况，税务部门推出的“一个工作专班、一套工作方案、一张任务清单、一批宣传辅导、一线工作方法”相辅相成、运作有方，有力推动了税费政策红利快准稳好惠及市场主体。在全市已获得留抵退税纳税人中，小微企业占比逾90%，退税额是2021年退税规模的3.4倍。最近，通过到企业调研，了解到“真金白银”的退税款为企业带来现金流，对于受困于国内需求收缩、供给冲击、预期转弱三重压力下的中小企业来说很“解渴”。广大受益企业反映，已经把退税款用于增加采购原材料、投资及研发支出、稳岗扩招及工资薪酬支出等方面，有效增强了企业发展后劲。

人人期待创“优” 答好营商环境答卷。

中共二十大报告强调，“坚持以人民为中心的发展思想”“优化营商环境”。近年来，同仁市深入推进“放管服”改革，落实减审批、减资料、减事项、减跑动的“四减”要求，健全营商环境评价体系，加强“银政企”对接力度，大力优化营商环境。税务部门围绕“便民办税春风行动”这一拳头产品，聚焦“提速+品牌+规范+惠民”，打造“一次不用跑、税费全办好”纳税服务品牌。在讲好纳税服务“普通话”的同时，税务部门结合市情税情讲好“地方话”，制定藏汉双语服务“套餐”，创新推出“藏汉双语梦工厂”税收工作室，便利群众办事，服务地方治理。优化营商环境永远是“进行时”。同仁市始终坚持推动“政府思维”向“企业视角”转变、“政府端菜”向“企业点菜”转变。税务部门走在前列，做出表率，持续在服务行业树榜样、立标杆，找准“纾困”与“赋能”结合点，通过“政策找企”和“自选动作”为企业疏堵解难，努力将群众办税的堵点转变为税务部门优质服务的赞点。2022年，同仁市出台招商引资31条惠企措施及管理办法，成功签约清洁能源、特色农牧业等项目9项，签约金额34.4亿元。税务部门与工商联发挥“春雨润苗”品牌效应，不断推动“税银互动”助力融资，为培育企业蓬勃发展的营商沃土贡献“税力量”。

勇于担当有“为” 服务地方发展大局。

同仁，是藏族绘画艺术形式唐卡的发祥地，著名的画家之都。民间投资新建形成规模的画院达10余家，园区规模以上的画院达12座、唐卡企业188家，其中文创产品开发企业14家。税务部门作为支持民族特色产业发展的重要责任单位，充分发挥税收职能作用，建立“唐卡企业联络员”机制，以“一户一策+税费落实”方式为唐卡企业发展提供税务支持。2019年至2022年8月，同仁市唐卡企业实现免税收入2896.4万元，获得税费减免144万元。项目是推动城市发展的重要引擎。“县改市”以来，同仁迎来发展重大机遇，西成铁路同仁段、330千伏输变电工程、城北新区防洪综合治理、400兆瓦“光牧储”综合一体化发电等重大项目密集推进。税务部门在税收服务方面加力助跑，创新推出“税务管家”等服务举措，对重点项目提供税前宣传辅导、税中跟踪服务、税后权益维护等全程涉税服务，可圈可点、值得推广，在助推重大项目转化为同仁经济引擎和新增长极方面发挥积极作用。

（2022年12月，作者：州委常委、市委书记旦增）

“小积分”记录乡村振兴“大账本”

近年来，同仁市各级党组织压紧压实抓党建促乡村振兴责任，以“清单制”“积分制”工作新模式跑出乡村振兴“加速度”，精细化制定评分细则，营造“比学赶超”良好氛围，切实把农村党组织的政治优势、组织优势、密切联系群众优势转化为发展优势。

“清单化”推动 “软任务”变成“硬杠杠”。

为全面推动提升组织力为重点，强化主动抓的意识、深入抓的举措，党建引领主体功能集约高效。同仁市坚持问题导向、抓住薄弱环节，注重在推进党建引领乡村振兴上下功夫，常委会研究制定《关于抓党建促乡村振兴的若干措施》，将工作细化为8方面33项重点任务，建立各领域党组织书记不同层面、不同主体抓基层党建工作的共性责任清单和个性责任清单，详细列出各党支部的党建重点任务，明确支部书记、联点领导、驻村第一书记抓党建责任，“一页纸”工作责任重点，使抓党建工作条目化，让各级党组织明白“抓什么、干什么”，为党组织负责人提供有效“度量衡”和“催化剂”，构建横向到边、纵向到底的党建工作责任链条，筑牢乡村振兴战斗堡垒。

“积分制”推动 “要我干”变成“我要干”。

明确具体的工作目标，是党支部发挥战斗堡垒作用、推动支部工作科学发展的导向，是引领党员履行义务、发挥先锋模范作用的载体。同仁市各级党组织坚持将平时积分累计与评先评优、激励奖惩、年度考核相结合，通过用活评定结果，改变以往传统意义上的宣传引领模式，引导党员干部群众由过去的凡事“要我干”到现在的遇事“我要干”，有效激发内生动力。其中，保安镇党委不断优化干部考评指标体系和评价体系，把单次、单项考核变成常态化、链条式的综合考评（积分）机制，建立“周报月晒季评年考”机制，建立“一村一档”，将乡镇干部、驻村工作队、村“两委”个人工作考核得分纳入各村月评中，“写实式”记录现实表现，认真分析、综合研判、评定等次，作为党员干部年底评优评先、村“两委”年度报酬等次的重要依据，实现以“分”促管、以“分”促干，激励干部担当作为，推动重点工作提质增效。

“小积分”推动 “村里事”变成“家家事”。

规范运行村级爱心积分超市是激发党员头雁能量、群众积极参与、践行好人好事的内生动力。同仁市坚持逐步退出“小局面”，进入“大局面”为基准原则，以依托“黄南先锋”智慧党建平台，线上发布活动计划和线下

"点赞"服务相结合，把村内全体党员、群众纳入服务积分超市的涵盖面，提高乡村文明建设、发展壮大村集体经济、党员志愿服务等一系列活动领积分换物品的参与度，努力实现"月公示、季兑现、年表彰"的常态化制度化规范化机制。其中，曲库乎乡打造2个"积分制"示范村，制定"基础分+加分项+减分项"相结合的7大类32条积分表，将村级各项事务量化为积分指标，村民以行动换积分，以积分转习惯，以习惯化新风，充分调动党员群众示范带头的积极性，助力乡村振兴。

（2022年11月，市委组织部供稿）

构建"大路网" 发展"大运输" 建设"新交通"

近年来，同仁市认真贯彻落实关于"四好农村路"创建的重要指示批示精神，在市委市政府和省州交通运输部门的大力支持下，积极推进城乡运输融合发展，有力助推同仁乡村振兴。

牙同高速公路控制性工程——海黄大桥建成通车，实现牙同高速全线贯通，结束同仁市没有高速公路的历史。截至目前，全市公路总里程近1200公里。全面完成危桥改造、安防工程建设任务。在全省率先实现乡镇通四级及以上公路占比100%，行政村通4.5米硬化路占比100%。全市国道、省道、县道、乡道及村道优良率分别达80%、75%、65%、60%、45%。内畅外联的大路网促进全市城乡运输一体化发展。

紧紧围绕共享发展理念，让全市农牧区居民和城市居民共享交通运输发展成果，全力推进交通运输公共服务均等化。目前，全市有省级客运班线2条，省内班线5条；全市共投入资金1000多万元，投入46辆纯电动公交车；开通公交线路7条，约5.3万人口得到了实惠；出租车天然气改造295辆；农村微型客车改造152辆；修建乡镇农村客运综合服务站11个，客运班车通达率达到100%，城乡客运一体化覆盖率达56%；投资600万元修建2座快速充电站，充电桩30台，充电枪60支，为碳达峰打下坚实基础。

进一步完善农村公路管理体系，实现县道县管、乡村道乡村管。全力推进"四好农村路"省级示范县创建工作。逐步推行路长制，151条路均设置各级路长，实现路长100%全覆盖，实现县乡村三级领导"一路一长"。加快推进"美丽农村路"创建工作，大力实施高原美丽旅游公路、草原扶贫旅游路和道路廊道绿化建设，支撑构建一批宜居宜业宜游的美丽乡村，让农村因路而美、农业因路而兴、农民因路而富。扎毛乡扎毛村、双朋西乡双朋西村和曲库乎乡江龙农业村的沥青混凝土路全部完成；保安镇城内村、城外村完成80%；年都乎乡录和相村、隆务镇措玉村完成50%。

（2022年11月，黄南州电视台供稿）

同仁市推动农牧业高质量发展十大突破

2021—2022年，全市乡村建设、乡村特色产业亮点可圈可点，改革成果持续发力，乡村面貌持续改善，农牧民幸福感、获得感、安全感显著提升。

政策措施突破。2022年，制定出台《同仁市2022年农牧业高质量发展指导意见》，确立"一地两创三促四园五带"发展思路与产业布局。编制《同仁市绿色有机农畜产品输出地规划》《同仁市万头犏牛基地建设规划》《同仁市脱贫地区特色产业发展规划》《同仁市国家农村产业融合发展示范园创建方案》和《同仁市省级现代农牧业产业园创建方案》。2021—2022年，市委、市政府安排衔接资金3.5亿元，实施93个项目，地方支农支牧资金由“十三五”每年100万元增加到每年1000万元，近两年累计安排本级财政支农资金达2750万元，建成高标准乡村建设示范村8个，建设标准化特色产业基地28个。热贡尕玛顿丹扩繁场、热贡佳加哇娄保种场、高原牦牛扩繁场建成投产。万头犏牛基地“3545”工程顺利推进。黄乃亥乡鼓励全民种植饲草，饲草“产业强镇”基本形成。江龙农业村、扎毛村乡村建设工作，良种藏羊、万头犏牛基地“3545”工程得到国家、省级领导肯定。

融合发展突破。投入营业的4个色彩农业产业园发挥和利用山水林田湖草等资源优势，种植观赏油料作物，搭建演艺舞台，举办民族歌舞表演及赛事活动，推介民族工艺品及农畜产品，活跃休闲氛围，传承民族艺术，推介特色产品。6个色彩农业产业园带动6个村2164户10025人，户均增收893.8元。吸纳当地农牧民就业135人（其中脱贫人口77人）、城镇居民就业23人，人均年收入3万元~4万元。间接带动当地农牧民开展零售特色农畜产品、民族工艺品人员55人，人均纯收入1.2万元。

集体经济突破。2021—2022年，投资建设特色产业发展项目28个，其中集体经济特色产业项目22个。全市72个行政村村集体经济收益达到5万~50万元的63个、50万~100万元的6个、100万元以上的3个。以集体经济为主建设的8个犏牛基地，农牧民入股饲草耕地2219亩、资金160万元、牦母牛262头、草场1.82万亩，租赁草场0.64万亩，利用公共草场0.57万亩。两个饲草产业基地，农牧民入股耕地3910亩。3个畜牧良种繁育基地，牧民入股牦母牛240余头、核心群母羊779只（其中个体经营367只）、种公牛16头、种公羊26只、草场3.2万亩。

科技支撑突破。2022年，投资1500余万元，建设热贡佳加哇娄保种场1个、热贡尕玛顿丹扩繁场1个、高原牦牛扩繁场1个，填补同仁市没有藏羊牦牛良种繁育场空白。通过专家指导，黄乃亥乡种植青饲燕麦7000亩，下种量由18千克降到12千克，节约成本18.48万元，产值达211万元。签订《青海省科技成果科技专项项目合作协议》《同仁市万头犏牛“3545”工程改良技术合作协议》。邀请国家、省科技服务团指导建设全市科技工作站5个，培养科技工作者43名。举办犏牛改良人工授精技术培训班6期，培养专业技术骨干23名、“土专家”11名、农牧民技术骨干255人。投资580万元，引进娟姗公牛43头、黑白花犏母牛350头、麦哇种公牛5头、牦母牛35头。安排衔接资金400余万元，为8个犏牛养殖基地购置饲草料混合搅拌机、自动撒料机、饲草料粉碎揉搓机、自动清粪机及饲草收割打捆机等先进设备220多套。

品牌建设突破。建设乡村特色产业标准化种养基地、动植物良种繁育基地、农畜产品加工基地、色彩农业休闲旅游基地等“七大工程”。“晶黄果”饮品顺利通过国家ISO 9001产品质量认证和“同仁青稞”等5个特色品种获国家地理标志农产品认证。完成多哇镇、瓜什则乡全域的176.49万亩草原，3.77万头同仁犏牛产业品牌。以“在那东山顶上”为代表的色彩农业品牌，在州内一炮打响，持续向省内外发酵。热贡佳加哇娄、热贡尕玛顿丹良种品牌崭露头角，“瓜什则牦牛酸奶”品牌重振旗鼓。挖掘出地域特色鲜明的“同仁犏牛肉”“同仁犏牛奶”“同仁牦牛肉”“同仁藏羊肉”“加吾马铃薯”“黄乃亥黑豌豆”“曲库乎黑青稞”“黄乃亥青饲燕麦”等品种，即将启动国家地理标志、名特优新农畜产品申请认证和绿色认证。

巩固成果突破。2021—2022年，安排涉农涉牧乡村振兴衔接、东西部协作资金4.2亿元，累计实施项目101个，两年扶持乡村特色产业基地28个，培训村党支部书记、职业农牧民等255人。培育热贡文化产业园20个、就业农牧民2000人，累计识别返贫致贫风险监测对象158户597人，消除123户477人。实施万头犏牛基地“3545"工程，实施黄果、饲草、黑青稞、马铃薯、豌豆

“五个万亩基地”创新示范工程，实施6个色彩农业联农带农工程。输出农牧区劳动力5462人，开发公益性岗位2838个。清退不达标新认定帮扶车间（工坊）2家，目前已有25家，带动从业人员676人，人均增收2万元。在7个易地搬迁安置点，新建幼儿园4所、小学4所、卫生室7所、室外活动场地14个，建设卫生厕所1264座。“雨露计划”信息注册414人，义务教育巩固率95%以上，脱贫户城乡居民医疗保险参保率100%。改善乡村道路460千米，新建及维修改造农田水利支渠毛渠26千米，疏通6个牧民定居点用电。

设施建设突破。加快推进宜居宜业和美乡村建设和农牧业设施化建设步伐，整合各类项目资金2.95亿元，实施8个传统村落乡村建设示范村集中连片保护、867户农牧民居住条件改善工程，完成农村公路绿化554.9千米，栽植苗木60余万株，整治农村公路路域环境260千米，清理河道120余千米；建设乡村垃圾收集点12个，清运垃圾100余吨，垃圾处理率达95%。高规划建设畜棚图、草料库、青贮窖、堆粪场、病畜隔离室等基础设施，配备饲草料加工、饲喂、清粪设备，实现标准化生产基地。在防灾饲草种植基地建设上，配套饲草料储备库、饲料加工车间、机械库等，保证生产功能齐全。在色彩农业基地建设上，把餐饮、住宿、交通、景观人行道、停车场等一并纳入设施建设范畴，同步设计施工。

群众参与突破。加吾乡俄毛村利用集体产业发展资金和村民自筹资金116万元，投工投劳382人，建设起集餐饮、油菜花海展示、城镇观光色彩农业基地，年收入达20万元。年都乎乡曲么村建设的贡嘎林产业园，除利用乡村振兴衔接资金外，每户入股资金1000元、每人入股资金100元，筹资47.69万元投入产业园建设的同时，曲么村“两委”带领村民投工投劳，实现项目资金效益最大化。年都乎乡夏卜浪村280余户和黄乃亥乡群吾村180余户村民，在千头犏牛基地建设上，每户分别入股资金5000元、1000元，入股饲草地500亩、1000亩，种植饲草、购置犏牛。加吾乡吉仓村和俄毛村在犏牛基地建设中，群众自筹入股牦母牛分别为109头、96头，入股饲草地230亩、260亩。瓜什则乡尕什加村141户村民，入股1600多只生产母羊，建起8个藏羊高效养殖示范基地。多哇镇尖德村231户牧民，户户参与，家家入股，共筹措1级生产母羊409只，组建热贡尕玛顿丹良种扩繁基地核心群。瓜什则乡力吉赛庆村，在高原牦牛扩繁基地建设中，入股牦母牛360多头，将其置换为240头2级以上牦母牛，组建高原牦牛扩繁场核心群。黄乃亥乡日秀玛村249户农牧户将3000亩耕地全部入股到村集体经济组织，参与农牧户达2911户15600余人，筹措资金389万元，入股牛1019头、羊4553只、耕地2700亩、草场63.4万亩。

乡村治理突破。建立以基层党组织为领导、村民自治组织和村务监督组织为基础、集体经济组织为纽带、其他社会经济组织为补充的村级组织体系。健全村级重要事项、重大决策由村民代表参与村党组织研究讨论相结合的机制，坚持“四议两公开”制度。修改完善72个村“村规民约”和36座藏传佛教寺院“寺规僧约”，建设市乡（镇）村综合治理中心92个，为乡村治理形势分析提供数据保障。发挥集体经济组织带头作用，村“两委”用实际行动推动集体经济产业发展、谋划群众利益，把乡村特色产业、乡村建设、民族艺术传承等内容纳入集体经济发展范畴，统一管理、统一经营、统一分配。依托集体经济组织，着力打造人才培育科技支撑、绿色生产基地创建、万头犏牛基地“3545”、畜牧良种繁殖推广、“百千万”创新示范、色彩农业联农带农、特色产业基地建设七大工程。犏牛产业形成“整村推进、统一经营、股份合作、农牧互补、草畜联动、循环利用”发展模式。黄乃亥乡探索出“资本股份化、农民股民化、经营规模化、生产标准化、耕作机械化、收益分红化”饲草产业“六化”模式。

（2022年5月，摘自“今日同仁”）

重要文件目录

2022 年市委发文一览表

表 12

序号	文号	题名	日期
1	同发〔2022〕3 号	中共同仁市委　同仁市人民政府关于印发《同仁市 2022 年农牧业高质量发展指导意见》的通知	2022 年 3 月 30 日
2	同发〔2022〕5 号	中共同仁市委　同仁市人民政府关于印发《同仁市巩固拓展脱贫攻坚成果同乡村振兴有效衔接划区作战工作机制》的通知	2022 年 5 月 9 日
3	同发〔2022〕6 号	中共同仁市委　同仁市人民政府关于表彰 2021 年度目标责任考核优秀班子和优秀公务员的决定	2022 年 5 月 24 日
4	同发〔2022〕7 号	中共同仁市委关于印发《同仁市学习宣传贯彻省第十四次党代会精神的方案》的通知	2022 年 6 月 22 日
5	同发〔2022〕8 号	中共同仁市委　同仁市人民政府关于印发《同仁市法治政府建设实施意见（2021—2025 年）》的通知	2022 年 7 月 21 日
6	同发〔2022〕9 号	中共同仁市委关于印发《中共同仁市委全体会议工作规则》的通知	2022 年 8 月 5 日
7	同发〔2022〕10 号	中共同仁市委印发《关于进一步加强市委领导班子政治建设的实施意见》的通知	2022 年 8 月 5 日
8	同发〔2022〕12 号	中共同仁市委　同仁市人民政府关于贯彻落实省委《关于进一步弘扬优良作风建设现代化新青海的若干措施》的通知	2022 年 8 月 12 日
9	同发〔2022〕13 号	中共同仁市委关于印发《中共同仁市委常委会工作规则》的通知	2022 年 9 月 21 日
10	同发〔2022〕15 号	中共同仁市委关于印发《中共同仁市委书记专题会议工作规则》的通知	2022 年 9 月 22 日
11	同发〔2022〕16 号	中共同仁市委　同仁市人民政府关于印发《同仁市藏传佛教寺庙驻寺干部配备管理工作方案》的通知	2022 年 9 月 22 日
12	同发〔2022〕17 号	中共同仁市委　同仁市人民政府关于印发《关于进一步规范全市中小学管理体制更好聚焦教学工作的意见（试行）》的通知	2022 年 10 月 21 日
13	同发〔2022〕18 号	中共同仁市委印发《关于深入学习宣传贯彻党的二十大精神奋力谱写全面建设社会主义现代化国家同仁篇章实施方案》的通知	2022 年 12 月 6 日

续表12

序号	文号	题名	日期
14	同发〔2022〕19号	中共同仁市委印发《中共同仁市委关于进一步加强和改进新时代人大工作的意见》的通知	2022年12月13日

2022年市委办、市政府办发文一览表

表13

序号	文号	题名	日期
1	同办发〔2022〕1号	中共同仁市委办公室　同仁市人民政府办公室关于印发《同仁市创建国家卫生城市工作实施方案》的通知	2022年1月14日
2	同办发〔2022〕2号	中共同仁市委办公室　同仁市人民政府办公室关于印发《同仁市实施乡镇机构改革方案工作安排及任务分工》的通知	2022年1月19日
3	同办发〔2022〕3号	中共同仁市委办公室　同仁市人民政府办公室关于印发《关于抓党建促乡村振兴的若干措施》的通知	2022年1月24日
4	同办发〔2022〕4号	中共同仁市委办公室　同仁市人民政府办公室关于印发《2022年全市百名干部下乡开展"稳定发展'三农'工作　喜迎二十大胜利召开"活动实施方案》的通知	2022年2月21日
5	同办发〔2022〕5号	中共同仁市委办公室　同仁市人民政府办公室关于印发《关于从严落实党组织结对共建帮村党员干部结对认亲帮户"双帮"工作机制的实施方案》的通知	2022年3月16日
6	同办发〔2022〕6号	中共同仁市委办公室　同仁市人民政府办公室关于印发《同仁市构建简约高效乡镇管理体制实施方案》的通知	2022年3月17日
7	同办发〔2022〕7号	中共同仁市委办公室　同仁市人民政府办公室关于落实2022年第二季度领导干部值班工作的通知	2022年3月23日
8	同办发〔2022〕8号	中共同仁市委办公室　同仁市人民政府办公室关于上报《同仁市全省涉粮问题专项巡视整改问题工作方案》的报告	2022年4月7日
9	同办发〔2022〕9号	中共同仁市委办公室　同仁市人民政府办公室关于上报《同仁市全省涉粮问题专项巡视整改问题工作方案》的通知	2022年4月12日
10	同办发〔2022〕10号	中共同仁市委办公室　同仁市人民政府办公室关于转发《中共黄南州委办公室关于印发〈黄南州四级综治中心网格员管理办法〉的通知》的通知	2022年4月15日
11	同办发〔2022〕11号	中共同仁市委办公室　同仁市人民政府办公室关于印发《同仁市乡村建设示范村项目实施方案》的通知	2022年4月20日
12	同办发〔2022〕12号	中共同仁市委办公室　同仁市人民政府办公室关于成立同仁市招商引资工作领导小组的通知	2022年4月21日
13	同办发〔2022〕13号	中共同仁市委办公室　同仁市人民政府办公室关于印发《同仁市招商引资优惠政策》的通知	2022年4月21日
14	同办发〔2022〕14号	中共同仁市委办公室　同仁市人民政府办公室关于印发《同仁市招商引资奖励办法》的通知	2022年4月21日

续表13

序号	文号	题名	日期
15	同办发〔2022〕15号	中共同仁市委办公室　同仁市人民政府办公室关于印发《在全市开展“深化作风建设、狠抓工作落实”专项行动实施方案》的通知	2022年5月17日
16	同办发〔2022〕16号	中共同仁市委办公室　同仁市人民政府办公室关于成立同仁市巩固拓展脱贫攻坚成果同乡村振兴有效衔接问题整改工作领导小组的通知	2022年5月26日
17	同办发〔2022〕17号	中共同仁市委办公室　同仁市人民政府办公室关于印发《2021年度国家巩固拓展脱贫攻坚成果同乡村振兴有效衔接考核评估反馈问题整改工作方案》的通知	2022年5月26日
18	同办发〔2022〕19号	中共同仁市委办公室　同仁市人民政府办公室关于印发《同仁市全州涉粮问题专项巡察反馈意见整改工作方案》的通知	2022年6月2日
19	同办发〔2022〕20号	中共同仁市委办公室　同仁市人民政府办公室关于成立同仁市“名镇志”“名村志”编纂委员会的通知	2022年6月2日
20	同办发〔2022〕21号	中共同仁市委办公室关于印发《同仁市开展“名镇志”“名村志”编纂试点工作实施方案》的通知	2022年6月2日
21	同办发〔2022〕22号	中共同仁市委办公室　同仁市人民政府办公室关于调整同仁市信访工作联席会议成员的通知	2022年6月7日
22	同办发〔2022〕23号	中共同仁市委办公室　同仁市人民政府办公室关于印发《同仁市防止耕地“非粮化”稳定粮食生产工作实施方案》的通知	2022年6月8日
23	同办发〔2022〕24号	中共同仁市委办公室　同仁市人民政府办公室关于印发《同仁市撂荒地复耕复种专项整治行动工作实施方案》的通知	2022年6月8日
24	同办发〔2022〕25号	中共同仁市委办公室　同仁市人民政府办公室关于落实2022年第三季度领导干部值班工作的通知	2022年6月27日
25	同办发〔2022〕26号	中共同仁市委办公室　同仁市人民政府办公室关于成立黄南州绿色有机农畜产品输出地示范产业园区筹建工作领导小组的通知	2022年6月21日
26	同办发〔2022〕27号	中共同仁市委办公室关于成立同仁市2022年“七一”期间开展走访慰问活动的通知	2022年6月30日
27	同办发〔2022〕28号	中共同仁市委办公室关于印发《同仁市开展民生领域腐败和不正之风突出问题专项整治工作方案》的通知	2022年7月7日
28	同办发〔2022〕29号	中共同仁市委办公室　同仁市人民政府办公室关于印发《同仁市进一步加强城乡生活垃圾治理行动方案（2022—2025年）》的通知	2022年7月25日
29	同办发〔2022〕30号	中共同仁市委办公室　同仁市人民政府办公室关于印发近期强降雨天气应对防范工作方案的通知	2022年8月23日
30	同办发〔2022〕31号	中共同仁市委办公室　同仁市人民政府办公室关于修订《同仁市干部人事调配工作暂行办法》的通知	2022年8月26日
31	同办发〔2022〕32号	中共同仁市委办公室　同仁市人民政府办公室关于做好2022年国庆假期值班工作的通知	2022年9月30日
32	同办发〔2022〕33号	中共同仁市委办公室　同仁市人民政府办公室关于落实2022年第四季度领导干部值班工作的通知	2022年9月30日

续表13

序号	文号	题名	日期
33	同办发〔2022〕34 号	中共同仁市委办公室　同仁市人民政府办公室关于印发《同仁市残疾人联合会第一届代表大会换届选举实施方案》的通知	2022 年 9 月 30 日
34	同办发〔2022〕35 号	中共同仁市委办公室　同仁市人民政府办公室关于印发《同仁市中小学校教职工编制核定标准（试行）》的通知	2022 年 10 月 20 日
35	同办发〔2022〕36 号	中共同仁市委办公室　同仁市人民政府办公室关于印发《同仁市教育系统评先表彰办法（试行）》的通知	2022 年 10 月 20 日
36	同办发〔2022〕37 号	中共同仁市委办公室关于转发《黄南州全面加强中小学党的建设工作的实施意见（试行）》的通知	2022 年 11 月 8 日
37	同办发〔2022〕38 号	中共同仁市委办公室　同仁市人民政府办公室关于印发《同仁市 2022 年度科级领导班子及领导干部目标考核实施方案》的通知	2022 年 12 月 8 日
38	同办发〔2022〕39 号	中共同仁市委办公室　同仁市人民政府办公室关于成立同仁市粮食安全工作领导小组的通知	2022 年 12 月 12 日
39	同办发〔2022〕41 号	中共同仁市委办公室　同仁市人民政府办公室关于落实 2023 年第一季度领导干部值班工作的通知	2022 年 12 月 28 日
40	同办发〔2022〕42 号	中共同仁市委办公室　同仁市人民政府办公室关于成立《同仁市网络文明建设工作领导小组》的通知	2022 年 12 月 28 日
41	同办发〔2022〕43 号	中共同仁市委办公室　同仁市人民政府办公室关于印发《同仁市全面推行田长制实施方案》的通知	2022 年 12 月 30 日

2022 年市人大常委会发文一览表

表 14

序号	文号	文件名	发文时间
1	同人大〔2022〕4 号	同仁市人民代表大会常务委员会任免名单	2022 年 2 月 22 日
2	同人大〔2022〕5 号	同仁市人民代表大会常务委员会免职名单	2022 年 2 月 22 日
3	同人大〔2022〕9 号	同仁市人民代表大会常务委员会决定任免名单	2022 年 4 月 27 日
4	同人大〔2022〕10 号	同仁市人民代表大会常务委员会任免名单	2022 年 4 月 27 日
5	同人大〔2022〕11 号	同仁市人民代表大会常务委员会关于印发《同仁市人大常委会 2022 年度监督工作计划》的通知	2022 年 4 月 27 日
6	同人大〔2022〕12 号	关于市人民政府实施《中华人民共和国道路交通安全法》情况报告的审议意见	2022 年 7 月 18 日
7	同人大〔2022〕13 号	关于全市绿色有机农畜产品输出地建设情况专项报告的审议意见	2022 年 7 月 18 日
8	同人大〔2022〕14 号	关于市二届人大一次会议代表建议办理情况报告的审议意见	2022 年 7 月 18 日
9	同人大〔2022〕15 号	同仁市人民代表大会常务委员会关于批准同仁市 2021 年度政府一般债券城北新区连通工程建设项目资金调整使用的决定	2022 年 7 月 18 日

续表14

序号	文号	文件名	发文时间
10	同人大〔2022〕16 号	同仁市人民代表大会常务委员会关于接受闹日本加辞去同仁市第二届人民代表大会常务委员会委员职务请求的决定	2022 年 7 月 18 日
11	同人大〔2022〕17 号	同仁市人民代表大会常务委员会决定任命名单	2022 年 7 月 18 日
12	同人大〔2022〕18 号	同仁市人民代表大会常务委员会任命名单	2022 年 7 月 18 日
13	同人大〔2022〕20 号	同仁市人民代表大会常务委员会关于批准同仁市 2021 年市级财政决算的决议	2022 年 9 月 3 日
14	同人大〔2022〕21 号	同仁市人民代表大会常务委员会关于听取和审议全市企业国有资产管理情况专项报告的通知	2022 年 10 月 8 日
15	同人大〔2022〕22 号	关于全市残疾人保障服务体系建设情况专项报告的审议意见	2022 年 10 月 16 日
16	同人大〔2022〕23 号	关于生态文明建设法治保障情况专项报告的审议意见	2022 年 10 月 16 日
17	同人大〔2022〕24 号	关于市人民政府实施《中华人民共和国退役军人保障法》情况报告的审议意见	2022 年 10 月 16 日
18	同人大〔2022〕25 号	关于同仁市 2022 年上半年国民经济和社会发展计划执行情况专项报告的审议意见	2022 年 10 月 16 日
19	同人大〔2022〕26 号	关于同仁市 2022 年上半年财政预算执行情况报告的审议意见	2022 年 10 月 16 日
20	同人大〔2022〕27 号	关于《同仁市 2020 年审计查出问题整改情况和 2021 年度市级财政预算执行及其他财政收支情况的审计工作报告》的审议意见	2022 年 10 月 16 日
21	同人大〔2022〕28 号	关于同仁市 2021 年度市级财政决算（草案）报告的审议意见	2022 年 10 月 16 日
22	同人大〔2022〕29 号	同仁市人民代表大会常务委员会关于批准同仁市 2022 年第一批财力性转移支付增量资金使用分配方案的决定	2022 年 10 月 16 日
23	同人大〔2022〕30 号	同仁市人民代表大会常务委员会关于批准同仁市 2022 年第二批支持基层落实减税降费和重点民生等转移支付资金分配方案的决定	2022 年 10 月 16 日
24	同人大〔2022〕31 号	同仁市人民代表大会常务委员会决定任免名单	2022 年 10 月 16 日
25	同人大〔2022〕32 号	同仁市人民代表大会常务委员会任免名单	2022 年 10 月 16 日
26	同人大〔2022〕33 号	同仁市人民代表大会常务委员会任免名单	2022 年 10 月 16 日
27	同人大〔2022〕34 号	同仁市人民代表大会常务委员会关于补选彭坤、夏军平、李国栋、姚彬为州十六届人大代表的公告	2022 年 12 月 7 日
28	同人大〔2022〕35 号	关于同仁市市级地方政府性债务管理情况报告的审议意见	2022 年 12 月 29 日
29	同人大〔2022〕36 号	关于同仁市城乡人居环境整治情况的专项报告的审议意见	2022 年 12 月 29 日
30	同人大〔2022〕37 号	关于全市教育发展大会确定的各项任务落实情况专项报告的审议意见	2022 年 12 月 29 日
31	同人大〔2022〕38 号	关于市二届人大二次会议《政府工作报告》中承诺 10 件民生实事落实情况报告的审议意见	2022 年 12 月 29 日
32	同人大〔2022〕39 号	关于本届人大常委会成立以来审议意见执行情况报告的审议意见	2022 年 12 月 29 日
33	同人大〔2022〕40 号	关于市二届人大二次会议代表建议意见办理情况报告的审议意见	2022 年 12 月 29 日
34	同人大〔2022〕41 号	关于公益诉讼工作开展情况专项报告的审议意见	2022 年 12 月 29 日

续表14

序号	文号	文件名	发文时间
35	同人大〔2022〕42 号	同仁市人民代表大会常务委员会关于批准《同仁市 2022 年第二批省对下均衡性转移支付增量补助资金分配方案》议案的决定	2022 年 12 月 29 日
36	同人大〔2022〕43 号	同仁市人民代表大会常务委员会关于批准《同仁市 2022 年第一批县级基本财力保障机制奖补资金增量资金使用分配方案》议案的决定	2022 年 12 月 29 日
37	同人大〔2022〕44 号	同仁市人民代表大会常务委员会关于批准调整同仁市 2021 年度政府一般债券同仁市绿色产业园区厂房建设项目资金议案的决定	2022 年 12 月 29 日
38	同人大〔2022〕45 号	同仁市人民代表大会常务委员会决定任免名单	2022 年 12 月 29 日
39	同人大〔2022〕46 号	关于全市企业国有资产管理情况报告的审议意见	2022 年 12 月 29 日
40	同人大〔2022〕47 号	关于全市 2022 年度环境状况和环境目标完成情况报告的审议意见	2022 年 12 月 29 日
41	同人大〔2022〕48 号	同仁市人民代表大会常务委员会关于批准调整 2022 年度存量资金方案议案的决定	2022 年 12 月 29 日
42	同人大〔2022〕49 号	同仁市人民代表大会常务委员会关于批准动用 2022 年度预算稳定调节基金议案的决定	2022 年 12 月 29 日
43	同人大〔2022〕50 号	同仁市人民代表大会常务委员会关于批准 2022 年度预算调整方案议案的决定	2022 年 12 月 29 日
44	同人大〔2022〕51 号	同仁市人民代表大会常务委员会关于批准 2022 年地方政府债务限额议案的决定	2022 年 12 月 29 日
45	同人大〔2022〕52 号	同仁市人民代表大会常务委员会关于批准 2022 年第二批县级基本财力保障机制奖补资金使用分配方案议案的决定	2022 年 12 月 29 日
46	同人大〔2022〕53 号	同仁市人民代表大会常务委员会关于接受魏瑜婧辞去同仁市第二届人民代表大会常务委员会委员职务请求的决定	2022 年 12 月 29 日

2022 年市政府发文一览表

表 15

序号	类别	文件名	发文日期
1	同政〔2022〕1 号	关于青海省审计厅《审计报告征求意见书》反馈意见的报告	2022 年 1 月 20 日
2	同政〔2022〕2 号	关于表彰 2021 年度人民武装工作先进单位和个人的通知	2022 年 1 月 24 日
3	同政〔2022〕8 号	关于审查《城乡建设用地增减挂钩项目拆旧复垦安置方案——同仁市扎毛乡扎毛村、加吾乡东维村、保安镇卡加村城乡建设用地增减挂钩项目（2019—2021 年）》的请示	2022 年 2 月 18 日
4	同政〔2022〕9 号	关于学习贯彻《关于更加有效发挥统计监督职能作用的意见》情况的报告	2022 年 2 月 18 日
5	同政〔2022〕10 号	关于 G0611 张掖至汶川高速同仁至赛尔龙（青甘界）段公路（同仁市境内）建设项目用地的请示	2022 年 2 月 23 日

续表15

序号	类别	文件名	发文日期
6	同政〔2022〕11号	关于上报同赛高速公路隆务段改线设计的请示	2022年3月7日
7	同政〔2022〕12号	关于同仁市草原生态保护补助奖励政策审计反馈问题核查排查及整改落实情况的报告	2022年3月8日
8	同政〔2022〕13号	关于解决城北新区州级项目建设用地征地费及审批费的请示	2022年3月9日
9	同政〔2022〕14号	关于报请审查《同仁市吾屯加油站项目城乡建设用地增减挂钩建新方案》的请示	2022年3月9日
10	同政〔2022〕15号	关于报请审查《同仁市同贵公路洋曲加油站建设项目增减挂钩建新方案》的请示	2022年3月9日
11	同政〔2022〕16号	关于印发2022年《政府工作报告》重点工作任务分工方案的通知	2022年3月15日
12	同政〔2022〕18号	关于上报《同仁市粮食安全工作存在问题整改工作方案》的报告	2022年3月21日
13	同政〔2022〕20号	关于上报《黄南州建政七十周年庆祝活动同仁市工作方案》的报告	2022年3月28日
14	同政〔2022〕21号	关于印发《2022年省州市民生实事工程任务分工方案》的通知	2022年3月28日
15	同政〔2022〕23号	关于三江源黄南水利人才订单班毕业生分配工作落实情况报告	2022年4月8日
16	同政〔2022〕27号	关于同仁市2022年第一季度地方政府隐性债务化解工作情况的报告	2022年4月19日
17	同政〔2022〕29号	关于调整民兵组织整顿领导小组成员的通知	2022年5月9日
18	同政〔2022〕30号	关于印发《同仁市2022年度民兵组织整顿工作实施方案》的通知	2022年5月9日
19	同政〔2022〕31号	关于印发《同仁市2022年基干民兵军事训练计划》的通知	2022年5月9日
20	同政〔2022〕32号	关于同仁市2021年度第三批次城镇建设用地的请示	2022年5月13日
21	同政〔2022〕34号	关于上报《黄南州建政七十周年庆祝活动同仁市工作方案》的报告	2022年5月25日
22	同政〔2022〕35号	关于表彰2021年度民间投资工作先进单位的决定	2022年5月31日
23	同政〔2022〕36号	关于同仁市2020年至2021年巩固拓展脱贫攻坚成果同乡村振兴有效衔接相关政策和资金审计反馈问题的整改落实情况的报告	2022年6月1日
24	同政〔2022〕37号	关于同仁市2021年度第三批次城镇建设用地社会稳定风险评估审查意见的报告	2022年6月1日
25	同政〔2022〕38号	关于同仁市瓜什则乡400MW“牧光储”综合一体化发电项目建设用地社会稳定风险评估审查意见的报告	2022年6月1日
26	同政〔2022〕39号	关于同仁市2021年新增设施农业用地违规占用耕地和永久基本农田问题整治方案的报告	2022年6月1日
27	同政〔2022〕44号	关于同仁市2021年度土地卫片执法违法占用耕地问题整改落实情况的报告	2022年6月23日
28	同政〔2022〕45号	关于印发《同仁市“十四五”残疾人保障和发展规划》的通知	2022年6月24日

续表15

序号	类别	文件名	发文日期
29	同政〔2022〕46 号	关于审查《同仁市保安镇赛加村、群吾村、隆务镇吾屯下庄村城乡建设用地增减挂钩项目（2022—2025 年）实施规划》的请示	2022 年 6 月 30 日
30	同政〔2022〕47 号	关于同仁市 2022 年第二季度地方政府隐性债务化解工作情况的报告	2022 年 7 月 12 日
31	同政〔2022〕51 号	关于 G0611 张掖至汶川高速同仁至赛尔龙（青甘界）段公路（同仁市境内）建设项目用地的请示	2022 年 7 月 25 日
32	同政〔2022〕52 号	关于同仁市 2020 年至 2021 年巩固拓展脱贫攻坚成果同乡村振兴有效衔接相关政策和资金审计反馈问题的整改报告	2022 年 8 月 3 日
33	同政〔2022〕54 号	关于同仁市批而未供和闲置土地梳理情况的报告	2022 年 8 月 8 日
34	同政〔2022〕56 号	关于同仁市林地保有量和规划造林绿化空间成果数据的报告	2022 年 8 月 12 日
35	同政〔2022〕58 号	关于解决同仁市保安镇麻巴村麻巴 1 号桥危桥改造项目资金的请示	2022 年 8 月 23 日
36	同政〔2022〕59 号	关于同仁市瓜什则乡 400MW“牧光储”综合一体化发电项目建设用地的请示	2022 年 8 月 29 日
37	同政〔2022〕75 号	关于 2022 年省级现代农业产业园创建方案（2022—2023 年）的报告	2022 年 10 月 28 日
38	同政〔2022〕76 号	关于扎实做好 2022 年综合检查考核民兵工作的通知	2022 年 11 月 8 日
39	同政〔2022〕77 号	关于调整同仁市停车场建设项目建设用地的请示	2022 年 11 月 11 日
40	同政〔2022〕78 号	关于上报撤县设市后市政建设功能提升项目有关事宜的报告	2022 年 11 月 15 日
41	同政〔2022〕80 号	关于审查《同仁市 2022 年度耕地“进出平衡”总体方案》的报告	2022 年 12 月 29 日

2022 年市政协发文一览表

表 16

序号	文号	题名	时间
1	同协党组〔2022〕2 号	关于印发《市政协 2022 年宣传思想工作要点》的通知	2022 年 2 月 15 日
2	同协党组〔2022〕4 号	关于《中国人民政治协商会议第二届同仁市委员会常务委员会工作报告（讨论稿）》的请示	2022 年 2 月 16 日
3	同协党组〔2022〕5 号	关于上报《〈梦想成真的金色谷地〉(同仁文史资料专辑）编写工作实施方案》的报告	2022 年 4 月 15 日
4	同协党组〔2022〕8 号	关于开展同仁市物业管理视察工作的通知	2022 年 4 月 21 日
5	同协党组〔2022〕9 号	关于印发《开展基层政协工作规范年活动的方案》的通知	2022 年 5 月 26 日
6	同协党组〔2022〕10 号	关于 2021 年度公务员考核工作总结的报告	2022 年 5 月 26 日

续表16

序号	文号	题名	时间
7	同协党组〔2022〕11号	关于印发《中共政协同仁市委员会党组重大事项请示报告实施办法》《市政协党组会议和主席会议决定事项督查工作办法（试行）》等制度的通知	2022年6月2日
8	同协党组〔2022〕15号	关于各乡镇政协联络室开展基层政协工作规范年活动监督检查情况的通报	2022年9月15日
9	同协党组〔2022〕17号	关于印发《政协同仁市委员会委员谈心谈话制度》《市政协党组成员联系党员委员党员委员联系党外委员制度》的通知	2022年9月26日
10	同协党组〔2022〕18号	关于撤销同仁市政协机关党组的请示	2022年10月24日
11	同协党组〔2022〕19号	关于《同仁市8个乡村示范村建设情况的调研报告》的报告	2022年11月8日
12	同协党组〔2022〕20号	关于上报《同仁市政协党组2022年度工作总结及2023年工作思路》的报告	2022年11月21日
13	同协办〔2022〕6号	关于申报2019—2021年度州级文明村镇（文明单位、文明校园、文明家庭）的报告	2022年1月26日
14	同协办〔2022〕7号	关于深入推进城乡居民基本医保的建议	2022年2月9日
15	同协办〔2022〕12号	关于要求对《关于同仁市城乡居民门诊医保政策的建议》进行回应的函	2022年2月15日
16	同协办〔2022〕14号	关于召开政协第二届同仁市委员会第二次会议的通知	2022年2月22日
17	同协办〔2022〕30号	关于报送《同仁市政协协商工作案例》的报告	2022年4月1日
18	同协办〔2022〕32号	关于印发《2022年同仁市政协乡镇联络组重点工作任务计划》的通知	2022年4月19日
19	同协办〔2022〕35号	关于召开市政协二届二次会议提案交办会的通知	2022年4月23日
20	同协办〔2022〕42号	关于乡镇政协委员联络室规范年建设工作纳入全市乡镇综合目标绩效考核的函	2022年5月26日
21	同协办〔2022〕60号	关于印发《市政协组织出省学习考察规定》《加强和改进市政协委员学习培训的意见（试行）》的通知	2022年7月11日
22	同协办〔2022〕65号	关于报送《市政协党建引领乡村治理汇报材料》的报告	2022年7月20日
23	同协办〔2022〕67号	关于印发《同仁市书香政协建设实施方案》的通知	2022年7月26日
24	同协办〔2022〕70号	关于开展同仁市乡村建设情况调研的通知	2022年8月11日
25	同协办〔2022〕71号	关于上报开展党员干部和公职人员参与赌博、酒驾醉驾专项整治工作情况的报告	2022年5月26日
26	同协办〔2022〕72号	关于召开基层政协工作规范年活动推进会的通知	2022年9月16日
27	同协办〔2022〕85号	关于印发《进一步支持政协委员履职工作》的通知	2022年10月15日
28	同协办〔2022〕86号	关于印发《政协同仁市委员会走访慰问政协委员制度》的通知	2022年10月18日
29	同协办〔2022〕94号	关于上报《开展“喜迎二十大、基层百日行”活动总结》的报告	2022年11月2日
30	同协办〔2022〕104号	关于2022年度全面深化改革工作完成情况的报告	2022年12月8日
31	同协办〔2022〕105号	关于组织市政协委员视察8个乡村示范村建设情况的报告	2022年12月10日

同仁市2022年度经济运行简析

2022年，根据地区生产总值统一核算结果，同仁市实现地区生产总值410320.47万元，同比增长1.4%。其中，第一产业增加值68862.33万元，同比增长4.4%；第二产业增加值64560.5万元，同比增长34.4%；第三产业增加值276897.64万元，同比下降4.5%。

经济运行情况

（一）农牧业稳步增长。2022年，同仁市农林牧渔业总产值92686.7万元，同比增长4.62%。其中，农业总产值44733万元，同比增长5.44%；林业总产值4417.2万元，同比增长9.09%；牧业总产值39967.5万元，同比增长3.62%；农林牧渔服务业总产值3569万元，同比增长1.58%。

（二）工业呈下降态势。2022年，规模以上工业实现增加值3244万元，同比下降10.1%；规模以下工业增加值同比下降8.7%。从产品产量看，完成发电量2.29亿千瓦时，同比下降19.3%。

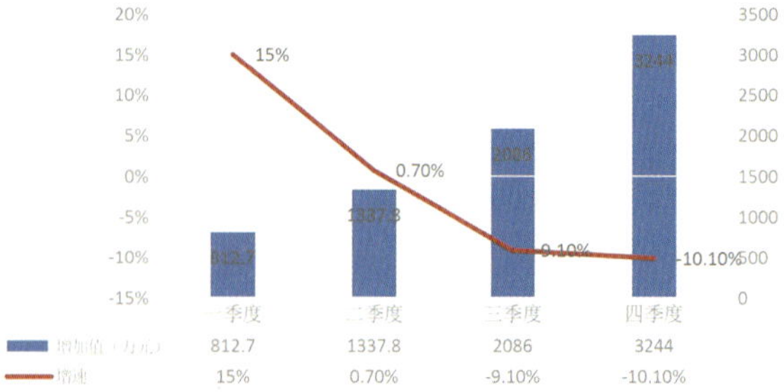

2022年工业增加值及增速

（三）固定资产投资增长乏力。2022年，市属固定资产投资同比下降31.41%。其中民间投资同比下降43.76%，占全部投资完成额49.26%。按投资类型分：项目投资同比下降24.05%；占全部投资完成额的97.61%；房地产开发投资同比下降86.15%，占全部投资完成额的2.39%。按产业分：第一产业投资同比下降39.49%，占全部投资完成额的3.8%；第二产业投资同比下降5.2%，占全部投资完成额的60.5%；第三产业投资同比下降52.81%，占全部投资完成额的35.7%。

（四）社会消费品零售总额略有增长。2022年，全市实现社会消费品零售总额104325.4万元，同比增长2.7%。按销售单位所在地分：2022年，城镇实现社会消费品零售额为96607.5万元，同比增长3.5%，占全市社会消费品零售额的92.6%；乡村实现社会消费品零售额为7717.9万元，同比下降6.2%，占全市社会消费品零售额的7.4%。按消费形态分：2022年，实现商品零售额为85489.6万元，同比增长9.1%；实现餐饮收入为18835.8万元，同比下降18.7%。

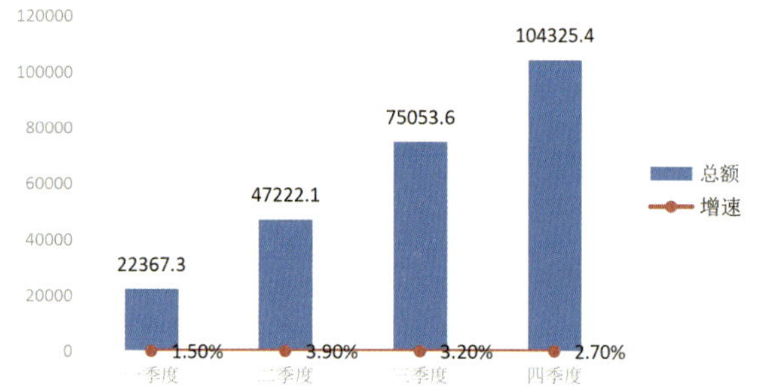

2022年1—12月全市社会消费品零售总额及增速

（五）城乡居民收入平稳增长。据黄南调查队统计，2022年，同仁市实现全体居民人均可支配收入23238元，同比增长5.3%。其中，城镇居民人均可支配收入39204元，同比增长2.4%；农村居民人均可支配收入12955元，同比增长6.5%。

（六）同仁市居民消费价格保持平稳。据黄南调查队统计，2022年，同仁市居民消费价格呈稳中略涨态势，累计上涨2.4%，涨幅比上年高1.1个百分点，与全省平均水平持平，八大类商品和服务价格呈“七涨一降”态势，其中，食品烟酒类上涨1.9%，衣着上涨0.3%，居住类上涨3.1%，生活用品及服务类上涨0.9%，交通和通信类上涨5.6%，教育文化和娱乐类上涨1.5%，其他用品和服务类上涨3%；医疗保健类下降0.1%。

（七）建筑业总产值稳中有升。2022年，全市完成总产值62009.4万元；全市建筑业总产值中，完成建筑工程产值59720.5万元，占建筑业总产值的96.31%，同比增长281.25%；完成安装工程产值1138.7万元，占建筑业总产值的1.84%，同比下降10.4%；完成其他产值1150.2万元，占建筑业总产值的1.85%，同比增长78.77%。

（八）财政收支一增一降。2022年，地方财政公共预算收入12540万元，上年同期地方财政公共预算收入11898万元，同比增长5.4%。地方财政公共预算支出232667万元，上年同期支出284952万元，同比下降18.35%。

（九）金融信贷稳步增长。2022年，全市金融机构各项存款余额91.47亿元，同比增长2.71%。其中住户存款38.39亿元，同比增长26.47%。各项贷款余额39.56亿元，同比增长22.91%，其中住户贷款17.14亿元，同比增长8.8%。

索 引

使用说明

一、本索引采用内容分析索引法，按索引汉语拼音字母顺序排列。

二、索引词条后的数字表示内容所在的页码。

D

E

F

G

H

J

N

P

Q

R

S

T

W

X

Y

Z